# FUNDAMENTOS DO DIREITO PROCESSUAL CIVIL

## Teoria e Prática

*Ailton Cocurutto*

# FUNDAMENTOS DO DIREITO PROCESSUAL CIVIL

## Teoria e Prática

1ª edição, 2ª tiragem

*FUNDAMENTOS DO DIREITO PROCESSUAL CIVIL*
**Teoria e Prática**

© Ailton Cocurutto

*1ª ed., 1ª tir.: 09.2011.*

ISBN 978-85-392-0096-2

*Direitos reservados desta edição por*
*MALHEIROS EDITORES LTDA.*
*Rua Paes de Araújo, 29, conjunto 171*
*CEP 04531-940 – São Paulo – SP*
*Tel.: (11) 3078-7205 – Fax: (11) 3168-5495*
URL: www.malheiroseditores.com.br
e-mail: malheiroseditores@terra.com.br

*Composição*
PC Editorial Ltda.

*Capa:*
*Criação:* Vânia Lúcia Amato
*Arte:* PC Editorial Ltda.

Impresso no Brasil
*Printed in Brazil*
02.2014

*Dedico esta pequena obra à minha querida esposa
e maravilhoso filho,
que, privados do meu convívio,
sempre conferiram enorme incentivo e apoio.*

# SUMÁRIO

*Apresentação* .................................................................... 23

Capítulo I – **Introdução: Noções Gerais sobre o Direito Processual**
1. **Direito processual e direito material** ........................................... 25
2. **Normas processuais e normas procedimentais** ........................ 26
   - 2.1 *Normas processuais em sentido estrito* ............................... 26
   - 2.2 *Normas procedimentais* ........................................................ 27
3. **Interpretação das normas processuais** ...................................... 27
   - 3.1 *Normas jurídicas materiais* .................................................... 28
   - 3.2 *Normas processuais* .............................................................. 28
4. **Fontes da norma processual** ....................................................... 28
   - 4.1 *Fontes abstratas da norma processual* ................................. 29
   - 4.2 *Fontes concretas da norma processual* ................................ 29
5. **Eficácia da lei processual no tempo e no espaço** ..................... 29
   - 5.1 *Eficácia no espaço* ................................................................. 29
   - 5.2 *Eficácia no tempo* .................................................................. 29
6. **Princípios que informam o devido processo legal** ................... 30

Capítulo II – **Modos de Eliminação dos Conflitos**
1. **Introdução** ....................................................................................... 32
2. **Autocomposição** ........................................................................... 33
   - 2.1 *Desistência* ............................................................................. 33
   - 2.2 *Submissão* .............................................................................. 33
   - 2.3 *Transação* ............................................................................... 33
     - 2.3.1 Transação e conciliação ................................................. 33
     - 2.3.2 Transação penal .............................................................. 35
3. **Autotutela ou autodefesa** ............................................................. 37
4. **Heterocomposição** ........................................................................ 38
   - 4.1 *Mediação* ................................................................................. 38
   - 4.2 *Arbitragem* .............................................................................. 41

8   FUNDAMENTOS DO DIREITO PROCESSUAL CIVIL

    4.3    Função estatal pacificadora ................................................. 47

Capítulo III – **Os Quatro Grandes Temas do Direito Processual: Jurisdição, Processo, Ação e Defesa** ................................................ 49

Seção I – JURISDIÇÃO
1. **Conceito** ................................................................................ 50
2. **Características da jurisdição** ............................................... 50
    2.1    Lide ................................................................................ 50
    2.2    Inércia ............................................................................ 51
    2.3    Definitividade ................................................................ 51
3. **Princípios da jurisdição**
    3.1    Princípio da investidura ................................................ 51
    3.2    Princípio da aderência ao território ............................. 51
    3.3    Princípio da indelegabilidade ....................................... 52
    3.4    Princípio da inevitabilidade .......................................... 52
    3.5    Princípio da inafastabilidade ........................................ 52
    3.6    Princípio do juiz natural ............................................... 52
    3.7    Princípio da inércia ....................................................... 53
    3.8    Princípio do duplo grau de jurisdição ......................... 53
        3.8.1    Teoria geral dos recursos
                3.8.1.1 Conceito de "recurso", 53; 3.8.1.2 Interposição, 54; 3.8.1.3 Juízo de admissibilidade do recurso, 55; 3.8.1.4 Requisitos de admissibilidade: 3.8.1.4.1 Requisitos intrínsecos, 56:(A) Cabimento, 56; (B) Legitimação, 57; (C) Interesse recursal, 57; 3.8.1.4.2 Requisitos extrínsecos, 58: (A) Tempestividade, 58; (B) Preparo, 58; (C) Regularidade formal, 59; (D) Inexistência de fato impeditivo ou extintivo do direito de recorrer, 59
        3.8.2    Princípios fundamentais dos recursos
                3.8.2.1 Taxatividade, 60; 3.8.2.2 Princípio da unirrecorribilidade ou da singularidade, 62; 3.8.2.3 Princípio da fungibilidade, 62; 3.8.2.4 Princípio da proibição da *reformatio in pejus*, 63
        3.8.3    Efeitos dos recursos ......................................... 63
                3.8.3.1 Efeito devolutivo, 64; 3.8.3.2 Efeito suspensivo, 65: 3.8.3.2.1 Recursos dotados de efeito suspensivo, 65: (A) Apelação, 65; (B) Embargos declaratórios, 66; (C) Embargos infringentes, 66; (D) Agravo, 66; (E) Embargos de divergência, recurso

SUMÁRIO 9

> *especial, recurso extraordinário e recurso ordinário constitucional*, 66; *3.8.3.3* Efeito ativo, 67; *3.8.3.4* Efeito translativo, 67; *3.8.3.5* Efeito expansivo, 67

4. **Espécies de jurisdição**
    4.1 Jurisdição penal e civil ................................................. 67
        4.1.1 Relacionamento entre a jurisdição penal e a civil .. 67
            *4.1.1.1* Suspensão prejudicial do processo crime, 68; *4.1.1.2* Obrigação de indenizar o dano resultante do crime, 68: 4.1.1.2.1 Responsabilidade civil contratual, 69; 4.1.1.2.2 Responsabilidade civil extracontratual, 69; 4.1.1.2.3 Responsabilidade civil subjetiva, 70; 4.1.1.2.4 Responsabilidade civil objetiva, 70; *4.1.1.3* Prova emprestada, 70; *4.1.1.4* Processo crime falimentar, 71
    4.2 Jurisdição comum e especial ..................................... 71
    4.3 Jurisdição superior e inferior .................................... 71
5. **Limites da jurisdição** ...................................................... 72
6. **Jurisdição voluntária ou graciosa** .................................. 73
7. **Competência** ..................................................................... 74
    7.1 Conceito ........................................................................ 74
    7.2 Estabilização da competência ................................... 74
    7.3 Critérios de fixação da competência ........................ 76
        7.3.1 Justiça competente .......................................... 76
        7.3.2 Competência originária .................................. 77
        7.3.3 Competência de foro ou territorial ............... 77
            *7.3.3.1* Espécies de competência de foro no âmbito do processo civil: 7.3.3.1.1 Foro comum, 78; 7.3.3.1.2 Foros privilegiados, 78; 7.3.3.1.3 Foros alternativos, 78; 7.3.3.1.4 Foros subsidiários, 79; 7.3.3.1.5 Foro *rei sitae* (art. 95 do CPC), 79; 7.3.3.1.6 Foro de eleição, 81
        7.3.4 *Competência de juízo (qual a Vara competente)* ..... 81
        7.3.5 *Competência interna* ......................................... 81
        7.3.6 *Outros critérios determinativos da competência* ..... 82
            *7.3.6.1* Elementos da ação, 82: 7.3.6.1.1 Competência em razão da pessoa (*ratione personae*), 82; 7.3.6.1.2 Competência em razão do pedido, 83; 7.3.6.1.3 Competência em razão da matéria (*ratione materiae*), 83; *7.3.6.2* Outro critério de fixação de competência, 83

10 FUNDAMENTOS DO DIREITO PROCESSUAL CIVIL

7.4 Modificações da competência ou prorrogação da competência ................................................................................... 85
    7.4.1 Prorrogação legal ............................................................ 85
        7.4.1.1 Na conexão, 85; 7.4.1.2 Na continência, 85; 7.4.1.3 No juízo universal, 85
    7.4.2 Prorrogação convencional .............................................. 86
        7.4.2.1 Expressa, 86; 7.4.2.2 Tácita, 86
7.5 Conflito de competência (arts. 115 a 124 do CPC) ............ 86

SEÇÃO II – PROCESSO
1. Conceito ................................................................................. 89
2. Natureza jurídica do processo ............................................ 90
3. Procedimento ........................................................................ 90
4. "Sujeitos" da relação jurídica processual ......................... 91
5. Objeto da relação processual ............................................. 92
6. "Pressupostos da relação processual", também conhecidos como "pressupostos processuais" ................................... 92
7. Atos processuais
    7.1 Conceito ............................................................................ 95
    7.2 Classificação
        7.2.1 Quanto ao sujeito ................................................ 95
        7.2.2 Quanto à forma de comunicação ...................... 96
            7.2.2.1 Intimação, 98; 7.2.2.2 Citação, 98: 7.2.2.2.1 Requisitos da citação por carta, 98; 7.2.2.2.2 Citação por mandado, requisitos, 98; 7.2.2.2.3 Citação ficta ou presumida, 99: *(A)* Requisitos da citação por hora certa, 99; *(B)* Requisitos da citação por edital, 100; 7.2.2.2.4 Efeitos da citação, 101: *(A)* Efeitos processuais da citação, 101; *(B)* Efeitos materiais da citação, 101
    7.3 Relevância dos atos probatórios ..................................... 103
        7.3.1 Teoria geral das provas ..................................... 103
            7.3.1.1 Conceito de "prova" , 103; 7.3.1.2 Ônus da prova, 104: 7.3.1.2.1 Inversão do ônus da prova, 105; 7.3.1.3 Momentos procedimentais sobre provas e seus respectivos princípios, 106: 7.3.1.3.1 Outros princípios relacionados ao tema, 108: *(A)* Princípio da aquisição processual, 108; *(B)* Princípio da proibição da prova ilícita, 109
        7.3.2 Provas em espécie .............................................. 109

7.3.2.1 Depoimento pessoal (arts. 342 a 347 do CPC), 109; *7.3.2.2* Confissão (arts. 348 a 354 do CPC), 111: 7.3.2.2.1 Classificação da confissão, 111; *7.3.2.3* Exibição de documento ou coisa (arts. 355 a 363 do CPC), 113: 7.3.2.3.1 Procedimento diante de pedido de exibição em face da parte contrária, 113; 7.3.2.3.2 Procedimento diante de terceiro, 114; 7.3.2.3.3 Escusas legais (art. 363 do CPC), 114; *7.3.2.4* Prova documental, 114: 7.3.2.4.1 Classificação dos documentos: *(A) Quanto à autoria*, 115; *(B) Quanto ao conteúdo*, 115; *(C) Quanto à forma*, 115; *(D) Documento público*, 115; *(E) Documento particular*, 115; 7.3.2.4.2 Vício de conteúdo no documento, 116: *(A) Classificação do falso material*, 117; *7.3.2.5* Prova testemunhal, 118: 7.3.2.5.1 Classificação doutrinária: *(A) Testemunhas presenciais*, 119; *(B) Testemunha de referência*, 119; *(C) Testemunha referida*, 119; *(D) Testemunha judiciária*, 119; *(E) Testemunha instrumentária*, 119; 7.3.2.5.2 Incapazes para servir como testemunhas, 119; 7.3.2.5.3 Impedidos de servir como testemunhas, 120; 7.3.2.5.4 Suspeitos para servir como testemunhas, 120; 7.3.2.5.5 Momento procedimental para requerimento desse meio de prova testemunhal, 120; 7.3.2.5.6 Número máximo de testemunhas, 120; 7.3.2.5.7 Substituição das testemunhas (art. 408 do CPC), 121; 7.3.2.5.8 Inquirição das testemunhas, 122; 7.3.2.5.9 Deveres das testemunhas, 122; 7.3.2.5.10 Direitos das testemunhas, 123; 7.3.2.5.11 Substituição de testemunhas, 124; 7.3.2.5.12 Local e momento dos esclarecimentos de testemunhas, 124; *7.3.2.6* Prova pericial (arts. 420 a 439 do CPC), 124: 7.3.2.6.1 Espécies de perícias, 124; 7.3.2.6.2 Perito e assistentes técnicos, 124; 7.3.2.6.3 Indeferimento da prova pericial, 125; 7.3.2.6.4 Remuneração do perito oficial, 126; 7.3.2.6.5 Segunda perícia, 126; 7.3.2.6.6 Deveres e direitos do perito, 126; *7.3.2.7* Inspeção judicial, 127

**8. Prazos processuais**
8.1 Conceito .................................................................. 127
8.2 Classificação dos prazos

12  FUNDAMENTOS DO DIREITO PROCESSUAL CIVIL

      8.2.1   *Classificação considerando sua origem*
               *8.2.1.1* Legais, 128; *8.2.1.2* Judiciais, 128; *8.2.1.3*
               Convencionais, 128
      8.2.2   *Classificação considerando a possibilidade, ou não, de ampliação do prazo*
               *8.2.2.1* Prazo próprio, 128: 8.2.2.1.1 Preclusão temporal, 129; 8.2.2.1.2 Preclusão consumativa, 129; 8.2.2.1.3 Preclusão lógica, 129; *8.2.2.2* Prazo impróprio, 129
      8.2.3   *Classificação considerando o destinatário do prazo (ou seja, para quem é fixado o prazo)*
               *8.2.3.1* Prazo comum, 130; *8.2.3.2* Prazo particular, 130
   *8.3*   *Contagem dos prazos* ............................................................ 130
      8.3.1   *Prazos contados em minutos* ................................................ 130
      8.3.2   *Prazos contados em horas* .................................................... 131
      8.3.3   *Prazos contados em dias* ...................................................... 131
      8.3.4   *Prazos contados em meses* ................................................... 132
      8.3.5   *Prazos contados em anos* .................................................... 133
9. **Nulidades processuais**
   *9.1*   *Conceito* ................................................................................... 133
   *9.2*   *Regras gerais* ........................................................................... 133
   *9.3*   *Classificação dos vícios procedimentais*
      9.3.1   *Meras irregularidades* .......................................................... 134
      9.3.2   *Nulidades relativas* ............................................................... 134
      9.3.3   *Nulidades absolutas* ............................................................. 134
      9.3.4   *Atos inexistentes* ................................................................... 135
   *9.4*   *Princípios relacionados ao tema "nulidades processuais"*
      9.4.1   *Da instrumentalidade das formas* ........................................ 135
      9.4.2   *Da preclusão* ......................................................................... 135
      9.4.3   *Do prejuízo* ............................................................................ 135
      9.4.4   *Do legítimo interesse* ........................................................... 136
10. **Formação, suspensão e extinção do processo**
   *10.1*   *Formação do processo* ......................................................... 136
   *10.2*   *Suspensão do processo* ........................................................ 137
      10.2.1   *"Morte ou perda da capacidade processual de qualquer das partes, de seu representante legal ou de seu procurador" (art. 265, I, do CPC)* ............................... 138
      10.2.2   *"Pela convenção das partes" (art. 265, II, do CPC)* 139
      10.2.3   *"Quando for oposta exceção de incompetência do juízo, da câmara ou do tribunal, bem como de*

suspeição ou impedimento do juiz" (art. 265, III, do
CPC) ............................................................................ 139
10.2.4 "Quando a sentença de mérito: a) depender do
julgamento de outra causa, ou da declaração da
existência ou inexistência da relação jurídica, que
constitua o objeto principal de outro processo pendente;
b) não puder ser proferida senão depois de
verificado determinado fato, ou de produzida certa
prova, requisitada a outro juízo; c) tiver por pressuposto
o julgamento de questão de estado, requerido
como declaração incidente" (art. 265, IV, "a" a "c",
do CPC) ....................................................................... 140
10.2.5 "Por motivo de força maior" e "nos demais casos
que este Código regula" (art. 265, V e VI, do CPC) 141
10.3 Extinção do processo ............................................................ 141
10.3.1 Situações previstas no art. 295 do CPC .................. 142
*10.3.1.1* Art. 295, I: petição inicial inepta, 143:
10.3.1.1.1 Art. 295, parágrafo único, I a IV: situações em que a petição inicial é inepta, 143; *10.3.1.2*
Art. 295, II: "quando a parte for manifestamente
ilegítima", 143; *10.3.1.3* Art. 295, III: "quando o
autor carecer de interesse processual", 143; *10.3.1.4*
Art. 295, IV: "quando o juiz verificar, desde logo, a
decadência ou a prescrição", 144; *10.3.1.5* Art. 295,
V: "quando o tipo de procedimento, escolhido pelo
autor, não corresponder à natureza da causa, ou ao
valor da ação; caso em que só não será indeferida,
se puder adaptar-se ao tipo de procedimento legal",
144; *10.3.1.6* Art. 295, VI: "quando não atendidas as
prescrições dos arts. 39, parágrafo único, primeira
parte, e 284", 144
10.3.2 Situações contempladas nos arts. 267 e 269 do CPC 144
*10.3.2.1* Art. 267, I a XI, do CPC, 145; *10.3.2.2* Art.
269, I a V, do CPC, 147
**11. Princípios constitucionais do direito processual** ..................... 147
*11.1 Princípio da imparcialidade do juiz* ..................................... 148
*11.2 Princípio da igualdade* .......................................................... 148
*11.3 Princípio do contraditório e ampla defesa* ......................... 149
*11.4 Princípio da motivação das decisões judiciais* .................. 150
*11.5 Princípio da publicidade* ...................................................... 150
*11.6 Princípio da proibição da prova obtida ilicitamente* ........... 151

14  FUNDAMENTOS DO DIREITO PROCESSUAL CIVIL

12. **Direito processual constitucional** ............................................. 151
   12.1 Sinopse dos princípios gerais do direito processual constitucional
      12.1.1 Princípio do amplo acesso ao Poder Judiciário (art. 5º, XXXV, da CF) ....................................................... 153
      12.1.2 Princípio do devido processo legal (art. 5º, LIV, da CF) ............................................................................ 153
      12.1.3 Princípio do juiz natural (art. 5º, XXXVII e LIII, da CF) ............................................................................ 154
      12.1.4 Princípio do contraditório (art. 5º, LV, da CF) ....... 154
      12.1.5 Princípio da ampla defesa (art. 5º, LV, da CF) ....... 155
      12.1.6 Princípio do duplo grau de jurisdição .................... 156
      12.1.7 Princípio da fundamentação das decisões judiciais (art. 93, IX, da CF) ................................................. 157
      12.1.8 Princípio da publicidade (art. 93, IX, da CF) ........ 157
   12.2 Writs constitucionais ......................................................... 157
      12.2.1 Habeas corpus (art. 5º, LXVIII, da CF e arts. 647 e ss. do CPP) ............................................................ 158
      12.2.2 Mandado de segurança (art. 5º, LXIX, da CF) ....... 159
      12.2.3 Mandado de segurança coletivo (art. 5º, LXX, da CF) ........................................................................ 160
      12.2.4 Habeas data (art. 5º, LXXII, da CF e Lei 9.507/ 1997) ...................................................................... 161
      12.2.5 Mandado de injunção (art. 5º, LXXI, da CF) ........ 163
      12.2.6 Ação popular (art. 5º, LXXIII, da CF e Lei 4.717/1965, então recepcionada pela atual Carta Magna) ................................................................... 165
      12.2.7 Controle de constitucionalidade ............................ 166
          12.2.7.1 Preventivo, 167; 12.2.7.2 Repressivo, 167

SEÇÃO III – **AÇÃO**

1. **Conceito** ..................................................................................... 169
2. **Natureza jurídica da ação** ........................................................ 170
3. **Teorias da ação** ......................................................................... 170
   3.1 Teoria concreta (Chiovenda) ............................................. 170
   3.2 Teoria abstrata (Liebman) ................................................. 170
4. **Condições da ação** .................................................................... 171
   4.1 Legitimidade ad causam .................................................... 171
      4.1.1 Legitimação ordinária ............................................. 171
      4.1.2 Legitimação extraordinária ..................................... 171
   4.2 Interesse processual ........................................................... 172

## SUMÁRIO 15

  4.2.1 Necessidade da jurisdição para o restabelecimento da ordem social ou para a solução da lide ............ 172
  4.2.2 Adequação do objeto da ação ao provimento jurisdicional pretendido e ao procedimento previsto em lei ............ 172
 4.3 Possibilidade jurídica do pedido ............ 173
5. **Carência de ação** ............ 173
 *5.1* *Carência superveniente* ............ 174
 *5.2* *Condição superveniente* ............ 174
6. **Elementos da ação** ............ 175
 *6.1* *Partes* ............ 175
  6.1.1 *Autor* ............ 175
  6.1.2 *Réu* ............ 175
  6.1.3 *Outras pessoas* ............ 176
   *6.1.3.1* Litisconsórcio, 177; *6.1.3.2* Intervenção de terceiros, 179: 6.1.3.2.1 Nomeação à autoria, 180; 6.1.3.2.2 Chamamento ao processo, 183; 6.1.3.2.3 Oposição, 185; 6.1.3.2.4 Assistência, 187: *(A) Assistência simples*, 187; *(B) Assistência litisconsorcial (art. 54 do CPC)*, 189; 6.1.3.2.5 Denunciação da lide (arts. 70 a 76 do CPC), 189
  6.1.4 *Atos das partes* ............ 193
   *6.1.4.1* Classificação dos atos processuais quanto aos sujeitos, 194: 6.1.4.1.1 Atos postulatórios, 194; 6.1.4.1.2 Atos declaratórios, 194; 6.1.4.1.3 Atos probatórios, 195; 6.1.4.1.4 Atos reais, 197
 *6.2* *Pedido* ............ 197
 *6.3* *Causa de pedir* ............ 199
7. **Reunião de ações** ............ 200
 *7.1* *Conexão* ............ 201
 *7.2* *Continência* ............ 202
8. **Classificação das ações quanto ao objeto: "conhecimento", "execução" e "cautelar"** ............ 203
 *8.1* *Ação de conhecimento* ............ 203
  8.1.1 Síntese sobre as fases procedimentais em ação de conhecimento ............ 204
   *8.1.1.1* Rito comum ordinário, 204: 8.1.1.1.1 Fase postulatória, 204; 8.1.1.1.2 Fase ordinatória, 205; 8.1.1.1.3 Fase instrutória ou probatória, 207; 8.1.1.1.4 Fase decisória, 207; *8.1.1.2* Rito comum sumário, 207

8.1.2 Classificação das sentenças de mérito .................. 209
   8.1.2.1 Sentença de mérito meramente declaratória, 209; 8.1.2.2 Sentença de mérito de natureza condenatória, 209; 8.1.2.3 Sentença de mérito de natureza constitutiva, 210; 8.1.2.4 Sentença de mérito de natureza mandamental, 211; 8.1.2.5 Sentença de mérito de natureza executiva *lato sensu*, 211
8.2   Ação de execução .................................................. 212
 8.2.1   Requisitos gerais ........................................ 217
 8.2.2   Competência ............................................... 217
 8.2.3   Espécies de execução .................................. 217
 8.2.4   Fases do processo de execução relacionado ao cumprimento de uma obrigação de pagar quantia certa
   8.2.4.1 Fase postulatória, 218; 8.2.4.2 Fase de constrição judicial, 218; 8.2.4.3 Fase de excussão, 218; 8.2.4.4 Fase de satisfação, 219
 8.2.5   Suspensão do processo de execução ........... 219
 8.2.6   Extinção da execução .................................. 219
 8.2.7   Definições importantes sobre o tema em questão e últimas considerações sob o enfoque geral da execução
   8.2.7.1 Execução forçada, 220; 8.2.7.2 Execução imprópria, 220; 8.2.7.3 Execução indireta, 220; 8.2.7.4 Execução aparelhada, 220; 8.2.7.5 Execução provisória, 220
 8.2.8   Tutelas executivas ....................................... 221
 8.2.9   Processo de execução e atos executivos ..... 221
 8.2.10 Processo de execução e técnicas executivas .......... 222
 8.2.11 A interação entre os Livros I e II do Código de Processo Civil ................................................................... 223
 8.2.12 Princípios gerais aplicáveis ao processo de execução
   8.2.12.1 Princípio do devido processo legal: "ninguém será privado de seus bens, ou de sua liberdade, no processo de execução, sem o devido processo legal", 223; 8.2.12.2 Princípio da autonomia da execução, 224; 8.2.12.3 Princípio da efetividade da execução, 224; 8.2.12.4 Princípio da patrimonialidade, 224; 8.2.12.5 Princípio do respeito à dignidade da pessoa humana, 224; 8.2.12.6 Princípio da livre disponibilidade da execução, 225; 8.2.12.7 Princípio nulla executio sine titulo, 225; 8.2.12.8 Princípio da

tipicidade dos títulos, 225; *8.2.12.9* Princípio da tipicidade e princípio da atipicidade das medidas executivas (sistema misto), 225; *8.2.12.10* Princípio da proporcionalidade e da menor onerosidade, 226; *8.2.12.11* Princípio de que a execução se realiza no interesse do credor, 226; *8.2.12.12* Princípio da lealdade e da boa-fé processual, 226

8.2.13 *Legitimidade ativa e legitimidade passiva*
*8.2.13.1* Legitimidade ativa, 227: 8.2.13.1.1 Outros legitimados para o polo ativo, 228; *8.2.13.2* Legitimidade passiva (art. 568 do CPC). Rol casuístico, 229

8.2.14 *Desistência da execução (art. 569, parágrafo único, "a" e "b", do CPC)* .................................................. 230

8.2.15 *Litisconsórcio e assistência na execução* ............... 230

8.2.16 *Competência* ......................................................... 231
*8.2.16.1* Sentença penal condenatória, 231; *8.2.16.2* Sentença arbitral, 231; *8.2.16.3* Sentença estrangeira homologada pelo STJ, 232; *8.2.16.4* Competência para execução fiscal, 232

8.2.17 *Requisitos necessários para qualquer execução, ou para início da fase de cumprimento da sentença* .... 232

8.2.18 *Inovações na execução de título extrajudicial, conforme a Lei 11.382, de 6.12.2006* ............................ 234
*8.2.18.1* Início da execução, 234; *8.2.18.2* Honorários de advogado, 235; *8.2.18.3* A efetividade na ação de execução: 8.2.18.3.1 Averbações diante da simples distribuição da execução, 236; 8.2.18.3.2 Inovações quanto a penhora: *(A) – Impenhorabilidade*, 237; *(B) Ordem preferencial de bens para a penhora*, 240; *(C) Constrição de valores em conta--corrente. Penhora on line*, 241

8.3 *Ação cautelar* ...................................................................... 242
  8.3.1 *Condições específicas* ............................................ 242
    *8.3.1.1* Periculum in mora, 242; *8.3.1.2* Fumus boni iuris, 243
  8.3.2 *Conceito* ................................................................. 243
  8.3.3 *Finalidade* .............................................................. 244
  8.3.4 *Função* ................................................................... 244
  8.3.5 *Características* ....................................................... 244
    *8.3.5.1* Acessoriedade, 244; *8.3.5.2* Autonomia em relação ao feito principal, 245; *8.3.5.3* Preventivida-

de, 245; *8.3.5.4* Sumariedade, 245; *8.3.5.5* Provisoriedade, 245; *8.3.5.6* Instrumentalidade, 245; *8.3.5.7* Revogabilidade, 245

8.3.6 Classificação das medidas cautelares .................. 246

 *8.3.6.1* Classificação prática das medidas cautelares: 8.3.6.1.1 Medidas cautelares para assegurar bens, 246; 8.3.6.1.2 Medidas cautelares para assegurar pessoas, 246; 8.3.6.1.3 Medidas cautelares para assegurar provas, 246; *8.3.6.2* Classificação segundo a natureza da tutela cautelar: 8.3.6.2.1 Jurisdicional, 246; 8.3.6.2.2 Voluntária ou administrativa, 246; 8.3.6.2.3 Decretável em razão do ofício jurisdicional, 246

8.3.7 *Eficácia* ..................................................... 247

8.3.8 *Procedimento comum*

 *8.3.8.1* Competência (art. 800 do CPC), 247; *8.3.8.2* Petição inicial, 248; *8.3.8.3* Citação, 249; *8.3.8.4* Contracautela, 249; *8.3.8.5* Audiência de instrução e julgamento, 249

8.3.9 *Tutelas de urgência* ................................... 249

 *8.3.9.1* Medidas liminares, 250; *8.3.9.2* Antecipação de tutela, 250: 8.3.9.2.1 Conceito, 251; 8.3.9.2.2 Finalidade, 251; 8.3.9.2.3 Previsão legal, 251; 8.3.9.2.4 Requisitos: *(A) Requerimento por qualquer das partes*, 251; *(B) Legitimidade*, 251; *(C) Prova inequívoca*, 252; *(D) Verossimilhança das alegações*, 252; *(E) Requisitos alternativos*, 252; *(F) Reversibilidade da medida antecipada*, 253; *(G) Requisito único: antecipação da tutela contemplada no § 6º do art. 273*, 253; 8.3.9.2.5 Fungibilidade, 254; 8.3.9.2.6 Semelhanças e diferenças entre a antecipação de tutela e as medidas cautelares, 254; *8.3.9.3* Ações cautelares, 255: 8.3.9.3.1 Características: *(A) Acessoriedade*, 255; *(B) Autonomia*, 255; *(C) Instrumentalidade*, 256; *(D) Provisoriedade*, 256; *(E) Revogabilidade*, 256; *(F) Fungibilidade*, 256; 8.3.9.3.2 Classificação: *(A) Medidas típicas ou nominadas (arts. 813 a 889 do CPC)*, 256; *(B) Medidas atípicas ou inominadas (arts. 798 e 799 do CPC)*, 256; *(C) Medidas cautelares conservativas de direito*, 256; *(D) Medidas contenciosas e não* contenciosas, 257; (E) Medida cautelar com objetivo de garantir pessoas, 257; (F) Medidas cautelares com o objetivo de garantir bens, 257; (G) Medidas cautelares que busquem garantir provas, 257; (H) Medidas cautelares preparatórias, 257; (I) Medidas cautelares incidentais, 257; 8.3.9.3.3 Requisitos específicos, 257: (A) Fumus boni iuris (fumaça do bom direito), 257; (B) Periculum in mora (perigo de dano pela demora), 258; 8.3.9.3.4 Procedimento comum das ações cautelares, 258; 8.3.9.3.5 Síntese sobre alguns procedimentos cautelares específicos: (A) Arresto (arts. 813 a 821 do CPC), 260; (B) Sequestro (arts. 822 a 825 do CPC), 260; (C) Busca e apreensão (arts. 839 a 843 do CPC), 260; (D) Exibição (arts. 844 e 845 do CPC), 260; (E) Produção antecipada de provas (arts. 846 a 851 do CPC), 261; (F) Alimentos provisionais (arts. 852 e ss. do CPC), 261; (G) Protestos, notificações e interpelações (arts. 867 e ss. do CPC), 261

SEÇÃO IV – **DEFESA** .................................................................. 263

1. **Princípio da concentração da defesa** ................................. 265
2. **Classificação das defesas**
   2.1 *Defesas de mérito* .......................................................... 265
       2.1.1 *Defesa de mérito direta* ...................................... 265
       2.1.2 *Defesa de mérito indireta* ................................... 266
   2.2 *Defesas processuais* ....................................................... 266
       2.2.1 *Defesa processual peremptória* ........................... 266
       2.2.2 *Defesa processual dilatória* ................................. 267
3. **Modalidades de defesa** ....................................................... 268
   3.1 *Contestação (art. 300 do CPC)* ...................................... 268
       3.1.1 *Princípio da eventualidade* ................................. 270
       3.1.2 *Regra da impugnação especificada* .................... 270
   3.2 *Reconvenção (art. 315 do CPC)* ..................................... 271
       3.2.1 *Natureza jurídica* ................................................ 271
   3.3 *Exceções processuais (arts. 304 a 314 do CPC)* ............ 272
       3.3.1 *Exceção de incompetência do juízo* ................... 273
       3.3.2 *Do impedimento e da suspeição do juiz* ............. 273
   3.4 *Impugnação ao valor atribuído à causa* ......................... 275
   3.5 *Modalidades de intervenção de terceiros consideradas "defesas"* .................................................................................. 275

3.5.1 Nomeação à autoria (arts. 62 a 69 do CPC) .......... 275
3.5.2 Chamamento ao processo (arts. 77 a 80 do CPC) .... 276

SEÇÃO V – **CONSIDERAÇÕES FINAIS** ........................................ 278

## Capítulo IV – Do Juiz

1. **Introdução** ................................................................................. 280
2. **Garantias** ................................................................................... 280
3. **Organização funcional da carreira** ........................................ 281
4. **Poderes** ...................................................................................... 282
5. **Deveres** ...................................................................................... 283
6. **Impedimentos e suspeição do juiz** ......................................... 284
   6.1 Impedimentos .................................................................... 286
   6.2 Suspeição ........................................................................... 286
7. **Princípios gerais que envolvem poderes e deveres do juiz** ........ 287
   7.1 Princípios relativos à jurisdição
       7.1.1 Princípio da inércia ............................................. 287
       7.1.2 Princípio da indelegabilidade ............................ 288
       7.1.3 Princípio da inafastabilidade ............................. 288
   7.2 Princípios gerais do direito processual aplicáveis ao juiz
       7.2.1 Princípio do impulso oficial ............................... 288
       7.2.2 Princípio da publicidade .................................... 288
       7.2.3 Princípio da economia processual .................... 289
       7.2.4 Princípio da lealdade processual ...................... 289
       7.2.5 Princípio da imparcialidade do juiz ................. 290
       7.2.6 Princípio da igualdade ....................................... 290
       7.2.7 Princípio do contraditório e ampla defesa ...... 290
       7.2.8 Princípio da livre investigação das provas ...... 291
       7.2.9 Princípio da persuasão racional ....................... 291
       7.2.10 Princípio da identidade física do juiz ............. 291
       7.2.11 Princípio da imediação ..................................... 292
       7.2.12 Princípio da congruência ................................. 293
       7.2.13 Princípio da motivação das decisões .............. 296
8. **Atos do juiz** ............................................................................... 297
   8.1 Despachos .......................................................................... 297
   8.2 Atos decisórios .................................................................. 298
       8.2.1 Decisão interlocutória ........................................ 298
       8.2.2 Sentença ............................................................... 298
   8.3 Cognição ............................................................................ 300
       8.3.1 Conceito ............................................................... 301
       8.3.2 Finalidade ............................................................ 301

SUMÁRIO 21

| | | |
|---|---|---|
| 8.3.3 | Objeto | 301 |
| 8.3.4 | Marcha procedimental | 301 |
| | 8.3.4.1 Preliminares, 301; 8.3.4.2 Prejudiciais, 302: 8.3.4.2.1 Prejudiciais homogêneas, 302; 8.3.4.2.2 Prejudiciais heterogêneas, 303 | |
| 8.3.5 | Classificação da cognição | |
| | 8.3.5.1 Segundo Chiovenda, 303; 8.3.5.2 A doutrina brasileira, 304 | |

**Capítulo V – Do Ministério Público** ............................................. 306
1. **Conceito** ................................................................................ 306
2. **Princípios** .............................................................................. 307
   2.1  Princípio da unidade ....................................................... 307
   2.2  Princípio da independência funcional ............................ 307
   2.3  Princípio da autonomia administrativa e orçamentária ... 307
3. **Garantias (arts. 127 a 130-A da CF)**
   3.1  Da Instituição .................................................................. 307
   3.2  Dos membros da Instituição ........................................... 308
4. **Impedimentos** ....................................................................... 308
5. **Funções** ................................................................................ 308
6. **Órgãos do Ministério Público** ............................................. 310
   6.1  Órgãos da administração superior ................................. 310
   6.2  Órgãos de execução ........................................................ 311
   6.3  Órgãos auxiliares ............................................................ 311
7. **Do inquérito civil** ................................................................. 311
   7.1  Conceito .......................................................................... 312
   7.2  Atribuição para instauração ........................................... 312
   7.3  Prazo de conclusão ......................................................... 312
   7.4  Finalidade ....................................................................... 312
   7.5  Arquivamento ................................................................. 312
   7.6  Análise do Conselho Superior do Ministério Público ..... 313
   7.7  Desarquivamento ............................................................ 313
8. **Ação civil pública** ................................................................ 313
   8.1  Legitimação .................................................................... 313
   8.2  Previsão legal ................................................................. 313
   8.3  Direito tutelado ............................................................... 314
   8.4  Legitimidade ativa .......................................................... 314
   8.5  Legitimidade passiva ...................................................... 314
   8.6  Objeto .............................................................................. 314
   8.7  Coisa julgada .................................................................. 315

22  FUNDAMENTOS DO DIREITO PROCESSUAL CIVIL

Capítulo VI – Do Advogado ............................................................. 319
1. Conceito .................................................................................... 319
2. Natureza jurídica da Advocacia ............................................. 319
3. Capacidade postulatória ......................................................... 320
4. Poderes conferidos no instrumento de mandato ................... 321
5. Deveres e direitos do advogado .............................................. 322
   5.1 Deveres ............................................................................. 322
   5.2 Direitos ............................................................................. 324
       5.2.1 Direitos do advogado previstos no estatuto processual (art. 40 do CPC) ............................................ 325
6. Substituição dos procuradores ............................................... 326
7. Considerações finais ................................................................ 327

Capítulo VII – Prática Processual

I – MODELOS DE PEÇAS PROCESSUAIS EM FASE POSTULATÓRIA

1. Petição inicial em ação de conhecimento de rito comum ordinário: "ação de cobrança" ................................................. 328
2. Petição inicial em ação de conhecimento de rito comum ordinário: "ação investigatória de paternidade" ..................... 331
3. Petição inicial em ação de conhecimento de rito comum sumário: "ação de reparação de danos causados em colisão de veículos" 334
4. Contestação em ação de conhecimento de rito comum ordinário 340
5. Reconvenção ............................................................................ 344
6. Exceção de incompetência do juízo ....................................... 347
7. Petição inicial em ação de execução de título extrajudicial cambial ......................................................................................... 349
8. Embargos à execução ............................................................. 352
9. Petição inicial em ação cautelar (medida pretendida: "produção antecipada de provas") ...................................................... 354

II – MODELOS DE PEÇAS PROCESSUAIS EM FASE RECURSAL

1. Agravo retido ........................................................................... 359
2. Agravo de instrumento ........................................................... 361
3. Embargos de declaração contra sentença ............................. 364
4. Embargos de declaração contra acórdão .............................. 365
5. Apelação ................................................................................... 368
6. Embargos infringentes ............................................................ 371
7. Recurso especial ...................................................................... 373
8. Recurso extraordinário ........................................................... 376

Bibliografia ....................................................................................... 381

# APRESENTAÇÃO

A presente obra foi desenvolvida com apoio em aulas ministradas pelo Autor em cursos de Graduação e Pós-Graduação e em cursos preparatórios para ingresso nas carreiras jurídicas, preocupando-se com uma redação objetiva e compreensível aos acadêmicos nos cursos jurídicos sobre temas de fundamental relevância do direito processual. De modo que a apresenta em sete capítulos, os quais, em linhas gerais, envolvem o posicionamento jurídico sustentável doutrinariamente, sendo o último capítulo apenas no enfoque "prático". Assim, destaca a esfera de atuação do direito processual, distinguindo-o do direito material. Aborda a interpretação, fontes e eficácia da lei processual, bem como os princípios gerais que apoiam o direito processual. Na sequência apresenta os modos de eliminação dos conflitos, com ênfase à mediação e arbitragem. Ingressa nos quatro grandes temas do direito processual – quais sejam: *jurisdição, processo, ação* e *defesa* –, apresentando suas conceituações, características, princípios, com destaque aos temas *competência, intervenção de terceiros e suas modalidades* e *classificação das ações quanto ao objeto* no âmbito do processo civil. Apresenta, nessa esfera do processo civil, noções gerais sobre o *processo de conhecimento* e a *classificação quinária das sentenças de mérito, processo de execução* e, ainda, sobre o *processo cautelar*. Por fim, dedica os quatro últimos capítulos aos temas relacionados ao *juiz, Ministério Público, advogado* e *prática processual*.

# Capítulo I
# INTRODUÇÃO:
# NOÇÕES GERAIS SOBRE O DIREITO PROCESSUAL

*1. Direito processual e direito material. 2. Normas processuais e normas procedimentais: 2.1 Normas processuais em sentido estrito – 2.2 Normas procedimentais. 3. Interpretação das normas processuais: 3.1 Normas jurídicas materiais – 3.2 Normas processuais. 4. Fontes da norma processual: 4.1 Fontes abstratas da norma processual – 4.2 Fontes concretas da norma processual. 5. Eficácia da lei processual no tempo e no espaço: 5.1 Eficácia no espaço – 5.2 Eficácia no tempo. 6. Princípios que informam o devido processo legal.*

## 1. Direito processual e direito material

Inicialmente é importante definirmos o que se entende por "direito processual", bem como sua diferença em relação ao "direito material", para que possamos delinear a matéria objeto de nosso estudo. Este último, o direito material, pode ser conceituado como o conjunto de normas que regem as relações jurídicas entre pessoas na sociedade, disciplinando a conduta e os interesses das pessoas no meio social em face dos bens e utilidades da vida. Como exemplos têm-se o direito civil, o direito penal, o direito comercial etc.

O direito processual, também denominado "direito instrumental", pode ser conceituado, em linhas gerais como *o conjunto de normas e princípios que disciplinam em abstrato o modo de proceder para o restabelecimento da ordem jurídica e da paz social, e atuam de forma concreta sempre que houver provocação do Estado-juiz, por interessados em obter uma tutela jurisdicional.* Como veremos adiante, essa tutela poderá ser de mérito, cautelar ou satisfativa, dependendo da pretensão formulada em juízo na petição inicial – peça que dá início à ação e que movimenta a atividade jurisdicional do Estado-juiz.

Indaga-se, pois: quais seriam essas normas e princípios de natureza processual que constituem o direito instrumental? Ainda: quais seriam suas finalidades? É o que veremos na sequência.

Para direcionarmos nosso entendimento, vale observar, ainda, de maneira geral, que, via de regra, a finalidade de algum instituto jurídico apresenta-se introduzida na sua própria conceituação, normalmente em sua parte final, como veremos.

## 2. Normas processuais e normas procedimentais

Assim, podemos conceituar as normas processuais em sentido amplo como os preceitos legais que disciplinam o modo de proceder para que o Estado-juiz possa conferir efetivo restabelecimento da paz social e da ordem jurídica eventualmente ameaçadas ou violadas por alguém. Em outras palavras: para que possa conferir uma tutela jurisdicional.

As normas processuais em sentido amplo abrangem as normas processuais em sentido estrito e as normas procedimentais. Importante, pois, diferenciá-las.

### 2.1 Normas processuais em sentido estrito

São aquelas que disciplinam a relação jurídica que se estabelece entre os três sujeitos principais do processo, quais sejam: o juiz, o autor (ou autores) e o réu (ou réus). Note-se que *relação jurídica* é o vínculo que surge entre dois ou mais sujeitos, conferindo-se a eles, simultaneamente, poderes e direitos e os correspondentes deveres, ônus e obrigações. Assim, é o liame entre sujeitos disciplinado pelo Direito. Na esfera processual essa relação jurídica é abstrata, de modo que podemos afirmar: as normas processuais em sentido estrito disciplinam o exercício da jurisdição pelo sujeito imparcial da relação processual, que é o juiz, estabelecendo, pois, seus poderes e deveres, e disciplinam também os direitos, ônus e obrigações concernentes às partes, sujeitos parciais dessa relação processual, em relação aos quais, de modo exemplificativo, pode-se destacar o direito de ação conferido ao autor, e que corresponde ao direito de defesa do réu, como também o direito de ampla defesa às partes, para que possam comprovar nos autos o que alegam, e o ônus ou incumbência de efetivamente demonstrarem nos autos suas alegações, entre outros. Em suma, as normas processuais em sentido estrito envolvem o exercício da jurisdição pelo juiz, bem como o direito de ação e o direito de defesa conferidos às partes.

## 2.2 Normas procedimentais

São as que disciplinam o aspecto formal do processo, ou seja, o modo em que os atos processuais são praticados sucessivamente no tempo, os quais serão materializados nos autos do processo. Na verdade, as normas procedimentais constituem as regras sobre o desenvolvimento dos vários atos produzidos pelas partes e coordenados pelo juiz, de forma lógica e cronologicamente organizados, para obtenção de um fim, que é a prestação jurisdicional.

No que tange à finalidade das normas processuais, pode-se concluir que visam a assegurar a harmonia e a igualdade processual entre os litigantes e a efetiva prestação jurisdicional válida e eficaz, restabelecendo a paz social.

Frise-se: normas processuais em sentido amplo abrangem tanto as normas processuais em sentido estrito como também as normas procedimentais.

## 3. Interpretação das normas processuais

*Interpretação* consiste na tarefa de buscarmos o significado e o alcance da norma jurídica. Não se confunde com a integração da norma, que é a tarefa de complementação da norma jurídica sempre que houver lacunas ou omissões. Como métodos de integração temos a *analogia*, os *costumes* e os *princípios gerais de Direito*. Já, em relação aos métodos que buscam atribuir o real significado e o alcance da norma – ou seja métodos de interpretação –, podemos destacar o *método gramatical*, segundo o qual é considerado o próprio texto literal da lei; o *método comparativo*, que se apoia em eventuais influências de legislações estrangeiras; o *histórico*, baseado nas fontes inspiradoras por ocasião da elaboração da norma; e, ainda, a *interpretação extensiva*, que amplia o significado textual da norma nos casos em que o texto legal diz menos do que pretendia, a qual tem como modo inverso a *interpretação restritiva*, que limita a esfera de aplicação da norma. Por fim, o principal método de interpretação da norma processual é o *lógico-sistemático*, porquanto os dispositivos legais não existem isoladamente, mas estão inseridos num sistema que se apresenta organizado de modo lógico, a ponto de uns dispositivos auxiliarem na compreensão dos outros – fato que determina ao intérprete a necessidade de observar o sistema em seu conjunto, conferindo atenção ao próprio posicionamento geográfico do que se pretende interpretar, de tal sorte que a própria sequência dos capítulos é apresentada de forma esclarecedora, inclusive.

Ainda poderíamos apresentar a interpretação quanto à origem e à finalidade da norma jurídica. Aqui, é necessário esclarecer a diferença entre *normas processuais* e *normas jurídicas materiais*. Assim, considerando-se a atividade jurisdicional que se desenvolve no processo, podemos dizer que:

*3.1 Normas jurídicas materiais*

Constituem o critério de julgar, de sorte que, se não observadas corretamente, ensejam o denominado *error in iudicando*, que autoriza eventual reforma do conteúdo decisório contido no pronunciamento jurisdicional, mediante recurso à instância superior.

Pode-se afirmar, ainda, que as normas jurídicas materiais estabelecem o Direito a ser aplicado ao caso concreto.

*3.2 Normas processuais*

Também conhecidas como *instrumentais*, constituem o critério de proceder e, se desobedecidas, ensejam o *error in procedendo*, que, por sua vez, pode provocar a anulação do processo.

Aqui têm-se normas que instituem o critério a ser observado para a aplicação do direito material ao caso concreto.

Vale dizer: o objeto da "norma processual" é disciplinar o modo processual a ser observado para atingir uma tutela jurisdicional eficaz.

*4. Fontes da norma processual*

*Fontes*, em simples palavras, significam o local de origem de algo – e, no caso em tela, a origem da norma jurídica. Denominam-se *fontes formais do Direito* os meios de produção da norma jurídica. Tais meios são a *lei em sentido amplo*, os *usos e costumes*, a *jurisprudência* e o *negócio jurídico*.

## 4.1 Fontes abstratas da norma processual

São as mesmas do Direito em geral, e, como já afirmado, são as leis existentes, os usos e costumes, a jurisprudência e o negócio jurídico. *Fontes abstratas* são as que podem dar origem a uma norma processual.

## 4.2 Fontes concretas da norma processual

Estabelecem a efetiva criação e atuação da norma processual. Entenda-se, onde efetivamente encontramos normas de natureza processual em vigor.

Aqui nós temos como principais fontes a Constituição Federal e a legislação ordinária contemplada no Código de Processo Civil – Lei 5.869 de 11.1.1973 – e no Código de Processo Penal – Decreto-lei 3.689, de 3.10.1941 –, que constituem, juntamente com a Consolidação das Leis do Trabalho e a Lei das Pequenas Causas, as maiores fontes de normas processuais, com diversas leis extravagantes que trouxeram modificações e complementações a estas. Não se pode esquecer, ainda, que as *convenções* e os *tratados internacionais* também são fontes concretas da norma processual.

## 5. Eficácia da lei processual no tempo e no espaço

Toda norma jurídica apresenta eficácia limitada no espaço e no tempo. Vale dizer: aplica-se a determinado território, por certo período de tempo, até que outra lei a modifique ou revogue.

## 5.1 Eficácia no espaço

O princípio que estabelece a eficácia da norma processual no espaço é o da *territorialidade*, o qual vem expresso nos arts. 1º do CPC e 1º do CPP. Ora, a atividade jurisdicional é manifestação do poder soberano do Estado; e, assim, essa atividade não poderia ser regulada por leis estrangeiras.

## 5.2 Eficácia no tempo

Aqui, aplica-se o que dispõe a Lei de Introdução às Normas do Direito Brasileiro (Decreto-lei 4.657, de 4.9.1942): "Salvo disposição contrária, a lei começa a vigorar em todo o País 45 (quarenta e cinco) dias depois de oficialmente publicada". Se houver nova publicação antes de sua entrada em vigor, o prazo começa a correr a partir da nova publicação.

Ainda: "A lei em vigor terá efeito imediato e geral, respeitados o ato jurídico perfeito, o direito adquirido e a coisa julgada" (Lei de Introdução às Normas do Direito Brasileiro, art. 6º).

Não há dúvida de que as leis processuais novas não incidem sobre processos concluídos, ante a proteção assegurada pelo fenômeno processual denominado *coisa julgada*.

Também não se questiona que os processos novos, a serem iniciados, serão regulados pela eventual lei processual nova.

A questão surge no *conflito temporal de leis processuais*, ou seja, no que diz respeito aos processos que estão em curso por ocasião do início de vigência de lei processual nova. Qual seria a lei processual a ser observada no processo em curso: a antiga, que estava sendo aplicada, ou a nova? Na verdade, tal conflito é apenas aparente, posto que o sistema do *isolamento dos atos processuais*, consagrado pela nossa legislação processual, define a questão consignando que cada ato processual é visto de forma isolada no tempo, embora integre um conjunto de atos no procedimento; ou seja, é possível identificá-lo isoladamente no tempo, e a lei nova não atinge os atos processuais já praticados no feito. Portanto, a lei processual não retroage, mas tem aplicação desde logo aos atos processuais seguintes, ou seja, àqueles que ainda serão praticados. Este sistema vem consagrado pelo art. 2º do CPP: "A lei processual penal aplicar-se-á desde logo, sem prejuízo da validade dos atos realizados sob a vigência da lei anterior". Também o nosso Código de Processo Civil ratifica a regra, estabelecendo que: "(...). Ao entrar em vigor, suas disposições aplicar-se-ão desde logo aos processos pendentes" (art. 1.211). Conclui-se: a lei processual tem aplicação imediata e não retroage, de modo que ocorre o aproveitamento dos atos processuais praticados sob a vigência de eventual lei processual revogada – o que atende ao *princípio da economia processual*.

## 6. Princípios que informam o devido processo legal

Sob outro aspecto, em relação aos princípios que também integram o direito processual, e que deverão ser observados como fundamentais para que se tenha o devido processo legal, podem ser enfatizados, por primeiro, os previstos na Constituição Federal, os quais serão estudados detalhadamente mais adiante, e que, em síntese, visam a assegurar a toda e qualquer pessoa o direito de acesso ao Judiciário e a uma decisão justa proferida por um terceiro imparcial que integra um tribunal constitucionalmente previsto, que confira a igualdade de tratamento às partes mediante efetivação do contraditório e ampla oportunidade para que demonstrem suas alegações por meios lícitos, estabelecendo transparência aos atos praticados no processo, principalmente no que se refere à motivação das decisões judiciais proferidas.

Na essência, é correto afirmar que a observância dos princípios constitucionais do direito processual caracteriza o denominado *devido processo legal*, previsto expressamente no art. 5º, LIV, da CF – a saber: "ninguém será privado da liberdade ou de seus bens sem o devido processo legal".

## Capítulo II
# MODOS DE ELIMINAÇÃO DOS CONFLITOS

*1. Introdução. 2. Autocomposição: 2.1 Desistência – 2.2 Submissão – 2.3 Transação. 3. Autotutela ou autodefesa. 4. Heterocomposição: 4.1 Mediação – 4.2 Arbitragem – 4.3 Função estatal pacificadora.*

## 1. Introdução

É pacífico que não existe sociedade sem Direito. O Direito exerce na sociedade a função disciplinadora dos interesses que existam na vida social. Assim, a ordem jurídica harmoniza as relações sociais. Importa frisar, novamente, que *relação jurídica* é o vínculo entre dois ou mais sujeitos, conferindo-se a eles, simultaneamente, direitos e poderes e os correspondentes deveres, ônus e obrigações. O ordenamento jurídico serve para disciplinar as relações jurídicas entre pessoas na sociedade. As relações jurídicas surgem em razão de atos praticados entre pessoas ou, mesmo, em razão de fatos naturais ou provocados que as vinculam. Como exemplo podemos destacar, *em relação aos atos*, em que se estabelece o *animus*, ou seja, a vontade, um contrato de prestação de serviço ou a compra de um determinado produto e, *em relação aos fatos*, nos quais pode ou não incidir o aspecto subjetivo da vontade, temos o desmoronamento de uma casa em razão de chuva, também denominado *caso fortuito*, ou a colisão entre veículos, fato, este, provocado pela conduta humana.

O conflito surge sempre que houver desequilíbrio, desrespeito ou descumprimento de uma relação jurídica ou negócio jurídico em razão de ato ou em razão de fato envolvendo pessoas, coisas ou interesses.

Surge, então, a questão: como eliminar o conflito?

A eliminação dos conflitos de natureza civil existentes na vida em sociedade pode se verificar através da autocomposição ou heterocomposição, como veremos.

## 2. Autocomposição

É modo de eliminação de conflito que se opera por obra de um ou de ambos os sujeitos envolvidos na situação conflitante.

Nesta, um dos sujeitos, ou cada um deles, permite o sacrifício total ou parcial do seu interesse. As formas de autocomposição são:

### 2.1 Desistência

Concretiza-se com a renúncia à pretensão – ou seja: um dos sujeitos envolvidos na situação conflitante renuncia a seu interesse.

### 2.2 Submissão

Verifica-se na hipótese em que um não oferece resistência à pretensão do outro; portanto, submete-se à vontade do outro. E:

### 2.3 Transação

Implica concessões recíprocas, ou seja: os dois sujeitos da situação conflitante cedem parcelas de seus respectivos interesses a fim de obter a solução amigável da questão. Oportuno mencionar, em relação a esta última modalidade, que, se, as concessões recíprocas se concretizarem no processo, mediante a atuação do juiz no exercício de sua atividade jurisdicional, estaremos diante do que se denomina *conciliação* (v. subitem 2.3.1). Insta frisar que nosso ordenamento jurídico autoriza a autocomposição como modo de eliminação de conflitos.

#### 2.3.1 Transação e conciliação

Note-se: a possibilidade de composição da questão conflitante quando já instaurado o processo de natureza civil, através das partes, porém com a intermediação do juiz – fato que resulta na denominada *conciliação* –, poderá surgir a qualquer tempo no processo. O juiz, na sua atividade jurisdicional, deverá conferir oportunidade procedimental para obtê-la, a fim de compor rapidamente a demanda, porém sem manifestar qualquer opinião sobre o mérito da questão, posto que deve manter a imparcialidade. Havendo a conciliação entre as partes no processo, o juiz a homologa por sentença. Trata-se de sentença de mérito por equiparação legal, consoante o art. 269, III, do CPC: "Haverá resolução de mérito: (...) III – quando as partes transigirem; (...)". Surge, então, título executivo judicial em razão desse negócio jurídico-processual, que exige partes maiores e capazes e, como regra, questão de direito material disponível. Afirma-se que algo é *disponível* quando se encontra na esfera da faculdade da pessoa exercer, ou não, um direito.

Ainda, sob o aspecto da disponibilidade de direitos, podemos lembrar as seguintes possibilidades dentro de uma relação jurídica processual: o *reconhecimento jurídico do pedido*, ato privativo do réu, que gera sentença de mérito de procedência do pedido formulado pelo autor; e a *desistência da ação*, ato privativo do autor, que gera sentença terminativa, ou seja, que põe fim ao processo sem julgamento do mérito.

O reconhecimento jurídico do pedido, como visto, é ato privativo do requerido (réu) no âmbito do processo civil, e poderá ser exercido por ele pessoalmente ou por procurador com poderes especiais, diante de direitos disponíveis, e o objeto é o próprio direito material postulado pelo autor da ação – o que gera a prestação jurisdicional de procedência do pedido; portanto, a consequente extinção do processo com julgamento do mérito, nos termos do art. 269, II, do CPC. Importa distinguir o *reconhecimento jurídico do pedido* em relação à *confissão*: enquanto o objeto do primeiro é o próprio direito e se trata de ato privativo do réu, o objeto da confissão são os fatos, e poderá ser feita por qualquer das partes. Mais: o reconhecimento jurídico do pedido necessariamente gera sentença de procedência do pedido, ao passo que a confissão nem sempre provoca a perda da demanda. Todavia, há semelhanças, quais sejam: as duas situações não são admitidas quando a parte for incapaz ou o direito indisponível.

A *desistência da ação* é ato do autor e gera sentença que põe fim ao processo sem julgamento do mérito, nos termos do art. 267, VIII, do CPC. Trata-se de ato de disposição do direito de ação que, no âmbito do processo civil, poderá ser exercido pelo autor livremente até o prazo legal para a resposta do réu, e após o decurso desse prazo somente com a anuência do réu. Assim dispõe o § 4º do art. 267 do CPC: "Depois de decorrido o prazo para a resposta, o autor não poderá, sem o consentimento do réu, desistir da ação". Como a desistência da ação gera sentença terminativa, não se impede nova propositura da mesma ação. Todavia, para se evitar que o autor intencionalmente pratique tal ato para que possa escolher o juiz da causa através da repropositura da ação, tem-se que o juiz que homologar a desistência ficará prevento para o conhecimento da questão na eventualidade do novo ingresso em juízo com a mesma ação. Outrossim, para a repropositura da mesma ação, extinta sem o julgamento do mérito, o autor deverá comprovar o pagamento das despesas processuais da ação anterior; se não, ficará impedido de exercer o direito de ação.

Em suma, concluindo o que fora apresentado sobre a *autocomposição* no âmbito civil, que envolve o poder dispositivo, pode-se afirmar, em linhas gerais, que esse poder dispositivo – ou seja, a faculdade de que a pessoa dispõe para abrir mão de direitos – apresenta exceções, sofrendo limitação nos casos em que: (a) houver interesses de incapazes na questão, como, exemplo, pode-se lembrar o direito aos alimentos, que não admite a renúncia; ou (b) houver prevalência de interesse público na questão conflitante, podendo-se apresentar, exemplificativamente, o ressarcimento de um dano ambiental, onde existe o interesse público na questão. Nessas hipóteses não se admite a plena liberdade de dispor do direito material, o que não significa a impossibilidade de conciliação, ou seja, solução amigável em juízo, no que tange à *forma* do exercício do direito e seu cumprimento, ou quanto ao seu *parcelamento*, se relacionado a dívida pecuniária. Assim, tem-se admitido no processo, mesmo nas causas relacionadas a direitos de menores e incapazes ou naquelas que envolvem interesse público, a audiência de tentativa de conciliação entre as partes, posto que, embora o direito seja indisponível admite-se a denominada *transação parcial*.

### 2.3.2 *Transação penal*

Já, na esfera do processo penal podemos lembrar a *transação* prevista na Lei 9.099/1995, em seu art. 72, para infrações penais de menor potencialidade ofensiva. Nessa *transação* teremos duas situações, que constituem o escopo dos Juizados Especiais Criminais, quais sejam: (a) aceitação, em audiência preliminar, anteriormente à instauração do processo, da composição dos danos decorrentes da infração, que resultará na extinção da punibilidade para os casos previstos no parágrafo único do art. 74 da referida lei; e (b) aplicação imediata de pena não privativa de liberdade, mediante proposta do titular da ação penal, e que deverá ser aceita pelo autor da infração e seu defensor. Esta última hipótese é que caracteriza a *transação penal*, e deve ser entendida da seguinte forma: o Ministério Público não processará criminalmente o autor da infração de menor potencial ofensivo, ou seja, não dará início à ação penal, se ele aceitar a aplicação imediata de sanção não privativa de liberdade. Trata-se de benefício que somente poderá ser aplicado se não houver qualquer dos fatores impeditivos da proposta de transação, previstos no art. 76, § 2º, da lei em questão.

Algumas questões surgiram sobre esse tema, envolvendo entendimentos divergentes, tais como:

(1) A aceitação da proposta deve ser feita pelo autor da infração e seu defensor; porém, como se resolve a questão se houver divergência entre eles? O primeiro entendimento destaca que prevalece a opinião técnica do defensor constituído. O segundo, em contrário, diz que a vontade do autor da infração deve prevalecer, e tal divergência com seu procurador constituído implica renúncia tácita ao mandato – hipótese que para nós se afigura mais correta.

(2) Pode o juiz apresentar a proposta de transação penal *ex officio*, se o Ministério Público não a apresentar, sem que haja qualquer fator impeditivo da transação? O entendimento apresentado pelo Ministério Público paulista é no sentido da impossibilidade, porquanto tal proposta é de iniciativa do titular da ação penal, nos termos do que expressamente dispõe o art. 76 da Lei 9.099/1995. Todavia, há posicionamento jurisprudencial no sentido de que o juiz poderá apresentar a proposta *ex officio*, se o Ministério Público não a apresentar, nos casos em que não houver qualquer fator impeditivo, pois trata-se de direito subjetivo do autor do fato, e, portanto, estaríamos diante da própria aplicação da lei no exercício do poder jurisdicional que o Estado confere ao Judiciário.

(3) O que acontece se o autor do fato aceitar a transação e deixar de cumprir a sanção não privativa de liberdade imposta? O entendimento institucional apresentado pelo Ministério Público do Estado de São Paulo é no sentido de que deverá ocorrer o oferecimento da denúncia pelo promotor de justiça, instaurando-se o processo. O fundamento é no sentido de que a transação envolve o processo, ou seja, não haverá o início do processo se o autor do fato aceitar e cumprir a sanção imposta

imediatamente, e o contrário se descumpri-la. Porém, importa frisar a existência de entendimento jurisprudencial no sentido de que o não cumprimento da proposta de transação enseja a execução da sanção aplicada, e não o oferecimento da denúncia, ante a existência de sentença judicial homologatória da transação.

## 3. *Autotutela ou autodefesa*

Nesta modalidade de solução de conflito tem-se que o sujeito impõe o sacrifício do interesse alheio mediante o uso de força física. Em regra nosso ordenamento jurídico não o autoriza, posto que o Estado não admite o "fazer justiça pelas próprias mãos", o que, aliás, implicaria ilícito penal, previsto no art. 345 do CP – qual seja o "exercício arbitrário das próprias razões" – e seria a vingança privada. Na verdade, o Estado reservou para si o poder de pacificação social com autoridade. Todavia, a própria lei material abre exceções à proibição da autotutela, e como exemplos podemos destacar: (1) o direito de retenção previsto no CC em vigor, no art. 1.219 – "O possuidor de boa-fé tem direito à indenização das benfeitorias necessárias e úteis, bem como, quanto as voluptuárias, se não lhe forem pagas, a levantá-las, quando o puder sem detrimento da coisa, e poderá exercer o direito de retenção pelo valor das benfeitorias necessárias e úteis". Ainda sob o enfoque do direito de retenção, temos no âmbito do direito processual o que dispõe o art. 745 do CPC: "Nos embargos, poderá o executado alegar: (...) IV – retenção por benfeitorias necessárias ou úteis, nos casos de título para entrega de coisa certa (art. 621)"; (2) o desforço imediato, contemplado no atual CC no art. 1.210 e seu § 1º – "Art. 1.210. O possuidor tem direito a ser mantido na posse em caso de turbação, restituído no de esbulho, e segurado de violência iminente, se tiver justo receio de ser molestado. § 1º. O possuidor turbado, ou esbulhado, poderá manter-se ou restituir-se por sua própria força, contanto que o faça logo; os atos de defesa, ou de desforço, não podem ir além do indispensável à manutenção, ou restituição da posse". Nessa questão vale lembrar as ações possessórias previstas nos arts. 920 ao 933 do CPC, merecendo destaque o *interdito proibitório* – art. 932 do estatuto processual: "O possuidor direto ou indireto, que tenha justo receio de ser molestado na posse, poderá impetrar ao juiz que o segure da turbação ou esbulho iminente, mediante mandado proibitório, em que se comine ao réu determinada pena pecuniária, caso transgrida o preceito" (v., ainda, o art. 461 e §§ do CPC); e: (3) o corte de ramos de árvores limítrofes, nos termos do que dispõe o art. 1.283 do atual CC – "As raízes e os ramos de árvore, que ultrapassarem a estrema do prédio, poderão ser cortados, até o plano vertical divisório, pelo proprietário do terreno invadido".

Têm-se, pois, alguns exemplos de autotutela na esfera do direito material civil. Do mesmo modo, poderiam ser apresentadas algumas exceções à proibição da autotutela no ramo do direito penal, tais como o *estado de necessidade* e a *legítima defesa*, que, juntamente com o *estrito cumprimento de dever legal* e o *exercício regular de direito*, caracterizam as denominadas *excludentes da ilicitude* – ou seja: não há crime se o fato estiver acobertado por qualquer dessas situações, consoante o art. 23 e incisos do CP.

## 4. Heterocomposição

Outro grande modo de eliminação de conflitos se dá por ato de terceiro, pessoa estranha ao conflito. É a denominada *heterocomposição*, onde nós encontramos *mediação* e *arbitragem* e o *processo*, este último como atividade jurisdicional do Estado.

Na mediação e na arbitragem a solução do conflito opera-se por terceira pessoa que não integra o Judiciário, ou seja, que não é juiz de direito.

### 4.1 Mediação

Em primeiro, podemos destacar que a *mediação* se verifica nos Juizados Especiais Cíveis, previstos na Lei 9.099/1995 para causas de natureza civil de menor complexidade, assim consideradas ora em razão do valor – ou seja: questões de até 40 vezes o salário-mínimo –, ora em razão da matéria, consoante o art. 3º, II a IV, da referida lei. Note-se que aqui encontramos a figura dos *mediadores*, então denominados pela mencionada lei como "conciliadores", recrutados entre os bacharéis em Direito, ou "juízes leigos", recrutados entre advogados com mais de cinco anos de experiência, sendo ambos considerados auxiliares da Justiça, conforme dispõe o art. 7º da lei em questão. A função do mediador (conciliador ou juiz leigo) é orientar a tentativa de conciliação entre as partes nos Juizados Especiais Cíveis. Obtida a conciliação, será reduzida a escrito e haverá homologação pelo juiz togado – entenda-se: pelo juiz de direito (arts. 21 e 22 da Lei 9.099/1995). Não havendo conciliação, prossegue-se em audiência de instrução e julgamento, com realização imediata, se não houver prejuízo para defesa, ou designada para um dos 15 dias subsequentes. Admite-se ao juiz leigo a presidência da audiência de instrução, na qual haverá a coleta das provas, podendo, ainda, proferir decisão, mas deverá submetê-la ao juiz togado, o qual, por sua vez, poderá homologá-la, substituí-la ou determinar novos atos probatórios. Frise-se: apenas o juiz leigo, posto que o "conciliador" não tem essa função, consoante se infere no texto do art. 40 da Lei dos Juizados Especiais Cíveis.

Os conciliadores em regra atuam voluntariamente, exercem serviço público relevante e têm a função precípua de buscar a composição entre as partes, serenando os ânimos dos contendores, levando-os à solução amigável dos conflitos de interesses – fato que resulta no aumento da capacidade de trabalho do juiz de direito. No Estado de São Paulo o sistema é regido pela Lei Complementar estadual 851/1998 e os conciliadores são recrutados pelo juiz diretor de cada Juizado, preferencialmente entre bacharéis em Direito.

Já, a figura do juiz leigo, criada com o escopo de funcionar não apenas na fase conciliatória, mas também na instrução processual, ou seja, na coleta das provas, substituindo facultativamente o juiz togado nesse múnus, é de elevado caráter prático-procedimental.

Tanto o juiz leigo como o conciliador representam a participação popular na administração da Justiça, porém exclusivamente nas causas sumariíssimas dos Juizados Especiais em questão.

Por oportuno, vale apresentar um breve comentário sobre os Juizados Especiais Cíveis, previstos na Lei 9.099/1995, em seus arts. 1º a 59, no que tange à sua origem, finalidade e como instrumento eficaz no combate à morosidade do processo, viabilizando soluções ágeis para causas de menor alçada.

Antes mesmo da Constituição Federal de 1988, a Lei 7.244/1984 – a denominada *Lei dos Juizados Especiais de Pequenas Causas* – instituía um procedimento informal para questões simples e de pequeno valor envolvendo pessoas físicas, privilegiando o acordo entre as partes e o contato direto com o juiz, sem a necessidade de contratação de advogado.

Direcionado às medidas simplificadoras da assistência judiciária aos necessitados, o legislador constituinte estabeleceu na própria Carta Magna de 1988, em seu art. 98, I, a incumbência da União e dos Estados no que tange à criação dos "Juizados Especiais, providos por juízes togados, ou togados e leigos, competentes para a conciliação, o julgamento e execução de causas cíveis de menor complexidade e infrações penais de menor potencial ofensivo, mediante os procedimentos oral e sumaríssimo", permitindo-se "a transação e julgamento de recursos por turmas de juízes de primeiro grau". A figura do advogado é dispensada nas causas de até 20 vezes o salário-mínimo, sendo facultativa se uma das partes comparecer assistida por advogado. Nas causas de valor superior a 20 vezes e até o limite estabelecido a assistência por advogado será obrigatória, assim como na fase recursal, se houver.

Surgiram, então, a Lei 9.099 de 26.9.1995, no âmbito da Justiça Comum Estadual, e a Lei 10.259, de 12.7.2001, que dispõe sobre a instituição dos Juizados Especiais Cíveis e Criminais no âmbito da Justiça Federal. Ainda, no que concerne à legitimidade ativa para o ingresso com a ação nos Juizados Especiais – ou seja, sobre a capacidade para ser parte no polo ativo da demanda, a princípio estabelecida apenas para pessoas físicas capazes –, surgiu a Lei 9.841, de 5.10.1999 (Estatuto da Microempresa e da Empresa de Pequeno Porte), que, em seu art. 38, estendeu o procedimento também às microempresas, passando essas empresas, assim como as pessoas físicas capazes, a serem admitidas a propor ação perante o Juizado Especial, excluídos os cessionários de direito de pessoas jurídicas.

Em suma, os Juizados Especiais Cíveis têm por finalidade a *conciliação*, o *julgamento* e a *execução* de causas de menor complexidade, assim consideradas em razão do valor ou da matéria, têm como sede a CF, em seu art. 98, I, e como vetores – ou seja, critérios que direcionam os Juizados Especiais – os princípios da *oralidade*, da *simplicidade*, da *informalidade*, da *economia processual* e da *celeridade*, cumprindo a função de abrir as portas do Poder Judiciário às pessoas mais carentes, mediante um processo rápido, simples e econômico. Daí por que não se admite qualquer forma de intervenção de terceiros, nem mesmo a assistência, e tampouco a ação rescisória, também excluída das causas sumaríssimas julgadas no Juizado Especial Cível (arts. 10 e 59 da Lei 9.099/1995).

## 4.2 Arbitragem

Atualmente o *juízo arbitral* é previsto no Direito Brasileiro pela Lei 9.307, de 23.9.1996, que revogou os arts. 1.072 a 1.102 do CPC. Também o Código Civil brasileiro – Lei 10.406, de 10.1.2002 – apresenta previsão do juízo arbitral em seus arts. 851 a 853 e proíbe sua utilização, ou seja, o compromisso para solução, em questões de estado, de direito pessoal de família e outras que não tenham caráter estritamente patrimonial. Importa, ainda, salientar que o Brasil foi signatário da Convenção Interamericana sobre Arbitragem Comercial Internacional junto à Organização dos Estados Americanos/OEA, firmada no Panamá em 1975.

Trata-se de modo de eliminação de conflitos que não é novo, sempre fora contemplado pelo nosso ordenamento jurídico como meio alternativo de solução privada de questões patrimoniais, posto que a Constituição do Império, de 1824, conferia a possibilidade. No mesmo sentido o Código Comercial de 1850. Todavia, permaneceu em desuso por longo período em nossa sociedade, mas foi revitalizado através da lei específica de 1996, então inspirada em razão da denominada "globalização" das relações jurídicas e financeiras, que passou a exigir soluções céleres, sigilosas e econômicas para os conflitos de interesses resultantes dessas relações, e com o escopo de afastar a deficiência da morosidade da prestação jurisdicional estatal. Na verdade, a arbitragem pode ser vista como meio extrajudicial de solução de contendas que se opera através de terceira pessoa – o árbitro – que não integra o Poder Judiciário, ou seja, que não é um juiz de direito investido no cargo por concurso público à carreira da Magistratura, mas, sim, escolhido pelas pessoas envolvidas numa relação jurídica ou escolhido através de terceira pessoa indicada por aqueles que estão elegendo tal modo de solução para eventuais conflitos. Assim, a arbitragem é uma real alternativa à atividade jurisdicional tradicional, então concretizada pela forma privada, ante a plena autonomia de vontade de pessoas capazes envolvidas em relações jurídicas, para solução de questões de natureza disponível, o que contribui para desobstruir a atividade exercida pelo Judiciário e atender aos anseios dos cidadãos quanto à rápida, eficaz e pouco onerosa solução de conflitos de interesses.

Pode-se, portanto, conceituar a arbitragem como uma das formas de heterocomposição de conflitos, que se dá por obra de terceira pessoa que atua como um juiz privado, denominado *árbitro*, diante do compromisso firmado por pessoas capazes, e para questões disponíveis, as quais antecipadamente aceitam respeitar o resultado, ou seja, a sentença arbitral. Vale frisar que ninguém é obrigado a se submeter ao juízo arbitral, mas apenas haverá a possibilidade de opção por esse modo de justiça, com as restrições de que as pessoas que pretendam tal opção devem ser capazes e o objeto deve ser relacionado a direito disponível, normalmente de natureza patrimonial. Note-se: a arbitragem está sempre lastreada na plena autonomia da vontade de pessoas capazes no que se refere a direitos disponíveis, de modo que não há qualquer ofensa ao princípio constitucional da inafastabilidade da jurisdição estatal, previsto no inciso XXXV do art. 5º da CF, que dispõe: "a lei não excluirá da apreciação do Poder Judiciário lesão ou ameaça a direito". Entenda-se: trata-se de uma faculdade ou opção pela utilização da justiça privada nas hipóteses contempladas em lei. Poder-se-ia indagar: tal opção pela arbitragem impede que as partes utilizem a jurisdição estatal para a solução de conflito? Podemos afirmar que a princípio não estará afastado o direito de ação, ou seja, a busca de uma tutela jurisdicional do Estado. Porém, se a parte requerida nessa ação, por ocasião da defesa, apresentar a preliminar de contestação prevista no art. 301, IX, do CPC – qual seja, a *convenção de arbitragem* – e comprová-la nos autos, resultará a extinção do processo sem o julgamento do mérito, consoante estabelece o art. 267, VII, do CPC. Na hipótese contrária – ou seja, se não for arguida a preliminar de contestação *convenção de arbitragem* no momento processual adequado, por ocasião da defesa – estaremos diante de uma renúncia tácita, por parte do requerido, ao modo de solução de conflito *arbitragem*, anteriormente convencionado, passando a valer plenamente a jurisdição estatal, posto que tal matéria preliminar não mais poderá ser suscitada nos autos, ao contrário das demais hipóteses previstas no mencionado art. 301 do CPC, vez que a *convenção de arbitragem* não é matéria de ordem pública, de modo que o juiz não poderá declará-la *ex officio*, mas somente se houver a iniciativa da parte, que, inerte, ensejará a denominada *preclusão*.

As principais vantagens desse sistema *arbitragem* são a celeridade e a confidencialidade e, para contratos internacionais e em geral, os custos reduzidos em relação às lides judiciais, não obstante seja remunerada a atividade do árbitro.

No que tange às condições para utilização desse modo de eliminação de conflitos, tem-se basicamente a necessidade da *convenção de arbitragem*, que é um prévio acordo de vontades e poderá se estabelecer através: (a) da *cláusula compromissória* – estipulação inserida por escrito no próprio contrato originário da relação jurídica, em uma de suas cláusulas, ou em documento escrito apartado, mas que ao contrato se refira. A cláusula compromissória é autônoma em relação ao contrato em que esteja inserida, de modo que a eventual nulidade desse contrato não implica, necessariamente, a nulidade da cláusula compromissória, consoante dispõe o art. 8º da Lei 9.307/1996; e (b) do *compromisso arbitral* – também é uma forma de convenção em que as pessoas submetem uma disputa de interesses à arbitragem. O compromisso arbitral poderá ser firmado judicialmente ou extrajudicialmente. Judicialmente se dá nos autos de algum processo perante o juízo em que está em curso ou no próprio Juizado Especial Cível, onde as partes apresentam opção de submeter o conflito à solução por um árbitro, afastando-se, portanto, a jurisdição estatal. Já, o compromisso arbitral extrajudicial é firmado por escrito particular subscrito pelos interessados e por duas testemunhas, ou mesmo por instrumento público, no qual deverão constar: a qualificação das partes; a identificação do árbitro ou árbitros; a matéria objeto da arbitragem; e o lugar em que deverá ser proferida a sentença arbitral. A questão relacionada à definição dos honorários do árbitro poderá ou não ser inserida no próprio compromisso arbitral; e, se estiver, constituirá título executivo extrajudicial ao árbitro, caso contrário deverá o árbitro postular em juízo a fixação de seus honorários por sentença.

A figura do *árbitro* também merece destaque nesse instituto. Poderá ser qualquer pessoa capaz e que tenha a confiança das partes. Na verdade, poderão ser árbitros um ou mais sujeitos, mas sempre em número ímpar, submetendo-se às hipóteses de impedimentos e suspeição previstas aos juízes de direito nos arts. 134 e 135 do CPC, de modo que por ocasião da aceitação de tal incumbência o árbitro deverá revelar sua imparcialidade e independência. A atividade dos árbitros deve ser remunerada pelos interessados, e por ocasião do exercício de suas funções, ou em razão delas, ficam equiparados aos funcionários públicos para efeitos penais, de modo que respondem por eventuais infrações previstas no Código Penal, no capítulo próprio dos ilícitos que apenas podem ser praticados por funcionários públicos (arts. 312 a 327 do CP), tais como – exemplificativamente – *peculato, concussão, prevaricação* etc.

Concernentemente ao *procedimento arbitral*, podemos enfatizar os seguintes aspectos:

• Com a convenção de arbitragem considera-se instituído esse modo de solução do conflito por ocasião em que houver a aceitação da nomeação pelo árbitro ou árbitros.

• Obedece ao procedimento estabelecido pelas partes na convenção, facultando-se a elas delegarem ao árbitro a definição do procedimento.

• Serão respeitados os princípios do contraditório, da igualdade das partes, da imparcialidade e do livre convencimento motivado.

• As partes poderão postular por advogados ou representantes.

• Na instrução, coleta de provas, o árbitro poderá agir de ofício ou mediante requerimento das partes.

• O árbitro poderá requerer ao Judiciário a condução coercitiva de testemunhas.

• A revelia de qualquer das partes não impedirá que seja proferida a sentença arbitral.

• Suspende-se o procedimento se surgir controvérsia sobre direitos indisponíveis, posto que estes deverão ser apreciados primeiramente pelo Judiciário.

• A sentença arbitral deverá ser proferida por escrito, com os mesmos requisitos formais de uma sentença judicial – quais sejam: relatório, fundamentação e dispositivo –, estabelecendo o prazo para o cumprimento da decisão e, ainda, a data e o lugar em que proferida e a assinatura do(s) árbitro(s).

• Proferida a sentença, termina a arbitragem.

• O árbitro envia cópia da decisão às partes, por via postal com aviso de recebimento ou diretamente, com recibo.

• Em cinco dias a contar do recebimento da notificação, as partes poderão requerer: (a) correção de erro material; (b) esclarecimentos, como nos embargos declaratórios, se houver omissão, obscuridade ou contradição na sentença arbitral. O árbitro aprecia em 10 dias, emendando a sentença.

• Os efeitos das decisões arbitrais são os mesmos das decisões judiciais, obrigando as partes e seus sucessores. Se condenatória a decisão, constitui título executivo judicial, consoante o art. 475-N, inciso IV, do CPC (inciso acrescentado pela Lei 11.232/2005).

• A parte interessada poderá pleitear ao Judiciário a *nulidade* da sentença arbitral sob o fundamento contemplado numa das hipóteses elencadas no art. 32 da Lei 9.307/1996, através de: (a) *ação de conhecimento* de rito comum ordinário, no prazo decadencial de 90 dias contados a partir do recebimento da notificação da sentença arbitral ou de seu aditamento. Decretada a nulidade, será determinado que se profira nova decisão por árbitro; (b) ação de *embargos do devedor*, se houver execução judicial, conforme o art. 741 do CPC.

• Embora a lei específica sobre a arbitragem não tenha feito qualquer referência à *ação rescisória*, temos que haverá essa possibilidade apenas para rescindir a sentença arbitral, em face de eventual nulidade, nas hipóteses previstas no art. 485 do CPC, sem possibilidade de se modificar o mérito, porquanto a sentença arbitral equipara-se à judicial no que tange aos efeitos, sendo considerada título executivo judicial, como visto.

• Comparativamente com os dispositivos legais do Código de Processo Civil que cuidavam do tema, revogados pela atual Lei da Arbitragem, podem ser enfatizadas duas grandes inovações, quais sejam: (a) a sentença arbitral não depende de homologação judicial; (b) contra a sentença proferida pelo árbitro não caberá qualquer recurso judicial, salvo ação de conhecimento de procedimento comum objetivando a decretação de nulidade da sentença arbitral, ou ainda através de embargos do devedor, quando instaurada a execução da sentença arbitral.

Por derradeiro, poderíamos indagar sobre a possibilidade e a eficácia de medidas cautelares judiciais, sobre questões vinculadas a uma *convenção de arbitragem*.

Em primeiro lugar devemos distinguir as modalidades das cautelares em: (a) *incidentais* – aquelas postuladas em juízo quando já em curso a ação principal; e (b) *preparatórias* – postuladas em juízo anteriormente à propositura da ação principal. Pois bem, na primeira situação – *cautelar incidental*, apresentada posteriormente ao momento da defesa da ação principal – tem-se que, se não houve a extinção do processo pela ausência da preliminar *convenção de arbitragem*, não há qualquer restrição à apreciação judicial sobre o postulado de natureza cautelar. Também não se vislumbra qualquer óbice em relação à segunda hipótese – qual seja, medida judicial cautelar preparatória –, salvo se a preliminar *convenção de arbitragem* for arguida na resposta dessa ação cautelar, vez que, se comprovada, afastará a jurisdição estatal (art. 267, VII, do CPC). Entretanto, a dúvida subsiste em relação à eventual eficácia de medida liminar judicial concedida em sede de ação cautelar preparatória, ou mesmo na situação em que no feito judicial cautelar preparatório não fora arguida a *convenção de arbitragem*, quando existente a arbitragem. Temos que nessas hipóteses também valerá a medida judicial concedida, porquanto apresenta sempre a natureza imediata e provisória, admitindo revogação a qualquer tempo, sendo certo que o árbitro, julgador natural da questão principal ante a convenção, poderá sobre ela dispor e revogá-la, se o caso. Poderíamos, ainda, questionar se a preclusão sobre a matéria preliminar *convenção de arbitragem* em sede de ação cautelar preparatória atingiria a ação principal. Nesse aspecto acreditamos que não, posto que a cognição na via cautelar é sumária, ou seja, não são analisadas com profundidade todas as alegações e todos elementos de prova possíveis, de modo que o árbitro, como julgador natural sobre a questão principal de eventuais conflitos, não ficará afastado da incumbência, salvo se na ação principal também se operar a renúncia tácita ao modo de solução de conflito *arbitragem*, pela ausência da preliminar de contestação prevista no art. 301, IX, do CPC. Por outro aspecto, ratificando a tese de que a manifestação judicial cautelar não afasta a arbitragem, que poderá revogá-la ou modificá-la inclusive, podemos lembrar que as cautelares preparatórias submetem sua eficácia ao prazo de 30 dias para a propositura da ação principal, contados a partir da concessão da medida cautelar, sendo certo que as partes poderão a qualquer tempo compor amigavelmente a questão, eis que de natureza disponível.

Note-se que esse modo de eliminação de conflitos poderá ser utilizado apenas por pessoas capazes, no referente a questões de direitos patrimoniais – portanto, em relação a direitos disponíveis; sendo imprescindível a prévia *convenção de arbitragem*, que poderá se estabelecer através de (a) cláusula compromissória ou (b) compromisso arbitral, como visto.

Um último tópico sobre o tema merece análise, qual seja: a possibilidade de reconhecimento e execução de sentenças arbitrais estrangeiras, conforme dispõe o art. 34 da lei específica.

Assim, para que as sentenças arbitrais proferidas no Estrangeiro possam ser executadas em nosso território nacional basta que se submetam à homologação do STF.

O STF apenas não as homologará se constatado algum vício formal no procedimento arbitral, ou se a questão não for suscetível de solução pelo modo *arbitragem* (arts. 38 e 39, I, da Lei de Arbitragem) ou, ainda, se a sentença arbitral ferir a ordem pública nacional (art. 39, II, da lei em questão).

*4.3 Função estatal pacificadora*

O processo, instrumento para a atividade jurisdicional do Estado na sua *função pacificadora de conflitos*, é o meio natural para a atuação da vontade concreta do Direito, se não houver qualquer das hipóteses de solução amigável da questão entre as pessoas envolvidas na situação conflitante.

O processo instaura-se com a propositura da ação em juízo, por quem tenha interesse em obter uma tutela jurisdicional. Essa tutela poderá ser de mérito em uma ação de conhecimento; tutela acautelatória da eficácia de algum direito material em ação cautelar; ou tutela satisfativa na qual não se questiona mais a existência, ou não, do direito material, posto que representado por título executivo, onde se busca a satisfação a esse direito através de uma ação de execução.

Na verdade, constata-se que o processo se traduz por verdadeira relação jurídica de natureza processual, na qual se estabelece o liame, ou seja, o vínculo entre os três sujeitos principais que ali estarão – quais sejam: o juiz, o autor (ou autores) e o réu (ou réus). Na verdade, estabelece-se o vínculo entre o juiz, sujeito imparcial dessa relação, que tem o poder-dever de aplicar a lei material ao caso concreto, e as partes dessa relação processual, sujeitos parciais, porquanto têm interesses na questão posta em juízo.

Como veremos adiante, para a formação válida da relação jurídica processual deverão ser observados alguns requisitos legais, quais sejam: as *condições da ação* e os *pressupostos processuais*.

Por ora, nossa análise enfatiza a atividade jurisdicional como modo de heterocomposição de conflitos de interesses, onde haverá a figura do juiz de direito, pessoa que integra o Poder Judiciário – ou seja, um tribunal constitucionalmente previsto –, aprovado e empossado no cargo público da carreira da Magistratura, como sujeito imparcial da relação processual, com o poder-dever de aplicar o direito material ao caso concreto, a fim de solucionar eventuais questões conflitantes, restabelecendo a ordem jurídica e a paz social.

*Capítulo III*
## OS QUATRO GRANDES TEMAS DO DIREITO PROCESSUAL: JURISDIÇÃO, PROCESSO, AÇÃO E DEFESA

Em direito processual pode-se afirmar que existem quatro grandes temas básicos, quais sejam: (1) *jurisdição*, (2) *processo*, (3) *ação* e (4) *defesa*. Assim, com apoio nos ensinamentos da doutrina processual clássica, podemos apresentar as seguintes noções, de enorme relevância em matéria processual, definindo-os numa sequência que, a nosso ver, melhor atende a uma compreensão geral, não obstante estejam fortemente vinculados no seu conjunto:

## Seção I – JURISDIÇÃO

*1. Conceito. 2. Características da jurisdição: 2.1 Lide – 2.2 Inércia – 2.3 Definitividade. 3. Princípios da jurisdição: 3.1 Princípio da investidura – 3.2 Princípio da aderência ao território – 3.3 Princípio da indelegabilidade – 3.4 Princípio da inevitabilidade – 3.5 Princípio da inafastabilidade – 3.6 Princípio do juiz natural – 3.7 Princípio da inércia – 3.8 Princípio do duplo grau de jurisdição. 4. Espécies de jurisdição: 4.1 Jurisdição penal e civil – 4.2 Jurisdição comum e especial – 4.3 Jurisdição superior e inferior. 5. Limites da jurisdição. 6. Jurisdição voluntária ou graciosa. 7. Competência: 7.1 Conceito – 7.2 Estabilização da competência – 7.3 Critérios de fixação da competência – 7.4 Modificações da competência ou prorrogação da competência – 7.5 Conflito de competência (arts. 115 a 124 do CPC).*

### 1. Conceito

*Jurisdição* é o poder do Estado de pacificar conflitos de interesses e restabelecer a ordem jurídica e social eventualmente ameaçada ou violada, aplicando o direito material ao caso concretamente posto em juízo. Em simples palavras, é o poder de dizer o Direito, aplicando-o com autoridade. O Estado confere o exercício desse poder ao Judiciário, de modo que se trata de função típica exercida pelos juízes de direito.

### 2. Características da jurisdição

São três as características da jurisdição: *lide, inércia* e *definitividade*.

### 2.1 Lide

É a existência do conflito de interesses que faz com que o interessado procure a Justiça Estatal, a fim de lhe pedir a solução. São os interesses conflitantes que exigem a substituição da vontade dos sujeitos em conflito pela vontade maior do Estado em pacificar a questão.

## 2.2 Inércia

Essa característica estabelece a regra de que "nenhum juiz prestará a tutela jurisdicional senão quando a parte ou o interessado a requerer, nos casos e forma legais" (CPC, art. 2º).

## 2.3 Definitividade

Significa que só os atos jurisdicionais são suscetíveis de adquirir a qualidade de imutabilidade – ou seja: em determinado momento processual não mais poderão ser revistos ou modificados. É o momento procedimental em que surge o fenômeno denominado *coisa julgada material*. Vale lembrar que a Constituição Federal estabelece: "a lei não prejudicará o direito adquirido, o ato jurídico perfeito e a *coisa julgada*" (art. 5º, XXXVI – grifamos). *Coisa julgada material* é a qualidade de imutabilidade dos efeitos de um ato jurisdicional, sentença ou acórdão, no momento em que não couber mais qualquer recurso, ou porque a parte não o interpôs no prazo legal, ou porque já interpostos todos os possíveis e já apreciados, de modo que, em razão de tal fenômeno, nem mesmo as partes poderão repropor a mesma ação, nem o juiz poderá reapreciá-la, e nem mesmo o legislador poderá retirar os efeitos da sentença ou acórdão que transitou em julgado.

## 3. Princípios da jurisdição

### 3.1 Princípio da investidura

Estabelece que a jurisdição só pode ser exercida por quem tenha sido regularmente investido na autoridade, no cargo, de juiz de direito – o que se dá mediante aprovação em concurso para a carreira da Magistratura e posse no cargo.

### 3.2 Princípio da aderência ao território

Estabelece limitações territoriais à autoridade dos juízes. Os juízes só têm autoridade jurisdicional nos limites territoriais do Estado onde exercem suas funções. Assim, em razão desse princípio, todo e qualquer ato processual que deva ser praticado fora dos limites territoriais em que o juiz exerce sua atividade jurisdicional dependerá da colaboração do juiz do local em que o ato deva ser praticado. Daí surgem o que se denomina *carta precatória*, que é a solicitação para que um juiz de outra comarca, dentro do nosso País, realize um ato processual, e *carta rogatória*, expedida nos casos em que o ato processual deva ser realizado em outro País.

### 3.3 Princípio da indelegabilidade

Não pode o juiz delegar suas funções típicas a outro órgão ou pessoa. Como o poder jurisdicional pertence ao Estado e este confere o exercício aos órgãos do Judiciário, não poderá ocorrer delegação por aqueles que apenas exercem tal poder em nome do Estado. Somente o poder jurisdicional é que pode prover decisões obrigatórias e vinculativas, com coisa julgada revestida de autoridade.

### 3.4 Princípio da inevitabilidade

Estabelece que, uma vez provocada a atividade jurisdicional, não se pode evitar a autoridade do Estado em impor decisões. Vale dizer: as partes na relação jurídica processual submetem-se à autoridade do Estado-juiz, ou seja: num determinado momento processual a vontade do Estado se sobrepõe e substitui a vontade das partes, que, então, deverão respeitar a solução apresentada.

### 3.5 Princípio da inafastabilidade

Vem expresso na Constituição Federal e garante a todos o direito de acesso a essa atividade exercida pelo Poder Judiciário. Vale dizer: "a lei não excluirá da apreciação do Poder Judiciário lesão ou ameaça a direito" (art. 5º, XXXV, da CF). Acrescente-se: não pode o juiz deixar de proferir decisão sob o argumento de lacuna ou obscuridade da lei (art. 126 do CPC).

### 3.6 Princípio do juiz natural

Assegura a todos que procuram a atividade jurisdicional o julgamento por um juiz independente e imparcial, que integra um tribunal constitucionalmente previsto. Ainda, esse princípio proíbe os denominados *tribunais de exceção*, sem previsão constitucional e que seriam criados apenas em determinadas circunstâncias.

## 3.7 Princípio da inércia

A atividade jurisdicional não atua se não houver provocação (arts. 2º e 262 do CPC). Esse princípio indica que o juiz deve aguardar a iniciativa da parte, ou seja, não atuará se não houver a provocação inicial de interessados, com a propositura da ação. Vale dizer: a atividade jurisdicional do Estado não se manifesta se não houver a provocação inicial pela parte interessada em obter uma tutela jurisdicional, que, por sua vez, poderá ser classificada em: (a) *tutela de mérito*, na qual se busca a aplicação do direito material ao caso concreto, através de uma sentença de mérito em ação de conhecimento; (b) *tutela acautelatória da eficácia de um direito material*, na qual se busca afastar o perigo de dano irreparável ou de difícil reparação, em ação cautelar; (c) *tutela satisfativa*, na qual se busca a efetiva satisfação a um direito material inquestionável, eis que representado por título executivo, em ação de execução.

## 3.8 Princípio do duplo grau de jurisdição

Indica a possibilidade de revisão, pela via recursal, das causas apreciadas ou decisões prolatadas pelo juiz de primeiro grau de jurisdição – também denominado juiz singular ou de primeira instância, ou ainda juízo *a quo* – ou mesmo permite a revisão das decisões proferidas pelo colegiado em segundo grau de jurisdição – também denominado juízo *ad quem*. Garante, pois, a reapreciação da matéria objeto de recurso pelo segundo grau de jurisdição ou segunda instância, também denominado juízo *ad quem*, que se efetiva por um colegiado de juízes que no âmbito estadual recebem o título de desembargadores, ou por colegiado de ministros no STJ e no STF, mas sempre quando houver a interposição de recurso pela parte inconformada com alguma decisão prolatada nos autos.

### 3.8.1 Teoria geral dos recursos

#### 3.8.1.1 Conceito de "recurso"

*Recurso* é ato voluntário de qualquer das partes; do Ministério Público (como parte ou como fiscal da lei); de terceiros prejudicados ou, ainda, terceiros intervenientes, diante do inconformismo em relação a uma decisão judicial, objetivando a reapreciação da matéria objeto da decisão, em regra por um órgão diferente e colegiado, e com um propósito específico de modificar, invalidar, esclarecer ou complementar a decisão impugnada (hostilizada) – ou seja: sanar vícios de forma ou de conteúdo.

**Obs.:** (1) *Terceiro interveniente* é aquele que já estava no processo. (2) A reapreciação como exceção pode ser feita pelo mesmo órgão prolator da decisão – por exemplo, no caso dos embargos de declaração.

*3.8.1.2* Interposição

A denominação correta é "interpor recurso". Desta forma, está incorreto utilizar a expressão "propor recurso", tendo em vista que a ação já está em curso, damos origem a uma fase processual dentro de uma relação já existente (interfases). A interposição do recurso tem por finalidade impedir ou retardar a preclusão ou a coisa julgada.

**Obs.:** *Preclusão* – Aplica-se para decisão em sentido estrito e consiste na impossibilidade de discutir aquela questão objeto de decisão interlocutória. *Preclusão* é a perda da oportunidade de praticar algo no processo em curso. Vale lembrar que matéria de ordem pública não preclui, podendo ser alegada por qualquer das partes a qualquer momento procedimental, ou mesmo declarada de ofício pelo juiz. Por sua vez, o instituto processual da *coisa julgada* aplica-se para decisão em sentido amplo, portanto para sentença ou acórdão que tenha apreciado o mérito da causa; sendo, pois, instituto processual que impede a reapreciação do objeto daquela ação já definida em seu mérito.

Em termos de recurso, apenas os embargos declaratórios têm finalidade diferente, visto que para estes a finalidade será aclarar ou integrar uma sentença ou acórdão diante de *omissão, dúvida* ou *obscuridade*. Os embargos declaratórios são utilizados quando houver omissão, contradição ou obscuridade na decisão proferida e serão apreciados pelo mesmo órgão jurisdicional prolator da decisão. Tratando-se de embargos a denominação correta é "opor embargos". Em regra não é possível inovar nos recursos, ou seja, não se pode arguir na fase recursal matéria que não foi discutida ou questionada no juízo inferior, salvo: (a) em caso de fato novo, conforme dispõe o art. 462 do CPC (fato novo – modificativo, impeditivo ou extintivo), bem como no caso do art. 517 do CPC (questões de fato não propostas no juízo inferior por motivo de força maior, exceto no recurso especial ou extraordinário, pois nestes não se discutem fatos); e (b) em matéria de ordem pública, que não se submete a preclusão, e pode ser arguida a qualquer tempo e grau de jurisdição. Assim, vale reproduzir:

"Art. 462. Se, depois da propositura da ação, algum fato constitutivo, modificativo ou extintivo do direito influir no julgamento da lide, caberá ao juiz tomá-lo em consideração, de ofício ou a requerimento da parte, no momento de proferir a sentença".

"Art. 517. As questões de fato, não propostas no juízo inferior, poderão ser suscitadas na apelação, se a parte provar que deixou de fazê-lo por motivo de força maior."

Vale ressaltar que o art. 462 do CPC não está no capitulo de recursos, porém a jurisprudência dá uma interpretação extensiva a este artigo com relação aos recursos.

Como regra geral, a interposição do recurso ocorre perante o órgão *a quo* (aquele que prolatou a decisão atacada), salvo o agravo de instrumento, no âmbito do processo civil, cuja interposição se dá perante o órgão *ad quem*.

As razões do recurso devem acompanhar a peça de interposição. A interposição será endereçada ou dirigida ao juízo prolator da decisão recorrida, e as razões serão endereçadas ao órgão *ad quem*, porém protocolizadas simultaneamente. Salvo no âmbito do processo penal, ou seja, em ação penal, em que a interposição do recurso de apelação pode ser apresentada num momento e as razões posteriormente. Entretanto, vale registrarmos que, no geral, todo recurso deve vir acompanhado das razões de fato e de direito que apoiam o inconformismo contra a decisão proferida. Quando o recurso for agravo, no processo civil, muitos denominam as razões de *minuta*. O agravo de instrumento, no processo civil, recurso adequado para atacar decisões interlocutórias, é interposto para o órgão *ad quem*, junto com as razões, que também são endereçadas a tal órgão. A parte contrária será intimada para oferecer contrarrazões.

*3.8.1.3* Juízo de admissibilidade do recurso

O juízo *a quo*, prolator da decisão recorrida, faz prévio juízo de admissibilidade do recurso, o qual também será feito posteriormente pelo juízo *ad quem*, salvo na hipótese do agravo de instrumento, no processo civil, que é interposto diretamente no órgão *ad quem*. Daí por que para esse recurso o juízo de admissibilidade também é aferido diretamente pelo órgão *ad quem*.

O juízo de admissibilidade do recurso é algo anterior à apreciação do mérito recursal. Por esse juízo de admissibilidade será analisada a presença dos requisitos necessários para que o recurso possa ser conhecido e apreciado em seu mérito. *Conhecido* é aquele recurso que tem os requisitos legais devidamente preenchidos, e, portanto, passará a ter o julgamento do mérito. *Não conhecido* significa que ele não tem os requisitos legais preenchidos, e, por consequência, não haverá apreciação do mérito pelo órgão *ad quem*.

O *juízo de admissibilidade dos recursos* consiste na análise sobre a presença de determinados requisitos legais. São pressupostos necessários para que o recurso possa ser conhecido no seu mérito. Constituem matéria de ordem pública e são requisitos examinados de ofício. Em regra, os recursos passam por um duplo juízo de admissibilidade, salvo agravo de instrumento e embargos declaratórios: o juízo *a quo* recebe a interposição do recurso; o juízo *ad quem* faz também a análise de admissibilidade; e, admitido; haverá o julgamento do mérito recursal.

Quanto à *técnica de redação*, o recorrente deve requerer que o recurso seja conhecido e provido no seu mérito. Recurso não conhecido não será apreciado pelo seu mérito, pois falta algum pressuposto de admissibilidade. Partes no âmbito recursal são o recorrente e o recorrido. Nas contrarrazões o recorrido deverá postular para que o recurso não seja conhecido e também deverá atacar o mérito, em atenção ao princípio da concentração.

### 3.8.1.4 Requisitos de admissibilidade

3.8.1.4.1 *Requisitos intrínsecos* – Também chamados de *fatores internos*, estão relacionados ao conteúdo e à forma do recurso, quais sejam:

*(A) Cabimento*: é o ato de verificar se o recurso é cabível na espécie. Não há recurso sem previsão em lei, o rol é taxativo – art. 496 do CPC e outros previstos em leis extravagantes (exemplos: embargos infringentes na execução fiscal, recurso inominado nos Juizados Especiais Cíveis). Vale salientar que o *recurso adesivo*, embora tenha este nome, não é espécie de recurso, mas, sim, forma de interposição. *Reexame ne-*

*cessário* também não é recurso propriamente dito, pois é ato do juiz prolator da decisão. Nos termos do Código de Processo Civil: "Art. 496. São cabíveis os seguintes recursos: I – apelação; II – agravo; III – embargos infringentes; IV – embargos de declaração; V – recurso ordinário; VI – recurso especial; VII – recurso extraordinário; VIII – embargos de divergência em recurso especial e em recurso extraordinário".

**Obs.:** V. modelos de recursos na parte final desta obra, "Capítulo VII – Prática Processual", "II – Modelos de Peças Processuais em Fase Recursal".

*(B) Legitimação*: é o ato de verificar se a parte é legítima para a interposição do recurso. Têm legitimidade: partes, terceiros intervenientes, terceiros interessados, Ministério Público como parte ou como fiscal da lei.

*(C) Interesse recursal*: em regra relacionado a eventual sucumbência. *Interesse* traduz-se pela necessidade, ou seja, está relacionado, na maior parte das vezes, àquele que sofreu sucumbência.

**Obs.:** *Sucumbência* é a situação em que a decisão gera efeitos desfavoráveis à parte ou a alguém. É a situação em que a parte não obteve tudo aquilo que pretendia obter em juízo. O vencedor excepcionalmente teria interesse recursal na hipótese em que pretendesse sanar algum vício formal ou procedimental – por exemplo, no caso de sentença *ultra petita*, que é nula, portanto ele, vencedor, recorre para amoldar os limites do pronunciamento de mérito aos limites do pedido. *Sucumbência formal* é denominação atribuída à situação em que a parte se depara com uma decisão interlocutória que, por exemplo, indeferiu meio de prova por ela requerido nos autos; caberá o recurso de agravo no âmbito do processo civil.

O interesse recursal está, portanto, na prática, relacionado ao seguinte aspecto: há algum proveito no recurso. Se houver proveito em prol do recorrente, há interesse recursal; se não houver, não haverá esse requisito intrínseco, *interesse recursal*. Não há interesse processual recursal contra decisão que se limita a homologar acordo, exceto se houve erro, dolo ou coação por ocasião do acordo, ou seja, se o acordo foi obtido mediante vício de consentimento; ou, ainda, se o acordo resultou de vícios sociais – quais sejam: simulação ou fraude. O réu pode ter interesse em recorrer contra sentença que extinguiu o processo sem julgamento do mérito, pois ele pode ter o interesse de que a situação seja decidida pelo mérito. Não cabe recurso do vencedor apenas para alterar a fundamentação da decisão, salvo nas ações coletivas.

3.8.1.4.2 *Requisitos extrínsecos* – Estão relacionados a fatores externos à decisão judicial. Normalmente esses fatores são posteriores à decisão, quais sejam:

(A) *Tempestividade*: está relacionado ao momento da interposição e à observação do prazo recursal previsto na lei. A contagem dá-se a partir do dia útil seguinte ao termo inicial, que, por sua vez, se dá com a intimação certificada nos autos. O início do prazo dá-se com a intimação registrada nos autos. O dia do vencimento do prazo deve ser conferido integralmente, para que a parte possa praticar o ato processual. Por exemplo: o prazo venceu em um dia no qual o fórum fechou mais cedo, prorroga-se para o dia útil seguinte, assim como nos casos de domingo ou dias não úteis para a atividade forense.

Pela lei processual, que é federal, o *horário forense* é das 6 às 20h. Entretanto, cada Estado poderá disciplinar de modo diverso o horário forense. A tempestividade é considerada a partir do ato formal de protocolização da peça recursal. O fluxo dos prazos recursais será interrompido com a interposição de embargos declaratórios. Pedido de reconsideração da decisão não interrompe a contagem do prazo recursal. Vale lembrar, nos termos do que dispõe o Código de Processo Civil, que Ministério Público, Fazendas Públicas, beneficiários da Defensoria Pública e litisconsortes com advogados diferentes terão prazo em dobro para recorrer. Não terão eles prazo ampliado para recurso adesivo bem como para contrarrazões.

(B) *Preparo*: é a antecipação das despesas pelo processamento dos recursos. Não há preparo nos embargos declaratórios e no agravo retido. Para todos os demais recursos haverá preparo. Há necessidade de comprovar o pagamento das despesas no ato da interposição. Recurso sem preparo é conhecido como recurso deserto, de modo que não será conhecido.

O art. 112 do Regimento Interno do STJ dispõe que não há necessidade de preparo para o *recurso especial*, porém haverá necessidade do recolhimento das despesas de remessa e retorno, sob pena de deserção:

"Art. 112. No Tribunal, não serão devidas custas nos processos de sua competência originária ou recursal.

"§ 1º. Não são custas os preços cobrados pelo fornecimento de cópias autenticadas ou não, ou de certidões e traslados por fotocópia ou processo equivalente de reprodução.

"§ 2º. O pagamento dos preços será antecipado ou garantido com depósito, consoante tabela aprovada pelo Presidente."

*Recurso extraordinário* exige preparo, sob pena de deserção. *Recurso sob forma adesiva* exige preparo, sob pena de deserção.

São dispensados do preparo: Ministério Público, Fazendas Públicas e beneficiários da Justiça Gratuita.

**Obs.:** Não se reconhece preparo posterior, ainda que não esgotado o prazo para o recurso. O preparo deve ocorrer junto com a interposição, sob pena de preclusão consumativa.

O § 2º do art. 511 do CPC determina que o juiz conferirá cinco dias para a complementação do preparo:

"Art. 511. No ato de interposição do recurso, o recorrente comprovará, quando exigido pela legislação pertinente, o respectivo preparo, inclusive porte de remessa e de retorno, sob pena de deserção.

"§ 1º. São dispensados de preparo os recursos interpostos pelo Ministério Público, pela União, pelos Estados e Municípios e respectivas autarquias, e pelos que gozam de isenção legal.

"§ 2º. A insuficiência no valor do preparo implicará deserção, se o recorrente, intimado, não vier a supri-lo no prazo de 5 (cinco) dias."

*(C) Regularidade formal*: como já salientado, a interposição deve estar acompanhada das razões. A oportunidade para motivar os recursos preclui com a interposição, salvo se houver a interposição de embargos declaratórios pelo adversário, desde que sejam acolhidos e resultem em modificação da decisão proferida.

*(D) Inexistência de fato impeditivo ou extintivo do direito de recorrer*: como *fato impeditivo* pode ser lembrada a situação em que no prazo para apelação a parte cumpriu aquilo que foi determinado na sentença. É a denominada *preclusão lógica*, que consiste na perda da oportunidade de praticar algo no processo – no caso específico, perda da oportunidade para recorrer, porque praticou ato incompatível com a vontade de ver reapreciada a matéria objeto de recurso. Por sua vez, como exemplo de

*fato extintivo do direito de recorrer* temos a *renúncia*, que é ato unilateral e expresso.

Por fim vale assinalar, em apertada síntese, que *a legitimidade e o interesse são também classificados como pressupostos recursais subjetivos*, pois relacionados às partes, enquanto *todos os demais acima indicados são considerados pressupostos recursais objetivos*, pois relacionados a aspectos formais internos (cabimento) ou externos à decisão proferida (tempestividade, preparo, regularidade formal e inexistência de fato impeditivo ou extintivo do direito de recorrer).

3.8.2 *Princípios fundamentais dos recursos*

*3.8.2.1* Taxatividade

O art. 496 do CPC apresenta um rol taxativo.

Vale salientar que o denominado *recurso adesivo* não é propriamente recurso, mas é forma de interposição cabível em apelação, embargos infringentes, recurso especial e recurso extraordinário. Dois são os requisitos necessários para o *recurso adesivo*: (a) sucumbência recíproca – situação em que ambas as partes tiveram algo desfavorável no pronunciamento jurisdicional de mérito; (b) que a parte contrária tenha interposto o recurso.

O prazo para o recurso adesivo é o prazo para as contrarrazões, qual seja, 15 dias.Como o recurso adesivo é apresentado porque houve interposição de recurso pela parte contraria, seu processamento e seu conhecimento ficam subordinados ao recurso principal, de modo que se o recurso principal não for admitido ou conhecido o adesivo também não o será.

Também não apresenta natureza jurídica de recurso o denominado *reexame necessário*, que já foi chamado de *recurso de ofício*. É, por exemplo, a hipótese em que numa ação haja a sucumbência da Fazenda Pública, como autora ou ré, cuja sentença, necessariamente, terá que ser reexaminada pela instância superior. Não tem natureza recursal porque o *reexame necessário* cuida do encaminhamento da sentença por ato do próprio juiz, nos casos previstos na lei processual, ao reexame da decisão pela instância superior, e o juiz não recorre do seu próprio ato, apenas submete sua decisão ao reexame necessário, posto que contemplado na lei.

A lei não o considera recurso. Não há um inconformismo de quem interpõe. Trata-se de exigência da lei processual para eficácia de determinadas sentenças contrárias à Fazenda Pública. Não se fala em preparo nem em razões. O reexame necessário, como salientado, é uma determinação do próprio órgão julgador. Não impede o recurso voluntário. É uma obrigação do juiz enviar para o reexame, caso contrário o presidente do tribunal avocará o processo. As hipóteses estão previstas no art. 475 do CPC: "Art. 475. Está sujeita ao duplo grau de jurisdição, não produzindo efeito senão depois de confirmada pelo tribunal, a sentença: I – proferida contra a União, o Estado, o Distrito Federal, o Município, e as respectivas autarquias e fundações de direito público; II – que julgar procedentes, no todo ou em parte, os embargos à execução de Dívida Ativa da Fazenda Pública; III – que julgar improcedente a execução de Dívida Ativa da Fazenda Pública".

Por sua vez, os §§ 2º e 3º desse dispositivo legal cuidam das hipóteses onde não se aplica o duplo grau necessário:

"§ 2º. Não se aplica o disposto neste artigo sempre que a condenação, ou o direito controvertido, for de valor certo não excedente a 60 (sessenta) salários-mínimos, bem como no caso de procedência dos embargos do devedor na execução de Dívida Ativa do mesmo valor.

"§ 3º. Também não se aplica o disposto neste artigo quando a sentença estiver fundada em jurisprudência do Plenário do Supremo Tribunal Federal ou em súmula deste Tribunal ou do Tribunal Superior competente."

Assim – vale reprisar –, não se aplica o reexame necessário: (1) se a sucumbência da Fazenda for de valor não superior a 60 salários-mínimos; (2) se procedentes os embargos do devedor na execução da Dívida Ativa o mesmo valor; (3) se a sentença estiver apoiada em jurisprudência do Plenário do STF ou em súmula do STF ou Tribunal Superior (TRF, STJ).

São outras hipóteses do duplo grau necessário:

• *Mandado de segurança* – Lei 12.016, de 7.8.2009 (art. 14, § 1º) – se a sentença conceder a ordem, haverá o duplo grau necessário.

• *Ação popular* – Lei 4.717/1965 – se a sentença decretar a improcedência da ação popular ou a carência da ação, haverá o duplo grau necessário.

A *correição parcial* não tem previsão legal, mas é usada frequentemente. Não é recurso. Trata-se de medida administrativa de natureza disciplinar, com finalidade de dar conhecimento ao tribunal sobre a prática de uma inversão de atos processuais praticada pelo juiz, e que provoca tumulto no processo. É comum usá-lo como recurso, mas a lei não a contempla como tal.

Contra despacho não cabe recurso algum; porém, se for um despacho que esteja tumultuando o processo, alguns processualistas afirmam que é cabível a correição parcial, servindo como uma advertência ao juiz.

### 3.8.2.2 Princípio da unirrecorribilidade ou da singularidade

Estabelece que para cada tipo de ato jurisdicional de conteúdo decisório caberá tão somente uma espécie de recurso para impugná-lo, salvo exceções: contra sentença cabem embargos declaratórios e apelação; contra decisão interlocutória cabem embargos declaratórios e agravo; contra um único acórdão é possível recurso especial e recurso extraordinário.

Na prática, precisaremos verificar a modalidade do ato judicial apresentado, sendo que pode ocorrer a existência de um ato complexo, aquele em que há vários atos num momento único. Por exemplo: embora uma audiência de instrução e julgamento seja una, é considerada um ato complexo, porque nela são realizados vários atos processuais, inclusive podem ser proferidas decisão e sentença. Neste caso podem ser interpostos contra a decisão o recurso de agravo retido e contra a sentença o recurso de apelação.

Diante de vários atos separados, caberá um recurso para cada ato. Se o juiz indeferir uma prova e sentenciar, ele praticou um único ato, de modo que caberá apelação.

Sentença com tutela antecipada é ato com conteúdo abrangente. A rigor, teríamos dois atos: ato decisório e ato-sentença. Neste caso, tudo é atacado pelo recurso de apelação.

A regra é a singularidade recursal, ou seja, para cada ato um recurso. Porém, há exceções, onde em um ato cabem dois recursos.

### 3.8.2.3 Princípio da fungibilidade

Inicialmente, vale salientar que *fungível* é algo substituível. Esse princípio existe em vários temas processuais, e o que há em comum é a dificuldade de definir a medida adequada; no caso em tela, qual o recurso adequado diante de uma dúvida plausível, portanto, dúvida justificável, e ausência de erro grosseiro. Assim, são requisitos para a *fungibilidade recursal*:

• Dúvida fundada – ou seja, dificuldade na escolha da medida correta, porque a própria doutrina diverge. É a denominada *dúvida objetiva*.

• Ausência de erro grosseiro.

Por oportuno, vale ressaltar que a *dúvida objetiva* tem apoio na doutrina e na jurisprudência. Difere da *dúvida subjetiva*, que é de natureza pessoal, significa ignorância quanto ao recurso cabível.

Como exemplo podemos mencionar uma ação que apresenta cumulação de pedidos, e o juiz, ao receber a inicial, declara prescrito um dos pedidos. Este ato é uma sentença; entretanto, para recorrer, cabe agravo, ao invés de apelação.

A fungibilidade permite que um recurso seja conhecido pelo outro quando houver os requisitos *dúvida objetiva* e *ausência de erro grosseiro*.

Na prática, essa dúvida objetiva só envolve os recursos de apelação e agravo.

### 3.8.2.4 Princípio da proibição da *reformatio in pejus*

Proíbe a reforma prejudicando o recorrente. Vale frisar que o efeito devolutivo confere ao tribunal, órgão *ad quem*, o conhecimento apenas da matéria objeto da impugnação, de modo que a situação de quem interpôs o recurso não poderá ser agravada, prejudicada, salvo se também houve recurso do adversário.

### 3.8.3 *Efeitos dos recursos*

Os *efeitos dos recursos* são atribuídos pela lei processual, e o órgão *a quo* limita-se apenas a declarar quais serão os efeitos diante da interposição do recurso adequado.

É possível agravo de instrumento contra ato do juiz que deixar de atribuir os efeitos ao recurso interposto.

Os efeitos constituem matéria de ordem pública e devem ser atribuídos de ofício pelo juiz. Podem ser:

### 3.8.3.1 Efeito devolutivo

Todos os recursos têm este efeito. Consiste em devolver ao órgão jurisdicional *ad quem* o conhecimento da matéria impugnada, ou seja, da matéria objeto do recurso. Aplica-se aqui o *princípio da congruência*: o órgão *ad quem* fica limitado a apreciar tão somente aquilo que seja objeto do recurso.

*Tantum devolutum quantum appellatum*: o que se devolve é tão somente a extensão da matéria objeto do recurso, de modo que o órgão *ad quem* ficará vinculado à matéria objeto de impugnação, admitindo-se apenas o acréscimo das questões de ordem pública, pois estas não precluem e podem ser conhecidas e declaradas *ex officio* em qualquer fase e grau de jurisdição.

Por esse efeito não poderá haver a *reformatio in pejus*. Daí por que não há admissão, pela lei, de recursos genéricos.

O recorrente precisa apresentar com clareza cristalina os limites do seu inconformismo, destacando expressamente o que pretende ver reexaminado.

Não é demais reprisar a ressalva quanto à matéria de ordem pública, que não preclui (efeito translativo).

• *Embargos declaratórios* – permitem nova análise da matéria, objeto dos embargos, pelo próprio prolator da decisão recorrida, a fim de examinar eventual omissão, obscuridade ou contradição na decisão recorrida.

• *Embargos infringentes* – o órgão *ad quem* poderá apreciar o objeto da divergência entre os julgadores, respeitando os limites do voto vencido.

• *Recurso especial e recurso extraordinário* – devolvem o conhecimento da matéria objeto de prequestionamento que envolva afronta à lei federal ou ofensa às normas constitucionais, respectivamente.

O efeito devolutivo confere ao tribunal a possibilidade de reapreciar a matéria objeto de impugnação pela via recursal.

Quanto à extensão, irá julgar a matéria nos limites do inconformismo (art. 515 do CPC).

"Art. 515. A apelação devolverá ao tribunal o conhecimento da matéria impugnada.

"§ 1º. Serão, porém, objeto de apreciação e julgamento pelo tribunal todas as questões suscitadas e discutidas no processo, ainda que a sentença não as tenha julgado por inteiro.

"§ 2º. Quando o pedido ou a defesa tiver mais de um fundamento e o juiz acolher apenas um deles, a apelação devolverá ao tribunal o conhecimento dos demais.

"§ 3º. Nos casos de extinção do processo sem julgamento do mérito (art. 267), o tribunal pode julgar desde logo a lide, se a causa versar questão exclusivamente de direito e estiver em condições de imediato julgamento.

"§ 4º. Constatando a ocorrência de nulidade sanável, o tribunal poderá determinar a realização ou renovação do ato processual, intimadas as partes; cumprida a diligência, sempre que possível prosseguirá o julgamento da apelação."

Em resumo, o tribunal irá apreciar toda matéria suscitada e discutida no processo, com profundidade, além da matéria de ordem pública, mas será julgada a matéria objeto da impugnação no recurso.

O efeito devolutivo *quanto à extensão* refere-se aos pedidos e restitui ao tribunal o objeto do recurso. E, *quanto à profundidade*, permite ao tribunal, órgão *ad quem*, conhecer e reexaminar todos os fundamentos apresentados pelas partes ao longo do processo, ainda que não tenham sido expressamente destacados na decisão atacada.

### 3.8.3.2  Efeito suspensivo

É uma qualidade dos recursos que impede os efeitos da decisão guerreada até que o recurso seja apreciado. Suspende, pois, a eficácia da decisão recorrida. Portanto, a ordem contida na decisão recorrida ficará suspensa até o julgamento do recurso. Entretanto, se a impugnação for parcial, aquilo que não é objeto do recurso poderá ser executado.

3.8.3.2.1 *Recursos dotados de efeito suspensivo* – Nem todos os recursos têm esse efeito. Vejamos:

*(A) Apelação*: é em regra recebida pelo juiz *a quo* em duplo efeito: devolutivo e suspensivo, salvo nos casos do art. 520 do CPC, onde haverá apenas efeito devolutivo: "Art. 520. A apelação será recebida em seu efeito devolutivo e suspensivo. Será, no entanto, recebida só no efeito

devolutivo, quando interposta de sentença que: I – homologar a divisão ou a demarcação; II – condenar à prestação de alimentos; III – [*revogado pela Lei 11.232, de 22.12.2005*]; IV – decidir o processo cautelar; V – rejeitar liminarmente embargos à execução ou julgá-los improcedentes; VI – julgar procedente o pedido de instituição de arbitragem; VII – confirmar a antecipação dos efeitos da tutela".

Vale salientar, porém, que terão apenas efeito devolutivo: (1) a ação de interdição (art. 1.184 do CPC: "Art. 1.184. A sentença de interdição *produz efeito desde logo*, embora sujeita a apelação. Será inscrita no Registro de Pessoas Naturais e publicada pela imprensa local e pelo órgão oficial por 3 (três) vezes, com intervalo de 10 (dez) dias, constando do edital os nomes do interdito e do curador, a causa da interdição e os limites da curatela"); (2) a sentença concessiva de mandado de segurança; (3) a busca e apreensão em alienação fiduciária. Nestas hipóteses o relator poderá atribuir efeito suspensivo se houver perigo de lesão grave.

*(B) Embargos declaratórios*: têm efeito suspensivo. Haverá a suspensão do comando que emerge na sentença ou no acórdão, impedindo que o julgado surta efeitos imediatos.

O efeito suspensivo – que, como visto, suspende a eficácia da decisão recorrida – não se confunde com o fator interruptivo do prazo, como nos embargos declaratórios, que interrompem o curso do prazo legal para outro recurso.

Por exemplo: opostos os embargos declaratórios contra sentença, haverá interrupção do prazo para apelação, de modo que o prazo de 15 dias para apelar apenas passará a fluir depois de apreciados os embargos.

*(C) Embargos infringentes*: efeito suspensivo restrito ao objeto dos embargos.

*(D) Agravo*: não tem efeito suspensivo; entretanto, o relator poderá atribuir esse efeito.

*(E)* Os *embargos de divergência* o *recurso especial*, o *recurso extraordinário* e o *recurso ordinário constitucional*, contudo, *não têm efeito suspensivo*.

Nesse caso, vale ressaltar a possibilidade de utilização do *mandado de segurança* com o objetivo de obtenção do efeito suspensivo para os recursos que não o têm, após a postulação feita ao relator. Mesmo que o recurso não tenha efeito suspensivo, ele poderá ser postulado no próprio recurso interposto; e, se for indeferido, impetra-se mandado de segurança.

### 3.8.3.3 Efeito ativo

Produz uma ordem que foi negada na decisão atacada.

*Exemplo 1*: requer-se antecipação de tutela, e o juiz indefere – agravo + efeito suspensivo ativo.

*Exemplo 2*: ação possessória com pedido liminar para reintegração de posse, e o juiz indefere – agravo + efeito suspensivo ativo.

### 3.8.3.4 Efeito translativo

Possibilita ao tribunal conhecer de matéria de ordem pública não arguida no recurso.

### 3.8.3.5 Efeito expansivo

É a extensão dos efeitos do recurso para os casos de litisconsórcio unitário em que apenas um dos litisconsortes tenha interposto recurso, pois nesta modalidade de litisconsórcio o pronunciamento de mérito deve ser uniforme, ou seja, idêntico para todos os litisconsortes.

Exemplo: ação de conhecimento que envolva cobrança de dívida solidária e apenas um dos litisconsortes do polo passivo interpõe o recurso. Tal ato a todos beneficiará.

## 4. Espécies de jurisdição

### 4.1 Jurisdição penal e civil

Na *jurisdição penal* temos causas penais e pretensões punitivas; na *jurisdição civil*, por exclusão, causas e pretensões não penais.

#### 4.1.1 Relacionamento entre a jurisdição penal e a civil

Existem na lei alguns dispositivos que caracterizam uma interação entre a jurisdição penal e a civil. Como exemplos temos as seguintes hipóteses:

#### 4.1.1.1 Suspensão prejudicial do processo crime

Quando alguém está sendo processado criminalmente e para o julgamento é relevante, primeiro, o deslinde de uma questão civil, suspende-se o processo crime à espera da solução do caso cível (CPP, arts. 92 e 94). Exemplificativamente, podemos destacar a tramitação de um processo crime com imputação de bigamia (art. 235 do CP), ao mesmo tempo em que esteja em curso um processo de natureza civil, na Vara da Família e Sucessões, onde o réu pretenda ver a declaração em juízo sobre a nulidade do casamento anterior. Ora, se verdadeira a alegação a ser apreciada na esfera cível, inexiste o crime, de modo que o feito criminal deverá permanecer sobrestado, aguardando o deslinde civil, posto que poderá ser prejudicial da questão penal.

#### 4.1.1.2 Obrigação de indenizar o dano resultante do crime

Outro exemplo de interação entre a jurisdição penal e a jurisdição civil é o fato de que a sentença penal condenatória transitada em julgado torna "certa a obrigação de indenizar o dano resultante do crime", na esfera civil (v. art. 91, I, do CP e art. 935 do CC). Assim, às vezes é conveniente que o processo de natureza civil aguarde a solução da causa penal, posto que se houver sentença penal condenatória definitiva não se discutirá mais o cabimento, ou não, do dever reparatório do dano decorrente do ilícito, que então será certo. Nesse caso, se o conhecimento da lide de natureza civil depender necessariamente da verificação da existência de fato delituoso, o juiz cível poderá determinar a suspensão do feito, pelo período de até um ano, até que se pronuncie a Justiça Criminal (v. arts. 110 e 265, IV, "a" e seu § 5º, do CPC). Vale notar que, ao contrário da sentença penal condenatória definitiva, a sentença penal absolutória, como regra, não afasta ou impede a análise da questão civil relacionada à reparação do dano, salvo se na prestação jurisdicional de natureza penal houver expresso fundamento de absolvição no sentido da categórica inexistência material do fato. Ora, se já houver prestação jurisdicional, embora no âmbito criminal, no sentido categórico de que o fato não existiu, não se autorizam o ingresso na esfera civil ou a continuidade do eventual feito civil já existente, com objeto indenizatório relacionado a fato que efetivamente não houve. Diferente é a hipótese em que o juiz criminal absolve o réu sob o fundamento de insuficiência de provas sobre a existência material do fato, caso em que não se afasta a análise no âmbito civil sobre a pretensão reparatória de eventual dano.

*Por oportuno vale salientar que a responsabilidade civil é diferente da responsabilidade penal.* Na penal o sujeito responderá cumprindo pena determinada no preceito secundário da norma penal incriminadora. Na responsabilidade civil o sujeito responderá pelos danos causados. A ilicitude pode ser penal ou civil. Como a descrição da conduta penal é sempre uma tipificação restrita na lei penal, em princípio a responsabilidade penal ocasiona o dever de indenizar. Por essa razão, a condenação criminal faz certa a obrigação de reparação do dano decorrente do ilícito na esfera civil.

Embora a responsabilidade civil não se confunda com a penal, pois, como regra geral, são responsabilidades independentes, não podemos discutir no Cível a existência do fato e a autoria do ato ilícito se essas questões foram decididas no juízo criminal e se encontram sob o manto da coisa julgada (arts. 64 do CPP e 935 do CC). De outro modo, a sentença penal absolutória por falta de provas quanto ao fato ou quanto à autoria ou a que reconhece uma dirimente ou justificativa, sem estabelecer a culpa, como já assinalado anteriormente, não têm influência na ação indenizatória no âmbito civil. *Em regra a responsabilidade civil decorre de algum ato praticado em desrespeito a alguma norma jurídica material, cuja consequência será a reparação de danos.* Também pratica ato ilícito aquele que praticar abusivamente o seu direito. Sobre o tema vale o destaque sobre as diversas espécies de responsabilidade civil, quais sejam:

4.1.1.2.1 *Responsabilidade civil contratual* – É aquela que decorre do contrato, ou seja, decorre do descumprimento do contrato. O contrato faz lei entre as partes, no sentido de que essas são livres para estabelecer os termos, as regras do contrato, e o descumprimento gera responsabilização por perdas e danos. Quem descumpre o contrato deve pagar pelos danos causados.

4.1.1.2.2 *Responsabilidade civil extracontratual* – É aquela não fundada em contrato, mas que decorre de disposição legal. A responsabilidade civil decorre de norma jurídica que considere determinada conduta como sendo ato ilícito. Assim, nos termos do que dispõe o art. 927 do CC: "Aquele que, por ato ilícito (arts. 186 e 187), causar dano a outrem, fica obrigado a repará-lo", "independentemente de culpa, nos casos especificados em lei, ou quando a atividade normalmente desenvolvida pelo autor do dano implicar, por sua natureza, risco para os direitos de outrem" (parágrafo único do art. 927) – responsabilidade derivada de ato ilícito extracontratual ou aquiliana. Com efeito, reza o art. 186 do CC: "Art. 186. Aquele que, por ação ou omissão voluntária, negligência ou imprudência, violar direito e causar dano a outrem, ainda que exclusivamente moral, comete ato ilícito".

**4.1.1.2.3** *Responsabilidade civil subjetiva* – É de natureza pessoal e também denominada *responsabilidade aquiliana* (art. 927 do CC). Esta decorre da culpa pelo dano causado. Na responsabilidade civil subjetiva o centro de exame é o ato ilícito (art. 186 do CC). No sistema da responsabilidade subjetiva o elemento subjetivo do ato ilícito, que gera o dever de indenizar, está na imputabilidade da conduta do agente.

**4.1.1.2.4** *Responsabilidade civil objetiva* – É a responsabilidade sem culpa, ou seja, a pessoa a quem se imputa a responsabilidade pelos danos não é necessariamente aquele que praticou ou provocou os atos que resultaram nos danos. Não se exige prova de culpa do agente para que se tenha a obrigação de reparar o dano. A responsabilidade civil objetiva, ou *responsabilidade sem culpa*, somente pode ser aplicada quando exista lei expressa que a autorize no caso concreto. Portanto, na ausência de lei expressa a responsabilidade pelo ato ilícito será subjetiva, pois é ainda a regra geral do Direito Brasileiro. Na responsabilidade objetiva, para que se tenha o dever de indenizar, bastam o nexo causal e o dano, sendo dispensada a prova da culpa.

A responsabilidade objetiva é admitida em hipóteses específicas, mas existem também casos de responsabilidade sem culpa com base principalmente na teoria do risco, abrangendo casos de culpa presumida. Nas hipóteses de culpa presumida há inversão do ônus da prova, cabendo ao requerido na ação a incumbência de provar que não agiu com culpa.

Segundo a *teoria do risco*, aquele que exerce determinada atividade, profissional ou não, e tem proveito direto ou indireto dela, responde pelos danos que ela causar, independentemente de culpa própria ou de seus prepostos. O exercício de atividade que possa representar um risco obriga por si só a indenizar os danos causados por ela.

**4.1.1.3** Prova emprestada

Outro exemplo dessa interação de jurisdições é a *prova emprestada*, ou seja, a prova produzida em processo de determinada natureza (por exemplo, penal) poderá ser utilizada em outro processo de natureza diversa (por exemplo, civil). Exemplificativamente, temos a possibilidade de aproveitar num feito de natureza civil, como meio de prova, trabalho técnico-pericial produzido numa ação penal.

*4.1.1.4* Processo crime falimentar

Por fim, mais um exemplo dessa interação é o *processo crime falimentar*, posto que a ação penal por crime falimentar apenas poderá ser proposta após a sentença que decreta a falência, concede a recuperação judicial ou concede a recuperação extrajudicial na esfera cível (art. 180 da Lei 11.101/2005).

*4.2 Jurisdição comum e especial*

*Jurisdição comum* são as Justiças Estaduais ordinárias e a Justiça Federal; *jurisdição especial* são a Justiça Eleitoral, a Justiça Militar e a Justiça do Trabalho.

Aqui merece observação a hipótese prevista no art. 109, I, da CF: "Art. 109. Aos juízes federais compete processar e julgar: I – as causas em que a União, entidade autárquica ou empresa pública federal forem interessadas na condição de autoras, rés, assistentes ou oponentes, exceto as de falência, as de acidentes de trabalho e as sujeitas à Justiça Eleitoral e à Justiça do Trabalho; (...)". Se a União, autarquias ou empresas públicas federais intervierem em feito junto à Justiça Comum Estadual a competência desloca-se para a Justiça Federal, sendo os autos remetidos a esta, onde o feito prosseguirá a partir do ponto em que se encontrava. Apenas os atos decisórios são considerados prejudicados, permanecendo a eficácia dos demais atos processuais praticados.

*4.3 Jurisdição superior e inferior*

Nosso ordenamento jurídico instituiu o *duplo grau de jurisdição*, ou seja, a possibilidade de que em um mesmo processo, após o julgamento pelo juiz singular de primeiro grau de jurisdição, ocorra a reapreciação da matéria objeto desse julgamento, mas por órgãos superiores, ou seja pela superior instância; mas somente se houver interposição de recurso ou nos casos do duplo grau necessário previstos no art. 475 do CPC. Não podemos confundir *instância*, que é grau de jurisdição, onde teremos a primeira e a segunda instâncias, com *entrância*, que é o grau administrativo das comarcas e corresponde a uma divisão de trabalho, no aspecto territorial, entre os diversos juízes estaduais de primeira instância.

## 5. Limites da jurisdição

Os conflitos de ordem civil consideram-se relacionados ao nosso território nacional quando: (a) o réu tiver domicílio no Brasil; (b) a pretensão versar sobre obrigação a ser cumprida no Brasil; (c) a pretensão originar-se de fato aqui ocorrido; (d) o objeto da pretensão for um bem imóvel situado no Brasil; (e) situarem-se no Brasil os bens objeto de inventário.

Nas três primeiras situações estaremos diante do que se denomina *jurisdição concorrente*, nos termos do que dispõe o art. 88 do CPC. Nestas não se impede a eficácia no Brasil de eventual sentença proferida no Estrangeiro, daí por que a denominação "jurisdição concorrente". Porém, tal eficácia dependerá do juízo de delibação, vale dizer, da homologação da sentença estrangeira definitiva pelo STJ. Entretanto, nas duas últimas situações – quais sejam: questões relacionadas a eventuais bens imóveis situados no Brasil ou relacionadas à partilha de bens localizados no Brasil – teremos a denominada *jurisdição exclusiva*, nos termos do art. 89 do CPC. Não significa afirmar a impossibilidade de a jurisdição estrangeira apreciá-las, posto que não há litispendência entre jurisdições, conforme o art. 90 do CPC, mas, sim, que o STJ, nessas situações de jurisdição exclusiva (art. 89 do CPC), jamais poderá homologar a sentença estrangeira, de modo que somente o pronunciamento jurisdicional nacional é que terá validade, eficácia, em nosso País.

Ainda, no que tange aos limites da jurisdição, devemos anotar a *impossibilidade de o Judiciário apreciar*: (a) *atos administrativos praticados pelo Poder Público, sob o ponto de vista da oportunidade ou conveniência*; ou seja, não poderá apreciar o mérito de ato administrativo do Poder Público, por ser atividade discricionária do administrador, cabendo ao Judiciário apenas a apreciação sobre a legalidade, ou não, do ato administrativo, se provocado para tal finalidade; (b) *não pode o Judiciário apreciar pretensões fundadas em dívidas de jogo*, consoante o art. 814 e §§ do CC, excetuados os jogos e apostas legalmente permitidos. Importante destacar, nos termos da lei material, que as dívidas de jogo ou de aposta não obrigam a pagamento; porém, se a pessoa voluntariamente cumprir o pagamento, não poderá postular em juízo o retorno da quantia paga, salvo se o apostador perdente for menor ou interdito (cf. art. 814 do CC).

## 6. Jurisdição voluntária ou graciosa

Inicialmente devemos observar que é na *jurisdição contenciosa* que existe a atividade jurisdicional propriamente dita. Na contenciosa encontramos a atividade típica do Judiciário, que consiste em restabelecer a ordem jurídica e social eventualmente ameaçada ou violada.

Na *jurisdição voluntária*, também denominada *graciosa*, ocorre a administração pública de certos interesses particulares, os quais, para surtirem efeitos, dependem de um ato do juiz. A atividade do juiz é *judicial*, porque praticada por quem está investido da função pública judicante; mas não *jurisdicional*, vez que não se apresenta no seu modo típico de restabelecer a paz social. Na *jurisdição voluntária* não há coisa julgada material, só a formal (v. art. 1.111 do CPC). O juiz exerce uma atividade judicial de natureza administrativa. Não vigora o princípio da legalidade estrita, mas o da discricionariedade (v. arts. 1.107 e 1.109 do CPC). O juiz não fica adstrito ao pedido, e mesmo após a sentença pode reconsiderar sua decisão. Não há processo, mas apenas procedimento. Não existem partes, mas interessados.

As principais características da *jurisdição voluntária* são: (a) não há coisa julgada material; portanto, não existe definitividade da prestação judicial, que, então, poderá ser revista a qualquer tempo; (b) não há lide, em regra não existe conflito de interesses, salvo na ação de interdição, se o interditando discordar do pedido; porém, ainda nessa hipótese não perderá seu perfil de jurisdição voluntária; (c) vigora a regra da inércia, de modo que o juiz só atua se houver provocação inicial, ou seja, a propositura de ação. Vale observar que a doutrina critica a expressão "jurisdição voluntária", porque, a rigor, não seria propriamente "jurisdição", porque não há conflito de interesses a ser solucionado; e muito menos "voluntária", porque para seu exercício depende de provocação de interessados. Todavia, tal denominação "jurisdição voluntária" merece aceitação, posto que assim utilizada pela nossa legislação processual, até por critérios didáticos, no sentido de distingui-la, de forma imediata, da denominada "jurisdição propriamente dita", qual seja, a *contenciosa*, que apresenta como principais características a lide, inércia e definitividade, como visto anteriormente.

## 7. Competência

Consoante dispõe o art. 86 do CPC: "As causas cíveis serão processadas e decididas, ou simplesmente decididas, pelos órgãos jurisdicionais, nos limites de sua competência" – ou seja, nos limites territoriais vinculados ao cargo –, "ressalvada às partes a possibilidade de instituírem o juízo arbitral" – modo de eliminação de conflitos visto detalhadamente em capítulo anterior (Capítulo II, subitem 4.2).

### 7.1 Conceito

*Competência* é a quantidade de jurisdição cujo exercício é atribuído a cada órgão ou grupo de órgãos do Judiciário (Liebman).

Assim, *competência* é a quantidade de poder jurisdicional que a lei atribui a cada órgão jurisdicional. A competência quantifica, delimita, a jurisdição. Na verdade, cada órgão jurisdicional exerce o poder jurisdicional pleno em nome do Estado, vez que o poder que pertence ao Estado é uno e indivisível, porém o que se distribui entre os diversos integrantes do Judiciário – ou seja, entre os diversos juízes de direito – é o exercício da jurisdição segundo alguns limites territoriais, o que se denomina parcela de competência vinculada à esfera territorial em que estejam atuando no cargo, onde efetivamente exercerão o poder jurisdicional de modo absoluto.

Oportuno observarmos que ato praticado por juiz sem jurisdição é inexistente, e o ato praticado por juiz de Vara absolutamente incompetente será nulo.

### 7.2 Estabilização da competência

A competência do juízo nas hipóteses em que a sua fixação ocorre em razão do lugar (foro) ou do valor atribuído à causa, portanto nos casos de competência relativa, é determinada no momento em que a ação é proposta. É a denominada *perpetuatio jurisdictionis*, que tem por finalidade proteger as partes, evitando a mudança do lugar (foro) em que tramita o processo ainda que aconteçam modificações posteriores de fato ou de direito – como nas hipóteses de eventual mudança do domicílio do réu ou de eventual cessão do direito objeto da lide após o momento em que ajuizada a ação. Tais mudanças posteriores ao momento do ingresso da ação são irrelevantes para a determinação da competência, que é fixada quando da propositura da ação. Vale notar que essa regra apenas tem incidência diante de juízo competente ou do que possa vir a ser competente em virtude de eventual ampliação admitida nos casos de competência relativa, vez que não haverá estabilização da competência em juízo incompetente. Daí por que não se fala em *perpetuatio jurisdictionis* nos casos em que a regra de competência é absoluta – quais sejam, competência fixada em razão da pessoa, da matéria ou hierárquica –, hipóteses em que o eventual juízo incompetente onde a ação tenha sido proposta jamais poderá vir a ser competente, o que afasta a denominada estabilização da competência por ocasião do ingresso da ação, autorizando-se o próprio juiz da Vara absolutamente incompetente a declarar a incompetência de ofício, determinando a remessa do feito ao juízo que entenda competente.

Acrescente-se que o art. 87 do CPC, que prevê o momento da chamada estabilização da competência, apresenta duas hipóteses de exceção, quais sejam: (a) quando houver a posterior supressão do órgão judiciário – como exemplo podemos mencionar eventual hipótese de uma Vara distrital transformar-se em comarca; ou (b) quando a competência do juízo for alterada para a forma absoluta, em razão da matéria ou da hierarquia.

Oportuno ressaltar, neste tema, que se houver litisconsórcio passivo e eventualmente se declarar a ilegitimidade de parte do réu cujo domicílio serviu para a propositura da ação – portanto, para a fixação da competência – não haverá incompetência do juízo onde a ação se encontra em tramitação, diante da regra da *perpetuatio jurisdictionis*.

No mesmo sentido, não haverá qualquer alteração da competência fixada no momento do ingresso da ação nos casos de substituição subjetiva do polo passivo que se opera em eventual modalidade de intervenção de terceiros denominada *nomeação à autoria*, na qual, após o ato complexo de aceitação da substituição por parte do autor da ação e do réu nomeado (v., neste capítulo, Seção III, subitem 6.1.3.2.1), se dão a retirada do réu nomeante, por ser parte ilegítima, e o ingresso do réu nomeado na relação processual. Aqui, a simples modificação subjetiva da parte, por si só, não tem o condão de determinar o encaminhamento do feito a outra Vara, salvo se o requerido arguir, por ocasião da defesa, a exceção de incompetência do juízo, por se tratar de incompetência relativa.

Assim, não se pode confundir a estabilização da demanda quanto à competência, como fator que impede a alteração do lugar em que o processo tramita, diante de eventuais modificações de fato e de direito posteriores ao momento do ingresso da ação, com a possibilidade de o réu buscar a regularização da competência do juízo, mediante a modalidade de defesa *exceção de incompetência*, fato processual admitido pelo nosso mecanismo processual em relação à incompetência relativa do juízo.

### 7.3 Critérios de fixação da competência

A doutrina, de modo geral, apresenta diversos critérios. Porém, de forma prática, podemos destacar o critério da exclusão, consignando as fases de um caminho mental que necessariamente deverá ser percorrido para, em última análise, sabermos qual o juiz que atuará no feito, ou seja, na ação que se pretenda ingressar em juízo. Assim, temos as seguintes fases para determinação da competência: (a) Qual a Justiça? (b) Qual o grau de jurisdição? (c) qual o foro ou lugar? (d) Qual a Vara? (e) Qual o juiz?

#### 7.3.1 Justiça competente

*Por primeiro será necessário sabermos qual a justiça competente*: Justiça Especial, cuja competência vem prevista na Constituição Federal – quais sejam: Justiça do Trabalho, Justiça Militar e Justiça Eleitoral; ou, por exclusão, Justiça Comum, que por sua vez, ante o mesmo critério residual, poderá ser: Comum Federal, quando uma das partes for a União ou autarquias federais, aqui considerando-se como critério determinativo da competência a qualidade da parte; ou Comum Estadual, cuja definição se opera, como já assinalado, pelo modo residual.

Nesse momento vale anotar as seguintes observações, relacionadas à competência da Justiça Comum Federal:

• As ações em que a União for autora devem ser propostas na seção judiciária do domicílio do réu na Vara da Justiça Federal, conforme dispõe o art. 109, § 1º, da CF, podendo ser em comarcas do Interior onde houver Varas Federais, como nas comarcas de Santos, Campinas e São José dos Campos, no Estado de São Paulo, por exemplo.

• Nas ações em que a União for ré a competência se estabelece pelo modo concorrente, à escolha do autor, podendo ser ajuizadas no foro do domicílio do autor, ou no foro do local do fato ou ato ou, ainda, no Distrito Federal, conforme o art. 109, § 2º, da CF.

• Em relação às ações acidentárias promovidas contra o INSS a competência será da Justiça Comum Estadual (art. 109, § 3º, da CF), sendo competente o foro do domicílio do beneficiário, em face da natureza alimentar da ação.

• No que tange às ações civis públicas propostas contra a União ou naquelas em que a União intervenha a competência será da Justiça Comum Federal, portanto, Vara Federal, do local onde ocorreu o fato ou o dano; porém, nas comarcas em que não houver Vara Federal a competência será da Justiça Comum Estadual – o que não gera inconstitucionalidade, em face do que dispõe o art. 109, § 3º, da CF.

Oportuno, ainda, consignarmos os seguintes entendimentos consagrados nas Súmulas do STJ:

"Súmula 224. Excluído do feito o ente federal, cuja presença levara o juiz estadual a declinar da competência, deve o juiz federal restituir os autos e não suscitar conflito".

"Súmula 254: A decisão do juízo federal que exclui da relação processual ente federal não pode ser reexaminada no juízo estadual."

"Súmula 270: O protesto pela preferência de crédito, apresentado por ente federal em execução que tramita na Justiça Estadual, não desloca a competência para a Justiça Federal."

### 7.3.2 Competência originária

*Na sequência devemos observar a competência originária, também denominada hierárquica ou funcional*, de modo que analisaremos se competente é o órgão superior ou o órgão inferior. Como exemplo temos a ação rescisória, que deve ser proposta diretamente na instância superior. Nesta fase temos que a definição, via de regra, se apresenta na Constituição Federal, e a título de exemplo podemos citar seu art. 53, § 1º, que estabelece a competência do STF para o processo e julgamento dos deputados federais e senadores.

### 7.3.3 Competência de foro ou territorial

*A seguir verificamos a competência de foro ou territorial, ou seja, a competência fixada em razão do lugar*, na qual se busca definir qual a comarca competente para a ação. Aqui merecem observação as regras gerais previstas nas leis ordinárias (Código de Processo Civil, Código de Processo Penal, Consolidação das Leis do Trabalho etc.). Assim, no *processo civil* competente é o foro do domicílio do réu para as ações fundadas em direito pessoal e ações apoiadas em direito real sobre bens móveis, conforme dispõe o art. 94 do CPC; e no *processo penal*, como regra geral, competente é o foro do local onde se deu a consumação da infração penal; e para os delitos tentados competente é o foro do local onde ocorreu o último ato de execução, nos termos do art. 70 do CPP; e mais, nos crimes que seguem o rito sumariíssimo da Lei 9.099/1995 competente é o foro do lugar do fato; já, no *processo trabalhista*, na Justiça Especial do Trabalho, a regra é a fixação da competência pelo local onde se verifica a prestação de serviços ao empregador.

### 7.3.3.1 Espécies de competência de foro no âmbito do processo civil

7.3.3.1.1 *Foro comum* – É a regra geral (art. 94, *caput*, do CPC). Como visto, a regra é o foro do domicílio do réu, e se o réu possuir mais de um domicílio poderá ser demandado no foro de qualquer deles. Aqui merece destaque também que o domicílio do incapaz é o de seu representante legal, bem como que a pessoa jurídica de direito privado deve ser acionada no local de sua sede e será representada por quem seus estatutos indicarem, havendo possibilidade de a ação ser proposta no local da agência ou filial quanto às obrigações assumidas por esta; e a pessoa jurídica estrangeira poderá ser demandada no foro da filial instalada no Brasil, podendo ser citada na pessoa do gerente ou administrador.

7.3.3.1.2 *Foros privilegiados* – São aqueles em que a lei confere a prerrogativa de ingressar com a ação no foro vinculado ao autor da ação, como nos casos da ação de alimentos, cuja competência é do foro do domicílio ou residência do alimentando, ou seja, de quem pede alimentos, e não o do devedor alimentante (art. 100, II, do CPC); nas ações de separação judicial dos cônjuges, conversão da separação em divórcio, divórcio e anulação de casamento, cuja competência será do foro da residência da mulher (art. 100, I, do CPC); e ainda, como visto, nas ações acidentárias a competência é do foro do domicílio do beneficiário.

7.3.3.1.3 *Foros alternativos* – São os casos em que a lei processual estabelece dois ou mais foros competentes para a mesma ação, sendo que a escolha caberá ao autor da ação, como nos casos previstos no art. 94, § 4º, do CPC – a saber: "Havendo dois ou mais réus, com diferentes domicílios, serão demandados no foro de qualquer deles, à escolha do autor" – e no art. 100, parágrafo único, do CPC – "Nas ações de reparação do dano sofrido em razão de delito ou acidente de veículos, será competente o foro do domicílio do autor ou do local do fato".

Ainda, como hipótese de foro alternativo temos a norma do Código de Defesa do Consumidor (Lei 8.078/1990), art. 101, I, que possibilita, a critério do autor, a propositura de ação de responsabilidade civil de natureza contratual do fornecedor de produtos e serviços na comarca em que tenha domicílio o autor da ação.

7.3.3.1.4 *Foros subsidiários* – Aplicam-se na falta do foro principal, de modo que, sendo incerto ou desconhecido o domicílio do réu, ele será demandado onde for encontrado ou no foro do domicílio do autor (art. 94, § 2º, do CPC), como também nas ações de inventário e partilha de bens objeto de herança será competente o foro do último domicílio do autor da herança, porém subsidiariamente poderá aplicar-se o foro da situação dos bens, se o autor da herança não possuía domicílio certo, ou o foro onde ocorreu o óbito, se o autor da herança não tinha domicílio certo e possuía bens em lugares diferentes (art. 96 do CPC).

7.3.3.1.5 *Foro* rei sitae *(art. 95 do CPC)* – É o foro da situação da coisa, ou seja, onde o bem está localizado. Aplica-se para as ações fundadas em direito real sobre bens imóveis, o que abrange questões relacionadas a hipoteca – por exemplo, ação de anulação de hipoteca que pende em bem imóvel; por se tratar de garantia real, a competência será do foro onde o bem imóvel esteja localizado; e, ainda, do mesmo modo, o foro da situação da coisa tem aplicação nas demais hipóteses contempladas na parte final do art. 95 do CPC, quais sejam: quando o litígio envolver "direito de propriedade, vizinhança, servidão, posse, divisão e demarcação de terras e nunciação de obra nova", casos em que não se admite o denominado foro de eleição, de modo que o foro *rei sitae* é o único caso em que a competência determinada pelo lugar não será *relativa*, mas, sim, *absoluta* – e, portanto, não comporta qualquer modificação.

Frise-se: o foro da situação da coisa é o único caso de competência territorial absoluta, vez que, como regra, a competência territorial é relativa.

Oportuno acrescentar que, se o bem imóvel estiver localizado em mais de uma comarca, a ação poderá ser proposta em qualquer delas, vez que serão igualmente competentes (art. 107 do CPC), e o juízo que em primeiro concretizar a citação válida estará prevento (art. 219 do CPC), estendendo-se a competência sobre a totalidade do imóvel.

Não é demais consignarmos as seguintes observações relacionadas ao tema:

• *Ação ex empto* (art. 500, *caput* e § 3º, do CC em vigor, correspondente ao art. 1.136 do CC de 1916), relacionada à complementação de área em venda de bem imóvel pela forma *ad mensuram*, nos casos em que a extensão das medidas do bem é determinante na concretização do negócio jurídico. Como o objeto é a entrega de parte faltante da coisa, trata-se de ação de natureza real, devendo ser proposta no foro da situação do bem imóvel. Vale acrescentar que tal situação – qual seja, a complementação de área – não se autoriza nos casos em que a venda do bem imóvel se opera pela forma *ad corpus*, hipótese em que o imóvel é vendido como coisa certa e discriminada, sendo apenas enunciativa a referência às suas dimensões (art. 500, § 3º, do CC vigente).

Todavia, a ação *quanti minoris*, aquela em que se pretende o abatimento do preço em face da impossibilidade de complementação da área faltante, prevista no próprio art. 500 do CC em vigor, segue a regra geral do domicílio do réu, vez que se trata de ação de natureza pessoal.

• *Ação possessória cumulada com questão de natureza contratual*, como exemplo ação de rescisão contratual com pedido de reintegração de posse; a competência será a da situação do bem imóvel.

• *Ação de nunciação de obra nova*, aquela em que se pretende afastar o risco de dano ao patrimônio em razão da edificação de obra nova em imóvel vizinho; a competência se estabelece pelo local do imóvel (art. 934 do CPC).

• *Ação pauliana*, também denominada *revocatória*, em razão de fraude contra credores, tem como objeto a rescisão de negócio jurídico de alienação, de modo que se trata de ação fundada em direito pessoal, e, portanto, segue a regra geral do foro do domicílio do réu.

• *Súmula n. 11 do STJ*: nesse momento também merece destaque o teor da Súmula 11 do STJ: "A presença da União, ou de qualquer de seus entes, na ação de usucapião especial não afasta a competência do foro da situação do imóvel".

Por derradeiro, de modo geral em relação à competência de foro, podemos ressaltar que foros regionais em São Paulo são parcelas do foro da Capital. Vale dizer: o foro da Capital de São Paulo é integrado pelo foro central mais os foros regionais, e a distribuição se verifica em razão do valor atribuído à causa ou em razão da natureza da questão controvertida – como, por exemplo, questões relacionadas à Fazenda Pública, acidentes do trabalho, falência e recuperação judicial não podem ser processadas em foros regionais, ante a incompetência *ratione materiae* (Lei estadual 3.947/1983). Assim, "a divisão de competência estabelecida por lei de organização judiciária, dentro da cidade de São Paulo, confere a cada um parcela de competência funcional dentro do foro de São Paulo, ganhando por isso contornos de competência absoluta, declinável *ex officio*" (TJSP, Câmara Especial, CComp 24.495-0, rel. Des. Nigro Conceição, j. 26.10.1995, v.u.).

7.3.3.1.6 *Foro de eleição* – Contemplado no art. 111 do CPC, é aquele estipulado numa relação jurídica contratual, numa cláusula inserida de comum acordo pelos próprios contratantes e na qual elegem o foro que será competente para dirimir eventuais conflitos decorrentes daquele contrato. Somente se admite nos casos de competência relativa, quais sejam, competência definida em razão do valor ou do local, posto que os casos de competência absoluta, aquela fixadas em razão da pessoa, matéria ou hierárquica, não podem ser modificados por convenção das partes.

7.3.4 *Competência de juízo (qual a Vara competente)*

Em um só foro frequentemente existe mais de um juízo competente para processar as ações vinculadas àquela esfera territorial. Aqui a competência é determinada em razão da natureza da relação controvertida – como, por exemplo: Varas Cíveis; Varas Especializadas em Acidentes do Trabalho; Varas de Família e das Sucessões; Varas de Registros Públicos etc. – ou em razão da condição das pessoas – como as Varas privativas da Fazenda Pública. Entretanto, definida a Vara em razão da matéria, havendo diversas Varas competentes, o critério de determinação estabelece-se mediante a distribuição que se efetiva no fórum através do cartório do distribuidor.

7.3.5 *Competência interna*

Pela qual busca-se saber efetivamente qual juiz irá atuar na ação proposta. Às vezes numa mesma Vara atuam dois juízes, o titular e o auxiliar. *Juiz auxiliar* é aquele que na carreira da Magistratura está numa entrância imediatamente anterior mas presta serviços na entrância imediatamente posterior; como exemplo tem-se que o Juiz Auxiliar da 6ª Vara Cível da Capital é Juiz que na carreira da Magistratura está em terceira entrância mas atua na entrância imediatamente posterior, qual seja, na entrância especial, pelo exemplo consignado. A divisão do trabalho entre esses juízes é feita segundo a organização judiciária estadual, porém é importante lembrar o que dispõe o art. 132 do CPC: "O juiz, titular ou substituto, que concluir a audiência julgará a lide, salvo se estiver convocado, licenciado, afastado por qualquer motivo, promovido ou aposentado, casos em que passará os autos ao seu sucessor". Trata-se do *princípio da identidade física do juiz*, que será objeto de análise em capítulo posterior.

### 7.3.6 Outros critérios determinativos da competência

Devemos salientar que a doutrina ainda estabelece o estudo de *outros critérios determinativos da competência*; como já assinalado, critérios que servem para estabelecer, em última análise, qual o juiz que deverá apreciar a causa, quais sejam:

#### 7.3.6.1 Elementos da ação

O primeiro considera o raciocínio do legislador por ocasião da elaboração da norma processual sobre competência. O legislador, para estabelecer normas gerais sobre *competência*, tomou como apoio os *elementos da ação*, os quais servem para identificar uma ação, diferenciando-a das demais – quais sejam: (a) *partes*, que são as pessoas em litígio; (b) *pedido*, que é o objeto da ação; e (c) *causa de pedir*, que são os fatos e os fundamentos jurídicos que apoiam o pedido formulado pelo autor. Assim, o legislador, tendo em vista o primeiro elemento (partes), fixou diversas regras sobre competência, as quais são classificadas pela doutrina como:

7.3.6.1.1 *Competência em razão da pessoa (*rationae personae*)* – Considera a qualidade da pessoa ou a sua sede. Como exemplo temos a competência originária do STF para processar o Presidente da República nos crimes comuns (art. 102, I, "b", da CF); a competência da Justiça Federal nos processos em que for parte a União (art. 109, I, da CF); e a competência do foro do domicílio do réu para ações fundadas em direito pessoal de natureza civil (art. 94 do CPC).

**7.3.6.1.2 Competência em razão do pedido** – Considerando o segundo elemento da ação (pedido), o legislador criou várias regras que fixam a competência. E a doutrina, objetivando melhor compreensão do tema, agrupou-as denominando-as *competência em razão do pedido*, na qual se considera: (a) a natureza do bem – móvel ou imóvel; (b) seu valor – como, por exemplo, a competência dos Juizados Especiais Cíveis (Lei 9.099/1995); (c) sua situação – como estabelecido nos arts. 89, I, e 95 do CPC.

Por fim, tendo em vista o terceiro elemento da ação (causa de pedir, que são os fatos e fundamentos jurídicos), o legislador também instituiu diversas normas legais sobre competência, as quais são classificadas pela doutrina como:

**7.3.6.1.3 Competência em razão da matéria (**ratione materiae***)** – Levando em consideração a *natureza da relação controvertida*, qual seja, pretensão de natureza penal ou não; pretensão trabalhista; pretensão fundada em direito de família, cuja competência pertence às Varas da Família e Sucessões; etc.

**7.3.6.2** Outro critério de fixação de competência

Outro critério de fixação de competência é o que considera a possibilidade, ou não, de sua modificação, ou seja, de sua eventual ampliação perante um juízo que, a princípio, não possui competência para apreciar a causa. Assim, têm-se as denominadas *competência absoluta* e *competência relativa* do juízo, sendo que a primeira não permite qualquer modificação da competência, o que se admite na segunda modalidade.

Anote-se: quando o interesse juridicamente protegido é o *público*, a norma de competência é *absoluta* – portanto, imodificável, improrrogável. Se o órgão jurisdicional for de um juízo absolutamente incompetente, a sentença eventualmente prolatada será absolutamente nula.

A incompetência absoluta do juízo pode e deve ser afastada de ofício pelo juiz.

Ao contrário, quando a norma de competência é dirigida à proteção de interesses individuais das partes a competência do juízo será relativa – portanto, modificável, prorrogável.

Podemos apresentar o seguinte quadro diferenciador entre elas:

| Competência Absoluta do Juízo | Competência Relativa do Juízo |
|---|---|
| • Há interesse público na atuação da jurisdição. | • Prevalece o interesse das pessoas. |
| • São casos de competência absoluta: a competência fixada em razão da pessoa; a hierárquica ou funcional; e a fixada em razão da matéria. | • São casos de competência relativa: a competência fixada em razão do lugar – ou seja, competência territorial ou de foro; e a competência em razão do valor atribuído à causa. |
| • Jamais admite modificação ou prorrogação. | • Admite modificação. |
| • Sentença proferida por juiz de juízo (Vara) absolutamente incompetente é absolutamente nula. A coisa julgada sana o vício, porém após o prazo de dois anos para ação rescisória, ou seja, após a coisa soberanamente julgada. | • A sentença será válida, não autorizando ação rescisória, vez que por ocasião de sua prolação já houve a prorrogação da competência. |
| • A incompetência absoluta do juízo pode ser conhecida e declarada *ex officio* pelo juiz, em qualquer fase procedimental, o qual, ao declinar da competência, remeterá os autos do processo ao juízo competente. | • A incompetência relativa do juízo não pode ser declarada *ex officio*, o juiz deverá aguardar a alegação pela parte, no prazo próprio, que é preclusivo, de modo que a ausência de arguição gera a ampliação da competência daquele juízo que a princípio não a possuía. |
| • A incompetência absoluta do juízo pode ser arguida por qualquer das partes, em qualquer momento procedimental, de modo que, por ser matéria de ordem pública, não preclui; e, se o réu pretender argui-la no momento da defesa, deverá fazê-lo em preliminar na própria contestação (art. 301, II, do CPC). | • A incompetência relativa do juízo apenas poderá ser arguida pelo réu, num único momento procedimental, que é no prazo da defesa, e por uma única forma, que é através da peça *exceção de incompetência do juízo*, também denominada *exceção declinatória da competência*, que deverá indicar o juízo para o qual declina, será autuada em apartado e gerará a suspensão do processo, até que se decida definitivamente qual o juízo competente (art. 306 do CPC). Partes nesse incidente serão o excipiente, ou seja, o réu que alega a incompetência, e o excepto, que será o autor da ação e terá oportunidade para se manifestar em 10 dias, podendo ocorrer instrução, e a seguir haverá decisão pelo juiz em 10 dias. O recurso cabível será o agravo de instrumento sem efeito suspensivo; portanto, a partir daí prossegue a relação processual que se encontrava suspensa. |

## 7.4 Modificações da competência ou prorrogação da competência

Só se admite a prorrogação em competência relativa. Poderá ocorrer por vontade da própria lei processual ou por vontade das pessoas. Mas, como visto, apenas em competência relativa, ou seja, em razão do foro ou do valor atribuído à causa. Assim, podemos destacar suas situações:

### 7.4.1 Prorrogação legal

*Prorrogação legal*, também denominada *necessária*, é aquela em que a própria lei estabelece a prorrogação da competência de juízo por motivos de ordem pública, economia processual e a fim de evitar decisões conflitantes, autorizando, pois, a reunião das ações em *simultaneus processus* para julgamento único e conjunto, a saber:

#### 7.4.1.1 Na conexão

Quando entre duas ou mais ações houver o mesmo pedido (objeto) ou a mesma causa de pedir (art. 103 do CPC). Nesta situação ambos os juízos serão igualmente competentes, mas o que poderá reunir as ações conexas será o prevento, ou seja, aquele que primeiro despachou a inicial, se as ações conexas estiverem em curso em juízos diversos mas na mesma comarca (art. 106 do CPC); ou prevento será o que primeiro concretizou a citação válida nos autos, para os casos em que os juízos diversos estejam em comarcas diversas (art. 219 do CPC).

#### 7.4.1.2 Na continência

Quando houver identidade de partes e causa de pedir mas o objeto de uma ação, por ser mais amplo, abranger o das demais (art. 104 do CPC). Aqui, a reunião das ações se opera perante o juízo cujo pedido for mais amplo.

#### 7.4.1.3 No juízo universal

Que poderá ser de insolvência civil ou falência, observando-se o que consignado em capítulo anterior, no sentido de que a eventual intervenção da União, suas autarquias ou empresas públicas federais em feito relacionado a concurso de credores ou de preferência não desloca a competência para a Justiça Federal.

### 7.4.2 Prorrogação convencional

Também denominada *voluntária*, é a que fica a critério da vontade das pessoas, a saber:

#### 7.4.2.1 Expressa

É o denominado *foro de eleição* (art. 111 do CPC). Frise-se: só vale se a competência for relativa, não se aplicando nas hipóteses contempladas no art. 95 do CPC, relacionadas ao foro *rei sitae*.

#### 7.4.2.2 Tácita

É a ausência da arguição de exceção de incompetência do juízo ou exceção declinatória (art. 114 do CPC), sendo certo que não basta alegar a incompetência relativa do juízo: o réu terá que indicar o órgão jurisdicional competente. Na hipótese de o réu não opor a exceção declinatória no prazo da resposta haverá a preclusão, ou seja, a perda da faculdade de fazê-lo, operando-se o fenômeno da prorrogação da competência, na sua modalidade tácita. Entenda-se: tacitamente estará o réu aceitando a competência daquele juízo onde o autor ingressou com a ação, o qual, a princípio, não era o competente, passando a sê-lo. Lembrando-se que o juiz não pode de ofício reconhecer a incompetência relativa da Vara.

### 7.5 Conflito de competência (arts. 115 a 124 do CPC)

É a hipótese em que mais de um juízo se dá por competente ou incompetente para o julgamento da mesma ação ou, ainda, os casos em que entre dois ou mais juízos surge controvérsia sobre a reunião ou separação de feitos em razão da conexão ou continência. Note-se que o conflito ocorre entre juízos (Varas), e não entre juízes.

Frise-se: ocorre quando dois ou mais órgãos jurisdicionais rejeitam a competência do juízo para processar determinada causa – é o denominado *conflito negativo* – ou reclamam a competência para processar a causa – é o *conflito positivo*.

O conflito deve ser suscitado ao presidente do tribunal. A legitimidade para suscitá-lo compete: (a) ao próprio juiz, que o fará por ofício;

(b) às partes, por petição; (c) ao Ministério Público, também por petição. O juiz suscitado presta informações, se o suscitante for o outro juiz. Porém, se suscitante for qualquer das partes ou o Ministério Público, o relator mandará ouvir os juízes em conflito. O processo permanecerá sobrestado; portanto, suspende-se a marcha procedimental até que seja solucionado o conflito entre juízos, podendo o relator designar um dos juízes para solução, em caráter provisório, de eventuais medidas urgentes no feito suspenso.

O Ministério Público, após o prazo para as informações por parte dos juízes, terá oportunidade para se manifestar, em cinco dias, em todos conflitos de competência. Tal atuação opera-se através da instância superior do Ministério Público – portanto, através dos procuradores de justiça. A eventual falta de oportunidade para intervenção do Ministério Público acarreta a nulidade insanável do incidente (art. 246 do CPC). Na sequência o tribunal deverá decidir qual o juízo competente para o feito, pronunciando-se, ainda, sobre a validade dos atos praticados na relação processual (atos processuais). É possível que o tribunal decida pela competência de um terceiro juízo que não os conflitantes, determinando a remessa do feito ao que for competente.

Por oportuno, no que concerne ao Ministério Público, em caso de eventuais conflitos de atribuições entre seus membros, compete ao Procurador-Geral de Justiça dirimi-los no âmbito estadual. Caberá ao Procurador-Geral da República dirimir conflito de atribuições entre os representantes do Ministério Público da União, nos termos do que dispõem suas respectivas leis orgânicas.

Por fim, ainda em relação a eventuais conflitos de competência previstos na Carta Magna, devemos observar:

• Compete ao *STF* processar e julgar "os conflitos de competência entre o Superior Tribunal de Justiça e quaisquer tribunais, entre Tribunais Superiores, ou entre estes e qualquer outro tribunal" (art. 102, I, "o", da CF) – como exemplo temos eventual conflito entre o STJ e o TRF; ou, ainda, eventual conflito de competência entre o STJ e um Tribunal de Justiça estadual; ou mesmo entre o TRF e um Tribunal de Justiça estadual.

• Compete ao *STJ* processar e julgar "os conflitos de competência entre quaisquer tribunais, ressalvado o disposto no art. 102, I, 'o', bem como entre tribunal e juízes a ele não vinculados e entre juízes vinculados a tribunais diversos" (art. 105, I, "d" da CF) – como exemplo podemos citar o conflito de competência entre um juiz da Justiça Comum Estadual e um juiz da Justiça Comum Federal; ou, ainda, o conflito de competência entre Tribunais de Justiça de Estados diversos.

• Compete aos *TRFs* processar e julgar "os conflitos de competência entre juízes federais vinculados ao Tribunal" (art. 108, I, "e", da CF).

## Seção II – **PROCESSO**

*1. Conceito. 2. Natureza jurídica do processo. 3. Procedimento. 4. "Sujeitos" da relação jurídica processual. 5. Objeto da relação processual. 6. "Pressupostos da relação processual", também conhecidos como "pressupostos processuais". 7. Atos processuais: 7.1 Conceito – 7.2 Classificação – 7.3 Relevância dos atos probatórios. 8. Prazos processuais: 8.1 Conceito – 8.2 Classificação dos prazos – 8.3 Contagem dos prazos. 9. Nulidades processuais: 9.1 Conceito – 9.2 Regras gerais – 9.3 Classificação dos vícios procedimentais – 9.4 Princípios relacionados ao tema "nulidades processuais". 10. Formação, suspensão e extinção do processo: 10.1 Formação do processo – 10.2 Suspensão do processo – 10.3 Extinção do processo. 11. Princípios constitucionais do direito processual: 11.1 Princípio da imparcialidade do juiz – 11.2 Princípio da igualdade – 11.3 Princípio do contraditório e ampla defesa – 11.4 Princípio da motivação das decisões judiciais – 11.5 Princípio da publicidade – 11.6 Princípio da proibição da prova obtida ilicitamente. 12. Direito processual constitucional: 12.1 Sinopse dos princípios gerais do direito processual constitucional – 12.2* Writs *constitucionais.*

## 1. Conceito

*Processo* é o instrumento para o exercício da atividade jurisdicional do Estado. É também considerado como uma relação jurídica que vincula os três sujeitos principais, que são o juiz, o autor (ou autores) e o réu (ou réus), conferindo a eles, simultaneamente, poderes e direitos e os correspondentes deveres, ônus ou obrigações de natureza processual. Assim, o juiz tem o poder de dizer a quem cabe o direito material no caso concreto e, uma vez acionada a atividade jurisdicional por interessados, tem o dever de conferir a prestação jurisdicional válida e eficaz, desde que presentes as condições genéricas da ação e os pressupostos processuais. Nessa relação jurídica o autor tem o direito de ação, ou seja, o de provocar a atividade jurisdicional do Estado, fato que em relação ao réu corresponderá ao direito de defesa, ou seja, de contradizer a pretensão formulada pelo autor, possibilitando-lhe, inclusive, a formulação de pedido em seu favor, aproveitando o próprio processo já instaurado. Ainda em relação às partes dessa relação processual, tem-se que tanto o autor como o réu têm o direito de ampla defesa, qual seja, de ver conferida nos autos ampla oportunidade para apresentarem e comprovarem as razões de suas alegações, bem como o dever de respeitar as formas e prazos estabelecidos na lei processual para suas manifestações e postulações.

## 2. Natureza jurídica do processo

Há várias teorias doutrinárias sobre a *natureza jurídica do processo*, porém a teoria majoritária é a da *relação jurídica*. Isto porque é inegável que o processo não se resume apenas numa mera sucessão de atos, mas o Estado e as partes assumem uma relação jurídica, que é exatamente o nexo que liga dois ou mais sujeitos, atribuindo-lhes poderes, direitos, faculdades e os correspondentes deveres, obrigações, sujeições e ônus. Assim, com a instauração do processo surge a *relação jurídica processual*, onde os sujeitos dessa relação, no curso dos atos processuais, ora assumem posição jurídica ativa, ora passiva. Todavia, há de se lembrar que o processo, em seu conceito, não pode ser confundido com *procedimento* e também não se exaure no conceito puro e simples de relação jurídica processual. O processo é a síntese dessa relação jurídica progressiva, voltado a uma finalidade, que é o *pronunciamento jurisdicional*.

## 3. Procedimento

Oportuno destacar que *procedimento* é o mero aspecto formal do processo. Não se confunde com o processo, que, como visto, é instrumento para exercício do poder jurisdicional e a relação jurídica que envolve os sujeitos principais mencionados; e não se confunde com *autos*, que são a materialização dos documentos aportados, juntados uns após os outros, segundo uma ordem lógica, e que corporificam os *atos do procedimento*.

*Procedimento*, portanto, é o modo em que os atos processuais se sucedem no tempo. Insista-se: é o modo em que os atos processuais são praticados uns após os outros no tempo e assim se corporificam nos autos. A visão conjunta desses atos, numa sucessão célere ou ampliada no tempo, envolve o que se denomina *rito*.

Assim, tecnicamente, não se deve falar, por exemplo, em "fases do processo", mas, sim, "fases do procedimento". Ainda, não seria correto falar em "consultar o processo", mas, sim, "consultar os autos do processo".

Concernentemente ao *rito*, podemos, em linhas gerais, afirmar que *rito sumário* é aquele em que os atos processuais se sucedem de forma abreviada no tempo. É a sequência de atos concentrados em período curto de tempo, considerando-se o termo inicial e o termo final. E *rito ordinário* é aquele em que o procedimento, sucessão dos atos, é dilatado no tempo, ou seja, os atos processuais são praticados em espaço de tempo maior. Já, no rito sumariíssimo, hoje aplicado nos Juizados Especiais Cíveis (na esfera cível) e nos Juizados Especiais Criminais (no âmbito penal), os atos são praticados em curtíssimo espaço de tempo.

O critério utilizado no âmbito do processo civil para a definição do procedimento a ser adotado na ação é o *residual*, ou seja, o da exclusão, eis que nossa legislação expressamente define os procedimentos especiais nos arts. 890 e ss. do CPC, bem como as ações de procedimento comum sumário no art. 275 do CPC, de modo que, não sendo o especial, será o comum, e não sendo o comum sumário e nem o sumariíssimo da Lei 9.099/1995, por exclusão, será aplicado o procedimento comum ordinário.

## 4. *"Sujeitos" da relação jurídica processual*

São três os *sujeitos* principais da relação jurídica processual, quais sejam: (a) o *Estado-juiz*, que é o sujeito imparcial e ocupa o polo poder, pois tem o poder de aplicar a lei material ao caso concreto; (b) o *demandante* – autor ou autores –, também denominado *requerente*; e (c) o *demandado* – réu ou réus –, também denominado *requerido*. Estes últimos, *requerente* e *requerido*, são os sujeitos parciais da relação processual e ocupam os polos litigantes.

O Estado-juiz assume a posição de sujeito imparcial, terceiro estranho ao conflito e sem interesse na solução da lide em favor de uma ou de outra parte, que exerce o poder jurisdicional. Assim, o juiz, nessa relação processual, está entre as partes e acima delas, pois exerce o poder em benefício geral e no cumprimento de sua função de pacificar conflitos com justiça e restabelecer a ordem social com autoridade. Já, as partes submetem-se à autoridade do juiz e devem cumprir a solução do conflito imposta pelo Estado-juiz.

Autor e réu (partes) são os sujeitos parciais do processo, posto que, em regra, apresentam interesse na atuação da jurisdição, e ocupam os polos litigantes, quais sejam, ativo e passivo, da relação processual, respectivamente. *Autor* é aquele que deduz em juízo uma pretensão; *réu* é aquele em face de quem aquela pretensão é deduzida.

Na esfera do *processo civil* têm-se as seguintes denominações para os que ocupam o polo ativo e o polo passivo da relação jurídica processual: *demandante* e *demandado*; *requerente* e *requerido*. E em *processo de execução*: *exequente* e *executado*. No *processo trabalhista* temos: *reclamante* e *reclamado*.

Posto isto, pode-se afirmar que *partes* na relação processual são aqueles que apresentam interesse na obtenção de uma tutela jurisdicional – vale dizer, são duas, ou seja: as que ocupam o polo ativo e o polo passivo dessa relação. Podendo ocorrer cumulação subjetiva nos polos, fato que se denomina *litisconsórcio*.

## 5. Objeto da relação processual

É a *prestação jurisdicional* que se consuma ao final do processo. Em outras palavras, é o serviço ou pronunciamento jurisdicional que o Estado tem o dever de prestar sempre que for provocado por alguém interessado na obtenção de uma tutela jurisdicional, desde que presentes os requisitos legais que o autorizam e observando-se os limites da pretensão oferecida pelos litigantes na relação processual, pelos meios e formas legais.

## 6. "Pressupostos da relação processual", também conhecidos como "pressupostos processuais"

São os requisitos necessários para a constituição e desenvolvimento válido de uma relação processual. Assim, podemos afirmar que são os *requisitos de admissibilidade* do provimento jurisdicional, ou seja, requisitos indispensáveis para que haja pronunciamento jurisdicional válido e eficaz.

Vale frisar: *pressupostos processuais* são os requisitos necessários para que a relação jurídica processual se inicie, ou seja, se forme, e se desenvolva validamente, para que ao final possa surtir seus efeitos, com a prestação jurisdicional. Tem-se, portanto, que os pressupostos processuais poderão ser *de existência* de uma relação processual, tais como: jurisdição, petição inicial, a citação e a capacidade postulatória, sem os quais não se pode falar na própria existência do processo; ou, ainda, pressupostos processuais *de validade*, sem os quais a relação processual existe mas não será válida, ou seja, não surtirá efeitos, tais como: competência do juízo e imparcialidade do juiz, petição inicial apta – portanto, que atenda aos requisitos formais do art. 282 do CPC –, citação válida e a inexistência de óbices processuais, tais como *perempção, litispendência* ou *coisa julgada* – estes últimos também denominados *pressupostos processuais negativos*, posto que impedem a formação válida do processo.

Numa classificação geral, pode-se afirmar que são considerados *pressupostos processuais*: (a) uma demanda regularmente formulada; (b) a capacidade de quem a formula; (c) a investidura do destinatário da demanda, ou seja, a qualidade de juiz.

Alguns doutrinadores dividem os pressupostos processuais em: (1) *objetivos* – (a) regularidade de procedimento; (b) ausência de impedimentos para sua formação, como coisa julgada, litispendência e perempção. Estes são também chamados *pressupostos processuais negativos*, ou seja, algo que não pode acontecer no processo, como visto, a coisa julgada, a litispendência e a perempção; (2) *subjetivos* – (a) referentes ao juiz: investidura, competência, e imparcialidade; (b) referentes às partes: capacidade de ser parte, capacidade de estar em juízo e capacidade postulatória.

A *capacidade para ser parte* é uma espécie do gênero *capacidade de direito*, que é atributo de toda e qualquer pessoa. Portanto, o menor, o incapaz, a pessoa jurídica, a possuem. Vale lembrar que *capacidade de direito* é a aptidão para adquirir direitos. Na verdade, *capacidade para ser parte* é a capacidade para ocupar os polos litigantes da relação processual, a qual todos possuem.

A *capacidade para estar em juízo* é a *capacidade de fato*, ou seja, para o efetivo exercício do direito; é a representação processual que se exige em certos casos, como, por exemplo, aos menores, incapazes e também às pessoas jurídicas – lembrando-se que eles poderão ser partes no processo, mas para estarem em juízo dependem da representação. Podemos afirmar que *representação processual* é a relação jurídica pela qual o representante atua no processo em nome e por conta do representado. O representante não é parte no processo, mas sim o representado; daí por que não é caso de substituição processual. Assim, vale destacar que: os menores e incapazes serão representados em juízo pelos pais, tutores ou curadores. As pessoas jurídicas de direito público da Administração direta – quais sejam: União, Estados, Territórios, Distrito Federal, Municípios – serão representadas em juízo pelo chefe do Poder Executivo ou por procuradores (art. 132 da CF), e as pessoas jurídicas de direito público da Administração indireta – tais como autarquias, empresas públicas e fundações – têm personalidade jurídica própria e serão representadas em juízo pelos respectivos presidentes ou procuradores. Em relação às pessoas jurídicas de direito público estrangeiro, ou seja, no que concerne aos Estados estrangeiros, que têm capacidade para ser partes, serão representados em juízo pelo chefe do Poder Executivo ou pelo embaixador (art. 102, I, "e", da CF). Por sua vez, as pessoas jurídicas de direito privado serão representadas em juízo por quem os estatutos designarem ou, na falta de previsão, por qualquer dos diretores. E as pessoas jurídicas de direito privado estrangeiro serão representadas pelo gerente, representante ou administrador de filial no Brasil.

A *capacidade postulatória* é a capacidade processual de natureza técnica, e como regra ninguém poderá ir a juízo senão através de advogado legalmente habilitado junto à Ordem dos Advogados do Brasil/ OAB. Excepcionalmente, em algumas situações admite-se que a parte postule em juízo sem o advogado, como nos casos dos Juizados Especiais Cíveis, em questões patrimoniais de valor até 20 vezes o salário- -mínimo (art. 9º da Lei 9.099/1995), em ações de alimentos (art. 2º da Lei 5.478/1968), nos casos em que o advogado atue no feito em causa própria ou, ainda, na hipótese de não existir advogado na comarca ou diante de recusa ou impedimento de todos que houver no lugar (art. 36 do CPC). Vale observar que as pessoas jurídicas de direito público da Administração direta não necessitam da juntada do instrumento de mandato especial para agir nos autos, porquanto com a investidura no cargo os seus procuradores terão o poder de representação. No mesmo sentido, em relação às pessoas jurídicas da Administração indireta, como as autarquias e fundações públicas, independem de apresentação de mandato nos autos.

Por fim, merece destaque que a *procuração* é o instrumento do mandato, através do qual o outorgado recebe poderes para praticar atos em nome do outorgante, não se exigindo firma reconhecida (v. arts. 653 e 654 do CC vigente e Lei 8.906, de 4.7.1994, que dispõe sobre o Estatuto da Advocacia e da OAB). Outrossim, vale destacar que o mandato outorgado por instrumento público admite substabelecimento por instrumento particular, consoante dispõe o art. 655 do CC.

Frise-se: a *capacidade postulatória* é pressuposto processual de existência da relação processual, de modo que será considerado inexistente o ato praticado nos autos por profissional que não comprove sua capacidade, com a juntada do instrumento de mandato. Nesse sentido pode-se ressaltar o teor da Súmula 115 do STJ: "Na instância especial é inexistente recurso interposto por advogado sem procuração nos autos".

Apenas a fim de evitar decadência ou prescrição, ou em casos reputados urgentes, poderá o advogado atuar no processo protestando pela juntada posterior do instrumento de mandato, hipótese em que terá o prazo de 15 dias para comprovar a capacidade postulatória nos autos, prorrogáveis por mais 15 dias, mediante despacho do juiz (art. 37 do CPC).

## 7. Atos processuais

### 7.1 Conceito

*Atos processuais* são manifestações de vontades apresentadas na relação processual pelos sujeitos principais – juiz, autor e réu – e direcionadas à formação, suspensão ou extinção do processo; e também aqueles atos formais de documentação, registro, juntada e certificação praticados pelos auxiliares da Justiça – ou seja, pelo escrivão, escreventes e oficiais de justiça.

### 7.2 Classificação

#### 7.2.1 Quanto ao sujeito

Os *atos processuais* podem ser classificados *quanto ao sujeito* que os pratica na relação processual. Assim, importa o destaque aos *atos do juiz*, como sendo, em linhas gerais, de *comando e fiscalização quanto à regularidade* no desenvolvimento procedimental e, principalmente, os de dar *impulso* à sequência do feito (*despachos*) e ainda atos que solucionam questões apresentadas no processo (*decisões*). Por sua vez, temos os atos praticados por aqueles que ocupam os polos litigantes na relação processual, ou seja, os *atos das partes*, que podem ser classificados em: *atos postulatórios*, nos quais oferecem suas pretensões e defesas; *atos dispositivos ou negociais*, em que abrem mão de determinados interesses; *atos probatórios*, visando à produção de elementos, nos autos do processo, que possam servir à formação do convencimento do juiz; e, por fim, *atos reais*, que constituem aqueles que dependam da própria presença da parte.

### 7.2.2 Quanto à forma de comunicação

Outra *classificação* importante é a que considera a *forma de comunicação dos atos processuais*, e nesta teremos os atos processuais *citação* e *intimação*.

#### 7.2.2.1 Intimação

O ato processual *intimação* consiste em *dar ciência a alguém sobre atos e termos processuais, para que faça ou deixe de fazer algo no processo*. Exemplos: intimação das partes e seus advogados sobre o teor da sentença proferida nos autos, para que recorram ou não; intimação de testemunhas para comparecimento em juízo, no momento da audiência, para que possam prestar esclarecimentos sobre fatos relevantes à causa; etc. Assim, as intimações podem versar sobre ato processual já realizado nos autos ou, ainda, sobre ato processual a ser praticado, mas sempre com a finalidade de conferir oportunidade processual a alguém para que faça, ou não, algo no processo.

#### 7.2.2.2 Citação

Por sua vez, o ato processual *citação* consiste no chamamento do réu ou interessado para que venha a juízo defender-se.

A citação é ato de chamar o réu ao processo para que, querendo, ofereça defesa nos autos da relação jurídica processual, observando o prazo que a lei lhe confere para o exercício dessa oportunidade. Vale transcrever o art. 213 do CPC: "Art. 213. Citação é o ato pelo qual se chama a juízo o réu ou o interessado a fim de se defender".

Pode ser destacada a existência de duas *modalidades de citação*, quais sejam: (a) *real* ou *pessoal*; e (b) *ficta* ou *presumida*. Por seu turno, cada modalidade poderá apresentar duas formas. Assim, a *citação real ou pessoal* poderá se concretizar pela forma *mandado* – ato que será cumprido por oficial de justiça – ou pela forma *correio* – ato que será realizado com apoio dos serviços de correio. Vale, então, a anotação: a *citação real ou pessoal* concretiza-se diretamente na pessoa do requerido. A modalidade *citação pessoal*, como assinalado, apresenta-se em duas formas (*correio* ou *mandado*); frustrada a forma *correio*, passa-se à citação por *mandado*. A *citação por correio* é a regra no processo civil, exceto nas hipóteses previstas no art. 222 do CPC: "Art. 222. A citação será feita pelo correio, para qualquer comarca do País, exceto: a) nas ações de estado; b) quando for ré pessoa incapaz; c) quando for ré pessoa de direito público; d) nos processos de execução; e) quando o réu residir em local não atendido pela entrega domiciliar de correspondência; f) quando o autor a requerer de outra forma". Como *ações de estado* podem ser lembradas: separação; divórcio; anulação de casamento; investigatória de paternidade – entre outras cujo objeto é o estado da pessoa. Sob outro aspecto, pessoas jurídicas de direito público são representadas por procuradores, motivo pelo qual se faz necessária a citação pessoal. Quando o requerido for incapaz também se faz necessária a citação na pessoa do seu representante legal. Quando o serviço de correio não atender à localidade onde está o requerido, a citação se dará por meio de mandado, ou seja, por ato do oficial de justiça. Nos processos de execução a citação também deve ser pessoal, por meio de mandado. Por fim, nos processos em que houver requerimento do autor para que a citação se realize por mandado, esta será feita inicialmente por essa forma (mandado), podendo, ainda mediante requerimento do autor, ser autorizada pelo juiz sua realização fora do horário de expediente forense, nos termos do art. 172, § 2º, do CPC:

"Art. 172. Os atos processuais realizar-se-ão em dias úteis, das 6 (seis) às 20 (vinte) horas.

"§ 1º. Serão, todavia, concluídos depois das 20 (vinte) horas os atos iniciados antes, quando o adiamento prejudicar a diligência ou causar grave dano.

"§ 2º. A citação e a penhora poderão, em casos excepcionais, e mediante autorização expressa do juiz, realizar-se em domingos e feriados, ou nos dias úteis, fora do horário estabelecido neste artigo, observado o disposto no art. 5º, inciso XI, da Constituição Federal.

"§ 3º. Quando o ato tiver que ser praticado em determinado prazo, por meio de petição, esta deverá ser apresentada no protocolo, dentro do horário de expediente, nos termos da lei de organização judiciária local" (incluído pela Lei 8.952/1994).

7.2.2.2.1 *Requisitos da citação por carta* – (1) Encaminhamento de uma carta de citação com aviso de recebimento/AR, em que a assinatura deve ser do próprio punho do requerido. Se outra pessoa receber a citação em nome do requerido o ato poderá ser considerado nulo. Entretanto, a jurisprudência vem firmando entendimento no sentido de que em certas situações o ato poderá ser considerado válido ainda que não efetivado diretamente na pessoa do requerido, como nos condomínios, em que o recebimento da carta acontece por meio de portarias dos prédios. A mesma posição estende-se às pessoas jurídicas, pois muitas vezes o recebimento de cartas é feito por meio do setor de recepção da empresa.

(2) A carta deve conter: (a) cópia da petição inicial, para que o requerido tenha ciência sobre os fatos narrados pelo autor e, então, possa produzir sua defesa; (b) cópia do despacho que ordenou o ato *citação*.

O ato *citação* considera-se completo, ou seja, efetivado processualmente, no momento em que o AR é juntado aos autos pelo escrevente, mediante certidão. Da efetivação desse ato – ou seja, a partir da certidão de juntada do AR – inicia-se o prazo para o requerido oferecer sua defesa. Por exemplo: 15 dias para oferecimento de defesa em ação de conhecimento de rito comum ordinário. Observação importante: em ação de conhecimento de procedimento comum sumário o réu não terá prazo para defesa, mas, sim, momento procedimental para oferecimento da defesa, qual seja: na audiência de conciliação.

7.2.2.2.2 *Citação por mandado, requisitos* – Por sua vez, a *citação por mandado* é aquela realizada por meio de oficial de justiça. *Mandado* é uma ordem do juiz a ser cumprida pelo oficial de justiça.

(a) Deverá o oficial de justiça diligenciar aos locais indicados no mandado com a finalidade de localizar pessoalmente o requerido e, então, proceder à citação pessoal. Os endereços constantes no mandado serão aqueles apontados na petição inicial, podendo ser mais de um endereço, como, por exemplo, os endereços residencial e o comercial.

(b) Ao encontrar o requerido pessoalmente, deverá o oficial proceder à leitura do mandado.

(c) Entregar a contrafé ao requerido, ou seja cópia da petição inicial e do mandado.

(d) Solicitar ao requerido para que coloque sua assinatura no original do mandado. Se o requerido se recusar a assinar o mandado de citação, o oficial de justiça certificará o ocorrido e passará a descrevê-lo fisicamente em sua certidão, considerando-o citado.

O oficial de justiça tem o prazo de 30 dias para cumprir diligências. Há um livro-carga nos cartórios para retirada dos mandados, devendo o oficial assiná-lo por ocasião da retirada do mandado, indicando a data da sua retirada. Ao devolver o mandado em cartório, caberá ao escrevente consignar baixa no respectivo livro. Se o oficial não lograr êxito nas suas diligências no prazo de 30 dias, deverá devolver o mandado em cartório, narrando os motivos da impossibilidade de seu efetivo cumprimento. Nesse caso, o juiz dará oportunidade para que o advogado do autor se pronuncie sobre a certidão do oficial de justiça e, então, poderá fornecer novos endereços para localização do requerido ou solicitar o desentranhamento do mandado, para novas diligências.O oficial de justiça, ao concluir o ato, fará uma certidão no verso do mandado ou mesmo em folha separada, cujo teor apresenta fé pública e que será juntada aos autos pelo escrevente. A partir da data dessa juntada tem início o prazo para apresentação de defesa.

*7.2.2.2.3 Citação ficta ou presumida* – Por sua vez, a modalidade *citação ficta ou presumida* pode ocorrer sob duas formas: *hora certa* ou *edital*. Frustrado o ato citação pela modalidade pessoal, passa-se à realização pela modalidade ficta. A *citação por hora certa* é também por mandado, a ser cumprido por oficial de justiça.

*(A) Requisitos da citação por hora certa*: (1) o oficial deverá ter diligenciado pelo menos três vezes, procurando o réu em três oportunidades diferentes (dias e horários diversos); (2) deverá existir suspeita de ocultação do réu. Esse fato – suspeita de ocultação do réu, no propósito de evitar o ato –, deve constar no teor da certidão; (3) caberá ao oficial, após as três diligências, procurar um vizinho ou parente do requerido para designar hora certa e efetivar o ato *citação pessoal* no dia posterior. O oficial deixará a contrafé com o parente ou vizinho que estará participando desse ato, comunicando-lhe que o requerido deverá estar presente na data designada, para que o ato se realize na forma pessoal; (4) o oficial de justiça deverá retornar no dia e hora designado, e então: (a) estando presente o requerido, realizará o ato, na forma pessoal; (b) não estando presente o requerido, o oficial de justiça procurará saber os motivos da ausência; se ausente sem justificativas plausíveis, concretiza-se a suspeita de ocultação, fazendo ele o levantamento da hora certa, ou seja,

considerando citado o requerido, certificando todo o ocorrido; (c) este último requisito não integra o ato citatório, mas é formalidade essencial destacada pela lei processual, devendo ser cumprido sob pena de nulidade. O escrivão encaminhará ao requerido, já citado por hora certa, um telegrama, um radiograma ou uma carta simples comunicando-lhe que o ato já foi realizado. Como dito, essa comunicação não integra a citação, já concretizada e certificada pelo oficial, daí por que o prazo para defesa passa a fluir a partir da juntada do mandado aos autos.

*(B) Requisitos da citação por edital*: ocorrência das seguintes situações, prescritas no art. 332 do CPC: (a) o réu deve estar em local incerto, ignorado ou desconhecido ou, ainda, em local inacessível – considera-se inacessível o local se o réu estiver em País que não cumpre carta rogatória; (b) se incerto ou desconhecido for o requerido; (c) nos casos em que a lei expressamente estabeleça a citação por edital, por exemplo, ação da usucapião de bem imóvel, deverão ser citados todos os confrontantes do bem imóvel usucapiendo, como também deverá ser citada a pessoa indicada no Registro de Imóveis como titular do domínio, os quais, se conhecidos, serão citados pessoalmente. Todavia, a lei estabelece a necessidade da *citação por edital* de eventuais interessados e ainda se os confinantes ou o titular do domínio forem desconhecidos serão citados igualmente por edital; (d) fixação de cópia do edital no átrio do fórum, ou seja, na sede do juízo. Este ato deve ser certificado nos autos pelo escrevente; (e) publicação dos editais uma vez no *Diário Oficial* e duas vezes em jornais locais, onde houver. Caberá ao escrevente certificar a publicação, juntando cópia nos autos. Os editais devem ser publicados no prazo de 15 dias, contados a partir da primeira publicação, nos termos do art. 232, III, do CPC. Se o autor for beneficiário da justiça gratuita não há recolhimento de despesas com editais e as publicações serão apenas no *Diário Oficial*. Nos demais casos, enquanto o autor não efetuar o recolhimento das despesas o ato *citação* não se realiza; (f) o juiz, no momento em que autorizar a realização do ato *citação por edital*, fixará um prazo variável entre 20 a 60 dias, contados a partir da primeira publicação. Ao final desse prazo passará a fluir o início do prazo para apresentação de defesa nos autos. Importa, então, o registro:

"Art. 232. São requisitos da citação por edital: I – a afirmação do autor, ou a certidão do oficial, quanto às circunstâncias previstas nos ns. I e II do artigo antecedente; II – a afixação do edital, na sede do juízo, certificada pelo escrivão; III – a publicação do edital no prazo máximo de 15 (quinze) dias, uma vez no órgão oficial e pelo menos duas vezes em jornal local, onde houver; IV – a determinação, pelo juiz, do prazo, que variará entre 20 (vinte) e 60 (sessenta) dias, correndo da data da primeira publicação; V – a advertência a que se refere o art. 285, segunda parte, se o litígio versar sobre direitos disponíveis.

"§ 1º. Juntar-se-á aos autos um exemplar de cada publicação, bem como do anúncio, de que trata o n. II deste artigo.

"§ 2º. A publicação do edital será feita apenas no órgão oficial quando a parte for beneficiária da Assistência Judiciária."

*7.2.2.2.4 Efeitos da citação* – O art. 219 do CPC prevê cinco efeitos decorrentes do ato processual *citação*, sendo três deles de natureza processual e os dois últimos de natureza material, a saber:

*(A) Efeitos processuais da citação*: para os efeitos processuais exige-se citação válida. Assim, vale reproduzir: "Art. 219. A citação válida *torna prevento o juízo, induz litispendência e faz litigiosa a coisa*; e, ainda quando ordenada por juiz incompetente, *constitui em mora o devedor* e *interrompe a prescrição*" (grifamos).

(a) *Prevenção do juízo*: a citação válida torna prevento o juízo para reunião das ações conexas na hipótese de essas ações tramitarem em comarcas diferentes, pois se estiverem em curso na mesma esfera territorial, ou seja na mesma comarca, não será o ato *citação* que tornará prevento o juízo, mas, sim, o despacho do juiz (art. 106 do CPC).

(b) *Induz litispendência*: para o réu, isto porque ao autor a litispendência surge no momento da propositura da ação. Frise-se: para o autor a litispendência surge no momento em que ele protocoliza em juízo sua petição inicial, de modo que não poderá protocolizá-la novamente, isto porque o referido instituto processual impede que a ação já em curso, pendendo de julgamento, seja novamente proposta.

(c) *Faz litigiosa a coisa*: para o réu, posto que a litigiosidade para o autor existe no momento em que ele protocoliza a ação; ao passo que para o réu a litigiosidade processual está caracterizada no momento da citação válida.

*(B) Efeitos materiais da citação*: surgem ainda quando o ato é determinado por juiz de um juízo incompetente.

(a) *Interrompe a prescrição*: o ato processual que interrompe o curso da prescrição é a citação, mas a interrupção retroage ao momento da propositura da ação.

(b) *Constitui em mora o devedor*, de modo que estabelece o momento a partir do qual haverá aplicação dos consectários legais, como exemplo os *juros da mora*. A mora pode não estar definida contratualmente; então, ela começa a ser contada a partir do ato citação, enquanto a correção monetária começa a ser contada a partir da propositura da ação.

Por oportuno, sob outro aspecto, vale salientar que se o réu não apresentar contestação, no prazo legal, ocorrerão os efeitos da *revelia*. Todavia, nos casos de citação ficta por hora certa ou edital, o juiz, mesmo diante da revelia, nomeará curador especial para apresentação da defesa em prol do requerido, isto diante da forma ficta em que o ato se concretizou.

Um dos efeitos da revelia é a presunção de veracidade em relação aos fatos narrados pelo autor, o que não acontecerá nas hipóteses de citação ficta. Anote-se: "Art. 9º. O juiz dará curador especial: I – ao incapaz, se não tiver representante legal, ou se os interesses deste colidirem com os daquele; II – ao réu preso, bem como ao *revel citado por edital ou com hora certa*" (grifamos).

O curador especial apresentará a defesa técnica do réu. Atualmente quem representa a função de curador especial é a Defensoria Pública, e nas localidades em que não haja instalação de Defensoria Pública a Procuradoria do Estado cumprirá esse mister; ou, na impossibilidade, se nomeará um defensor dativo.

Frise-se que a revelia é a situação em que o réu não contesta a ação no prazo legal. A revelia surte os seguintes efeitos: presumem-se verdadeiros os fatos narrados pelo autor e o réu revel não mais será cientificado ou intimado sobre os atos processuais subsequentes. Observação importante: não se aplica o efeito da revelia *presunção de veracidade dos fatos* nas situações contempladas no art. 320 do CPC, a saber: "Art. 320. A revelia não induz, contudo, o efeito mencionado no artigo antecedente: I – se, havendo pluralidade de réus, algum deles contestar a ação; II – se o litígio versar sobre direitos indisponíveis; III – se a petição inicial não estiver acompanhada do instrumento público, que a lei considere indispensável à prova do ato".

## 7.3 Relevância dos atos probatórios

Não podemos perder de vista que a relação processual se constitui de modo estrutural em alegações sobre fatos; provas sobre os fatos alegados; formação do convencimento do juiz; e pronunciamento jurisdicional sobre o pedido ou pedidos apresentados nos autos. Assim, vale frisar a importância do estudo sobre uma "teoria geral das provas" e, ainda, sobre as "provas em espécie" então admitidas em nosso ordenamento jurídico-processual.

### 7.3.1 Teoria geral das provas

No processo de conhecimento o autor narra fatos para que o juiz deles conheça através das provas que serão produzidas nos autos e possa formar um juízo de valor sobre os elementos apresentados e também sua convicção sobre a verdade das alegações, para então aplicar o direito material ao caso concreto, através de uma sentença de mérito. Assim, na ação de conhecimento buscamos um pronunciamento de mérito, pelo juiz, que declare o direito material cabível, de modo que as provas são essenciais para essa relação processual, tanto que alguns afirmam que elas constituem a "alma do processo".

#### 7.3.1.1 Conceito de "prova"

*Provar* significa demonstrar a veracidade sobre algum fato ou algum ato. No processo, *provar* significa demonstrar a verdade de algo, para que o juiz possa formar seu convencimento sobre as alegações apresentadas. Com isso temos que o *destinatário da prova* é o juiz. Por conseguinte, a *finalidade da prova* é formar o convencimento do juiz sobre a veracidade das alegações. Vale frisar que o *objeto de prova* na relação processual são os fatos relevantes para a decisão e pertinentes à causa, além de controvertidos (fatos alegados por uma das partes e contrariados pela parte contrária), não notórios (notoriedade relativa – pode ser, por exemplo, notoriedade regional) e não submetidos às presunções legais. *Presunção* é algo instituído pela lei e que confere situação de vantagem a alguém, ou seja, situação processual vantajosa em prol de uma das partes.

As presunções podem ser classificadas em:

(1) *Presunções legais* – instituídas pela lei. Exemplos: (a) *efeito da revelia*, que impõe presunção de veracidade quanto aos fatos alegados

pelo autor, diante da ausência de contestação pelo réu; ou (b) *confissão tácita*, devido à presunção legal de veracidade diante do não comparecimento da parte pessoalmente intimada, sem justo motivo, para o momento do depoimento pessoal; (c) *pena de confesso*, quando, intimada a parte para exibição de documento aos autos, esta não o apresenta sem justo motivo, considerando-se confessados os fatos que se queria provar com aquele documento.

(2) *Presunções judiciais* – constituem ato do juiz que, diante de algum *indício*, chega ao convencimento sobre a verdade de algum fato. O fato principal pode não estar demonstrado nos autos, mas se os fatos circunstâncias estiverem o juiz formará seu convencimento sobre a verdade do principal ao considerar os fatos circunstanciais então demonstrados. O *indício* é a certeza sobre um fato secundário, e através dessa certeza pode-se chegar à presunção de veracidade em relação ao fato principal. São as denominadas *provas indiciárias*.

O juiz pode se valer de presunções pessoais no processo diante daquilo que é de conhecimento comum e geral e também em razão de suas próprias experiências pessoais. Exemplo: provado que havia óleo na pista, há presunção judicial de que o carro derrapou.

Em regra o Direito não é objeto de prova. Todavia, há exceções, a saber: direito consuetudinário, direito municipal, direito estadual ou lei estrangeira. Afastado o direito costumeiro, nos demais casos deve-se provar que existe a lei e que ela está em vigor. Vale a observação de que o juiz é obrigado a conhecer as leis da localidade onde exerça seu cargo; portanto, deve ele conhecer as leis do Estado e do Município em que atua, de modo que estas não precisam ser provadas.

*7.3.1.2* Ônus da prova

É um encargo, uma incumbência, ou seja: é a tarefa de provar. E se a parte não se desincumbir dessa tarefa poderá sofrer consequência processual desfavorável. Diferentemente da obrigação, que significa dever e se não cumprida necessariamente gera uma sanção. Numa relação processual existem ônus e obrigações processuais. *Ônus de provar* não é um dever, mas sim um encargo ou tarefa. Insta salientar que o art. 333 do CPC determina que o ônus de provar incumbe a quem alega o fato.

O autor tem a tarefa de provar o fato constitutivo do direito material que alega em seu favor. Por sua vez, o réu tem a tarefa de provar o fato que eventualmente alegar nos autos, podendo este ser: modificativo do direito do autor (exemplos: compensação, novação etc.); impeditivo do direito do autor (exemplo: exceção de contrato não cumprido); ou extintivo do direito pretendido pelo autor (exemplos: pagamento, prescrição etc.) – que, aliás, são denominados *exceções materiais* e devem ser arguidos na própria contestação, pois constituem matéria relacionada ao mérito da ação.

O art. 333 do CPC pode ser analisado sob duas óticas ou duas vertentes – quais sejam: objetiva e subjetiva.

*Ônus subjetivo*: significa que as regras ali apresentadas são direcionadas às partes, conferindo a elas uma tarefa, sob pena de eventual consequência processual desfavorável.

*Ônus objetivo*: as regras daquele dispositivo legal são direcionadas ao juiz, pois caberá a ele analisá-las, no momento do julgamento, caso as partes não tenham atendido às suas respectivas tarefas ou ônus quanto às provas dos fatos por elas alegados nos autos – situação em que aplicará consequência negativa àquele que não se desincumbiu do ônus da prova.

Alguns processualistas dizem que este artigo institui o denominado *ônus subjetivo*, e outros dizem que é *ônus objetivo*.

De todo modo, na prática, vale ressaltar que, se as partes não produzirem provas nos autos, o juiz julgará aplicando as regras sobre ônus, e observará quem tinha incumbência de provar e não o fez, pois terá uma consequência negativa. Por exemplo: se a tarefa é do autor e este dela não se desincumbiu, o juiz julgará o pedido improcedente. Entenda-se: o juiz não pode ficar isento de julgar porque não existem provas nos autos; nesse caso ele aplicará as regras sobre o ônus da prova, atribuindo consequência desfavorável àquele que não atendeu à sua tarefa de provar. Havendo uma única prova nos autos, independentemente de quem a apresentou, ele julgará com base nessa prova, sendo, então, desnecessária a referência às mencionadas regras do ônus da prova, previstas no art. 333 do CPC. Ainda, vale salientar que se não houver provas nos autos o juiz poderá julgar o pedido com apoio nas máximas de experiência, que como visto, são as *presunções judiciais*.

7.3.1.2.1 *Inversão do ônus da prova* – (a) A Lei 8.078/1990, que trata do Código de Defesa do Consumidor/CDC, em seu art. 6º, VIII, prevê situação de inversão do ônus, nas causas que envolvam relações de consumo, quando o juiz verificar verossimilhança nas alegações ou hipossuficiência da parte quanto à sua tarefa de provar. Exemplo: produto eletrônico que, por defeito de fabricação, não funciona adequadamente, e o consumidor não consegue sanar isso com o fabricante, pois a empresa alega que o cliente não utilizou o produto corretamente; neste caso, se o juiz verificar que a alegação do consumidor tem aparência de verdade, haverá a inversão do ônus por ato do juiz, cabendo à empresa a tarefa de provar que o defeito não resulta da fabricação do produto.

Por sua vez, a *hipossuficiência* da parte não tem relação com seu poder econômico, mas, sim, com aquele que melhor teria condições de produzir provas, de modo que *hipossuficiente* é aquele que está em situação desvantajosa quanto à possibilidade de trazer provas. O juiz verifica quem tem melhores condições de provar; portanto, trata-se de hipossuficiência *probatória*. Esta inversão pode ser requerida pela parte ou pode ser determinada de ofício pelo juiz. O juiz pode aplicar a inversão do ônus até o momento da prolação da sentença.

(b) Outra hipótese de inversão do ônus da prova é a contratual, admitida desde que: (a) o objeto da ação não seja direito material indisponível; ou (b) não torne excessivamente difícil ou impossível o direito de provar.

### 7.3.1.3 Momentos procedimentais sobre provas e seus respectivos princípios

| Momentos | Princípios relacionados |
| --- | --- |
| (1) *Requerimento* | (1) *Dispositivo* |
| (2) *Deferimento* | (2) *Ampla defesa* |
| (3) *Produção* | (3) *Imediação/Identidade física do juiz* |
| (4) *Apreciação* | (4) *Persuasão racional do juiz* |

O primeiro momento procedimental sobre provas é o da indicação nos autos por ato das partes (*requerimento*). Caberá as partes indicarem nos autos quais os meios de prova que pretendam utilizar e quais provas querem ver produzidas no feito. Não há hierarquia entre os meios de prova previstos na lei processual. Isto porque caberá ao juiz atribuir-lhes o valor por ocasião da apreciação do julgamento da causa. Ao autor caberá a indicação dos meios de prova na sua petição inicial; e ao réu, na contestação (v. modelos nas peças práticas apresentadas na parte final desta obra, no "Capítulo VII – Prática Processual", item "I – Modelos de Peças Processuais em Fase Postulatória").

Nesse momento haverá aplicação do *princípio dispositivo*, segundo o qual a parte estará dispondo daquilo que não indicar, ou seja, estará abrindo mão. Tal princípio estabelece que cabe às partes requerer e indicar os meios de prova que pretendam produzir nos autos.

O segundo momento sobre provas é o do *deferimento ou não*, por ato do juiz. É a análise judicial sobre a utilidade da prova para o deslinde da causa. A regra é no sentido de deferimento pelo juiz, devido ao *princípio da ampla defesa*, que impõe ao juiz o dever de dar amplas oportunidades para as partes demonstrarem nos autos o que estão alegando. Para deferir o juiz analisará se a prova é pertinente ao processo e relevante para a decisão da causa, pois caso não seja haverá o indeferimento do meio indicado como prova. Por conseguinte, o juiz só vai indeferir algum meio de prova indicado pelas partes se este for impertinente ou irrelevante.

O terceiro momento procedimental sobre provas é o da *produção*. Neste momento as provas virão aos autos efetivamente. É, pois, o momento da coleta das provas aos autos do processo. Vale acrescentar que o juiz pode determinar prova em complementação ao que foi requerido pelas partes. Exemplo: determinação, de ofício, para oitiva de testemunha referida por outra que prestou esclarecimentos em audiência de instrução. Sobre o momento da produção vale o destaque de que a *prova documental* é requerida e *imediatamente apresentada* pelas partes nos autos (autor junto com a petição inicial, e réu com a contestação, no momento da defesa); e, por sua vez, a *prova oral* é produzida *na audiência de instrução e julgamento*.

Como regra geral, cabe à parte requerer e produzir as provas, exceção para os casos em o objeto da ação seja direito material indisponível, caso em que o juiz poderá determinar produção de provas sem qualquer requerimento das partes – portanto, agindo de ofício. Nesse momento de produção das provas vale lembrar o *princípio da imediação* (art. 446, II, do CPC), no sentido de que quem colhe a prova direta e pessoalmente é o juiz, pois as provas destinam-se à formação da sua convicção. Também a esse momento tem aplicação o *princípio da identidade física do juiz* (art. 132 do CPC), a saber: o juiz que concluir a instrução (colheu a prova) ficará vinculado ao julgamento (pois aplica todos os seus sentidos na análise das provas, e, então, terá melhores condições para julgar), salvo se for removido, promovido, afastado por qualquer motivo ou aposentado, casos em que os autos passarão a um outro juiz, que, ao assumir a causa, poderá determinar a realização de nova produção de prova oral.

Por fim, o quarto e último momento procedimental relacionado ao tema provas é o momento da *apreciação* e *valoração* delas. É, pois, o momento em que o juiz vai julgar a causa. O juiz apreciará as provas para julgar o pedido. Trata-se do momento da prolação da sentença de mérito. Antes de julgar o juiz declarará nos autos o encerramento da instrução, ou seja, que acabaram o momento e a oportunidade para produção de provas no feito. Aqui terá aplicação o princípio da *persuasão racional do juiz*. Trata-se de princípio relacionado ao momento da valoração e apreciação das provas e que impõe ao juiz o dever de apreciar todo o conjunto das provas existentes nos autos, atribuindo valor a essas provas de forma racional, ou seja, valor amplo àquelas provas que estejam em consonância, em conformidade, umas com as outras e valor ínfimo, ou nenhum valor, às provas que estejam dissociadas do conjunto, ou seja, que caminhem em sentido contrário àquilo que a maior parte delas esclarece.

7.3.1.3.1 *Outros princípios relacionados ao tema* – Por oportuno, vale ressaltar *outros princípios relacionados ao tema provas processuais*.

*(A) Princípio da aquisição processual*: também conhecido como *princípio da comunhão das provas*, estabelece que as provas produzidas nos autos do processo passarão a pertencer a esse processo, sendo irrelevante ao juiz saber quem as produziu. Isto porque a prova efetivamente produzida nos autos valerá para ambas as partes, pois serve para a formação do convencimento do julgador, sendo indiferente para definição do mérito a verificação de quem a apresentou. Poderia ser indagado: há possibilidade de desentranhar (retirar) uma prova juntada aos autos do processo? A resposta deve ser negativa. Entenda-se: não é possível a retirada, ou seja, o desentranhamento, das provas dos autos em que foram apresentadas enquanto o feito estiver em curso, porque as provas passam a pertencer ao processo e servem para esclarecer interesses de ambas as partes, salvo na hipótese em que o processo já foi encerrado. Arquivado o processo, poderá a parte requerer ao juiz a retirada de algum documento, e o juiz, ao deferir o requerimento, determinará que permaneça nos autos uma cópia autenticada pelo cartório.

*(B) Princípio da proibição da prova ilícita*: o art. 5º, LVI, da CF preceitua que "são inadmissíveis, no processo, as provas obtidas por meios ilícitos". *Prova ilícita* é aquela que ofende o direito material, ou seja, fere o direito material. Exemplos: produção de prova mediante tortura; gravação clandestina de conversa; afronta ao sigilo de informações bancárias.

### 7.3.2 Provas em espécie

Nossa legislação processual contempla os meios de provas que estão à disposição das partes para expressa indicação nos autos do processo, quanto àqueles meios que efetivamente pretendam utilizar na relação processual, de modo que vale salientar algumas noções gerais sobre tais meios de prova.

#### 7.3.2.1 Depoimento pessoal (arts. 342 a 347 do CPC)

O *depoimento pessoal* das partes é meio de prova que se concretiza mediante esclarecimentos prestados pelas próprias partes, pessoalmente ou por preposto com poderes expressos, com o propósito de ensejar a confissão. A finalidade do depoimento pessoal é provocar a confissão. O depoimento pessoal só vai acontecer nos autos mediante requerimento da parte adversária (*princípio dispositivo*: o que não for requerido não será produzido nos autos).

O momento para requerer será: para o réu, na sua peça de defesa *contestação*; para o autor, deverá requerer o depoimento pessoal do réu no momento da petição inicial. Por sua vez, o momento da produção do depoimento pessoal será, em regra, na audiência de instrução e julgamento. A parte terá que ser pessoalmente intimada para comparecer à audiência de instrução e julgamento para prestar depoimento, e na intimação deverá constar expressamente a advertência de que *o não comparecimento da parte, sem justo motivo ou o comparecimento e a recusa ao depoimento, ou se houver evasivas no depoimento, implicarão a aplicação da pena de confesso*. A *pena de confesso* não é aplicada imediatamente, mas sim por ocasião da prolação da sentença de mérito. Se não constar a referida advertência expressa na intimação da parte e eventualmente ocorrer a pena de confesso, haverá erro de procedimento, que enseja a invalidação da consequência aplicada.

É importante destacar a existência das *escusas legais*, ou seja, justificativas para a recusa ao depoimento pessoal, conforme o art. 347 do

CPC. Assim, a parte não é obrigada a depor sobre fatos: "I – criminosos ou torpes, que lhe forem imputados; II – a cujo respeito, por estado ou profissão, que deva guardar sigilo".

Todavia, nos termos do parágrafo único desse art. 347 do CPC, esta disposição não se aplicará nas ações de filiação, desquite e anulação de casamento.

Não é demais ressaltar que muitos processualistas diferenciam *interrogatório* de *depoimento pessoal*, a saber: o *depoimento pessoal* depende de requerimento feito pela parte contrária, enquanto o *interrogatório* pode ser determinado de ofício pelo juiz; o *depoimento pessoal* tem por finalidade provocar a confissão do adversário, ao passo que o *interrogatório* apresenta a finalidade de promover esclarecimentos ao juiz; o *depoimento pessoal* é produzido na audiência de instrução e julgamento, enquanto o *interrogatório* se dará em qualquer momento procedimental; apenas pessoas capazes podem prestar *depoimento pessoal*, sendo que os incapazes serão interrogados pelo juiz – por exemplo, na ação de interdição.

| Depoimento Pessoal | Interrogatório |
| --- | --- |
| É requerido pela parte contrária; portanto, depende de requerimento. | Não depende de requerimento. O juiz determina de ofício. |
| Finalidade: dar causa a confissão. | Finalidade: esclarecer fatos relativos à causa. |
| Produzido na audiência de instrução e julgamento. | Pode ocorrer em qualquer fase, e mais de uma vez. |
| Incapaz não pode depor, porque não pode confessar. | Incapaz pode ser interrogado, e esta é a regra – ações de interdição. |
| É do interesse da parte contrária. | É do interesse do juiz, para formar sua convicção. |
| O não comparecimento sem justo motivo ou a recusa injustificada provocam confissão ficta. Existindo justo motivo, o juiz adiará a audiência. | Diante do não comparecimento o juiz determina a condução coercitiva. |

Por fim, vale o destaque no sentido de que o representante legal da parte não pode depor, pois o depoimento é ato pessoal das partes. Entretanto, há um posicionamento doutrinário que sustenta a possibilidade de depoimento pelo representante legal do menor ou incapaz, anotando-se, porém, que ele não poderá confessar. É correto afirmar que o representante do menor poderá ser ouvido no feito, mas tecnicamente não podemos chamar de *depoimento pessoal*, pois a finalidade *confissão* ficará afastada.

Por sua vez, o representante legal de pessoa jurídica ou seu preposto poderão depor, porém desde que tenham conhecimento pessoal sobre os fatos e poderes expressos para confessar.

No momento do depoimento pessoal da parte têm-se em primeiro lugar as indagações do juiz; e, concluídas as perguntas do juiz, ele dará oportunidade ao advogado da parte contrária para apresentar suas perguntas. O advogado da parte que esta depondo não terá oportunidade para reperguntas, isto devido à finalidade do ato, que é buscar a confissão. Os depoimentos acontecem de modo que um depoente não presencie o depoimento do outro, salvo aquele que já prestou depoimento, que, então, poderá permanecer no interior da sala de audiências. Exemplo: vários autores, depõe um de cada vez, e o que já prestou seu depoimento poderá permanecer no local. Como o autor depõe primeiro, ele poderá presenciar o depoimento do réu. Em suma, nos termos do art. 344, § 1º, do CPC, é defeso a quem não prestou depoimento assistir ao depoimento da outra parte.

Com isso, é possível ressaltar como deveres processuais da parte litigante: (a) comparecer ao momento do depoimento pessoal; (b) esclarecer os fatos em seu depoimento; (c) não empregar evasivas.

### 7.3.2.2 Confissão (arts. 348 a 354 do CPC)

A lei processual trata da *confissão* como meio de prova, mas na essência é um ato da própria parte, que pode ser praticado na forma voluntária ou provocada.

A *confissão provocada* decorre de depoimento pessoal. A *confissão espontânea* decorre de ato de vontade da própria parte. *Confessar* é admitir como verdadeiro um fato contrário ao seu interesse e favorável ao adversário. O objeto da confissão são os fatos, e não o direito. Apenas *pessoas capazes* poderão confessar. É possível confissão por mandatário, desde que ele tenha poderes expressos para confessar.

7.3.2.2.1 *Classificação da confissão* – *Confissão judicial* é aquela feita em juízo, perante o juiz; *confissão extrajudicial* é a feita fora do juízo. Ambas podem ser formalmente expressas ou verbais. Entretanto, a *confissão extrajudicial verbal* converte-se em prova testemunhal; já, a *confissão extrajudicial escrita* tem o mesmo valor, ou efeito, de uma confissão judicial. A *confissão judicial verbal* acontece com o depoimento pessoal. A confissão não é prova absoluta, pois o juiz forma sua convicção com apoio em todos os elementos produzidos nos autos. Às vezes a parte admite a verdade de um fato mas alega outro – por exemplo, a parte admite o fato *colisão de veículo*, mas diz que não foi ela quem lhe deu causa. Assim, é possível que o requerido apresente fatos impeditivos do direito pleiteado pelo autor, fatos modificativos ou fatos extintivos do direito do autor, que, então, podem ser denominados como *exceções materiais*, pois têm relação com a matéria central do feito, ou seja, com o objeto da ação, que é o pedido. Todavia, vale salientar que se a parte reconhecer o direito material em favor do adversário não estará confessando, pois, como dito, objeto de confissão são os fatos, e não o direito. Aqui vale o destaque sobre as diferenças entre *confissão* e *reconhecimento jurídico do pedido*, a saber: qualquer das partes pode confessar fatos na relação processual, enquanto o reconhecimento jurídico do pedido – ou seja, a afirmativa de que o direito material pertence ao autor – é ato exclusivo do réu; a confissão envolve fatos, enquanto o reconhecimento jurídico do pedido envolve o próprio direito material; a confissão nem sempre gera sentença de procedência do pedido, eis que caberá ao juiz analisar todas as provas existentes nos autos, ao passo que o reconhecimento jurídico do pedido gera sentença de procedência do pedido.

| Confissão | Reconhecimento jurídico pelo réu |
|---|---|
| Envolve fatos e pode ser feita por qualquer das partes. | Relacionado ao direito, e é um ato privativo do réu; portanto, unilateral. É voluntário. |
| É meio de prova. | É manifestação de vontade. |
| Nem sempre provoca a perda da demanda pelo confitente. | Gera a sentença de mérito de procedência do pedido. |

Entretanto, de modo geral, tanto a confissão quanto o reconhecimento jurídico do pedido exigem pessoas capazes e também questões disponíveis.

Por oportuno, vale anotar que a confissão feita por um dos litisconsortes não prejudica os demais, salvo no litisconsórcio unitário, ou seja, naquele em que o pronunciamento jurisdicional de mérito é idêntico para todos os litisconsortes. Nas questões relacionadas a bens imóveis a confissão tem que ser do casal, ou seja, de ambos os cônjuges, pois se for apenas de um deles não surtirá efeitos.

No caso de confissão obtida mediante *vícios de consentimento* – *erro*, *dolo* ou *coação* – e daquela que apresentar *vícios sociais* – *fraude* ou *simulação* – poderá ocorrer a desconstituição do ato através de: I – ação anulatória autônoma, se a ação em que houve a confissão estiver em curso, e essa ação anulatória da confissão suspenderá o processo principal (art. 265, IV, "b", do CPC); ou II – ação rescisória, desde que a confissão tenha sido o único fundamento da sentença de mérito que transitou em julgado. Neste caso o objeto de ataque será a coisa julgada, no propósito de sua desconstituição, e não propriamente a confissão. Quanto à legitimidade ativa, tem-se que só o confitente pode desconstituir a confissão; mas, uma vez proposta a ação, ela passa aos herdeiros, no caso de morte do confitente.

Sobre o tema vale salientar que *a confissão feita a terceiro ou por testamento não tem presunção absoluta de veracidade*. Mais: em regra, a confissão é indivisível.

### 7.3.2.3 Exibição de documento ou coisa (arts. 355 a 363 do CPC)

A finalidade desse meio de prova é fazer com que a parte contrária ou terceiro exibam documento ou coisa que esteja em seu poder.

O requerimento deve conter os seguintes requisitos: (a) individuação do documento ou da coisa que se pretende ver exibidos; (b) indicação da finalidade da prova; ou seja, devem ser indicados expressamente os fatos que se pretende demonstrar com aquele documento ou coisa; e (c) afirmação de que o documento ou coisa existe e está em poder da parte contrária ou do terceiro.

*7.3.2.3.1 Procedimento diante de pedido de exibição em face da parte contrária* – A parte contrária será intimada para se manifestar em cinco dias. Intimada, quatro situações poderão ocorrer: (a) exibe a coisa e encerra o incidente, retornando o processo ao seu curso normal; (b) a parte responde com a afirmativa de que o documento ou coisa não existem, ou afirma que existem mas não estão em seu poder, caso em que haverá dilação de provas e o juiz decidirá o incidente em cinco dias; (c) a parte apresenta as escusas legais; (d) a parte permanece inerte no prazo consignado, caso em que o juiz aplicará os efeitos da revelia.

Se o juiz entender que é injusta a recusa, acolherá o requerimento apresentado pela parte contrária e, então, aplicará a pena de confissão ficta e decidirá pela veracidade dos fatos que a parte pretendia provar com aquele documento ou coisa não exibidos.

*7.3.2.3.2 Procedimento diante de terceiro* – Começa com requerimento expresso nos autos, que terá natureza de ação, sendo processado em apartado e apenso aos autos da ação.

Em virtude da sua natureza de ação, esse pedido assemelha-se à petição inicial e suspende o processo, pois os atos processuais ficam sobrestados.

Feito o pedido, na essência, o próximo ato equivale à citação. O terceiro é chamado para exibir o documento ou coisa em 10 dias. As condutas possíveis são as mesmas destacadas quanto ao procedimento em relação à parte contrária. Em relação à parte contrária ocorre a confissão ficta, caso injustificada a recusa à exibição. Em relação ao terceiro, caso injustificada a recusa, o juiz o condenará a exibir o documento ou coisa no prazo de cinco dias, em cartório ou em local determinado, e, se não o fizer, expede-se mandado de busca e apreensão, e o terceiro responderá por desobediência.

*7.3.2.3.3 Escusas legais (art. 363 do CPC)* – A parte e o terceiro se escusam de exibir em juízo o documento ou a coisa: I – se concernentes a negócio da própria vida familiar – como exemplo, uma contabilidade ou anotações de despesas pessoais; II – se sua apresentação puder violar dever de honra; III – se a publicidade do documento redundar em desonra à parte ou ao terceiro, bem como aos seus parentes consanguíneos ou afins até o terceiro grau, ou lhes representar perigo de ação penal; IV – se a exibição acarretar a divulgação de fatos a cujo respeito, por estado ou profissão devam guardar sigilo; V – se subsistirem outros motivos graves que, segundo o prudente arbítrio do juiz, justifiquem a recusa da exibição.

Não se aplicam as escusas nas ações de estado, ou seja, em ações cujo objeto seja situação de estado das pessoas.

*7.3.2.4 Prova documental*

*Documento* é qualquer representação material que sirva para provar determinado fato, ato ou negócio jurídico. Por exemplo: papéis escritos, fotos, gravações, filme, pedra com sinais.

*Instrumento* é forma escrita utilizada para previamente registrar uma declaração de vontade. O instrumento é espécie do gênero *documento*.

**7.3.2.4.1 Classificação dos documentos** – *(A) Quanto à autoria*: (a) *autógrafo* – aquele produzido pela própria pessoa que emitiu a declaração de vontade nele produzida; (b) *heterógrafo* – aquele produzido por pessoa diversa daquela que está emitindo uma declaração de vontade; (c) *público* – aquele emitido por tabelião, escrivão ou funcionário público no exercício de suas funções, que contém fé pública; (d) *privado* – é aquele expedido por particulares.

*(B) Quanto ao conteúdo*: (a) *narrativo* – o conteúdo declara determinado fato; (b) *dispositivo* – o conteúdo apresenta declaração de vontade.

*(C) Quanto à forma*: (a) *solene* é aquele que exige forma especial para a sua validade – por exemplo, escritura pública nos contratos de compra e venda de bem imóvel; (b) *não solene* é aquele que não exige forma especial.

*(D) Documento público*: é aquele revestido de fé pública e que faz prova da própria regularidade formal e da regularidade na sua obtenção, mas não da veracidade de seu conteúdo (art. 364 do CPC). O documento público tem validade perante terceiro, ou seja, a fé pública estende-se a terceiros. Há situações em que o instrumento público é da própria essência do ato, o que significa afirmar que não haverá outro modo para se demonstrar o ato senão através do próprio instrumento. O juiz não pode formar convicção contrária ao teor de um instrumento público, salvo se houver vício na manifestação da vontade. Vale ainda anotar o art. 367 do CPC: "Art. 367. O documento, feito por funcionário público incompetente, ou sem observação das formalidades legais, sendo subscrito pelas partes, terá a mesma eficácia probatória do documento particular".

*(E) Documento particular* – Quando seu conteúdo for uma declaração de vontade haverá presunção relativa de veracidade, admitindo-se prova em contrário. Se esse documento não for impugnado pela parte contrária por eventual vício de conteúdo – que nada mais é que a falsidade ideológica – ou por eventual vício formal – que nada mais é que o falso material –, essa presunção de veracidade passará a ser absoluta.

Quando o documento particular narrar o conhecimento de um fato, esse documento provará que houve a declaração, mas não a veracidade de seu conteúdo – ou seja, que houve efetivamente o fato é, pois, uma presunção relativa. O documento particular não impugnado apresenta presunção de veracidade em relação ao seu conteúdo, ou seja, em relação à declaração nele contida, e também em relação ao seu signatário, o que não se estende a terceiros. A certeza sobre o signatário do documento é a denominada *autenticidade*. Daí por que *documento autêntico* é aquele certo quanto à pessoa que o firmou.

Em regra a cópia de um documento tem a mesma força probante do documento original, salvo se a parte contrária impugnar essa cópia. A lei condiciona a eficácia probatória das cópias à sua autenticação. Uma cópia autenticada tem força probante semelhante à do documento público.

Documento particular com firma reconhecida contém declaração do tabelião de que a assinatura foi consignada na sua presença. Traz certeza em relação à autenticidade, mas pode não trazer certeza quanto ao seu conteúdo, que, então, pode ser impugnado.

7.3.2.4.2 *Vício de conteúdo no documento* – Trata-se de irregularidade na manifestação da vontade, ou seja, *falso ideológico*. Deve-se propor ação de conhecimento autônoma, cujo objeto é a anulação do ato jurídico, diante da falsidade ideológica. Por sua vez, o *falso material*, que consiste em vício formal no documento, poderá ser arguido na forma incidental, ou seja, nos próprios autos do processo onde o documento foi produzido; e a decisão sobre o falso material fará apenas coisa julgada formal, diante da sua forma de arguição *incidenter tantum*; ou, ainda, poderá ser alegado o falso material na forma de ação declaratória incidental, e será autuada em apenso aos autos da ação principal de conhecimento, e por esta forma haverá coisa julgada material quanto à declaração judicial sobre a falsidade material. Aqui, a exemplo do falso ideológico, também será admitida a ação declaratória autônoma de falsidade material, que, aliás, poderá provocar a suspensão do processo principal onde o documento foi produzido, nos termos do art. 295 do CPC. Na impugnação do documento por falso material haverá a produção de prova pericial nesse documento, que, aliás, é indispensável.

Por sua vez, vale frisar, como assinalado anteriormente, que na *falsidade ideológica* o vício está na declaração contida no documento, e então diz respeito à veracidade do seu conteúdo. Quanto à falsidade ideológica, sua declaração judicial dependerá da propositura de ação de conhecimento autônoma, cujo objeto é a anulação do ato ou negócio jurídico materializado naquele documento que contém a declaração falsa.

Se há vício de conteúdo (*falsidade ideológica*), propõe-se ação anulatória autônoma, que poderá provocar a suspensão daquele processo onde o documento foi juntado, a fim de se aguardar, por primeiro, o deslinde da ação de anulação.

Na *falsidade material*, como destacado, o vício manifesta-se na elaboração física do documento – por exemplo: rasuras, borrões, emendas, assinatura falsa –, e a forma de atacá-lo será: (a) *incidenter tantum*; (b) por *ação declaratória incidental*; ou (c) por *ação anulatória autônoma*.

*(A) Classificação do falso material*: (a) formar documento não verdadeiro; (b) alterar documento verdadeiro – por exemplo, modificar palavras, cláusulas ou termos. É a hipótese em que se modifica o sentido da declaração nele contida.

A existência de vício retira a força probante do documento.

É possível arguir falso material em segundo grau de jurisdição, perante o relator. Entretanto, o relator remeterá os autos ao juiz de primeiro grau, para que este aprecie e decida sobre o falso, para que não ocorra supressão de instância.

O prazo legal para impugnar uma prova documental encartada nos autos é de 10 dias, a contar da intimação sobre a produção do documento.

Em relação ao documento que o autor apresenta junto com a sua petição inicial, o réu poderá impugná-lo no prazo da defesa

É possível produzir documento em momento procedimental diverso daquele que a lei processual estabelece para que as partes o apresentem nos autos (autor, na petição inicial; e réu, na defesa), desde que seja documento novo. *Documento novo* é aquele que não existia, ou existia mas era desconhecido pela parte ou inacessível para ela.

Nas ações de conhecimento cujo procedimento seja o comum ordinário a jurisprudência firmou entendimento no sentido de que é possível a juntada de documento, ainda que não seja rigorosamente novo, até o momento do encerramento da instrução. Na fase recursal exige-se para a juntada se trate de documento novo. Frise-se: é possível incidente de falsidade material na fase recursal, o qual deverá ser endereçado ao desembargador-relator, que, então, determinará a realização de prova pericial no documento e, a seguir, a remessa do incidente ao juiz de primeiro grau, para decidir sobre o falso, evitando-se, pois, que aconteça a pressão de instância. Aqui, o recurso não será analisado enquanto o incidente não for decidido.

Vale salientar que um documento declarado judicialmente falso por sentença jamais poderá ser retirado dos autos, pois nesse caso haverá configuração de ilícito penal, que dará origem a procedimento investigatório para eventual ação penal.

Enquanto não declarada judicialmente a falsidade, a parte que produziu o documento poderá solicitar o desentranhamento, mas para que a retirada desse documento se efetive a parte contrária terá que concordar e o juiz deferir.

O ônus da prova no que tange à falsidade documental caberá a quem alega o falso, salvo se a impugnação tiver relação com a assinatura lançada no documento. Quando houver impugnação da assinatura caberá à parte que produziu o documento provar que a assinatura é verdadeira.

Em regra não se admite a apresentação de documento em audiência de instrução e julgamento, pois o juiz precisaria conceder o prazo de cinco dias para a parte contrária se manifestar sobre tal prova documental, e, assim, suspenderia a audiência, que, porém, não pode ser suspensa por vontade unilateral da parte. Todavia, na prática, se o advogado da parte contrária concordar em se manifestar sobre aquela prova documental apresentada, naquele mesmo momento, poderá ocorrer sua juntada aos autos.

7.3.2.5 Prova testemunhal

É o meio de prova que consiste na oitiva de pessoas capazes estranhas ao processo a respeito de fatos relevantes ao julgamento. É prova oral que deverá ser produzida na audiência de instrução e julgamento.

A *prova testemunhal* é sempre admissível, mas a própria lei processual faz restrições (arts. 400 a 402 do CPC).

Se o fato já estiver demonstrado por documento ou confissão a prova testemunhal será indeferida.

Há casos em que a prova só pode ser documental ou pericial; portanto, nessas hipóteses não caberá a utilização da prova testemunhal para o esclarecimento dos fatos.

*Testemunha* é considerada um terceiro em relação ao processo, pois não tem interesse pessoal na causa, e, então, presta um serviço público. Apenas pode ser pessoa física e que não seja incapaz, impedida ou suspeita.

7.3.2.5.1 *Classificação doutrinária* – *(A) Testemunhas presenciais*: são aquelas que presenciaram ou assistiram ao fato litigioso.

*(B) Testemunha de referência*: é aquela que soube do fato através de terceiros.

*(C) Testemunha referida*: é aquela identificada no depoimento de outras pessoas e que não foi arrolada nos autos pelas partes. É possível a inquirição de testemunha referida mediante requerimento ao juiz ou por determinação de ofício pelo juiz. Trata-se de prova em complementação, e a testemunha será ouvida na qualidade de testemunha do juízo.

*(D) Testemunha judiciária*: esclarece em juízo seu conhecimento sobre o litígio.

*(E) Testemunha instrumentária*: é aquela que presenciou a confecção e a assinatura do instrumento jurídico formado pelas partes. Atesta a existência e a autenticidade do documento. Serve para provar, atestar, a idoneidade do documento.

7.3.2.5.2 *Incapazes para servir como testemunhas* – São as pessoas que não têm a total capacidade de discernimento, por idade ou por anomalias psíquicas. São *incapazes*, nos termos da nossa lei processual (art. 405, § 1º): "I – o interdito por demência; II – o que, acometido por enfermidade, ou debilidade mental, ao tempo em que ocorreram os fatos, não podia discerni-los; ou, ao tempo em que deve depor, não está habilitado a transmitir as percepções; III – o menor de 16 (dezesseis) anos" – este jamais será ouvido na qualidade de testemunha, porém em ações relacionadas à família será mero informante, e o valor que o juiz atribui aos seus esclarecimentos será pequeno. Anote-se que o menor entre 16 a 18 anos será ouvido na qualidade de informante, pois não tem compromisso de falar a verdade; "IV – o cego e o surdo, quando a ciência do fato depender dos sentidos que lhes faltam" – sendo, pois, incapacidade relativa, na medida em que poderão servir como testemunhas nos casos em que o conhecimento sobre o fato não dependa de tais sentidos.

7.3.2.5.3 *Impedidos de servir como testemunhas* – São pessoas que apresentam vínculos subjetivos ou objetivos com as partes, a saber: (a) ascendente, descendente, colateral até o terceiro grau ou parentes por afinidade; (b) quem é parte na causa pode ser ouvido em depoimento pessoal, mas não como testemunha – por exemplo, litisconsorte; e (c) aquele que já interveio ou está intervindo como representante legal da parte.

7.3.2.5.4 *Suspeitos para servir como testemunhas* – A suspeição está relacionada a certos fatores objetivos ou subjetivos, a saber: (a) o sujeito que apresenta condenação definitiva por falso testemunho; b) aquele que, por seus costumes, não é digno de fé – como exemplo, aquele que, embora não condenado criminalmente, responde a vários processos por falso testemunho; (c) o inimigo capital ou amigo íntimo de qualquer das partes; e (d) a pessoa que tiver interesse no litígio – por exemplo, aquela que tenha causa semelhante.

7.3.2.5.5 *Momento procedimental para requerimento desse meio de prova testemunhal* – Na *ação de conhecimento de rito comum sumário*: para o autor, na própria petição inicial; para o réu, no momento da defesa, precisamente em sua peça de defesa denominada *contestação*. Por sua vez, na *ação de conhecimento de rito comum ordinário* o juiz fixará no despacho saneador o prazo para as partes depositarem em cartório a relação dos nomes de suas respectivas testemunhas. E se, eventualmente, o juiz não estabelecer tal prazo, a lei processual determina o prazo de até 10 dias anteriores à audiência de instrução e julgamento para que as partes depositem em cartório o rol de suas testemunhas.

7.3.2.5.6 *Número máximo de testemunhas* – O *número máximo de testemunhas* permitido no âmbito do processo civil será de 10 para cada parte, sendo que o juiz poderá limitar a 3 as oitivas para a prova de cada fato. Tal limitação para a oitiva de 3 testemunhas para prova de cada fato não enseja cerceamento ao direito de defesa. Vale salientar a possibilidade de *acareação* se houver divergências substanciais nos esclarecimentos apresentados. *Acareação* é o confronto entre testemunha e testemunha, ou entre parte e testemunha, no propósito de sanar tais divergências.

As testemunhas serão ouvidas em audiência separadamente e individualmente, de forma que uma não escute os esclarecimentos da outra.

A acareação pode ser determinada de ofício pelo juiz, como prova em complementação, ou poderá ocorrer mediante requerimento de qualquer das partes e deferimento pelo juiz.

### 7.3.2.5.7 Substituição das testemunhas (art. 408 do CPC)

– Três são as situações em que será admitida a substituição das testemunhas: (a) se a testemunha faleceu; (b) se ela estiver doente e sem condições de prestar esclarecimentos em juízo – lembrando-se que o juiz poderá ouvi-la onde esteja; e (c) em caso de testemunha não localizada para intimação pessoal.

Os processualistas também afirmam a possibilidade de substituição de todo o rol de testemunhas até o prazo da apresentação do referido rol nos autos, sem qualquer justificativa – o que, por evidente, não cabe no rito sumário, pois neste não se fala em prazo para apresentação do rol, mas, sim, em momento (autor, na petição inicial; e réu, na contestação). Assim, no rito comum ordinário a apresentação de rol posterior substitui o rol anterior, desde que seja feita no prazo previsto para o referido ato.

No momento em que vamos apresentar o rol nos autos, temos duas opções: (a) requerer a intimação pessoal das testemunhas – cuja vantagem é a posterior condução coercitiva da testemunha que eventualmente não compareça à audiência sem justo motivo. Se, intimada, não comparecer por justo motivo haverá o adiamento da audiência de instrução; (b) afirmar na indicação do rol das testemunhas que elas comparecerão em juízo, na audiência de instrução, independentemente de intimação, hipótese em que a eventual ausência da testemunha implicará desistência de sua oitiva, pois a responsabilidade de trazê-la é da própria parte.

A intimação, quando requerida, acontece pelo correio – portanto, mediante carta com aviso de recebimento/AR. Frustrada a intimação por carta, podemos requerer que o ato intimação se realize por mandado, que, então, será cumprido por oficial de justiça.

A lei processual não diz com quanto tempo de antecedência a testemunha deve ser intimada, porém a doutrina e a jurisprudência mencionam o prazo de até 24 horas anteriores à audiência de instrução e julgamento.

Se a testemunha for funcionário público ou militar no exercício do cargo, eles serão requisitados ao chefe da repartição ou ao comandante, se militar.

7.3.2.5.8 *Inquirição das testemunhas* – As testemunhas serão inquiridas na audiência de instrução e julgamento. A ordem das provas produzidas nessa audiência de instrução e julgamento será: prova pericial por inquirição de peritos oficiais e assistentes técnicos; após, depoimento pessoal das partes, primeiro o autor depois o réu, se requerido esse meio de prova; e depois serão ouvidas as testemunhas, em primeiro as do autor e por fim as do réu.

Em regra, não pode haver inversão na coleta da prova oral, pois tal vício resulta na consequente nulidade do ato. Entretanto, se faltar alguma testemunha do autor, mas – como exemplo prático – estiverem presentes todas as arroladas pelo réu, as partes poderão expressamente concordar, através de seus advogados, com a inversão, até por economia processual; o que, então, será permitido sem que ocorra qualquer vício, com a cautela de que tal anuência das partes conste do termo da audiência, que será assinado por todos.

Por ocasião da inquirição, em um primeiro momento a testemunha é qualificada e, a seguir, haverá o ato do juiz que vai tomar o compromisso da testemunha de dizer a verdade. O juiz expressamente advertirá a testemunha sobre seu dever de dizer a verdade, sob pena de incidir em crime de falso testemunho. Quando a testemunha está sendo qualificada, e antes do término do compromisso feito perante o juiz, é o momento para contraditá-la. *Contraditar* significa impugnar a testemunha por ela ser incapaz, impedida ou suspeita, no intento de que não seja ouvida na qualidade de testemunha.

O momento, portanto, para a contradita é entre a qualificação e até o término do compromisso, sob pena de preclusão, ou seja, perda da oportunidade. Tal impugnação deve ser fundamentada, surgindo um incidente processual, no qual o juiz decidirá. Caso o juiz acolha a contradita, admite-se a oitiva da pessoa na qualidade de mero informante, que não presta compromisso de dizer a verdade. Daí por que o juiz confere pequeno valor aos esclarecimentos prestados por informantes.

É a seguinte a dinâmica na inquirição das testemunhas: em primeiro lugar o juiz faz suas perguntas e, uma vez concluídas, dará oportunidade para questionamento aos advogados das partes, para eventuais reperguntas, primeiro ao advogado que arrolou a testemunha que está sendo inquirida e depois ao advogado da parte adversária.

7.3.2.5.9 *Deveres das testemunhas* – (a) comparecer ao momento da audiência, desde que intimada; (b) prestar esclarecimentos sobre os fatos; e (c) dizer a verdade.

7.3.2.5.10 *Direitos das testemunhas* – (a) ser tratada com respeito; (b) obter o ressarcimento das despesas pelo comparecimento; e (c) não sofrer qualquer prejuízo em seu local de trabalho ou desconto em seu salário.

| Deveres da testemunha | Direitos da testemunha |
|---|---|
| Comparecer à audiência de instrução e julgamento. | Direito de escusa, mas com previsão legal conforme o art. 406, I e II, do CPC – "A testemunha não é obrigada a depor de fatos: "I – que lhe acarretem grave dano, bem como ao seu cônjuge ou aos seus parentes consanguíneos ou afins, em linha reta, ou na colateral em segundo grau; "II – a cujo respeito, por estado ou profissão, deva guardar sigilo." |
| Depor, salvo o art. 406, I e II. | Ser tratada com urbanidade. Não será admitida pergunta vexatória. |
| Dizer a verdade, ou seja, não calar, omitir ou falsear. Se mentir, falsear ou omitir incorrerá no crime de falso testemunho. | Direito de não sofrer prejuízo, sendo ressarcida pelas despesas que tenha com o transporte. E também não pode sofrer prejuízo no trabalho, de modo que não há desconto em sua folha de pagamento. |
| | Direito de consultar breves apontamentos, mas como cautela o juiz pode verificá-los. |

Na esfera do processo civil o número máximo de testemunhas que poderão ser arroladas nos autos será o de 10 para cada parte, porém o juiz poderá limitar a inquirição a 3 para prova de cada fato.

Nesse limite máximo não serão computadas eventuais testemunhas referidas ou aquelas que nada souberem sobre os fatos que envolvam a causa.

Observação importante é a possibilidade de a parte requerer a intimação de suas testemunhas ou expressar, por ocasião da indicação do rol, a afirmação de que suas testemunhas comparecerão em juízo, no momento da audiência de instrução, independentemente de intimação, hipótese em que surge o compromisso da parte de trazê-las à audiência. Nessa última situação destacada tem-se como consequência que eventual ausência da testemunha implicará desistência de sua inquirição, de modo que a parte não poderá insistir no requerimento de sua oitiva. Por outro lado, se intimada a testemunha, haverá o dever de comparecimento; e, caso não compareça no momento da audiência de instrução, o advogado da parte que a arrolou poderá requerer ao juiz que determine a condução coercitiva da testemunha faltante.

7.3.2.5.11 *Substituição de testemunhas* – Vale ressaltar novamente as situações que permitem a substituição, quais sejam: (a) falecimento da testemunha; (b) testemunha que, por enfermidade, não tenha condições de prestar esclarecimentos; e (c) embora requerida, a intimação da testemunha tenha sito infrutífera.

7.3.2.5.12 *Local e momento dos esclarecimentos de testemunhas* – Frise-se que, em regra, será na sede do juízo onde o feito está em curso, precisamente na audiência de instrução e julgamento, salvo nas seguintes hipóteses: (a) carta precatória; (b) testemunha enferma, que não pode comparecer em juízo mas pode depor, hipótese em que o juiz poderá deslocar-se ao local onde esteja a testemunha para ouvi-la sobre os fatos de interesse da causa; (c) aquelas que tenham prerrogativa de função, em razão do exercício de cargo público (art. 411 do CPC); e (d) em ação cautelar para produção antecipada de prova, diante de situação concreta de risco para a efetivação dos esclarecimentos futuros.

*7.3.2.6* Prova pericial (arts. 420 a 439 do CPC)

*Prova pericial* é meio de prova que tem por objetivo o esclarecimento de fatos relevantes ao processo e que dependam de conhecimentos técnicos específicos. O juiz nomeará profissional de sua confiança, denominado *perito oficial*, que deverá produzir um laudo técnico. O perito terá 20 dias para apresentar o laudo antes da audiência de instrução e julgamento.

7.3.2.6.1 *Espécies de perícias* – As espécies de perícias são: (a) *exame* – é a análise de documento, pessoa ou coisa; (b) *vistoria* – é a análise de bens imóveis; (c) *avaliação* – consiste na quantificação de valor relacionado à coisa, que poderá ser bem móvel ou imóvel.

7.3.2.6.2 *Perito e assistentes técnicos* – O *perito* é um auxiliar da Justiça que presta serviço público. E, sendo profissional com conhecimento especial, será nomeado pelo juiz da causa. É, pois, pessoa com conhecimento técnico específico e de confiança do juiz. O perito fornece subsídios técnicos para o juiz a respeito dos fatos que envolvem a causa.

Deve ser pessoa com conhecimentos técnicos ou científicos; portanto, em regra, os peritos são pessoas com nível universitário com inscrição no órgão da classe correspondente, e não poderão ter vínculos com as partes ou com o objeto da ação, de modo que também serão submetidos às situações de impedimentos (art. 134 do CPC) e suspeição (art. 135 do CPC) previstas na lei processual para os juízes.

Por sua vez, os *assistentes técnicos* são profissionais especializados e de confiança das partes contratados por cada uma delas para acompanhar os trabalhos do perito oficial. Assim, ao contrário do perito, os assistentes técnicos não estão sujeitos à regra da imparcialidade.

Os assistentes técnicos terão até 10 dias, contados a partir da juntada do laudo apresentado pelo perito oficial, para entregar suas análises, ou seja, seus respectivos laudos, nos autos do processo. Prazo, esse, que fluirá independentemente de intimação. As partes serão intimadas, através de seus advogados, sobre a apresentação do laudo do perito oficial. Poderão as partes impugnar o laudo oficial, no prazo de cinco dias. No caso de litisconsórcio, cada litisconsorte poderá indicar seu próprio assistente técnico.

Após o juiz nomear o perito oficial, as partes serão intimadas e terão cinco dias para eventual impugnação do perito por impedimento ou suspeição e indicação de assistente técnico e para apresentação de seus quesitos, no rito comum ordinário. No rito comum sumário caberá o autor, ao requerer o meio de prova pericial, apresentar, junto com a petição inicial, os quesitos que pretende ver respondidos pelo perito oficial, bem como indicar seu assistente técnico. Por sua vez, caberá ao réu apresentá-los junto com a sua peça de defesa *contestação*. As partes poderão impugnar o perito, os quesitos e, após apresentado o laudo, também o teor do trabalho técnico produzido nos autos.

7.3.2.6.3 *Indeferimento da prova pericial* – O parágrafo único do art. 420 do CPC cuida do *indeferimento do meio de prova pericial*, destacando as seguintes situações: (a) se o fato não depender de esclarecimentos técnicos; (b) se a prova técnica for desnecessária, diante das provas já produzidas nos autos; e (c) quando ela for impraticável – por exemplo, quando o objeto já pereceu.

Se a perícia consistir em exame de pessoa, parte na ação, e houver recusa ou não comparecimento no momento da perícia, sem justo motivo, tal conduta será interpretada em seu desfavor, sendo considerada uma espécie de confissão ficta – por exemplo, a parte deixou de comparecer ao exame técnico hematológico (DNA) em ação investigatória de paternidade.

O art. 435 do CPC trata dos esclarecimentos em audiência.

Vale frisar que a lei processual admite perícia por inquirição, cujo ato se dará na audiência de instrução e julgamento.

7.3.2.6.4 *Remuneração do perito oficial* – Sobre a *remuneração do perito oficial* nomeado pelo juiz, pode ser destacado que será antecipada pela parte que requerer tal meio de prova. O juiz, ao nomear o perito, fixará o valor dos honorários provisórios a serem recolhidos pela parte em prol do profissional técnico oficial. Após a entrega do laudo e sua juntada aos autos, o juiz fixará o valor dos honorários definitivos do perito oficial. Se a parte que antecipou tais honorários periciais for a vencedora na demanda, ela será reembolsada pela parte contrária, diante do ônus da sucumbência então imposto à parte vencida na ação.

Caso a prova pericial seja determinada de ofício pelo juiz ou requisitada pelo Ministério Público, o autor é que antecipará o pagamento dos honorários periciais, e, como assinalado, se vencer a demanda será ressarcido pela outra parte. Haverá dispensa de antecipação dos honorários periciais se a parte for beneficiária da justiça gratuita, caso em que o juiz não nomeará os peritos cadastrados junto ao juízo, mas, sim, perito que integra órgãos públicos como o Instituto de Medicina Social e de Criminologia de São Paulo-IMESC.

7.3.2.6.5 *Segunda perícia* – É possível a determinação judicial, de ofício ou mediante requerimento da parte, para que se proceda a *nova perícia*, desde que subsista dúvida em relação aos esclarecimentos técnicos apresentados no primeiro laudo.

A *segunda perícia* não substitui ou anula a primeira; o juiz considera o teor de ambas para a formação de sua convicção.

7.3.2.6.6 *Deveres e direitos do perito* – Por fim, vale o destaque aos *deveres* do perito, a saber: (a) imparcialidade; (b) cumprir o prazo fixado pelo juiz para a entrega do laudo técnico; (c) relatar os fatos conforme a verdade e apresentar conclusão fundamentada no laudo; e (d) responder aos quesitos apresentados pelo juiz e pelas partes. Por sua vez, importa salientar os *direitos do perito*: (a) requerer prorrogação do prazo para entrega do laudo; (b) requisitar documentos em repartições públicas ou particulares; (c) ouvir pessoas independentemente de autorização do juiz; (d) designar dia e hora para a realização de seus trabalhos técnicos, comunicando nos autos para que as partes e os advogados sejam intimados; e (e) receber seus honorários provisórios, bem como os definitivos fixados pelo juiz.

*7.3.2.7  Inspeção judicial*

Vem prevista nos arts. 440 a 443 do CPC. É ato do juiz, que pessoalmente inspeciona pessoas ou coisas com o propósito de esclarecer fatos pertinentes à causa. Poderá ser determinada de ofício ou mediante requerimento da parte (art. 440). A inspeção pode se dar em qualquer momento processual e terá como objeto pessoas ou coisas de interessa da causa. Poderá ser acompanhada por perito, e as partes poderão nomear assistentes técnicos. Os advogados são intimados para acompanhar a realização da inspeção judicial.

A finalidade consiste na observação pessoal, pelo juiz, de pessoas ou coisas, para esclarecer fato de interesse à decisão da causa. Na prática não é comum, pois prejudica o desenvolvimento natural dos trabalhos próprios do juízo. Assim, os juízes apenas utilizam esse meio de prova em situações excepcionalíssimas. Por exemplo, no caso em que o objeto da ação seja a *interdição* de pessoa e ela esteja efetivamente impossibilitada de comparecer em juízo. Na inspeção lavra-se um auto e todos assinam. O propósito, portanto, é a substituição de uma prova pericial.

**8. Prazos processuais**

*8.1  Conceito*

É o espaço de tempo conferido aos sujeitos da relação processual para a prática de atos processuais. O prazo processual pode ser assinalado por lei, pelo juiz ou por convenção das próprias partes. É importante na relação processual, pois estabelece a oportunidade para a prática dos atos processuais no período de tempo assinalado, garantindo a continuidade da relação jurídica processual. Quando falamos em *prazos processuais* devemos destacar dois termos, quais sejam: o *dies a quo*, que é o termo inicial do prazo, ou seja, o dia a partir do qual passa a ser possível a prática do ato processual; e o *dies ad quem*, que é o termo final, e corresponde à data em que se esgota o prazo para a prática do ato no processo.

## 8.2 Classificação dos prazos

### 8.2.1 Classificação considerando sua origem

#### 8.2.1.1 Legais

São aqueles estipulados pela lei processual. Exemplos: prazo para defesa em ação de conhecimento de rito comum ordinário, 15 dias; prazo de 10 dias para o recurso de agravo na esfera cível; prazo de 15 dias para o recurso de apelação no âmbito cível; etc.

#### 8.2.1.2 Judiciais

São aqueles estabelecidos pelo juiz. Exemplo: na audiência de instrução e julgamento os advogados das partes podem requerer ao juiz a conversão dos debates orais em alegações escritas, solicitando, pois, prazo para apresentarem memoriais na forma escrita; prazo, esse, que então poderá ser fixado pelo juiz.

#### 8.2.1.3 Convencionais

São aqueles estipulados mediante convenção das próprias partes. Exemplo: suspensão do processo para tentativa de composição amigável – caso em que a suspensão do feito, por vontade das partes, não poderá exceder a seis meses (art. 265, § 3º, do CPC).

### 8.2.2 Classificação considerando a possibilidade, ou não, de ampliação do prazo

#### 8.2.2.1 Prazo próprio

Também denominado *peremptório*: é aquele que não permite ampliação por vontade das partes. É também denominado *prazo fatal* – ou seja: decorrido o prazo, perde-se a oportunidade de realizar o ato processual. Ocorre, assim, a denominada *preclusão temporal*. Desse modo, esses prazos podem ser considerados preclusivos. Exemplo: prazos legais fixados para as partes.

Vale frisar: *preclusão* é a perda da oportunidade processual para a prática de um ato processual. A preclusão pode ser classificada em três modalidades, a saber:

**8.2.2.1.1** *Preclusão temporal* – É a perda da oportunidade para a prática de ato processual em decorrência do decurso do prazo.

**8.2.2.1.2** *Preclusão consumativa* – É a perda da oportunidade processual em decorrência da prática de um ato dentre vários atos possíveis de serem praticados. Exemplo: momento procedimental para a defesa – no momento em que escolho uma modalidade de defesa, dentre várias que posso praticar, consumo o ato defesa e, em regra, não mais poderei apresentar as outras modalidades conferidas pela lei processual.

**8.2.2.1.3** *Preclusão lógica* – É a perda de oportunidade processual em decorrência da prática de ato incompatível com a vontade de praticar outro no processo. Exemplo: o juiz profere sentença de mérito condenatória impondo o dever de ressarcir um dano e, intimada sobre a sentença, a parte, voluntariamente, cumpre a obrigação e paga o valor fixado como indenização. Entretanto, o advogado dessa parte, no prazo legal, interpõe o recurso de apelação. Tal recurso não será conhecido, uma vez que a parte pagou voluntariamente a indenização; logo, não há mais lógica em pedir a reapreciação da matéria objeto da sentença. Se pagou e cumpriu a obrigação é porque aceitou a sentença, não mais podendo recorrer dela; havendo, pois, a preclusão lógica.

*8.2.2.2* Prazo impróprio

Também conhecido como *dilatório*: é aquele que admite ampliação, ou seja, prorrogação. Como exemplo temos os prazos legais atribuídos aos juízes e auxiliares da Justiça para a prática de seus atos: prazo para decisão – 10 dias; prazo para despacho – 48 horas. Também são exemplos de prazos dilatórios os estabelecidos por convenção entre as partes, ou seja, prazos convencionais, que poderão ser prorrogados mediante requerimento das partes, porém desde que em momento anterior ao do vencimento do prazo, isto porque não há falar em prorrogação de prazo já esgotado.

É importante salientar que as partes não podem requerer ampliação de prazos próprios ou peremptórios, como os prazos fixados pela lei.

Todavia, o juiz pode ampliar qualquer prazo, mesmo os peremptórios, desde que ocorram as circunstâncias do art. 182 do CPC:

"Art. 182. É defeso às partes, ainda que todas estejam de acordo, reduzir ou prorrogar os prazos peremptórios. O juiz poderá, nas comarcas onde for difícil o transporte, prorrogar quaisquer prazos, mas nunca por mais de 60 (sessenta) dias.

"Parágrafo único. Em caso de calamidade pública, poderá ser excedido o limite previsto neste artigo para a prorrogação de prazos."

### 8.2.3 Classificação considerando o destinatário do prazo (ou seja, para quem é fixado o prazo)

#### 8.2.3.1 Prazo comum

Aquele fixado para ambas as partes (autor e réu) para a prática de determinado ato processual.

#### 8.2.3.2 Prazo particular

Aquele fixado exclusivamente para uma das partes. Exemplo: prazo para defesa (ato exclusivo do réu).

### 8.3 Contagem dos prazos

Os prazos, nos termos do que dispõe a lei processual, podem ser contados em *minutos*, *horas*, *dias*, *meses* e *anos*.

#### 8.3.1 Prazos contados em minutos

Serão contados minuto a minuto. Exemplo: debates orais na audiência de instrução e julgamento, em ação de conhecimento no âmbito das ações cíveis, cujo prazo será de 20 minutos para cada parte, prorrogáveis por mais 10 minutos. Se houver litisconsórcio com procuradores diversos o prazo será computado com a soma da prorrogação e dividido de comum acordo entre os advogados dos litisconsortes. A propósito, vale transcrever o art. 454 do CPC:

"Art. 454. Finda a instrução, o juiz dará a palavra ao advogado do autor e ao do réu, bem como ao órgão do Ministério Público, sucessivamente, pelo prazo de 20 (vinte) minutos para cada um, prorrogável por 10 (dez), a critério do juiz.

"§ 1º. Havendo litisconsorte ou terceiro, o prazo, que formará com o da prorrogação um só todo, dividir-se-á entre os do mesmo grupo, se não convencionarem de modo diverso.

"§ 2º. No caso previsto no art. 56, o opoente sustentará as suas razões em primeiro lugar, seguindo-se-lhe os opostos, cada qual pelo prazo de 20 (vinte) minutos.

"§ 3º. Quando a causa apresentar questões complexas de fato ou de direito, o debate oral poderá ser substituído por memoriais, caso em que o juiz designará dia e hora para o seu oferecimento."

### 8.3.2 Prazos contados em horas

Conta-se o prazo de minuto a minuto, mas na prática não se registra a hora nos autos do processo, de modo que se o prazo ultrapassar 24 horas conta-se como dias. Exemplo: atos a serem praticados por serventuários da justiça – 24 horas para remessa dos autos conclusos ao juiz e 48 horas para proceder à juntada de peças ou manifestações nos autos. Assim, vale observar o art. 190 do CPC:

"Art. 190. Incumbirá ao serventuário remeter os autos conclusos no prazo de 24 (vinte e quatro) horas e executar os atos processuais no prazo de 48 (quarenta e oito) horas, contados: I – da data em que houver concluído o ato processual anterior, se lhe foi imposto pela lei; II – da data em que tiver ciência da ordem, quando determinada pelo juiz.

"Parágrafo único. Ao receber os autos, certificará o serventuário o dia e a hora em que ficou ciente da ordem, referida no n. II."

### 8.3.3 Prazos contados em dias

A contagem do prazo em dias se dará da seguinte forma: não se conta o termo inicial, iniciando a contagem no dia útil subsequente ao termo inicial, sendo a contagem feita ininterruptamente, computando--se sábado, domingo e feriado. Todavia, o último dia da contagem deve ser atribuído integralmente para que a parte possa praticar o ato até o encerramento do horário normal do expediente forense. Se o último dia da contagem for domingo, feriado ou dia em que o expediente forense se encerra antecipadamente, prorrogar-se-á o prazo até o próximo dia útil. Importa, então, destacar:

"Art. 184. Salvo disposição em contrário, computar-se-ão os prazos, excluindo o dia do começo e incluindo o do vencimento.

"§ 1º. Considera-se prorrogado o prazo até o primeiro dia útil se o vencimento cair em feriado ou em dia em que: I – for determinado o fechamento do fórum; II – o expediente forense for encerrado antes da hora normal.

"§ 2º. Os prazos somente começam a correr do primeiro dia útil após a intimação."

"Art. 240. Salvo disposição em contrário, os prazos para as partes, para a Fazenda Pública e para o Ministério Público contar-se-ão da intimação.

"Parágrafo único. As intimações consideram-se realizadas no primeiro dia útil seguinte, se tiverem ocorrido em dia em que não tenha havido expediente forense."

Nos casos de litisconsortes com diferentes advogados os prazos serão contados em dobro, nos termos do que dispõe o art. 191 do CPC, a saber: "Art. 191. Quando os litisconsortes tiverem diferentes procuradores, ser-lhes-ão contados em dobro os prazos para contestar, para recorrer e, de modo geral, para falar nos autos".

Outra regra importante sobre prazos é a disposta no art. 188 do CPC, que confere prazo ampliado para o Ministério Público ou as Fazendas Públicas: "Art. 188. Computar-se-á em quádruplo o prazo para contestar e em dobro para recorrer quando a parte for a Fazenda Pública ou o Ministério Público".

Esse dispositivo confere tratamento desigual aos desiguais, uma vez que a Fazenda Pública ou o Ministério Público têm elevado número de processos em tramitação e defendem interesses relevantes e de natureza pública.

São inúmeros os exemplos de prazos fixados em dias, dos quais podemos anotar: 15 dias para defesa em ação de conhecimento de rito comum ordinário; 10 dias para recurso de agravo; 15 dias para apelação; etc.

8.3.4 *Prazos contados em meses*

Conta-se o prazo dia a dia, correspondendo o termo final ao mesmo dia do termo inicial, somando-se os meses. Exemplo: suspensão do processo por convenção entre as partes, para tentativa de conciliação amigável: máximo de seis meses, conforme dispõe o § 3º do art. 265 do CPC: "§ 3º. A suspensão do processo por convenção das partes, de que trata o

n. II, nunca poderá exceder 6 (seis) meses; findo o prazo, o escrivão fará os autos conclusos ao juiz, que ordenará o prosseguimento do processo".

### 8.3.5 Prazos contados em anos

Somam-se os anos, sendo o termo final os mesmos dia e mês indicados no termo inicial. Exemplos: suspensão do processo por inércia das partes, prazo máximo de um ano; suspensão do processo no aguardo do deslinde de outro, uma vez que a sentença do segundo pode prejudicar a do processo suspenso, prazo máximo de um ano, nos termos do que se extrai dos incisos IV e V do art. 265 do CPC: "IV – quando a sentença de mérito: a) depender do julgamento de outra causa, ou da declaração da existência ou inexistência da relação jurídica, que constitua o objeto principal de outro processo pendente; b) não puder ser proferida senão depois de verificado determinado fato, ou de produzida certa prova, requisitada a outro juízo; c) tiver por pressuposto o julgamento de questão de estado, requerido como declaração incidente; V – por motivo de força maior; (...)".

## 9. Nulidades processuais

### 9.1 Conceito

*Nulidade* é a consequência de invalidação de um ato processual praticado em desconformidade com as formalidades contempladas na lei processual. É, pois, a invalidação de um ato processual que contém vício formal. A invalidação do ato processual sempre dependerá de um ato do juiz decretando ou declarando a nulidade e, por consequência determinando a necessidade de refazimento do ato.

### 9.2 Regras gerais

Importa o destaque sobre algumas *regras gerais sobre o tema "nulidades processuais"*, a saber:

• O juiz não decreta a nulidade de um ato processual se não houver prejuízo a qualquer das partes. Aproveita um ato, mesmo que contenha um vício (*princípio do prejuízo*).

• Se um ato processual praticado em desacordo com os requisitos legais (ato viciado) atingir sua finalidade, não se decretará a consequência *nulidade* (*princípio da instrumentalidade das formas*).

• Se, diante do vício, houver prejuízo a uma das partes e o juiz verificar que a apreciação do mérito é favorável à parte prejudicada, não será decretada a nulidade (*princípio do aproveitamento dos atos*).

• O vício atinge o ato praticado em desacordo com os preceitos legais e os demais subsequentes que sejam relacionados a ele, de modo que os atos posteriores que não tenham qualquer relação com o ato viciado serão aproveitados (*princípio da economia processual*). Ainda, atos decisórios posteriores ao ato contaminado pela nulidade declarada judicialmente serão sempre atingidos, devendo ser refeitos.

• O ato viciado permanece com efeito válido até o momento em que ocorra o decreto da nulidade pelo juiz da causa. Se o juiz não declarar a nulidade, o ato contaminado permanecerá gerando efeitos processuais válidos.

### 9.3 Classificação dos vícios procedimentais

#### 9.3.1 Meras irregularidades

Algo que não é capaz de invalidar o ato procedimental. Não gera a consequência *nulidade*. Exemplo: certidão do serventuário sem assinatura.

#### 9.3.2 Nulidades relativas

Decorrem da prática de ato processual em desacordo com as formalidades legais, que são previstas para assegurar apenas interesses particulares. A nulidade relativa depende da alegação na primeira oportunidade que a parte tenha para manifestação nos autos após o ato viciado, sob pena de preclusão.

#### 9.3.3 Nulidades absolutas

Se a norma processual prevê requisitos com o propósito de zelar por interesses públicos, a prática de atos em desacordo com esses requisitos gera como consequência a nulidade absoluta, e esta não preclui, de modo que pode ser conhecida e declarada pelo juiz a qualquer tempo. Exemplos: vício no ato *citação* fere o princípio de ampla defesa; nos processos em que o Ministério Público deva atuar como fiscal da lei e não seja intimado. Entretanto, nessa hipótese, o juiz, ao constatar tal vício de ausência de intimação do Ministério Público, pode dar a oportunidade para que este analise o processo como um todo, e caso o Ministério Público verifique que não houve prejuízo algum à parte cujo interesse legitime sua intervenção no feito apenas ratificará todo procedimento, e o processo seguirá seu curso normal, sem que haja o decreto de nulidade.

O juiz pode e deve decretar a nulidade absoluta de ofício. As nulidades absolutas não estão sujeitas a preclusão, pois regras de ordem pública não precluem. Assim sendo, as partes poderão argui-las a qualquer tempo e grau de jurisdição.

### 9.3.4 Atos inexistentes

São considerados um *nada jurídico*, ou seja, jamais surtirão efeitos processuais. Portanto, o ato inexistente não pode ser refeito, uma vez que nunca existiu. Exemplos: sentença proferida por juiz aposentado; ato processual praticado somente por estagiário.

## 9.4 Princípios relacionados ao tema "nulidades processuais"

### 9.4.1 Da instrumentalidade das formas

Estabelece que, se o ato processual praticado em desconformidade com as formalidades legais vier a atingir a finalidade a que se propôs, não haverá o decreto de nulidade.

### 9.4.2 Da preclusão

No que tange às nulidades, esse princípio estabelece que caberá às partes arguir o vício e requer o decreto judicial de nulidade do ato processual na primeira oportunidade que tenham para se manifestar nos autos, após a prática do ato contaminado. Caso não arguido pelas partes o vício procedimental, haverá perda da oportunidade para obtenção do decreto judicial de nulidade.

### 9.4.3 Do prejuízo

Estabelece que o juiz não decretará nulidade dos atos processuais praticados em desacordo com as formalidades legais se não houver prejuízo a qualquer das partes. Caso tenha havido prejuízo e o juiz verifique que a sentença será a favor do prejudicado, não decretará a nulidade.

### 9.4.4 Do legítimo interesse

Estabelece que a legitimidade para arguir o vício procedimental será conferida à parte que não tenha dado causa ao ato contaminado.

## 10. Formação, suspensão e extinção do processo

### 10.1 Formação do processo

A relação jurídica processual surge com a iniciativa da parte interessada numa tutela jurisdicional, que poderá ser de *conhecimento, execução* ou *cautelar*, mediante a propositura da respectiva ação em juízo, pelos meios e formas previstos na lei processual – portanto, através de peça inicial que atenda aos requisitos contemplados nos arts. 282 e 283 do CPC. Entretanto, a relação processual que vincula autor, réu e juiz desenvolve-se por impulso oficial, ou seja, por ato do juiz, então denominado *despacho*, cabendo, pois, a esse sujeito imparcial determinar a continuidade dos atos processuais para que a relação jurídica processual não permaneça estagnada, mas caminhe, numa sequência de atos organizados de forma lógica e cronológica, em direção ao momento procedimental em que haverá a prestação jurisdicional por ato decisório do Estado-juiz. É o que dispõe o art. 262 do CPC: "Art. 262. O processo civil começa por iniciativa da parte, mas se desenvolve por impulso oficial".

Vale frisar que onde houver Vara única o processo surgirá no momento em que a petição inicial for despachada pelo juiz; e onde houver mais de uma Vara competente para processar a ação a relação processual surgirá no momento em que a peça inicial for simplesmente distribuída. Todavia, *em relação ao réu* a demanda somente surtirá os efeitos processuais indicados no art. 219 do CPC – quais sejam: *prevenção do juízo, litispendência* e *litigiosidade da coisa* – no momento em aquele for *validamente citado*. Anote-se: tais efeitos – *prevenção do juízo, litispendência* e *litigiosidade – para o autor* surgem no momento da propositura da ação, porém para o réu somente surgirão com sua citação válida. É o que vem expresso no art. 263 do CPC: "Art. 263. Considera-se proposta a ação, tanto que a petição inicial seja despachada pelo juiz, ou simplesmente distribuída, onde houver mais de uma Vara. A propositura da ação, todavia, só produz, quanto ao réu, os efeitos mencionados no art. 219 depois que for validamente citado". Daí por que a partir do momento em que for concretizada a citação do réu não mais poderá o autor modificar o pedido ou a causa de pedir sem a anuência do requerido, consoante dispõe o art. 264 do CPC: "Art. 264. Feita a citação, é defeso ao autor modificar o pedido ou a causa de pedir, sem o consentimento do réu, mantendo-se as mesmas partes, salvo as substituições permitidas por lei". O dispositivo legal em tela busca destacar o momento de estabilização da demanda quanto aos elementos da ação *pedido* e *causa de pedir*, referindo-se ao momento procedimental em que não caberá mais qualquer alteração desses elementos identificadores da ação, evidentemente para que, a partir dessa estabilização, o feito caminhe para dilação probatória e posterior prestação jurisdicional, de modo que dispõe, em seu parágrafo único: "Parágrafo único. A alteração do pedido ou da causa de pedir em nenhuma hipótese será permitida após o saneamento do processo". Trata-se de verdadeira estabilização quanto ao *objeto* da demanda, cuja consequência é a fixação, anteriormente ao momento da produção de provas, dos limites daquilo que será apreciado pelo juiz. Por sua vez, o *caput* do art. 264 do CPC faz referência a uma estabilização parcial da demanda quanto às *partes* – ou seja, em relação à estabilização *subjetiva* –, ao pronunciar que com a citação deverão ser mantidas as mesmas partes, "salvo as substituições permitidas por lei". Numa rápida análise, sem pretensão de esgotar o tema, é possível lembrar situações em que o sistema processual contempla a substituição das partes posteriormente ao ato citação, afastando-se o fato processual *morte da parte*, que enseja a *sucessão processual*, e não propriamente a *substituição processual*. Em *substituição* da parte pode ser destacada a modalidade de intervenção de terceiros *nomeação à autoria* (arts. 62 e 63 do CPC), no momento procedimental *defesa*, cuja finalidade é a retirada do réu ilegítimo, para que ingresse na relação processual o réu legítimo. Por seu turno, a hipótese de intervenção de terceiros denominada *chamamento ao processo*, que também pode ocorrer no momento *defesa*, não tem o propósito de substituição da parte que ocupa o polo passivo, mas, sim, a finalidade de acréscimo, ou seja, para que outros também venham a ocupar esse polo litigante passivo.

*10.2 Suspensão do processo*

Consiste na paralisação temporária da sequência natural dos atos processuais. Nosso sistema processual prevê as hipóteses de *suspensão* da marcha procedimental predominantemente no art. 265 do CPC. De todo modo, existe o aspecto taxativo das situações de *suspensão*, na medida em que apenas poderá ocorrer nos casos expressamente disciplinados na lei processual, consoante dispõe o inciso VI desse referido dispositivo legal. Importante é o destaque no sentido de que "durante a suspensão é defeso praticar qualquer ato processual; poderá o juiz, todavia, determinar a realização de atos urgentes, a fim de evitar dano irreparável" – consoante expressa o art. 266 do CPC. Extrai-se do sistema contemplado no art. 265 do CPC que nenhum feito poderá permanecer sobrestado por período superior a um ano, determinando o juiz o prosseguimento do processo (§ 5º do art. 265 do CPC).

São hipóteses de suspensão do processo (art. 265):

### 10.2.1 Suspensão do processo por "morte ou perda da capacidade processual de qualquer das partes, de seu representante legal ou de seu procurador" (art. 265, I, do CPC)

Inicialmente tem-se que a *morte da parte* faz com que o polo litigante fique vago, e então deverá ser preenchido pelos sucessores do falecido, que, aliás, virão aos autos em nome próprio, para defesa de interesses próprios (legitimidade ordinária), de modo que não haverá substituição processual, mas, sim, sucessão processual. Se a morte for do *réu* caberá a providência de regularizar o polo passivo ao autor, a fim de que os sucessores do réu venham a participar do feito, então suspenso. Nessa situação a lei processual não é expressa quanto ao período em que o processo poderá permanecer suspenso para que o autor regularize o polo passivo, de modo que vale lembrar o disposto no art. 267, III, sobre a *extinção do processo* (inciso III) "quando, por não promover os atos e diligências que lhe competir, o autor abandonar a causa por mais de 30 (trinta) dias". Todavia, tal prazo de 30 dias apresenta-se muito curto para que o autor possa providenciar tal regularização, de sorte que seria aceitável a aplicação do limite máximo previsto no sistema de suspensão do processo – qual seja, o de um ano. Idêntica postura deverá ser aplicada para os casos de *morte ou perda da capacidade processual do representante legal das partes*, na medida em que tal pressuposto processual para eficácia e desenvolvimento válido do processo deve ser regularizado, conferindo-se prazo de suspensão de um ano. Sob outra vertente, se a morte for do *autor* estará vago o polo ativo e, não obstante ocorra a automática extinção do mandato conferido ao advogado do autor, é certo que o feito permanecerá suspenso, por até um ano, para que os sucessores do falecido venham a ocupar o referido polo ativo da demanda e também regularizem a capacidade postulatória, produzindo nos autos o respectivo instrumento de procuração ao advogado, que poderá ser o mesmo que até então vinha atuando no processo. Nessas situações haverá também a necessidade de regularização da autuação e registro da ação. Por outro aspecto, em relação ao evento *morte do advogado* da parte, dispõe o § 2º do art. 265 do CPC que o feito permanecerá suspenso por até 20 dias, para que seja constituído novo mandatário, e se o autor não o fizer haverá *extinção do processo sem julgamento do mérito*; sendo que se a incumbência for do réu, e este não constituir novo advogado no prazo de 20 dias, o processo seguirá à sua revelia, de modo que não mais será intimado sobre os atos processuais subsequentes, muito embora possa ele vir a regularizar tal capacidade postulatória posteriormente – hipótese em que o juiz afastará a revelia, retomando-se intimação sobre atos subsequentes, sem que sejam refeitos os atos já praticados durante sua revelia.

10.2.2 *Suspensão do processo "pela convenção das partes" (art. 265, II, do CPC)*

Trata-se de ato processual conjunto das partes, portanto mediante requerimento conjunto de seus respectivos advogados, apresentado ao juiz. O § 3º do dispositivo legal ora destacado expressa que a suspensão *nunca poderá exceder seis meses*. A jurisprudência firmou entendimento no sentido de que se admite uma prorrogação, desde que observado o destacado limite máximo de seis meses. Na prática, diante do excessivo número de feitos em tramitação, poderá ocorrer que tal prazo seja efetivamente ultrapassado em seu limite, até porque não há maiores consequências processuais diante da iniciativa de vontade conjunta das partes. Todavia, se o juiz determinar o prosseguimento do feito e as partes permaneceram inertes por mais de um ano quanto à prática de atos processuais que lhes competirem, haverá aplicação do disposto no art. 267, II, extinguindo-se o processo sem julgamento do mérito ("II – quando ficar parado durante mais de um ano por negligência das partes").

10.2.3 *Suspensão do processo "quando for oposta exceção de incompetência do juízo, da câmara ou do tribunal, bem como de suspeição ou impedimento do juiz" (art. 265, III, do CPC)*

Trata-se das *exceções processuais*, apresentadas em peças autônomas na relação processual, quais sejam: *incompetência do juízo*, nos casos de competência relativa; e *suspeição ou impedimento do juiz*, estas, por sua vez, previstas nos arts. 134 e 135 do CPC. Assim, as exceções processuais provocam a suspensão do processo até o ato decisório sobre o respectivo incidente processual, então autuado em apartado e em apenso aos autos da ação.

10.2.4 *Suspensão do processo "quando a sentença de mérito:*
*a) depender do julgamento de outra causa, ou da declaração*
*da existência ou inexistência da relação jurídica,*
*que constitua o objeto principal de outro processo pendente;*
*b) não puder ser proferida senão depois de verificado*
*determinado fato, ou de produzida certa prova, requisitada*
*a outro juízo; c) tiver por pressuposto o julgamento*
*de questão de estado, requerido como declaração incidente"*
*(art. 265, IV, "a" a "c", do CPC)*

*"(...) IV – quando a sentença de mérito: a) depender do julgamento de outra causa, ou da declaração da existência ou inexistência da relação jurídica, que constitua o objeto principal de outro processo pendente."* É a hipótese *prejudicialidade externa do processo*, homogênea ou heterogênea, por depender do deslinde de um outro processo, ou seja, a decisão a ser proferida neste último poderá prejudicar o mérito do feito suspenso, sendo um ano o período máximo de suspensão (§ 5º). Exemplo: pendência de ação direta de inconstitucionalidade com decisão concessiva de liminar.

*"(...) IV – quando a sentença de mérito: (...) b) não puder ser proferida senão depois de verificado determinado fato, ou de produzida certa prova, requisitada a outro juízo."* Esta hipótese pressupõe momento posterior ao ato *defesa*, ou seja, quando o feito está em fase probatória, existindo entendimento já consolidado no sentido de que a expedição de carta precatória com finalidade de produção de prova em localidade diversa da comarca onde o feito está tramitando somente poderá suspender o processo se requerida anteriormente ao seu saneamento pelo juiz, e desde que a referida prova seja necessária ao julgamento da causa; e o período máximo de suspensão será de até um ano (§ 5º).

*"(...) IV – quando a sentença de mérito: (...) c) tiver por pressuposto o julgamento de questão de estado, requerido como declaração incidente."* Aqui merece atenção o fato de que a ação declaratória incidental tramita em conjunto com a principal e, por evidente, não gera

suspensão do processo, até porque pressupõe decisão conjunta de mérito, de modo que a única situação de suspensão, nos termos do que vem expresso na alínea "c", seria a hipótese de *prejudicialidade externa*. Entenda-se: numa eventual existência de outro feito, tramitando em separado, cujo objeto seja declaração sobre o estado de pessoa que possa interferir na decisão de mérito de outro processo. Sobre essas alíneas "a", "b" e "c" do inciso IV do art. 265 o prazo máximo de suspensão do processo será de um ano, consoante dispõe o § 5º do destacado dispositivo legal.

**10.2.5 Suspensão do processo "por motivo de força maior" e "nos demais casos, que este Código regula" (art. 265, V e VI, do CPC)**

*"(...) V – por motivo de força maior."* Ou seja, suspensão do processo em razão de um fato ou acontecimento natural que não era possível evitar ou impedir. Exemplo: situação de calamidade pública em virtude de *furacão*.

E, por fim, conforme já assinalado, suspensão do processo *"(...) VI – nos demais casos,* previstos na lei processual".

**10.3 Extinção do processo**

Vem disciplinada em dois importantes dispositivos legais – quais sejam: os arts. 267 e 269 do CPC – que cuidam, respectivamente, da *extinção sem o julgamento de mérito* e da *extinção com resolução do mérito*. Em ambas situações o ato do juiz será denominado *sentença*. A primeira, *sem o julgamento do pedido*, é conhecida como *sentença terminativa* ou *sentença processual*. A segunda, *com o julgamento do pedido*, é denominada *sentença de mérito*, e poderá ser classificada em: (a) *sentença de mérito típica*, ou *propriamente dita* (art. 269, I do CPC); e (b) *sentença de mérito atípica*, ou *por equiparação legal* (art. 269, II ao V, do CPC), pois nestas situações (incisos II ao V do art. 269 do CPC) não há propriamente o ato do juiz de analisar provas para formação de sua convicção para julgar.

A *sentença terminativa* pode ocorrer em qualquer momento procedimental, mesmo por ocasião do *despacho inicial*, mediante o indeferimento da petição inicial diante das situações elencadas no art. 295 do CPC. Ao passo que a *sentença de mérito*, em ação de conhecimento, poderá surgir basicamente em três momentos procedimentais na relação processual, a saber: (a) *por ocasião do próprio despacho inicial*, na situação contemplada no art. 285-A do CPC, porém só de *improcedência*: "Art. 285-A. Quando a matéria controvertida for unicamente de direito e no juízo já houver sido proferida sentença de total improcedência em outros casos idênticos, poderá ser dispensada a citação e proferida sentença, reproduzindo-se o teor da anteriormente prolatada. § 1º. Se o autor apelar, é facultado ao juiz decidir, no prazo de 5 (cinco) dias, não manter a sentença e determinar o prosseguimento da ação. § 2º. Caso seja mantida a sentença, será ordenada a citação do réu para responder ao recurso"; (b) *julgamento antecipado da lide* (art. 330, I e II, do CPC), por ocasião da fase ordinatória – portanto, em momento procedimental anterior ao início da fase probatória: "Art. 330. O juiz conhecerá diretamente do pedido, proferindo sentença: I – quando a questão de mérito for unicamente de direito, ou, sendo de direito e de fato, não houver necessidade de produzir prova em audiência; II – quando ocorrer a revelia (art. 319)" – nessa parte final entenda-se "quando ocorrerem os efeitos da revelia"; e (c) *após o encerramento da instrução processual*, ou seja, após a fase probatória, cujo momento é o natural para a prolação da sentença de mérito.

Observação importante é no sentido de que o *despacho inicial negativo* não é propriamente despacho, pois aqui o juiz não estará dando impulso ao processo; mas é, sim, *extinção do processo sem julgamento do mérito*. É, pois, *sentença terminativa*, também chamada *sentença processual*, ato do juiz de extinguir o processo sem o julgamento do mérito. Nesse momento, se o despacho for negativo o juiz estará aplicando os arts. 295 e 267 do CPC, simultaneamente. Aliás, esse é o único momento procedimental em que o juiz aplicará, ou não, o art. 295 do CPC, que cuida do indeferimento da petição inicial. Se o juiz receber a petição inicial, não mais poderá indeferi-la; logo, o art. 295 do CPC não será mais fundamento da sentença terminativa, que, então, terá como apoio apenas o art. 267 do CPC.

### 10.3.1 *Situações previstas no art. 295 do CPC*

Vale o destaque às situações previstas no referido *art. 295, do CPC, sobre o indeferimento da inicial*, que impõe a extinção do processo sem o julgamento do mérito, nos termos do art. 267, I, do CPC, a saber:

*10.3.1.1* Art. 295, I: petição inicial inepta

É aquela que não está apta a produzir efeitos processuais. O juiz, antes de aplicar a consequência *extinção*, dará o denominado *despacho correcional*, conferindo oportunidade para o autor corrigir a peça inicial. Portanto, aplicará o prazo de 10 dias (art. 284 do CPC) para que o autor emende a inicial, ou seja, providencie o aditamento, sob pena de extinção do processo.

10.3.1.1.1 *Art. 295, parágrafo único, I a IV: situações em que a petição inicial é inepta* – Estão relacionadas com falhas quanto aos elementos da ação *pedido* ou *causa de pedir*, a saber: (a) a petição inicial será inepta se lhe faltar pedido ou causa de pedir; (b) quando da narração dos fatos não decorrer uma conclusão lógica, ou seja, quando da narração da causa de pedir não decorrer um pedido lógico; (c) quando o pedido for juridicamente impossível; (d) quando a petição contiver pedidos incompatíveis entre si.

*10.3.1.2* Art. 295, II: "quando a parte for manifestamente ilegítima"

Vale lembrar: legitimidade para ocupar os polos da relação processual.

• *Legitimidade ordinária* – a parte ocupa o polo litigante em nome próprio, defendendo interesses próprios.

• *Legitimidade extraordinária* – a parte ocupa o polo litigante em nome próprio, porém defendendo interesses alheios. Exemplos: ação popular e a ação civil pública.

*10.3.1.3* Art. 295, III: "quando o autor carecer
    de interesse processual"

Trata-se de falha quanto a uma das condições genéricas da ação, o *interesse processual*, que se traduz em interesse-necessidade e interesse--adequação.

• *Interesse-necessidade* – significa que não há outro modo de pacificação da situação conflitante senão através do processo; a *necessidade*, em regra, apresenta-se destacada na petição inicial em seu último parágrafo sobre a narrativa dos fatos.

• *Interesse-adequação* – em juízo vamos apresentar um pedido, que é a pretensão deduzida na petição inicial, e essa pretensão deverá estar vinculada a uma ação adequada (adequação entre o que eu quero e a natureza do caminho a ser adotado), e é também a adequação entre a natureza da ação escolhida e o procedimento a ser indicado, nos termos do que estabelece nossa lei processual.

*10.3.1.4* Art. 295, IV: "quando o juiz verificar, desde logo, a decadência ou a prescrição"

Na essência, a *decadência* e a *prescrição* são institutos de direito material, de modo que seus prazos são contemplados no Código Civil, e se o juiz os declara não há propriamente indeferimento da petição inicial, mas, sim, *extinção com o julgamento do mérito*, nos termos do que dispõe o art. 269, IV, do CPC.

• *Prescrição* – é perda do direito de ação pelo não exercício no prazo legalmente previsto.

• *Decadência* – é a perda do próprio direito material pelo não exercício desse direito no prazo legal.

*10.3.1.5* Art. 295, V: "quando o tipo de procedimento, escolhido pelo autor, não corresponder à natureza da causa, ou ao valor da ação; caso em que só não será indeferida, se puder adaptar-se ao tipo de procedimento legal"

É possível afirmar que a hipótese prevista neste inciso já está prevista no inciso III, pois relacionada ao interesse-adequação.

*10.3.1.6* Art. 295, VI: "quando não atendidas as prescrições dos arts. 39, parágrafo único, primeira parte, e 284"

Entenda-se: nos casos em que o autor não providenciar a emenda da petição inicial no prazo que lhe é conferido no despacho inicial correcional.

10.3.2 *Situações contempladas nos arts. 267 e 269 do CPC*

Neste tema – *extinção do processo* – importa o registro sobre as situações contempladas nos arts. 267 e 269 do CPC, a saber:

## 10.3.2.1  Art. 267, I a XI, do CPC

"Art. 267. Extingue-se o processo, sem resolução de mérito: *I – quando o juiz indeferir a petição inicial;* [v. o art. 295 do CPC] *II – quando ficar parado durante mais de 1 (um) ano por negligência das partes; (...)*." Trata-se de paralisação do feito por inércia de ambas as partes, e merece atenção o disposto no § 1º desse art. 267 do CPC, no sentido de que a extinção não será imediata, após o decurso desse lapso de um ano, pois o juiz previamente determinará a intimação pessoal das partes para prosseguimento do feito em 48 horas, sob pena de extinção.

*"(...) III – quando, por não promover os atos e diligências que lhe competir, o autor abandonar a causa por mais de 30 (trinta) dias (...)."* Por este inciso a inércia processual é do autor, no prazo de 30 dias, e a consequência *extinção* também não será imediata, pois o juiz aplicará o § 1º desse dispositivo legal, a exemplo do inciso anterior; porém aqui determinando apenas a intimação pessoal do autor para que promova a sequência do feito em 48 horas, sob pena de extinção.

*"(...) IV – quando se verificar a ausência de pressupostos de constituição e de desenvolvimento válido e regular do processo; (...)."* São os *pressupostos processuais*, já destacados anteriormente nesta Seção II (v. item 6).

*"(...) V – quando o juiz acolher a alegação de perempção, litispendência ou de coisa julgada (...)."* Essas três situações constituem algo que não pode acontecer na relação processual, de modo que a doutrina processualista as denomina como sendo *pressupostos processuais negativos*, pois, verificados, haverá a consequência *extinção sem apreciação do mérito*. A *perempção* vem definida no art. 268, parágrafo único, do CPC, sendo a hipótese em que o autor dá causa, por três vezes, à extinção do processo pelo fundamento previsto no inciso III deste art. 267, ou seja, em virtude do abandono por 30 dias; *litispendência* é a situação em que o autor promove novamente a mesma ação que está em curso; obviamente, ela não poderá prosseguir validamente e deverá ser extinta; e *coisa julgada* é a definitividade de um pronunciamento jurisdicional de mérito no momento do trânsito em julgado, ou seja, no momento procedimental em que não couber mais qualquer recurso, e que impõe a imutabilidade dos efeitos desse pronunciamento de mérito no mundo jurídico, de modo que não mais poderá ser proposta aquela mesma ação, já definida em seu mérito.

*"(...) VI – quando não concorrer qualquer das condições da ação, como a possibilidade jurídica, a legitimidade das partes e o interesse processual; (...)".* Estão destacadas posteriormente nesta obra, na *Seção III* deste capítulo, que cuida do tema "Ação", precisamente no item 4, ao qual o leitor deverá dar atenção, posto que se o autor não atender a essas três condições genéricas haverá a carência de ação, e a consequência será a extinção do processo sem a apreciação do pedido.

*"(...) VII – pela convenção de arbitragem; (...)".* É certo que a *arbitragem* é modo alternativo de solução de conflitos, mediante a autonomia da vontade de pessoas capazes, para questões materiais disponíveis, desde que haja prévia convenção pelos sujeitos. Porém nada impede que a pessoa utilize a Justiça Pública ao invés de procurar o árbitro, hipótese em que estará renunciando tacitamente à anterior convenção, e o requerido será citado para a demanda judicial, surgindo, então, duas vertentes possíveis: (a) se no prazo da defesa não arguir a existência de *convenção de arbitragem*, em preliminar de contestação (art. 301, IX, do CPC), estará ele (requerido) também renunciando tacitamente à prévia convenção, e então valerá plenamente a decisão judicial de mérito, de modo que no curso do processo o requerido não mais poderá alegar a existência de convenção de arbitragem, pois estará preclusa tal possibilidade; e (b) caso o requerido alegue, em preliminar de contestação, a existência de *convenção de arbitragem*, o juiz extinguirá o processo sem julgamento do mérito, remetendo as partes ao árbitro.

*"(...) VIII – quando o autor desistir da ação; (...)".* A desistência da ação é ato do autor, e poderá ser unilateral até o momento procedimental *defesa*, pois, nos termos do § 4º do art. 267 do CPC, "depois de decorrido o prazo para a resposta, o autor não poderá, sem o consentimento do réu, desistir da ação". De modo que após o momento procedimental *defesa* o referido ato de vontade do autor de desistir da ação passará a ser bilateral, na medida em que para surtir o efeito de extinguir o processo dependerá da anuência do réu, que, aliás, poderá se opor, diante do motivo relevante, que consiste na possibilidade de a ação ser novamente promovida pelo autor, havendo para ele (requerido) o interesse em ver solucionado o feito pelo mérito, para que a questão não mais volte a ser discutida em juízo. Observação importante: a desistência difere da renúncia ao direito material, pois esta última, embora seja também ato do autor, não depende de anuência do réu e resulta na extinção do processo com o julgamento do mérito (art. 269, V, do CPC).

"(...) IX – quando a ação for considerada intransmissível por disposição legal; (...)." São as hipóteses relacionadas a direito material personalíssimo: a morte de um dos cônjuges no curso de uma ação de separação, ou mesmo durante uma ação de anulação de casamento, como também a morte do interditando durante a ação de interdição resultam na extinção do processo, nos termos do inciso em tela.

"(...) X – quando ocorrer confusão entre autor e réu; (...)." Como exemplo pode ser lembrada a hipótese de uma ação de cobrança em que se confundem na mesma pessoa o titular do crédito e do débito, precisamente uma cobrança entre pai (credor) e filho (devedor), e o primeiro vem a falecer sem deixar outros sucessores.

"(...) XI – nos demais casos prescritos neste Código; (...)." Infere-se que esse rol é taxativo, na medida em que vincula todas situações de extinção que estejam previstas na própria lei processual. E aqui podem ser lembradas as situações contempladas nos arts. 47, parágrafo único, e 265, § 2º, do CPC, a saber: (a) ausência de indicação de todos os litisconsortes necessários para a relação jurídica processual; e (b) se com o falecimento do advogado o autor não constituir novo mandatário no prazo de 20 dias.

*10.3.2.2* Art. 269, I a V, do CPC

Por seu turno, vale o registro das situações elencadas no art. 269 do CPC, que contempla as *sentenças de mérito*.

Assim, extingue-se o processo com resolução de mérito: "I – quando o juiz acolher ou rejeitar o pedido do autor; II – quando o réu reconhecer a procedência do pedido; III – quando as partes transigirem; IV – quando o juiz pronunciar a decadência ou a prescrição; V – quando o autor renunciar ao direito sobre que se funda a ação".

No que diz respeito aos incisos II, III e V, supraindicados, vale a remessa do leitor para a Seção III, subitem 6.1.4, desta obra, que trata dos "Atos das Partes", precisamente *atos declaratórios de vontade* ou *dispositivos* (subitem 6.1.4.1.2).

## 11. Princípios constitucionais do direito processual

Normalmente todas disciplinas têm embasamento em princípios constitucionais, o que para nós permite o estudo do que se denomina *princípios gerais do direito processual*. Vale dizer: a base dos princípios gerais do direito processual é a Constituição Federal. Todavia, há alguns princípios que, embora não previstos na Lei Maior, são também considerados gerais, pela sua aplicação comum ao direito processual, os quais serão analisados mais adiante, em capítulo relacionado aos poderes e deveres do juiz. Porém, é importante lembrar que existem alguns princípios gerais que têm aplicação diversa no campo do processo civil e do processo penal. Assim, por exemplo, podemos observar a regra da indisponibilidade da ação penal pública na esfera do processo penal e a da disponibilidade da ação no campo do processo civil; e, ainda, o princípio da *verdade formal*, que prevalece no processo civil e que consiste na verdade produzida nos autos do processo, e o da *verdade real*, que impera no processo penal.

Passamos a algumas considerações sobre os princípios constitucionais do direito processual, os quais, ao serem efetivamente observados na relação jurídica processual, constituem o *devido processo legal*:

## 11.1 Princípio da imparcialidade do juiz

Trata-se de princípio consagrado constitucionalmente, em razão do que se observa no art. 95 e parágrafo único da Carta Magna sobre as garantias e vedações aos juízes. É pressuposto para que a relação processual se instaure validamente; portanto, é princípio geral e também pressuposto processual.

Esse princípio estabelece que o juiz não pode ser suspeito e nem impedido de atuar no feito (v. arts. 134 e 135 do CPC), ou seja, deverá ser subjetivamente capaz de julgar, e, para tanto, deve estar legalmente investido no cargo e colocar-se imparcialmente entre as partes e acima delas, para garantir a justiça na aplicação do direito material.

## 11.2 Princípio da igualdade

Também se extrai da CF, no seu art. 5º, e, ainda consignado no art. 125, I, do CPC. Estabelece que as partes na relação processual e os seus procuradores devem ter tratamento igualitário, para que tenham as mesmas oportunidades nos autos do processo para mostrar em juízo suas razões.

O conceito de *isonomia* é o *realista*, ou seja: *tratamento igual para os substancialmente iguais, e desigual para os desiguais*. Assim, justifica-se a prerrogativa conferida à Fazenda Pública e ao Ministério Público no que tange ao prazo em quádruplo para contestar a ação e em dobro para interpor recurso (v. art. 188 do CPC). Estes, para que tenham uma situação de igualdade com a parte contrária na ação, desfrutam de tratamento especial em razão do elevado número de feitos em que atuam e da complexidade de seus serviços, como também em razão do interesse público que preservam.

*11.3 Princípio do contraditório e ampla defesa*

Trata-se de princípio previsto no art. 5º, LV, da CF, e estabelece que o juiz, sujeito imparcial da relação processual, que se coloca entre as partes e equidistante delas, ao receber qualquer manifestação de uma das partes não poderá deixar de conferir oportunidade para que a parte contrária da relação processual também se manifeste, conferindo o direito de contradizer aquilo que fora produzido nos autos. Por sua vez, o direito de ampla defesa às partes também deverá ser efetivado nos autos, de modo que o juiz deverá conferir ampla oportunidade para que as partes comprovem o que alegam. Em suma, o *contraditório* é a oportunidade que deve ser conferida para as partes manifestarem nos autos, e *a ampla defesa* é a ampla oportunidade para comprovarem aquilo que alegam. Eventual afronta a esse princípio caracteriza o denominado *cerceamento ao direito de ampla defesa*, ensejando nulidade processual absoluta. Esse princípio é uma garantia fundamental de justiça, e para a doutrina moderna é inerente à própria noção de processo. Vale dizer: não há processo se não houver o contraditório.

Decorre desse princípio a necessidade de comunicação dos atos processuais, ou seja, a ciência a cada litigante sobre os atos praticados pelo juiz e pelo adversário, ou mesmo sobre atos a serem praticados.

A ciência dos atos processuais verifica-se através da *citação* e da *intimação*. Essas duas modalidades de comunicação de atos contempladas pelo estatuto processual podem ser definidas como:

*Citação* – é o ato processual pelo qual se chama a juízo o réu ou o interessado a fim de se defender (v. art. 213 do CPC).

*Intimação* – é o ato processual pelo qual se dá ciência a alguém sobre os atos e termos praticados no processo ou a serem praticados, para que faça ou deixe de fazer alguma coisa (v. art. 234 do CPC).

O contraditório não admite exceções, de modo que deve ser observado mesmo nos casos de urgência, ainda que diferido, em face da eventual concessão de medida cautelar *inaudita altera parte*, ou seja, mesmo diante de eventual concessão de medida liminar sem que tenha sido ouvida a parte contrária. Nessa hipótese, deverá ser efetivado no momento imediatamente posterior à medida aplicada, de forma que sempre deverá ser efetivo e equilibrado.

## 11.4 Princípio da motivação das decisões judiciais

Está previsto no art. 93, IX, da CF e nos arts. 165 e 458, II, do CPC. Todas as decisões proferidas pelo juiz deverão ser por ele fundamentadas. O juiz tem liberdade na formação de sua convicção, ante as provas produzidas nos autos, porém seu convencimento deve ser *motivado*, ou seja, deve apresentar as razões de fato e de direito que o conduziram àquela decisão. Pela *motivação* das decisões judiciais é que se podem aferir a imparcialidade do juiz e a legalidade e justiça da decisão prolatada.

Vale destacar que a *sentença* proferida pelo juiz, também denominada *decisão em sentido amplo*, no seu aspecto formal, deverá conter três partes, quais sejam: *relatório*, que é o resumo de todo ocorrido nos autos; *fundamentação*, que são os motivos de fato e de direito que apoiam a decisão; e a *parte dispositiva*, ou decisão propriamente dita, ou seja, a conclusão lógica da fundamentação apresentada, com referência expressa sobre a procedência, parcial procedência ou improcedência do pedido formulado pelo autor naquela ação. Por sua vez, as *decisões em sentido estrito*, quais sejam, aquelas que solucionam questões incidentalmente surgidas no curso do processo, apreciadas anteriormente ao mérito da causa, admitem fundamentação concisa, consoante o art. 165 do CPC.

A falta de fundamentação gera nulidade processual.

## 11.5 Princípio da publicidade

Trata-se de um princípio consagrado constitucionalmente nos arts. 5º, LX, e 93, IX, da Carta Magna, e estabelece a possibilidade ao público de presenciar as audiências bem como a de exame dos autos por qualquer pessoa. Vale notar, porém, a possibilidade de se restringir a publicidade dos atos processuais quando a defesa da intimidade ou o interesse social o exigirem (art. 5º, LX, da CF). Nessas situações o nosso próprio Código de Processo Civil restringe o direito de consultar os autos, conferindo-o apenas às partes e aos seus procuradores, consoante o art. 155, I e II, e seu parágrafo único. Todavia, a norma constitucional sobre a ampla publicidade dos atos processuais deve prevalecer, e a restrição só se aplica de modo excepcional quando o interesse público ou o respeito à intimidade recomendarem a não publicidade dos atos processuais, como nos feitos que correm nas Varas de Família e Sucessões, que então tramitam em segredo de justiça justamente para preservação da intimidade das pessoas. Na essência, o princípio garante a transparência dos atos processuais e da atividade jurisdicional do Estado.

## 11.6 Princípio da proibição da prova obtida ilicitamente

Vem contido expressamente no art. 5º, LVI, da CF, que dispõe: "são inadmissíveis, no processo, as provas obtidas por meios ilícitos". Importante destacar, sobre o tema "provas", que o art. 332 do CPC dispõe: "Todos os meios legais, bem como os moralmente legítimos, ainda que não especificados neste Código, são hábeis para provar a verdade dos fatos, em que se funda a ação ou a defesa". Inicialmente, vale aqui reproduzir o ensinamento de Giuseppe Chiovenda no sentido de que "provar significa formar a convicção do juiz sobre a existência ou não de fatos relevantes do processo". Nessa tarefa não se pode deixar de considerar que a Constituição Federal de 1988 inseriu no rol dos direitos e garantias individuais a vedação expressa de utilização processual das provas obtidas por meios ilícitos, que então fora elevada à categoria de princípio geral. Por ora podemos consignar que *provas ilícitas* são aquelas colhidas em infringência às normas de direito material – por exemplo, a prova obtida mediante tortura física ou psicológica. Consoante a melhor doutrina, as provas ilícitas não se confundem com as provas ilegais e as ilegítimas. *Ilícitas* são as obtidas com afronta ao direito material. *Ilegítimas* são as obtidas em desrespeito ao direito processual. *Ilegais* são as que afrontam o ordenamento jurídico como um todo, de modo que são o gênero, da qual são espécies as provas ilícitas e as ilegítimas.

## 12. Direito processual constitucional

É possível afirmar que na Constituição Federal encontra-se o fundamento de todos os ramos do Direito, e assim também o do direito processual.

Como visto, inúmeros institutos do direito processual encontram-se regulamentados na Carta Magna, dos quais, em suma, podem ser citados:

- O *direito de ação* (art. 5º, XXXV, da CF).
- O *princípio do contraditório* (art. 5º, LV, da CF).
- A *proteção do direito adquirido, do ato jurídico perfeito e da coisa julgada* (art. 5º, XXXVI, da CF).

Temos ainda os *remédios constitucionais processuais*, quais sejam: o *mandado de segurança*, o *mandado de segurança coletivo*, o *habeas corpus*, o *habeas data*, a *ação direta de inconstitucionalidade*, a *ação declaratória de constitucionalidade* e a arguição de descumprimento de preceito fundamental.

Ainda, como visto, a Constituição Federal consagra os *princípios da publicidade*, da *fundamentação das decisões judiciais*, do *amplo acesso ao Judiciário*, da *ampla defesa, da imparcialidade do juiz* e da *proibição da produção de prova ilícita*. É importante lembrar que os Poderes estatais – Legislativo, Executivo e Judiciário – encontram-se estruturados pela Constituição, assim como o Ministério Público, cuja função é essencial à atividade jurisdicional do Estado e apresenta as mesmas garantias conferidas ao Judiciário.

O *controle de constitucionalidade* das leis é exercido pelo Poder Judiciário por meio de seus órgãos, juízes de direito (órgãos monocráticos) e tribunais (órgãos colegiados).

O direito processual constitucional tem por objetivo o estudo dos princípios e normas constitucionais que tratam do procedimento e da relação jurídica processual entre os sujeitos principais – juiz, autor e réu.

Essa disciplina estuda, ainda, o procedimento das ações de constitucionalidade, seja da ação direta de inconstitucionalidade ou da ação declaratória de constitucionalidade, ambas apreciadas e julgadas pelo STF.

Ao examinar as ações de constitucionalidade e inconstitucionalidade estará o STF exercendo sua jurisdição constitucional.

Vale ressaltar que o Presidente da República deve ser acionado perante o STF em qualquer modalidade de ação. Por sua vez, o governador de Estado responde junto ao STJ e o prefeito só pode ser julgado no Tribunal de Justiça.

Os Tribunais de Justiça têm sede nas Capitais. Os Tribunais Superiores são o STF, o STJ, o TST, o TSE e o STM, e os seus membros recebem o título de *ministros* e têm sede no Distrito Federal. Se o governador estiver sendo processado no STJ e se eleger ao cargo de Presidente da República os autos serão remetidos ao STF, e caso saia do cargo os processos eventualmente existentes contra ele permanecem no STF (arts. 86 e 102, I, "b", CF).

O *controle difuso de constitucionalidade* das leis se dá por todo e qualquer juiz de direito, na forma *inter partes*. Se é julgado pelo STF o controle é concentrado e de eficácia geral, *erga omnes*.

O STF, ao apreciar ações questionando a constitucionalidade ou inconstitucionalidade de lei, ao julgar ações nele originariamente propostas, ao apreciar questões envolvendo o processo legislativo, exerce *jurisdição constitucional*.

### 12.1 Sinopse dos princípios gerais do direito processual constitucional

#### 12.1.1 Princípio do amplo acesso ao Poder Judiciário
(art. 5º, XXXV, da CF)

Também chamado de *princípio da ação*. Ação corresponde ao direito público subjetivo de exigir do Estado-juiz a prestação da tutela (proteção) jurisdicional.

Este princípio consagra o direito de toda e qualquer pessoa de ver apreciada em juízo uma pretensão. Daí por que o que é julgado em juízo é o pedido formulado na ação. O direito de ação está sempre presente, podendo ser exercido a qualquer momento. Como destacado, o pedido (art. 282, IV, do CPC) é o que será julgado.

#### 12.1.2 Princípio do devido processo legal
(art. 5º, LIV, da CF)

Tem origem no Direito Anglo-Saxão, *due process of law*. Processo *legal* é aquele levado a termo de acordo com as regras e normas legais, principalmente as de ordem constitucional. Como já salientado anteriormente, o *devido processo legal* consiste na efetiva observância, em toda e qualquer relação jurídica processual (processo), de todos os princípios constitucionais do direito processual. O devido processo legal se opõe ao processo *arbitrário*, que é aquele levado a termo com base na vontade humana, e não nas regras procedimentais positivadas no ordenamento jurídico. *Processo legal* é aquele justo, realizado com base nos princípios e bases estabelecidos na Carta Magna e nas leis processuais que regulamentam o exercício da atividade jurisdicional. Sobre o princípio em tela, vale reproduzir: "Art. 5º. Todos são iguais perante a lei, sem distinção de qualquer natureza, garantindo-se aos brasileiros e aos estrangeiros residentes no País a inviolabilidade do direito à vida, à liberdade, à igualdade, à segurança e à propriedade, nos termos seguintes: (...) LIV – ninguém será privado da liberdade ou de seus bens sem o devido processo legal; (...)".

### 12.1.3 Princípio do juiz natural (art. 5º, XXXVII e LIII, da CF)

Dispõem os referidos incisos XXXVII e LIII do art. 5º da CF: "XXXVII – não haverá juízo ou tribunal de exceção; (...) LIII – ninguém será processado nem sentenciado senão pela autoridade competente; (...)".

Toda pessoa aprovada em concurso público de provas e títulos para a carreira da Magistratura pode exercer *atividade jurisdicional*.

*Jurisdição* vem do Latim *iuris dictio*, que significa "dizer o Direito". Em outras palavras, poder de aplicar a lei material (civil, penal, comercial etc.), aos casos concretamente apresentados em juízo. A atividade jurisdicional é exercida pelo Poder Judiciário, que o faz por meio de seus órgãos: juízes de direito (órgãos monocráticos) e tribunais (órgãos colegiados). No inciso XXXVII do art. 5º da CF – "não haverá juízo ou tribunal de exceção" – entenda-se como tribunais sem qualquer previsão constitucional, que seriam criados em determinadas circunstâncias especiais.

Sobre esse tema importa ressaltar que a Justiça Desportiva e a Justiça Militar *não são* consideradas tribunais de exceção, conforme já decidido pelo STF.

É sempre bom lembrar que o órgão judiciário ou tribunal deve preexistir ao litígio, sendo proibida a criação de órgãos para julgar determinada categoria de pessoa.

### 12.1.4 Princípio do contraditório (art. 5º, LV, da CF)

A ação é proposta pelo autor em face do Estado-juiz (relação jurídica processual angular no momento em que há apenas o autor e o Estado-juiz). Presentes as condições da ação e os pressupostos processuais e apresentada a petição inicial elaborada de acordo com o art. 282 do CPC, o magistrado determinará a expedição do mandado de citação. Citado o réu, completa-se a relação jurídica processual, que, então, passa a ser relação triangular, com os três sujeitos principais, quais sejam: o juiz –

sujeito imparcial que ocupa o polo poder dessa relação processual – e as partes autor e réu, sujeitos parciais que ocupam os polos litigantes ativo e passivo. Lembre-se que cabe ao magistrado manter-se entre as partes litigantes e ao mesmo tempo com equidistância delas, zelando, pois, pela *imparcialidade* na apreciação das postulações. Esse princípio compreende a seguinte dialética processual: ao direito de natureza processual do autor de exercer a ação, propondo-a pelos meios e formas legais, corresponde o direito do réu de oferecer defesa, cujas modalidades são contempladas na lei processual. A dialética processual compreende ações e reações. Assim expressa o art. 5º, LV: "LV – aos litigantes, em processo judicial ou administrativo, e aos acusados em geral são assegurados o contraditório e ampla defesa, com os meios e recursos a ela inerentes; (...)".

A cada manifestação processual de uma das partes da demanda corresponderá a oportunidade processual para manifestação por parte da outra, ou seja, do adversário. Caberá ao juiz assegurar no procedimento a abertura de iguais oportunidades para manifestação das partes. Em suma, a dialética processual compreende um silogismo, onde o autor, por meio da petição inicial, oferece uma tese, enquanto o réu, ao contestar a pretensão formulada pelo autor, formula uma antítese. O magistrado, ao final do processo, por ocasião da prolação da sentença, constrói uma síntese e julga o pedido, aplicando a lei material ao caso concreto.

### 12.1.5 *Princípio da ampla defesa (art. 5º, LV, da CF)*

Garante às partes litigantes o direito processual de provarem as razões de suas alegações. Durante o curso da relação jurídica processual caberá às partes produzir todas as provas destinadas a formar o convencimento do juiz. Por sua vez, ao juiz, que comanda a relação jurídica processual, caberá o dever processual de conferir ampla oportunidade para ambas as partes comprovarem nos autos a verdade de suas afirmações. As provas documentais serão exibidas pelo autor juntamente com a petição inicial (art. 283 do CPC), cabendo ao réu idêntico procedimento quando do oferecimento da modalidade de defesa *contestação* (art. 396 do CPC). As provas orais são produzidas no momento da audiência de instrução e julgamento, de acordo com a seguinte ordem, na esfera do processo civil: esclarecimentos prestados por peritos; depoimento pessoal das partes, ouvindo-se em primeiro lugar o autor e depois o requerido; prova testemunhal, sendo primeiro inquiridas as testemunhas arroladas pelo autor e depois as do réu, de forma individual e separadamente. Cabe ao magistrado assegurar às partes litigantes o direito amplo e irrestrito de produzir todas as provas necessárias ao esclarecimento da verdade, desde que lícitas e admitidas em lei. É importante observar que é proibida a utilização em juízo de provas obtidas por meios ilícitos (exemplos: interceptação telefônica sigilosa; violação de sigilo bancário; confissão mediante tortura; flagrante esperado; etc.). Frise-se: o art. 5º, X, XI e XII, da CF protege a intimidade da pessoa humana, a inviolabilidade da casa do cidadão, o sigilo de correspondência, telegrama, comunicação eletrônica etc., somente sendo permitida a quebra dessas regras por meio de prévia autorização judicial, portanto, mediante ordem judicial para produção de prova, na esfera criminal.

### 12.1.6 Princípio do duplo grau de jurisdição

A Constituição Federal cuida da estrutura e funcionamento do Poder Judiciário em título específico. Lembre-se que o exercício da função jurisdicional (*iuris dictio*) é monopólio estatal, tratando-se de atividade típica do Poder Judiciário, que a efetiva mediante a atuação dos seus órgãos, que são os juízes de direito (órgãos monocráticos) e os tribunais (órgãos colegiados). Há duas instâncias ou graus de jurisdição: a primeira instância, ou primeiro grau de jurisdição, é ocupada pelos juízes de direito, enquanto a segunda instância, ou segundo grau de jurisdição, é caracterizada pela existência dos tribunais, cuja esfera de atuação, em regra, é recursal. Vale lembrar que determinadas ações originalmente terão início em segundo grau. Assim, as ações envolvendo o Presidente da República tramitam no STF; o governador, no STJ; o prefeito, no Tribunal de Justiça – como salientado anteriormente. Observação interessante é no sentido de que apenas no STF podem ser criadas *súmulas vinculantes*. É conveniente ao Estado Democrático de Direito a previsão constitucional do *duplo grau de jurisdição*, com o objetivo de permitir a existência de mecanismos próprios e adequados para obter o reexame das diversas questões objeto de decisão em instância inferior. Fator positivo é a reapreciação da matéria objeto de recurso por um órgão jurisdicional colegiado. Fator negativo é a morosidade procedimental para que se tenha a definitividade da prestação jurisdicional. De todo modo, tendo em vista que é normal que as partes não se conformem com as decisões que lhes são desfavoráveis, é razoável que existam órgãos de superposição que tenham por objetivo reparar eventuais injustiças.

## 12.1.7 Princípio da fundamentação das decisões judiciais (art. 93, IX, da CF)

Todas as decisões judiciais deverão ser fundamentadas, sob pena de nulidade. Assim, compete ao magistrado fundamentar todas as suas decisões, expondo de maneira clara e precisa as razões que formaram seu convencimento.

Diz o art. 131 do CPC que "o juiz apreciará livremente a prova", mas deverá especificar, na decisão, os motivos e circunstâncias que lhe formaram o convencimento. Conforme determina o art. 458 CPC, toda e qualquer decisão deverá conter relatório, fundamentação e a decisão propriamente dita.

## 12.1.8 Princípio da publicidade (art. 93, IX, da CF)

Os atos processuais são *públicos*. Toda e qualquer pessoa pode examinar os autos do processo, deles obtendo cópias ou requerendo expedição de certidões. As audiências devem ser celebradas com as portas abertas, conforme disposto no art. 155 do CPC. De acordo com esse dispositivo legal, os atos processuais são públicos, mas algumas ações tramitam com o denominado *segredo de justiça*. O inciso I desse dispositivo esclarece que algumas ações vão tramitar sob segredo de justiça quando o interesse público o exigir – percebendo-se nesse aspecto grande margem de discricionariedade atribuída ao magistrado. No inciso II do referido art. 155 do CPC cuidou o legislador de apresentar algumas ações que tramitam sob segredo de justiça, mas vale salientar que essa relação é apenas exemplificativa. É lícito às partes requererem ao juiz que a demanda adote o segredo de justiça. Esse requerimento também pode ser formulado pelo órgão do Ministério Público, conforme o art. 82 do CPC. O exame dos autos nas ações que tramitam sob segredo de justiça somente poderá ser efetivado pelas próprias partes ou por seus advogados e estagiários com procuração no feito.

## 12.2 Writs *constitucionais*

São os denominados *remédios constitucionais*. O art. 5º da CF e seus incisos preveem uma série de *writs* ou *remédios constitucionais processuais* que têm por objetivo propiciar a proteção de direitos materiais fundamentais na vida em sociedade. Assim, vale destacar:

## 12.2.1 Habeas corpus *(art. 5º, LXVIII, da CF e arts. 647 e ss. do CPP)*

É importante remédio constitucional processual. O *habeas corpus* tem por objetivo proteger o direito de ir e vir, o direito de locomoção, ou seja, o direito à liberdade, além do direito de ficar e permanecer. É ação constitucional de caráter penal e segue procedimento especial. Sua propositura dispensa a capacidade postulatória, de modo que não é preciso advogado. Os sujeitos no *habeas corpus* são: *paciente* – aquele que sofre o impedimento ao direito de locomoção, ou seja, o *constrangimento ilegal*, por alguma ilegalidade ou abuso de poder; *impetrante* – aquele que ingressa com o pedido em juízo, ou seja, que apresenta o pedido em juízo, sendo desnecessária a figura do advogado; e *impetrado* – a autoridade apontada como coatora, que pratica o ato apontado como ilegal ou o abuso de poder, que gera o denominado *constrangimento ilegal* ao paciente. Observação importante é no sentido de que o *habeas corpus* é remédio processual excepcional que pode ser utilizado por qualquer pessoa em favor próprio ou de terceiro. Não é demais salientar que juiz de direito somente pode impetrar *habeas corpus* em seu próprio favor, de modo que não poderá atuar em favor de terceiros. A peça de impetração do *habeas corpus* é simples, despida de rigorismo processual, podendo ser desprezadas as disposições contidas no art. 282 do CPC. As modalidades dessa ação são: (a) *preventiva* – utilizada quando ainda não se efetivou o impedimento ao direito de ir e vir, ou seja, quando ainda não houve afronta ao direito de locomoção, sendo que, nela, o que se pretende é um *salvo-conduto*; e (b) *liberatória* – utilizada quando já se efetivou o impedimento ao direito de ir e vir, ou seja, quando já concretizada a afronta ao direito de locomoção. Nesta última o que se pretende é a expedição de um *alvará de soltura*, também denominado *benefício liberatório*. Em qualquer modalidade, quando o impedimento da liberdade partiu de ato praticado pela autoridade policial competente para apreciar o *habeas corpus* (endereçamento da ação) é o juiz de direito. Todavia, caso a prisão do paciente seja efetuada por ordem do juiz de direito o *habeas corpus* deverá ser impetrado perante o Tribunal de Justiça (art. 125 da CF). A jurisprudência vem admitindo a impetração de *habeas corpus* contra ato praticado por entidade particular, tendo em vista que o direito à liberdade de locomoção há de prevalecer sobre todos os outros. Nesse caso o endereçamento da peça inicial se dará ao juiz de direito. Em qualquer hipótese o *habeas corpus* pode ser concedido de ofício pelo magistrado – portanto, independentemente de provocação –, desde que constatados ilegalidade no ato da autoridade ou abuso de poder. Observação importante é no sentido de que não cabe *habeas corpus* nas transgressões militares.

### 12.2.2 Mandado de segurança (art. 5º, LXIX, da CF)

É ação que deverá ser veiculada por meio de petição, subscrita por advogado. A *petição inicial* deve obedecer ao disposto no art. 282 do CPC. A maioria da doutrina sustenta que o mandado de segurança é ação constitucional de natureza civil com forte carga mandamental em seu pronunciamento jurisdicional de mérito. Entretanto, há também mandados de segurança na esfera criminal, como, por exemplo, para obtenção de efeito suspensivo a recurso que não tenha tal efeito ou, ainda, para excluir anotações no IRGD [*Instituto de Identificação Ricardo Gumbleton Daunt, órgão da Secretaria da Segurança Pública do Estado de São Paulo, que tem por objetivo informar a existência ou a inexistência de registro de antecedentes criminais*], quanto aos registros de feitos criminais arquivados ou em que tenha ocorrido a absolvição do acusado, ou mesmo a extinção da punibilidade, pelo cumprimento da pena. *Impetrante* é quem ingressa em juízo com a ação de mandando de segurança. *Impetrada* é a autoridade apontada como coatora. A doutrina e a jurisprudência consagram o entendimento no sentido de que as universalidades de direito – quais sejam: o condomínio, o espólio, a massa falida – também têm legitimidade para utilizar o mandado de segurança. Nessa ação sempre se contempla o requerimento de uma *medida liminar*, cujo objetivo é suspender de imediato o ato apontado como ilegal e abusivo então praticado pela autoridade coatora. A liminar é tutela de urgência e pressupõe prova pré-constituída dos requisitos *fumus boni iuris* e *periculum in mora* para que se tenha êxito no seu deferimento pelo juiz. O mandado de segurança tem como objetivo proteger direito líquido e certo não amparado por *habeas corpus*. *Direito líquido e certo* é aquele que implica certeza quanto aos fatos alegados e, além disso, indica pertencer o direito ao impetrante. Saliente-se que o *direito líquido e certo* deve ser comprovado juntamente com a petição inicial, posto que no rito especial do mandado de segurança inexiste momento para instrução probatória e nem mesmo qualquer outra fase destinada à produção de prova. *Direito líquido e certo* é aquele que deve ser provado documentalmente, ou seja, por meio de documentos. Nessa ação exige-se a participação do *Ministério Público* na qualidade de *custos legis*, ou seja, fiscal da lei. O *prazo legal* para a impetração é de 120 dias, contados da data da ciência do fato ou ato considerado abusivo ou com desvio de finalidade. Trata-se de prazo decadencial. Sobre a *competência para o julgamento*, considera-se o local onde foi praticado o ato dito ilegal ou abusivo, e no âmbito judicial será competente a autoridade imediatamente superior à autoridade coatora. O mandado de segurança pode ser *preventivo* ou *repressivo*. Por força do princípio do contraditório (inciso LV do art. 5º da CF), cabe ao magistrado abrir oportunidade para que a autoridade coatora preste informações no prazo de 10 dias.

### 12.2.3 *Mandado de segurança coletivo (art. 5º, LXX, da CF)*

Essa espécie de mandado de segurança é impetrada por uma coletividade, ou seja, por um grupo de pessoas. Assim, essa modalidade pode ser impetrada por entidade de classe – como exemplo a OAB; por associações legalmente constituídas – como exemplo a AASP ou ONGs; por organizações sindicais; por partidos políticos com representação no Congresso Nacional. Cuida-se de inovação da Constituição Federal de 1988. Está no seu art. 5º, LXX: "o mandado de segurança coletivo pode ser impetrado por: a) partido político com representação no Congresso Nacional; b) organização sindical, entidade de classe ou associação legalmente constituída e em funcionamento há pelo menos 1 (um) ano, em defesa dos interesses de seus membros ou associados". O caráter coletivo é algo a ser entendido. Para Manoel Gonçalves Ferreira Filho "o mandado de segurança coletivo destina-se à defesa dos chamados direitos difusos e dos direitos de uma classe determinada de indivíduos". Acrescenta, então, que: "O direito difuso tem por titular uma coletividade de indivíduos e entes, em tese indetermináveis, e seu objeto não é suscetível de apropriação por esses titulares separadamente. É o caso do direito ao meio ambiente sadio, ou ecologicamente equilibrado. No segundo caso, existe uma situação, derivada de fato ou de contrato, da qual decorrem direitos homogêneos no conteúdo, cujos titulares são determináveis, em tese, mas em tão grande número que isso se torna impraticável. Tome-se, por exemplo, o caso dos consumidores de um determinado produto farmacêutico, o qual venha a ser considerado nocivo. Nos dois casos, a titularidade do direito cabe a uma tal multiplicidade de indivíduos e entes que, por uma razão de economia processual, justifica a concentração do litígio, se possível numa demanda única".[1] Assim,

---

1. Manoel Gonçalves Ferreira Filho, *Direitos Humanos Fundamentais*, 7ª ed., São Paulo, Saraiva, 2005, p. 153.

tem-se que o mandado de segurança coletivo é, pois, ação especial para a garantia de direitos ou interesses difusos e de direitos de classe, cuja titularidade é reservada aos entes enumerados nas alíneas "a" e "b" do inciso LXX do art. 5º da CF, contra ação ou omissão de autoridade (ou de agente de pessoa jurídica no exercício de atribuições de poder público), quando houver ilegalidade nessa atitude. Admite-se também em sua *forma preventiva*.

### 12.2.4 Habeas data *(art. 5º, LXXII, da CF e Lei 9.507/1997)*

Trata-se de ação cuja *petição inicial* deve atender aos requisitos previstos nos arts. 282 e 283 do CPC e 8º da Lei 9.507/1997 e ser subscrita por advogado inscrito nos quadros da OAB. De acordo com o art. 21 da referida lei, não serão recolhidas *custas processuais*. Evidentemente, o *princípio do contraditório* deverá ser observado, de modo que a parte indicada no polo passivo como coatora deverá ser notificada para, no prazo de 10 dias, prestar informações. Por força da lei, haverá necessidade da *intervenção do Ministério Público* para que a relação jurídica processual possa se desenvolver de maneira válida, regular e eficaz. A falta da participação do Ministério Público, quando devida, acarretará a nulidade de todos os atos processuais subsequentes. O *habeas data* é outra das inovações da Constituição Federal de 19 88. Nos termos do art. 5º, LXXII, da CF: "conceder-se-á hábeas data: a) para assegurar o conhecimento de informações relativas à pessoa do impetrante, constantes de registros ou banco de dados de entidades governamentais ou de caráter público; b) para a retificação de dados, quando não se prefira fazê-lo por processo sigiloso, judicial ou administrativo". Assim, temos duas naturezas possíveis: (a) a primeira de ordem mandamental e (b) a segunda de caráter condenatório, destinada a retificar dados. Na essência o *habeas data* mandamental não pode ser sigiloso, porém a ação ordinária ou o processo administrativo de retificação podem. Foi criado em virtude de que no período entre 1964-1985 havia fichamento de indivíduos por motivos político-ideológicos sem que os interessados pudessem ter conhecimento de seu teor. Na essência, esse direito ao acesso a registros públicos está consagrado no art. 5º, XXXIII: "todos têm direito a receber dos órgãos públicos informações de seu interesse particular, ou de interesse coletivo ou geral, que serão prestadas no prazo da lei, sob pena de responsabilidade, ressalvadas aquelas cujo sigilo seja imprescindível à segurança da sociedade e do Estado". A Lei

9.507, de 12.11.1997, regula o processo do *habeas data*. É instituto de direito processual constitucional e, a exemplo do mandado de injunção, é derivação do mandado de segurança, com a mesma dificuldade de delinear suas funções específicas em nossa ordem jurídica. Daí por que alguns pensam que seriam criações inúteis do constituinte de 1988, não obstante seu propósito de facilitar o desenvolvimento da tutela dos direitos fundamentais. Todavia, José Afonso da Silva, a quem se atribui a inspiração para a criação do *habeas data*, leciona: "Há quem pretenda que o *habeas data* seja uma forma de mandado de segurança, o que revela ignorância deste último especialmente, e dos propósitos específicos do primeiro. O mandado de segurança protege direito líquido e certo, ou seja, direito reconhecível de plano, manifesto, e só se dirige contra autoridade pública ou agente de pessoa jurídica no exercício de função do Poder Público. O *habeas data* protege a incolumidade de dados pessoais, mediante o direito de conhecer de informações sobre eles constantes de registros e bancos de dados não só de entidade caracteristicamente pública, como vimos, assim como o direito de retificá-los, se necessário, o que importa um processo de conhecimento mais complexo que o do mandado de segurança. O mandado de segurança, na forma existente, não se prestaria a tutelar esse tipo de direito".[2] Vale frisar, neste passo, o que escreve Willis Santiago Guerra Filho sobre o instituto: "Concebido para fazer frente a arbitrariedades perpetradas pelo sistema de segurança política do Estado, no período de exceção que vivemos durante a ditadura militar. Na ótica com que o estamos agora vislumbrando, o *habeas data* poderá ser empregado na defesa do cidadão contra agressões à sua privacidade e dignidade – definidora do núcleo essencial dos direitos fundamentais, conforme doutrina de origem igualmente alemã – perpetradas não apenas pelo Estado, mas por entidades privadas, mas que devem igualmente respeito aos direitos fundamentais e podem violá-los com o mesmo grau de intensidade – se não, até, com maior intensidade ainda".[3] Na prática, é possível os Serviços de Proteção ao Crédito/SPCs e outros do gênero integrarem o polo passivo de ação de *habeas data*, vez que armazenam dados para orientar terceiros. Nessa ação de *habeas data* o que se pretende – ou seja o *objeto* – é *obter informações* ou *retificar dados* que constem em registros públicos ou em órgãos pri-

---

2. José Afonso da Silva, *Mandado de Injunção e **Habeas Data***, São Paulo, Ed. RT, 1989, p. 60.

3. Willis Santiago Guerra Filho, *Processo Constitucional e Direitos Fundamentais*, 4ª ed., RCS, 2005, p. 159.

GRANDES TEMAS DO DIREITO PROCESSUAL: PROCESSO 163

vados que manipulam dados de interesse público – como, por exemplo, a Associação Comercial de São Paulo – ou em entidades privadas que mantêm alguns registros de natureza pública – como as de proteção ao crédito e SERASA. Assim, o pedido nessa ação pode ser no sentido de obter informações que constem em registros de natureza pública ou de retificá-las, desde que necessário. A *competência* no *habeas data* é: do STF, quando a autoridade coatora é o Presidente da República; da Mesa do Senado, da Mesa da Câmara dos Deputados e da Mesa do Congresso Nacional. O art. 105, I, "b", da CF também indica que a competência pertence ao STJ quando a autoridade coatora é ministro de Estado ou os comandantes da Marinha, Aeronáutica e Exército. O art. 125, § 1º, da CF atribui ao Tribunal de Justiça competência para apreciar ações relativas a interesse dos Estados-membros da Federação. Por fim, dispõe o art. 114, IV, da CF que compete à Justiça do Trabalho apreciar *habeas data* relativo a matéria sujeita à sua jurisdição.

### 12.2.5  *Mandado de injunção (art. 5º, LXXI, da CF)*

É ação constitucional de caráter civil que tem procedimento especial. Tem por objetivo suprir *omissão* do Poder Executivo ou do Poder Legislativo no sentido de viabilizar o exercício de um direito, de uma liberdade ou de uma prerrogativa previstos na Carta Magna. É cabível sempre que a falta de norma regulamentadora torne impossível ou inviável o exercício dos direitos e liberdades constitucionais e das prerrogativas relacionadas à nacionalidade, à soberania e à cidadania, todas elas previstas na Constituição Federal. A *legitimidade* para propô-la é de qualquer pessoa prejudicada em razão da ausência de uma norma que possibilite o exercício de qualquer direito, liberdade e das prerrogativas inerentes à cidadania, à nacionalidade e à soberania. No *polo passivo* dessa ação deve constar a autoridade omissa no que se refere à elaboração da norma, cuja omissão impede o exercício das liberdades. Como exemplos temos o Congresso Nacional, as Assembleias Legislativas e a Câmara dos Vereadores. Os *requisitos para propositura* desse *writ* são os seguintes: (a) a *falta de norma regulamentadora* – lembrando-se que a omissão do Poder Público pode ser total ou parcial; e (b) a *inviabilização do exercício* dos direitos e liberdades constitucionais e das prerrogativas relativas à nacionalidade, à soberania e à cidadania. Cabe mandado de injunção somente em face de uma situação concreta, efetivamente ocorrida, na qual alguém, em razão da ausência de norma jurídica, se encontre impossibilitado de exercer suas liberdades constitucionalmente asseguradas. A jurisprudência tem admitido o mandado de injunção na sua forma *coletiva*. Willis Santiago Guerra Filho escreve: "A Constituição de 1988, em seu art. 5º, LXXI, criou instituto para combater a ineficácia e violação de normas que consagram direitos e princípios fundamentais em virtude da omissão do Poder Público em regulamentá--las devidamente. Esse novo instituto é o mandado de injunção, posto à disposição dos cidadãos individual e pessoalmente, para defesa do seu estado jurídico-político (*status libertatis, status civitatis* etc.) e de direitos públicos subjetivos seus, decorrentes daquelas normas".[4] O destacado Autor anota, ainda, que: "Instituto similar, novidade também em nosso ordenamento jurídico, é a *ação direta de inconstitucionalidade por omissão* (art. 103, § 2º), ação civil pública de que se podem valer órgãos do Estado e entidades como a OAB, com o fito de resguardar a ordem jurídica objetiva de idêntico malefício".[5] Enfatizou-se, portanto, o aspecto comum entre o mandado de injunção e a ação direta de inconstitucionalidade por omissão como instrumentos de defesa de direitos fundamentais dos indivíduos contra ato ou omissão agressiva do Poder Público, evitando que tais direitos se reduzam a meros programas teóricos sem qualquer eficácia. A grande questão apresentada pela doutrina é no sentido de sabermos *qual a consequência da concessão do mandado de injunção*. Para uns o mandado de injunção, quando deferido, investirá o juiz do poder de editar a regulamentação necessária ao exercício do direito invocado. Contra, milita a consagração da separação dos Poderes, como princípio intocável (art. 60, § 4º, III). Segundo Manoel Gonçalves Ferreira Filho, o STF já teve oportunidade de se manifestar sobre a matéria: "Num primeiro caso, contentou-se em seguir a corrente segundo a qual o efeito do mandado de injunção é idêntico ao da inconstitucionalidade por omissão; no segundo, avançou até fixar prazo para que o legislador supra a omissão, sob pena de que, vencido esse prazo, o requerente passasse a gozar do direito".[6] Diante de tais dúvidas doutrinárias sobre as consequências do mandado de injunção, também subsiste hesitação quanto à sua natureza. Teria caráter mandamental, a exemplo do mandado de segurança e do *habeas corpus*? Ou caráter declaratório,

---

4. Willis Santiago Guerra Filho, *Processo Constitucional e Direitos Fundamentais*, cit., 4ª ed., p. 137.

5. Idem, p. 139.

6. Manoel Gonçalves Ferreira Filho, *Direitos Humanos Fundamentais*, cit., 7ª ed., p. 158.

como a ação de inconstitucionalidade por omissão de ato legislativo? Segundo entendimento do STF, apresenta *natureza declaratória*. Outra questão a ser destacada é no sentido de que o mandado de injunção serve a *direitos*, porém a doutrina tradicional não reconhece gerarem direitos subjetivos as normas não autoaplicáveis. Ora, a hipótese do mandado de injunção é exatamente um *direito* decorrente de norma não autoexecutável. Por fim, em relação a *competência* para conceder esse mandado, ela depende da autoridade que se tenha omitido na elaboração da norma regulamentadora do direito ou liberdade. Assim, a competência pode ser do STF, no caso de omissão do Legislativo ou do Presidente da República, entre outros órgãos federais (art. 102, I, "q", da CF), ou do STJ, noutros casos (art. 105, I, "h").

12.2.6 *Ação popular (art. 5º, LXXIII, da CF e Lei 4.717/1965, então recepcionada pela atual Carta Magna)*

A *ação popular* é uma ação de natureza civil por meio da qual qualquer cidadão pode pedir a anulação de ato lesivo ao patrimônio público. Cabível é a ação popular para impugnar atos que se referem à moralidade administrativa, ao meio ambiente e ao patrimônio artístico, histórico, paisagístico, ambiental e cultural. Sua *natureza jurídica* é de ação cognitiva, portanto de conhecimento, com conteúdo de natureza declaratória, constitutiva e condenatória ao mesmo tempo, sendo, porém, a carga preponderante de natureza condenatória. Dispõe o inciso LXXIII do art. 5º da CF: "qualquer cidadão é parte legítima para propor ação popular que vise a anular ato lesivo ao patrimônio público ou de entidade de que o Estado participe, à moralidade administrativa, ao meio ambiente e ao patrimônio histórico e cultural, ficando o autor, salvo comprovada má--fé, isento das custas judiciais e do ônus da sucumbência".

No que tange à *legitimidade ativa*, temos que qualquer membro do povo – isto é, qualquer *cidadão* – pode propô-la. Assim, o cidadão no gozo dos direitos políticos, nunca o estrangeiro, nem pessoa jurídica. O objetivo é um provimento jurisdicional de natureza declaratória sobre nulidade de atos do Poder Público lesivos às hipóteses elencadas. Todavia, como já salientado, a carga predominante nesse pronunciamento jurisdicional é de cunho condenatório, daí por que a decisão que der invalidade ao ato condenará em perdas e danos os responsáveis pela sua prática e seus beneficiários. A ação popular pode ser *preventiva*, ajuizada antes de um futuro evento que possa provocar prejuízos aos cofres públicos; ou *repressiva*, aquela promovida depois da ocorrência do prejuízo, e que busca o ressarcimento do dano e dos prejuízos causados. Tem por objetivo a defesa de *interesses difusos* pertencentes aos cidadãos, aos membros da coletividade, reconhecendo-se a qualquer cidadão a possibilidade de promover a demanda na defesa de tais interesses. O *objetivo* é combater ato ilegal, imoral, abusivo e lesivo ao patrimônio público. A propositura da ação popular não exige o esgotamento dos meios administrativos, como o direito de petição, então utilizado para conseguir a prevenção ou repressão dos atos ilegais ou imorais que causem prejuízos ao patrimônio público amplamente considerado. Vale salientar que *cidadão* é todo aquele que se encontra no uso e gozo dos seus direitos políticos. Registre-se que a cidadania está relacionada àquele que pode participar do processo político votando e sendo votado. No *polo passivo* dessa ação devem constar as pessoas jurídicas, públicas ou privadas, que causaram prejuízo ao patrimônio público. Poderão também figurar no polo passivo, em *litisconsórcio*, os funcionários que houverem contribuído para a prática do ato, confirmando-o ou aprovando-o, ainda que por omissão. Enfim, todos aqueles que contribuíram para a prática do ato lesivo devem integrar a demanda no polo passivo. Na ação popular existe a possibilidade de formular pedido para concessão de *medida liminar*, desde que presentes os requisitos *fumus boni iuris* e *periculum in mora*. A liminar é cabível para suspender a prática do ato lesivo ou evitar que o prejuízo ocorra. Nessa ação haverá também a *participação do Ministério Público*, na qualidade de fiscal da lei. Todavia, na fase de execução cabe ao Ministério Público utilizar *legitimidade subsidiária*, no prazo de 60 dias, contados da data do trânsito em julgado da sentença condenatória, caso o interessado não inicie tal fase executiva. A *sentença*, de natureza condenatória, atinge todos aqueles que praticaram o ato e seus beneficiários. Assim, a sentença que julgar procedente o pedido na ação popular determinará a invalidação do ato considerado lesivo, condenando os responsáveis e beneficiários em perdas e danos como também em custas e honorários advocatícios.

### 12.2.7 Controle de constitucionalidade

Os efeitos da *declaração de inconstitucionalidade* da norma jurídica são *ex tunc*, ou seja, retroagem até a data da vigência da lei. Como formas de controle podemos indicar: (a) o *preventivo*; e (b) o *repressivo*.

### 12.2.7.1 Preventivo

É aquele que vem antes de a lei entrar em vigor, a fim de impedir que ela produza efeitos no mundo jurídico. Esse controle ocorre da seguinte maneira: controle levado a efeito pela atividade desenvolvida pela Comissão de Constituição e Justiça, no próprio Legislativo, que é uma Comissão permanente, posto que atua durante todo o ano legislativo; ou por meio de veto do chefe do Poder Executivo. O veto pode basear-se em motivo jurídico ou político – entenda-se: por questão de natureza governamental ou por política de governo.

### 12.2.7.2 Repressivo

Como visto, o controle também pode ser *repressivo*, quando ocorre depois da entrada em vigor da lei. E então é efetivado pelo Judiciário. Esse controle pode ser: (a) *difuso* – aquele exercido por todo e qualquer juiz de direito. A decisão proferida no controle difuso somente atinge as partes litigantes, não beneficiando ou prejudicando terceiros; (b) *concentrado* – é exercido apenas pelo STF, que o faz por meio da *ação direta de inconstitucionalidade*, cujos efeitos são *erga omnes*. É importante salientar que a decisão do STF é irrecorrível, sendo tomada por maioria. Julgada inconstitucional uma lei, ou um artigo de uma norma jurídica, tal fato será comunicado ao Senado, ao qual incumbirá, por meio de resolução, explicitar que a lei ou dispositivo legal não mais devem ser aplicados (art. 52, X, da CF).

Há ainda a *ação declaratória de constitucionalidade* de uma norma jurídica. Tanto a ação direta de inconstitucionalidade quanto a ação declaratória de constitucionalidade são *ações de conhecimento*, na modalidade declaratória ou meramente declaratória. Nessas ações limita-se o STF apenas a declarar a inconstitucionalidade (ação direta de inconstitucionalidade) ou a constitucionalidade da lei (ação declaratória de constitucionalidade). Por fim, vale salientar a *inconstitucionalidade por omissão*, contemplada no § 2º do art. 103 da CF, quando os Poderes constituídos, Executivo ou Legislativo, deixam de dar cumprimento a programa estabelecido na Carta Magna.

Quando se deixa de dar cumprimento a uma norma constitucional programática ou não se elabora a regra devida, positivando-a no ordenamento jurídico, é o caso de *inconstitucionalidade por omissão*. Na verdade, segundo a melhor doutrina, a *ação de inconstitucionalidade por omissão* encontra-se esvaziada de finalidade, na medida em que o Poder Judiciário apenas tem por função dar ciência ao outro Poder estatal que ele é omisso quanto à elaboração de uma norma jurídica, não podendo obrigá-lo ao cumprimento de sua função típica. Nos termos do art. 2º da CF, há três Poderes estatais – quais sejam: o Executivo, o Legislativo e o Judiciário –, cada um destinado a desempenhar funções próprias, portanto típicas e específicas. Saliente-se, ainda, que os Poderes são independentes entre si, mas devem atuar de maneira harmônica. A doutrina e a jurisprudência sustentam o entendimento no sentido de que não é possível a utilização de *medidas cautelares* ou de *antecipação de tutela* na ação de inconstitucionalidade por omissão. Diferentemente do que ocorre com a ação direta de inconstitucionalidade e a ação declaratória de constitucionalidade, na ação de inconstitucionalidade por omissão fica dispensada a participação da Advocacia-Geral da União, posto que inexiste norma a ser defendida.

# Seção III – AÇÃO

*1. Conceito. 2. Natureza jurídica da ação. 3. Teorias da ação: 3.1 Teoria concreta (Chiovenda) – 3.2 Teoria abstrata (Liebman). 4. Condições da ação: 4.1 Legitimidade ad causam – 4.2 Interesse processual – 4.3 Possibilidade jurídica do pedido. 5. Carência de ação: 5.1 Carência superveniente – 5.2 Condição superveniente. 6. Elementos da ação: 6.1 Partes – 6.2 Pedido – 6.3 Causa de pedir. 7. Reunião de ações: 7.1 Conexão – 7.2 Continência. 8. Classificação das ações quanto ao objeto: "conhecimento", "execução" e "cautelar": 8.1 Ação de conhecimento – 8.2 Ação de execução – 8.3 Ação cautelar.*

## 1. Conceito

*Ação* é o direito subjetivo público de se exigir do Estado a prestação jurisdicional. É o direito, conferido a toda e qualquer pessoa, de provocar a atividade jurisdicional do Estado a fim de ver apreciada em juízo uma pretensão.

Por oportuno, anote-se o *princípio da ação* ou *da demanda*, que estabelece a iniciativa à parte de provocar o exercício da atividade jurisdicional, vez que a jurisdição é inerte.

A *jurisdição*, poder estatal e atividade do juiz, é inerte, e apenas se manifesta após a provocação inicial do interessado, que se dá através da *ação*. Assim, o *direito de ação* é dirigido contra o Estado e em face do adversário.

Nos termos da melhor doutrina, *ação é o direito subjetivo público, autônomo e abstrato ao provimento jurisdicional.*

É direito *subjetivo* porque conferido a toda e qualquer pessoa. Assim, os incapazes podem exercer esse direito, e serão assistidos ou representados por seus pais, tutores ou curadores, de acordo com a legislação civil. É importante observar que autor da ação, nessa hipótese, é o incapaz, devidamente representado ou assistido. Conclui-se: todos têm direito de acesso ao Judiciário.

É direito *público* porque dirigido, antes de mais nada, contra o Estado, na medida em que se busca um pronunciamento do Estado-juiz, de modo que tem natureza pública.

É direito *autônomo* porque seu exercício não depende necessariamente de um direito material violado ou ameaçado – o que permite incluir na conceituação as ações meramente declaratórias, em que o autor busca tão somente uma declaração jurisdicional sobre a existência ou inexistência de relação jurídica ou, ainda, sobre a validade, ou não, de um título.

É direito *abstrato* porque se considera a existência da ação ainda que ao final a sentença seja desfavorável ao autor; ou seja, mesmo diante de sentença de mérito de improcedência do pedido – portanto, que não acolhe a pretensão do autor. Vale dizer: é direito abstrato porque a procedência ou a improcedência do pedido são irrelevantes para a conceituação de ação.

## 2. Natureza jurídica da ação

Trata-se de direito subjetivo a uma prestação jurisdicional, qualquer que seja a natureza desta, favorável ou desfavorável ao autor. Portanto, é um direito de natureza abstrata.

## 3. Teorias da ação

As principais *teorias da ação* são:

### 3.1 Teoria concreta (Chiovenda)

Esta teoria entende que a ação é dirigida contra o adversário. Então, não teria natureza pública e não corresponderia a uma obrigação do Estado. Mais: o direito de ação só existiria quando a sentença fosse concretamente favorável ao autor.

### 3.2 Teoria abstrata (Liebman)

Esta teoria entende que o direito de ação é exercido contra o Estado e em face do adversário. Mais: por essa teoria a ação existe ainda que a sentença seja desfavorável ao autor.

Nosso Código adota a teoria abstrata. Como visto, *ação* é o direito de exigir uma providência jurisdicional do Estado, ou seja, de ver apreciada em juízo uma pretensão.

## 4. Condições da ação

São denominadas *condições genéricas da ação* aquelas necessárias a toda e qualquer ação. Portanto, devem estar presentes em toda e qualquer ação. Alguns doutrinadores entendem que são condições de existência da própria ação; outros entendem que são condições para seu exercício. Vale lembrar que algumas ações, além das condições genéricas, exigem determinadas *condições específicas* para sua propositura – como, por exemplo, as ações cautelares, que, além das condições genéricas, necessitam da prova sobre o *fumus boni iuris* e o *periculum in mora*.

São *condições genéricas da ação*: (a) a *legitimidade* ad causam; (b) o *interesse processual*; e (c) a *possibilidade jurídica do pedido*.

### 4.1 Legitimidade ad causam

É a legitimidade para ser parte na ação, ou seja, para ocupar os polos da relação processual. A legitimação, como requisito da ação, indica que cada ação deve ser integrada por partes legítimas, ou seja, por pessoas que necessariamente deverão estar nos polos da relação jurídica processual para que o juiz possa conferir um pronunciamento jurisdicional na causa.

Neste enfoque, podemos verificar a seguinte subdivisão:

#### 4.1.1 Legitimação ordinária

Que é a regra, na qual as pessoas estarão em juízo em nome próprio defendendo interesse próprio. Para sua aferição nos autos se faz a projeção das pessoas envolvidas no litígio para as pessoas envolvidas no processo: havendo coincidência, podemos afirmar que há legitimidade ordinária. Exemplificando: uma rescisão contratual onde as partes da relação processual são exatamente aquelas indicadas no contrato, ou seja, na relação obrigacional de direito material.

#### 4.1.2 Legitimação extraordinária

Também conhecida por *substituição processual*, na qual alguém estará em juízo em nome próprio defendendo direito material alheio. Portanto, a parte legítima que está ocupando o polo da relação processual não está vinculada à relação conflitante. Exemplificando: na ação popular onde o cidadão em nome próprio defende interesse da Administração Pública; ou mesmo nas ações civis públicas propostas pelo Ministério Público em defesa do meio ambiente ou do consumidor etc.

Vale frisar que a substituição processual só se admite quando expressamente prevista em lei (art. 6º do CPC).

### 4.2 Interesse processual

É a análise sobre a *utilidade da jurisdição*. Pode ser observado através do binômio *necessidade e adequação*, sendo, na verdade, a utilidade de um provimento jurisdicional para quem deduz em juízo uma pretensão e sua adequação ao mecanismo processual previsto. Assim, caracteriza-se o *interesse processual* pela:

#### 4.2.1 Necessidade da jurisdição para o restabelecimento da ordem social ou para a solução da lide

Sendo certo que *lide* é o conflito intersubjetivo de interesses qualificado por uma pretensão resistida que surge juntamente com o processo – vez que anteriormente à instauração do processo o que se tem é o conflito de interesses entre pessoas, e com a formação do processo esse conflito passa a ser denominado *lide*, então materializado nos autos.

Como as *condições da ação* são aferidas pelo juiz numa análise da petição inicial, tem-se que na própria narrativa dos fatos, na inicial, deverá o autor fazer menção à resistência do requerido, ou seja, sobre a *necessidade* e *utilidade* da jurisdição.

#### 4.2.2 Adequação do objeto da ação ao provimento jurisdicional pretendido e ao procedimento previsto em lei

*Adequação* é a exata relação que deve haver entre o pedido e o provimento jurisdicional postulado, bem como quanto a um *rito* correto para tal pronunciamento jurisdicional desejado. Em outras palavras: é a exata correlação entre o pedido e a natureza do pronunciamento jurisdicional buscado e, ainda, a exata correlação entre o tipo de procedimento escolhido em relação à natureza da causa. Exemplificando: não haverá adequação se, diante de um título executivo que autorize ação de execução, o sujeito ingressa com uma ação de conhecimento – hipótese em que haverá inadequação entre o pedido e a natureza da ação.

### 4.3 Possibilidade jurídica do pedido

É a admissibilidade em abstrato do provimento jurisdicional solicitado. Vale dizer: o pedido deve estar amparado em nosso ordenamento jurídico; ou seja, pode ser apreciado pelo Judiciário, porque não está excluído do nosso ordenamento jurídico.

A *impossibilidade jurídica do pedido* tem sido afirmada em duas situações: (a) inexistência de previsão no ordenamento jurídico sobre o provimento solicitado. Exemplo clássico era o do pedido de divórcio ao tempo em que nossa legislação material não o admitia; outro exemplo é a impossibilidade de se postular em juízo a apreciação sobre mérito de ato administrativo praticado pelo Poder Público, porquanto este se apresenta na esfera discricionária do administrador público, de modo que apenas poderá ser questionada em juízo a legalidade do ato administrativo aplicado pelo Poder Público, não as questões concernentes à sua conveniência e oportunidade. Outro exemplo de impossibilidade pela ausência de previsão legal é a pretensão de usucapião de bem público; (b) inexistência de nexo jurídico entre o pedido e a causa de pedir. Exemplificando: pedido de prisão por dívida cambial.

A impossibilidade jurídica envolve não apenas a ideia do *objeto*, ou seja, o pedido deduzido pelo autor, mas também sua causa de pedir, como no caso de cobrança de *dívida de jogo*. Em virtude de sua origem, a dívida de jogo não poderá ser cobrada em juízo.

Muitos afirmam que as *condições da ação* são também *pressupostos processuais*, vez que indispensáveis à existência e à validade da relação processual, na medida em que a ausência de qualquer uma das condições autorizará a extinção do processo sem julgamento do mérito. Entenda-se: o processo não poderá existir validamente se faltar qualquer das condições da ação, de tal modo que são questões de ordem pública e, assim, não precluem, podendo ser arguidas no feito a qualquer tempo e grau de jurisdição, ou mesmo conhecidas pelo juiz *ex officio*.

### 5. Carência de ação

Verifica-se na falta de qualquer das *condições genéricas da ação*. Sua consequência é a extinção do processo sem julgamento do mérito (art. 267, VI, do CPC). É possível sua constatação pelo juiz por ocasião do despacho da petição inicial, hipótese em que haverá o *indeferimento da petição inicial* e a *extinção do feito sem julgamento do mérito*, com apoio no art. 267, I e VI, combinado com art. 295, I e parágrafo único, III, *pedido juridicamente impossível*; ou combinado com o 295, II, *parte manifestamente ilegítima*, ou 295, III, *carência de interesse processual*. Vale destacar que se houver possibilidade de regularização, como na hipótese contemplada no inciso V do art. 295 do CPC – qual seja, adequação do pedido ao tipo de procedimento previsto legalmente –, não haverá o imediato indeferimento da inicial e a extinção do feito, mas a intimação ao autor para que, no prazo de 10 dias, regularize a peça inicial (art. 284 do CPC).

### 5.1 Carência superveniente

Tem-se quando no curso do processo desaparece uma das condições da ação que existia inicialmente. Portanto, extingue-se o processo sem o julgamento do mérito.

### 5.2 Condição superveniente

Ocorre no caso em que o autor não preencheu todas as condições genéricas na ocasião em que promoveu a demanda, porém no curso do processo a condição faltante apareceu. O feito prosseguirá normalmente.

Indagação importante é a que se faz sobre eventual *contradição entre o art. 3º e o art. 267, VI, do CPC* sobre as condições da ação. Vale dizer, o primeiro dispositivo refere-se a apenas duas condições, e o segundo dispositivo indica a existência de três condições da ação. Pergunta-se: haveria contradição? A resposta é negativa, porque o art. 3º do CPC refere-se às condições – interesse e legitimidade – necessárias tanto para a propositura da ação quanto para a contestação, ou seja, para a resposta do réu. Já, o art. 267, VI, do CPC refere-se às condições necessárias para a propositura da ação.

Por fim, vale afirmar que a carência de ação, embora seja matéria de ordem pública, que poderá ser conhecida e declarada *ex officio* pelo juiz e não se submete a preclusão, deverá ser arguida pelo réu em preliminar na contestação, nos termos do que dispõe o art. 301, X, do CPC; e, se não o fizer, responderá pelas custas do retardamento.

## 6. Elementos da ação

Os *elementos da ação* servem para identificar uma ação, diferenciando-a de outras. São três os elementos identificadores da ação, quais sejam: *partes*, *pedido* e *causa de pedir*. Numa rápida análise inicial, é possível destacar que as *partes* são os sujeitos que ocupam os polos litigantes da relação processual e servem para estabelecer os limites subjetivos do pronunciamento de mérito. Entenda-se: as pessoas que serão atingidas pela eficácia da decisão judicial definitiva. O *pedido* – que, como regra, deve ser certo ou determinado, admitindo-se apenas excepcionalmente na forma genérica – constitui o *objeto da ação* e precisamente aquilo que o juiz deverá apreciar, sendo, na essência, a pretensão formulada pelo autor e às vezes também pelo réu. E tem importância para estabelecer os limites objetivos do pronunciamento jurisdicional, vez que o juiz estará vinculado aos limites do(s) pedido(s). E, por sua vez, a *causa de pedir* constitui a narrativa dos *fatos* e dos *fundamentos jurídicos* que dão suporte ao pedido deduzido na relação processual, sendo que os *fatos* devem ser detalhadamente narrados na peça inicial, pois constituem aquilo que o juiz irá conhecer para apreciar o pedido, e os *fundamentos jurídicos* são os destaques àquilo que a norma jurídica material, ou o ordenamento jurídico, busca proteger, e diferem do *fundamento legal*, que constitui apenas a indicação do texto da norma jurídica.

### *6.1 Partes*

São as pessoas que ocupam os polos ativo e passivo da relação jurídica processual, ou seja, aqueles que ocupam os polos litigantes no processo.

#### 6.1.1 *Autor*

É aquele que pede ao Estado uma tutela jurisdicional, aquele que busca em juízo um pronunciamento jurisdicional, pela forma e meios legais, ou seja, através de petição inicial que atenda aos requisitos formais do art. 282 do CPC.

#### 6.1.2 *Réu*

É aquele em face de quem o autor deduz sua pretensão na ação, o qual também poderá formular pedido por ocasião da resposta.

### 6.1.3 Outras pessoas

Além do autor e do réu, *outras pessoas* podem tomar parte na ação, como é o caso do *assistente*, do *opoente*, do *nomeado à autoria*, do *denunciado à lide* e do *chamado ao processo*. São as hipóteses de intervenção de terceiros no curso do processo, os quais, ao ingressarem no feito, necessariamente estarão se posicionando em um dos polos da relação processual; portanto, passarão a ser partes ao nível processual, e alguns serão também considerados partes ao nível de direito material – como veremos adiante –, porque também sofrerão os efeitos da coisa julgada.

A ação é considerada proposta, onde houver apenas uma Vara competente, quando despachada a petição inicial pelo juiz; ou no momento da distribuição da inicial, se na comarca houver mais de uma Vara competente para conhecimento e apreciação da ação. Todavia, considera-se interrompida a prescrição – ou seja, o lapso de tempo previsto em lei que, decorrido, atinge o direito de ação, extinguindo-o – por ocasião da concretização da citação válida do réu (art. 219 do CPC). Vale anotar, nos termos do § 1º do art. 219 do CPC, que "a interrupção da prescrição retroagirá à data da propositura da ação".

Consoante já afirmado, todos têm o *direito de ação*, porém para o exercício desse direito a lei exige que o interessado tenha *capacidade*, então definida pelo direito civil. Vale lembrar que a *capacidade jurídica ou de direito* é a aptidão para adquirir direitos e obrigações, e é conferida a toda e qualquer pessoa, bastando o nascimento com vida. Já, a *capacidade de fato ou de exercício* é a aptidão para as pessoas exercerem aqueles direitos e obrigações, para a qual a lei exige a plena *capacidade civil*. O direito de ação, de natureza processual, é conferido a toda e qualquer pessoa como próprio da *capacidade de direito*. Todavia, para o seu exercício, *capacidade de fato*, exige-se que a pessoa seja plenamente capaz nos termos da lei civil – portanto, maior de 18 anos ou emancipada. Se se tratar de menor, incapaz ou interdito o exercício do direito de ação passará aos pais, tutor ou curador, os quais representam os absolutamente incapazes ou assistem aos relativamente incapazes. Acrescente-se, porém, que autor na ação será o menor, o incapaz ou interdito, mas representado ou assistido por aquele que detém a capacidade de exercício. No que tange às pessoas jurídicas, como visto anteriormente, têm capacidade para ser partes e para estar em juízo, e deverão comprovar sua representação legal. A *capacidade para ser parte* e a *capacidade para estar em juízo* são *pressupostos processuais de validade da relação processual*, enquanto a *capacidade postulatória*, que é a *capacidade técnica*, é *pressuposto processual de existência*, consoante já assinalado em capítulo anterior.

### 6.1.3.1 Litisconsórcio

Como visto, há a possibilidade de cumulação de pessoas nos polos da relação processual, fato que se denomina *litisconsórcio*. Não é modalidade de intervenção de terceiros, mas, sim, cumulação subjetiva no processo.

*Litisconsórcio*, portanto, é a pluralidade de pessoas em um ou em ambos os polos conflitantes da relação jurídica processual. Poderá ser classificado:

(1) *Quanto à posição processual* – em (a) *ativo*, (b) *passivo* ou (c) *misto*.

(2) *Quanto ao momento de sua formação*, ou *critério cronológico* – em (a) *inicial*, quando há vários sujeitos nos polos da relação processual já por ocasião do ajuizamento da ação; e (b) *ulterior*, quando a cumulação de sujeitos concretiza-se no curso do processo; só se admite nos casos expressamente previstos em lei, como o *chamamento ao processo* e a *denunciação da lide*.

(3) *Quanto ao destino no plano material* – em (a) *unitário*, aquele em que a sentença de mérito deva ser uniforme, ou seja, idêntica, para todos litisconsortes, como, por exemplo, na ação de anulação de casamento proposta pelo Ministério Público, na ação de petição de herança em relação a todos os herdeiros ou, ainda, em ação que envolva credores ou devedores solidários, mesmo que não estejam todos no feito, vez que nessa última situação a lei autoriza o litisconsórcio facultativo. Acrescente-se que nesta modalidade – *unitário* – poderá ocorrer o fenômeno denominado *expansão recursal*, ou seja, o recurso interposto por um dos litisconsortes a todos aproveita (art. 509 do CPC), de modo que vale destacar que no litisconsórcio unitário o ato realizado por um sempre beneficia os outros litisconsortes; e (b) *não unitário ou simples*, hipótese em que a sentença de mérito pode ser diversa, diferente para cada um dos litisconsortes. Como exemplo temos a ação de usucapião, em que a sentença de mérito poderá ser procedente em relação a alguns e não em relação a outros confrontantes do bem imóvel usucapiendo.

(4) *Quanto à obrigatoriedade, ou não, de sua formação no processo*: em (a) *facultativo* (art. 46 do CPC), nos casos em que a existência de pluralidade de pessoas nos polos decorre da própria vontade destas, que, então, poderão litigar em conjunto, ativa ou passivamente, quando houver comunhão em relação ao direito material ou em relação à causa de pedir, quer seja pela conexão ou pela afinidade de questões por um ponto comum de fato ou de direito, sendo certo que o momento para a formação do litisconsórcio facultativo ativo é o da propositura da ação, salvo na hipótese de denunciação da lide; e nesta modalidade *litisconsórcio facultativo* poderá ocorrer o que se denomina *litisconsórcio multitudinário*, quando houver um número excessivo de litisconsortes facultativos, caso em que o juiz poderá, de ofício ou mediante requerimento, limitá-lo quanto ao número de litigantes, se houver comprometimento à rápida solução do litígio ou dificuldade para o exercício do direito de defesa. Valendo ainda frisar que se o pedido de limitação for apresentado pela defesa haverá interrupção do prazo para resposta, que recomeçará a fluir integralmente a partir da intimação da decisão (art. 46, parágrafo único, do CPC); e em (b) *necessário*, que se opera em razão da vontade da lei ou da natureza da relação material controvertida, casos em que a formação do litisconsórcio é obrigatória para a própria validade do processo, vez que a eficácia da sentença de mérito depende necessariamente da presença de todos os litisconsortes no feito; caso contrário haverá nulidade processual. Como exemplo: uma ação de anulação de casamento proposta pelo Ministério Público deverá apresentar no polo passivo os cônjuges em litisconsórcio necessário, sendo certo que tal hipótese também será classificada como litisconsórcio unitário posto que a sentença de mérito não poderá ser diversa para os litisconsortes, de modo que nesse exemplo teremos um *litisconsórcio necessário-unitário*, muito embora nem sempre o litisconsórcio necessário seja também unitário, como o exemplo destacado anteriormente, qual seja, o usucapião, em que haverá necessariamente litisconsórcio entre todos os interessados e confinantes do bem imóvel, havendo possibilidade de a sentença de mérito ser diversa em relação a estes, portanto teremos aqui um litisconsórcio necessário e não unitário.

Por fim, numa classificação sobre litisconsórcio podemos acrescentar a modalidade *litisconsórcio anômalo*, que se dá quando os litisconsortes são também litigantes entre si, como no caso da oposição, em que partes serão o opoente, autor na oposição, e os opostos, réus na oposição, mas que na ação originária ocupam polos inversos, de modo que os opostos formam o denominado litisconsórcio anômalo.

Concluída a classificação, temos, em linhas gerais, a regra prevista no art. 48 do CPC no sentido de que cada litisconsorte é considerado litigante autônomo em relação à parte contrária, de modo que os atos ou omissões de um não prejudicarão nem beneficiarão os outros, salvo na modalidade do litisconsórcio unitário, hipótese em que o ato realizado por um sempre beneficia os outros litisconsortes (art. 509 do CPC). Por conseguinte, eventual confissão de um dos litisconsortes não se estende aos outros; ou seja, não prejudica os demais.

Ainda em regra geral tem-se a questão do *prazo em dobro* conferido aos litisconsortes para contestar, recorrer e para falar nos autos se possuírem procuradores diferentes, consoante o art. 191 do CPC; hipótese em que o prazo processual terá o termo inicial a partir da juntada aos autos do último aviso de recebimento ou mandado de intimação cumprido. Todavia, devemos lembrar que regras especiais derrogam a geral, de modo que excepcionalmente não se aplica a ampliação do prazo aos litisconsortes com procuradores diversos nos casos de: (a) oposição ingressada anteriormente ao momento da audiência de instrução e julgamento, vez que os opostos, citados na pessoa de seus respectivos advogados, terão o prazo comum de 15 dias para contestar o pedido formulado pelo opoente (art. 57 do CPC); (b) embargos à ação monitória, cujo prazo será de 15 dias, ainda que haja vários embargantes (arts. 1.102-B e 1.102-C do CPC).

### 6.1.3.2 Intervenção de terceiros

Na forma geral podemos destacar que é a existência de *interesse jurídico* que legitima o ingresso de terceira pessoa numa relação processual em curso entre partes. Esse interesse jurídico poderá ser de cunho econômico ou moral. O terceiro, quando ingressar no feito, certamente irá se posicionar em um dos polos da relação processual, de modo que podemos afirmar que passará a ser parte ao nível processual, e em alguns casos o terceiro também será considerado parte ao nível de direito material, se sofrer as consequências jurídicas da coisa julgada material. Todavia, a melhor doutrina afirma que não se afasta a condição de terceiro interveniente em face do momento de seu ingresso na relação processual já em curso entre partes.

A *intervenção de terceiros* pode ser classificada em: (a) *espontânea*, também denominada *facultativa* – aquela que se concretiza segundo a vontade das pessoas; ou (b) *coacta*, também denominada *provocada* ou *impositiva* – aquela que impõe o ingresso de terceiro na relação processual em curso. Como exemplos de *intervenção facultativa* temos: a *assistência*, o *chamamento ao processo*, a *oposição* e, às vezes, a *denunciação da lide*. Já, na modalidade intervenção derivada de um ônus ou *impositiva* destacam-se a *nomeação à autoria* e, às vezes, a *denunciação da lide*.

Como regra, a intervenção de terceiros é admitida nas ações de conhecimento de procedimento comum ordinário. Em ação de conhecimento que siga o procedimento comum sumário não são admissíveis a ação declaratória incidental e a intervenção de terceiros, salvo a assistência, o recurso de terceiro prejudicado e a intervenção fundada em contrato de seguro, nos termos do art. 280 do CPC, com redação determinada pela Lei 10.444, de 7.5.2002. Vale ressaltar que essa modalidade – *intervenção fundada em contrato de seguro* –, prevista no procedimento sumário, não se confunde com a denunciação da lide, vez que não ocorrerá nesse rito qualquer ampliação de atos processuais, caso em que implicaria descaracterização da celeridade própria do procedimento sumário; tal figura se estabelece em razão da situação jurídica do garantidor, prevista à seguradora, que então poderá ser também definida na própria lide instaurada, sem, contudo, repita-se, ampliar os atos processuais nesse procedimento.

São modalidades de intervenção de terceiros previstas no Código de Processo Civil: (a) *nomeação à autoria* (arts. 62 a 69 do CPC); (b) *chamamento ao processo* (arts. 77 a 80 do CPC); (c) *oposição* (arts. 56 a 61 do CPC); (d) *assistência* (arts. 50 a 55 do CPC); (e) *denunciação da lide* (arts. 70 a 76 do CPC).

Para melhor compreensão, vamos destacá-las individualmente, numa sequência que não corresponde à indicada pelo Código, nos seguintes aspectos: *hipóteses de incidência*, ou seja, de cabimento; *se a medida é facultativa ou obrigatória*; *finalidade*; e *procedimento*.

6.1.3.2.1 *Nomeação à autoria* – • Há dois casos de *incidência*, contemplados nos arts. 62 e 63 do CPC, a saber: (a) quando a pessoa detém a coisa em nome alheio e é demandada, nomeia o proprietário ou o possuidor da coisa, para que a substitua no processo. Como exemplo temos o fâmulo da posse, ou seja, o mero funcionário que desempenha serviço de conservação da coisa; se acionado, deverá nomear o proprietário ou possuidor direto, para que o substitua na relação processual; (b) tem aplicação também nas ações de indenização, a fim de trazer para o processo aquele à ordem ou por instrução de quem os danos foram causados. É a situação em que um preposto alega que agiu a mando do patrão. Neste caso, a rigor, ambos respondem pelos prejuízos, ou seja, o preposto causador direto do dano e aquele que deu a ordem, de forma objetiva. Assim, a ação pode ser proposta em face dos dois, em litisconsórcio facultativo, porém muitas vezes a vítima do prejuízo tem conhecimento sobre a pessoa que deu a ordem ou instrução em razão da qual lhe resultou o prejuízo, o que ocorrerá com a nomeação em tela.

• A medida é *obrigatória e privativa do réu*, devendo ser requerida no prazo para a defesa, não havendo necessidade de contestar a ação, posto que, de qualquer modo, o prazo para contestar será reaberto integralmente ao requerido após a definição sobre a nomeação (art. 67 do CPC). A nomeação é fator interruptivo do prazo para a resposta, de modo que após a solução desse incidente reabre-se integralmente tal prazo. É obrigatória porque a lei processual estabelece uma consequência ao réu pelo descumprimento, sujeitando-o a responder por perdas e danos de natureza processual, nos termos do art. 69 do CPC.

• A *finalidade* da nomeação à autoria é a substituição do réu ilegítimo, qual seja, o *réu nomeante*, pelo réu legítimo, *réu nomeado*. Portanto, tem como escopo a regularização da legitimidade passiva da demanda. O réu ilegítimo é substituído pelo réu legítimo, ao invés de o juiz decretar a extinção do processo sem julgamento de mérito, pela ilegitimidade de parte.

Assim, por exemplo, quem dá uma ordem não manifestamente legal responde pelo dano causado pelo seu subordinado em razão do cumprimento dessa ordem.

• No que tange ao *procedimento*, tem-se que, proposta a ação, o réu, no prazo da defesa, deve fazer a nomeação do terceiro. O réu nomeante não pode contestar, vez que o prazo legal para tal finalidade será reaberto integralmente após a definição sobre a nomeação.

Feita a nomeação, o juiz determinará a suspensão do feito, intimando o autor para se manifestar em primeiro lugar, em cinco dias. Três situações poderão ocorrer: (a) a *não anuência* – se o autor não concordar, o réu nomeante não se retirará do processo, considerando-se ineficaz a nomeação apresentada. Reabre-se integralmente o prazo para defesa, eis que a nomeação à autoria é fato interruptivo do prazo para contestar, de modo que se devolve o prazo integral para que o réu conteste a ação; (b) a *concordância expressa* – se o autor concordar com a nomeação, deverá promover a citação do réu nomeado; porém, se o nomeado não aceitar, devolve-se o prazo para que o réu nomeante possa contestar a ação; ou (c) a *inércia do autor*, que equivale à anuência tácita – se o autor não se manifestar no prazo de cinco dias, presume-se a aceitação da nomeação (art. 68 do CPC), e, então, deverá promover a citação do réu nomeado.

Como visto, a recusa do autor torna sem efeito a nomeação, prosseguindo o feito entre o autor e o réu nomeante, que terá novo prazo para defesa.

A aceitação da nomeação feita apenas pelo autor não estabelece a substituição subjetiva passiva da relação processual, vez que se trata de ato complexo, que exige também a aceitação por parte do réu nomeado. Somente com a anuência de ambos é que o réu nomeante se retirará do feito, para que o réu nomeado assuma seu lugar no polo passivo.

Assim, aceitando a nomeação, incumbirá ao autor promover a citação do réu nomeado, para que se manifeste. Note-se que a lei processual não indicou expressamente qual o prazo para que o réu nomeado possa se manifestar, de modo que, a nosso ver, poderia ser aplicada a interpretação extensiva analógica em relação ao prazo contemplado pela lei para manifestação do autor, qual seja, o de cinco dias. Também sob o fundamento previsto no art. 185 do CPC chega-se à conclusão de que o prazo para o réu nomeado se manifestar será de cinco dias, sendo oportuno reproduzi-lo: "Art. 185. Não havendo preceito legal nem assinação pelo juiz, será de 5 (cinco) dias o prazo para a prática de ato processual a cargo da parte". Nesse momento, também três situações poderão ocorrer, a exemplo do que fora consignado em relação ao autor, quais sejam: (a) *o réu nomeado recusa a nomeação* – a consequência é de que o feito prosseguirá em face do réu nomeante; (b) *o réu nomeado silencia*, portanto não se manifesta no prazo de cinco dias – presume-se aceita a nomeação; (c) *o réu nomeado concorda com a nomeação*.

Nessas duas últimas situações, com a dupla anuência – a do autor e a do réu nomeado –, pelas formas tácita ou expressa, ocorrerá o fenômeno processual da substituição do réu nomeante pelo réu nomeado nos casos de nomeação à autoria, então denominado *extromissão*, que nada mais é que a saída do réu nomeante da relação processual e o ingresso do réu nomeado, retomando-se o curso da relação processual que estava suspensa, com reabertura integral do prazo para resposta.

6.1.3.2.2 *Chamamento ao processo* – • Nos termos do art. 77 do CPC, tem *incidência* em três situações vinculadas ao instituto da solidariedade passiva na relação de direito material.

Assim, tem cabimento: (a) para trazer ao processo o devedor principal, quando o fiador for réu; (b) para trazer ao processo os outros fiadores, quando a ação tenha sido proposta somente em face de um deles; (c) para trazer ao processo os demais devedores principais solidários, quando proposta a ação apenas em face de um ou alguns dos devedores principais da dívida comum.

• A medida é *facultativa e privativa do réu*.

Está ligado ao instituto da solidariedade passiva, na qual cada devedor responde pela totalidade do débito, lembrando-se que a solidariedade não se presume, vez que decorre da vontade da lei ou do contrato.

Na verdade, é facultativo ao réu-chamante, porém para o réu-chamado é dever, ou, melhor, *ônus*, porque, se não integrar o processo, será considerado revel. Trata-se de hipótese de cumulação subjetiva no polo passivo, ou seja, de litisconsórcio facultativo-ulterior.

O momento procedimental adequado para sua formulação é o da resposta, em petição autônoma, e não exime o réu-chamante de se defender; portanto, ele deverá oferecer a contestação e simultaneamente, em peça separada, o requerimento de chamamento ao processo.

• Tem por *finalidade* atribuir ao réu-chamante título executivo judicial contra os réus-chamados, vez que o pronunciamento jurisdicional de mérito definirá a responsabilidade de todos os devedores solidários, conferindo título executivo em favor daquele que cumprir a totalidade da obrigação, para que possa voltar-se regressivamente contra os demais, eis que os devedores solidários respondem cada qual por todo o débito.

O chamamento ao processo serve para que todos os réus respondam em conjunto pelo débito solidário no caso em que o autor da ação, credor de obrigação solidária, tenha demandado apenas um ou alguns deles. Trata-se de ampliação subjetiva da relação processual no polo passivo; portanto, litisconsórcio passivo facultativo, simples e ulterior.

• No que tange ao *procedimento*, tem-se que o réu poderá, no prazo da defesa – portanto, no prazo de 15 dias, eis que somente se admite no procedimento comum ordinário –, em petição autônoma e separada da contestação, requerer a citação do réu-chamado para que em conjunto respondam à lide. O juiz suspenderá o curso do processo, determinando a citação do réu-chamado. Será ineficaz o chamamento – ou seja, ficará sem efeito o chamamento – se o réu-chamante não providenciar a citação do chamado no prazo de 10 dias, quando este último resida na mesma comarca, ou no prazo de 30 dias, se residir em comarca diversa. Não significa afirmar que o ato *citação* deva se efetivar concretamente nos autos nesse prazo, mas, sim, que a parte deve promover os meios necessários para que o ato se inicie nesse prazo. É a interpretação que entendemos deva ser atribuída ao texto literal da lei indicado no § 2º do art. 72 do CPC, ante a ausência de melhor clareza técnica, até porque compete à parte promover o que for necessário para que o ato *citação* tenha início, posto que sua concretização nos autos escapa da esfera de atuação da parte, na medida em que dependerá de atos a serem praticados pelos serventuários da Justiça, o que, evidentemente, demandará tempo, não mais no controle da própria parte. Concretizada a citação, forma-se o litisconsórcio passivo, retomando-se o curso da relação processual, com abertura do prazo de 15 dias para resposta por parte do réu-chamado, contados a partir da efetivação da citação devidamente registrada nos autos. Note-se que em relação ao réu-chamante certamente a contestação já deve ter sido apresentada por ele em conjunto com o requerimento de chamamento, embora em peças separadas, vez que caberá ao réu-chamante observar o *princípio da concentração da defesa*, que estabelece o dever de apresentar toda matéria de defesa no mesmo momento, sob pena de preclusão. Daí por que não há falar em prazo em dobro nesse momento da resposta pelo chamado, não obstante o litisconsórcio com procuradores diversos, uma vez que tal ato não será viabilizado de modo comum aos litisconsortes. A contagem do prazo em dobro, prevista no art. 191 do CPC, aplicar-se-á posteriormente em relação aos demais atos processuais que importem manifestação das partes, ou de imediato apenas na hipótese de existirem vários réus chamados com procuradores diversos. Se o chamado deixar de oferecer contestação, será considerado revel. Por fim, a sentença que julgar procedente a ação, condenando os devedores, valerá como título executivo, em favor do coobrigado que satisfizer a dívida, para exigi-la dos demais codevedores na proporção que lhes couber (art. 80 do CPC).

Anote-se a possibilidade de chamamento ao processo nas ações de responsabilidade contratual do fornecedor de produtos e serviços contempladas no CDC, consoante o art. 101, II, da Lei 8.078/1990, autorizando-se o réu que houver contratado seguro de responsabilidade a chamar ao processo o segurador, para que em conjunto respondam pela obrigação. Trata-se de hipótese de garantia própria ou formal, que é a contratual, e como exemplo podemos destacar a hipótese de uma construtora acionada para cumprir o contrato de prestação de serviços chamar ao feito a seguradora, para que responda em conjunto pela obrigação assumida contratualmente.

6.1.3.2.3 *Oposição* – • O art. 56 do CPC apresenta a hipótese de *aplicação* quando terceira pessoa pretenda, no todo ou em parte, a coisa ou o direito sobre que litigam autor e réu.

Na oposição a pessoa ingressa no processo para negar o direito do autor e do réu e pleitear a seu favor a coisa ou o direito objeto da ação.

Assim, o terceiro denominado *opoente* ingressa no processo já em curso, pleiteando para si, no todo ou em parte, o direito ou a coisa sobre o qual litigam as partes da ação primitiva.

• A medida é *facultativa*, e tem por *finalidade* o próprio objeto controvertido, ou seja, o próprio direito material em conflito entre autor e réu, os quais na oposição serão litisconsortes passivos necessários, então denominados *opostos*.

Tem natureza jurídica de ação de conhecimento de caráter prejudicial no curso de processo pendente, de modo que a oposição será distribuída por dependência ao juízo da ação principal.

O ingresso do opoente, como visto, é facultativo; porém, se houver, passará ele a ser parte ao nível processual e ao nível de direito material.

Com a oposição, autor e réu daquela ação passam a ser litisconsortes no polo passivo da oposição: é o denominado *litisconsórcio anômalo*, visto que na ação principal ocupam polos inversos.

A oposição pode se dar a qualquer tempo até a prolação da sentença. Depois de proferida a sentença não mais será admissível como modalidade de intervenção de terceiros, porém a questão eventualmente poderá ser levada a juízo como ação autônoma de conhecimento, distribuída livremente. Conclui-se, pois, pelo não cabimento da oposição por ocasião do duplo grau de jurisdição, ou seja, quando o feito estiver na via recursal.

• Quanto ao aspecto *procedimental*, têm-se duas situações, quais sejam:

(a) Se *ajuizada antes da audiência de instrução e julgamento*, será processada em autos apartados mas em apenso aos autos principais, correndo simultaneamente com a ação principal, e ao final haverá uma única sentença. Portanto, tem-se o *simultaneus processus*, que é o conjunto de duas relações processuais – a saber: a ação primitiva e a ação de oposição –, que serão julgadas pela mesma sentença, porém por primeiro o juiz apreciará a oposição, em face de sua natureza prejudicial em relação à ação primitiva. A oposição tem início por petição inicial, que deverá atender aos requisitos formais dos arts. 282 e 283 do CPC, inclusive no que tange ao valor à causa, consignando-se a distribuição por dependência ao juízo da causa principal. Se o juiz indeferir a inicial da oposição, caberá recurso de agravo de instrumento, posto que terá a natureza de decisão interlocutória. Recebida a oposição, serão os opostos citados, na pessoa de seus respectivos advogados, para que possam contestar o pedido no prazo comum de 15 dias. Aqui, no que diz respeito ao prazo, não se aplica a regra geral prevista no art. 191 do CPC, eis que regra especial derroga a geral.

(b) Se *oferecida a oposição quando já iniciada a audiência de instrução e julgamento, mas sempre anteriormente ao momento da prolação da sentença em primeiro grau de jurisdição*, para se evitar qualquer prejuízo no andamento do processo principal, será a oposição processada e julgada sob a forma de demanda autônoma, com a marcha do procedimento comum ordinário, embora também se aplique a distribuição por dependência. Assim, instaura-se novo processo em autos apartados, cujo início se dá por petição inicial que atenda aos requisitos dos arts. 282 e 283 do CPC, sendo que autor e réu da lide pendente serão pessoalmente citados, e não na pessoa de seus respectivos advogados, como na hipótese anterior, e terão o prazo para contestar contado em dobro, em razão da existência de procuradores diversos (art. 191 do CPC). Nesta situação tem-se que o eventual indeferimento da inicial gerará a extinção do feito sem julgamento do mérito, admitindo o recurso de apelação, ao contrário do que vimos na primeira modalidade procedimental. Entretanto, admite-se o sobrestamento da ação primitiva por até 90 dias, para que se viabilize o julgamento conjunto de ambas as relações jurídicas processuais. Vale frisar: poderá o juiz determinar a suspensão da ação primitiva por prazo nunca superior a 90 dias, a fim de que possa julgá-la conjuntamente com a oposição, conhecendo desta em primeiro lugar.

**6.1.3.2.4 Assistência** – É também admitida em ação de conhecimento de procedimento comum sumário.

• Tem *cabimento* na hipótese em que terceiro tenha interesse jurídico em que a sentença seja favorável a uma das partes da relação jurídica processual. O interesse jurídico estabelece-se em razão de eventual consequência direta, como na assistência litisconsorcial, ou consequência indireta, como na assistência simples, que possa derivar do pronunciamento jurisdicional de mérito em relação a algum interesse do assistente.

• A medida é *facultativa* e tem como *finalidade* a possibilidade da prática de atos processuais que auxiliem e favoreçam o assistido na relação controvertida existente em face da parte contrária.

*Assistente* é a pessoa que tenha interesse jurídico no sentido de que a decisão da causa seja favorável a uma das partes (o assistido) e que, por isso, ingressa no processo para auxiliar autor ou réu.

Podem ser destacadas duas modalidades: (a) *simples* ou *adesiva*, também conhecida como *ad coadjuvandum*, contemplada no art. 50 do CPC; e (b) *litisconsorcial*, também denominada *qualificada*, prevista no art. 54 do CPC – pormenorizadas mais abaixo.

• De modo geral, é uma forma voluntária de intervenção de terceiro.

Para que o terceiro intervenha como assistente, deve ter *interesse jurídico* na questão conflitante entre partes, o qual poderá ser indireto – como, por exemplo, numa ação declaratória de nulidade de relação jurídica proposta pelo afiançado, cujo pronunciamento de mérito atingirá de modo indireto a situação jurídica do fiador, que, então, poderá ingressar como assistente simples; ou, como exemplo de interesse direto, no caso em que o pronunciamento jurisdicional de mérito atingirá diretamente a relação jurídica material que envolve o assistente e o adversário do assistido, tem-se a ação proposta em face do possuidor indireto na qual ingressa o possuidor direto, porquanto eventual perda do direito de posse o atingirá imediatamente.

O assistente tem os mesmos direitos e mesmos ônus das partes.

*(A) Assistência simples*: nesta modalidade o assistente ingressa no processo em curso para auxiliar qualquer das partes (assistido). É parte acessória, secundária à assistida; portanto, não sofre qualquer consequência direta da sentença de mérito, e só pode praticar atos que favo-

reçam o assistido, nunca para prejudicá-lo. Os atos do assistente ficam subordinados à vontade do assistido.

• Sob o enfoque do procedimento pode-se enfatizar que tanto na assistência simples como na litisconsorcial o pedido de assistência poderá ser deduzido a qualquer tempo, mesmo em grau de recurso, em petição própria, autônoma, nos próprios autos do processo, endereçado ao juiz da causa ou ao relator, se o feito estiver na via recursal.

As partes serão intimadas para manifestação sobre o pedido de ingresso formulado pelo assistente, no prazo de cinco dias. Se houver impugnação, o pedido de assistência será processado em separado, em apartado aos autos principais, e não se suspenderá o processo principal. Haverá oportunidade para instrução no incidente, com a coleta de provas, e a seguir o juiz o decidirá dentro de cinco dias. O ato do juiz tem natureza de decisão interlocutória; e, portanto, se houver o indeferimento do pedido de ingresso do assistente, será cabível o recurso de agravo de instrumento (art. 499 do CPC). Note-se que a recusa do ingresso do assistente apenas poderá apoiar-se na ausência de interesse jurídico deste.

Observação importante é a de que o assistente simples é *parte* ao nível processual, mas não é *parte* no sentido material; portanto, não sofre os efeitos da coisa julgada. Se o assistido for revel, o assistente será considerado seu *gestor de negócios*, aquele que pratica um ato em favor de outrem sem poderes expressos para tanto, ou seja, sem qualquer instrumento de mandato.

Poderíamos indagar se o assistente do réu revel pode contestar. Ora, se o réu é revel, o prazo para a defesa já passou; portanto, não pode contestar.

Importante ressaltar que nesta modalidade de assistência (a *simples*) o assistente é mero coadjuvante, de modo que não poderá contrariar a vontade do assistido. Assim, se o assistido for o autor e este vier a desistir da ação, ocorrerá a extinção do processo sem julgamento do mérito (art. 267, VIII, do CPC), evidentemente se a parte contrária concordar com a desistência, quando esta ocorrer após o prazo para a resposta (art. 267, § 4º, do CPC). Já, se o assistido for o réu e este vier a reconhecer juridicamente o pedido formulado pelo autor, haverá sentença de mérito de procedência; portanto, o juiz extinguirá o processo com julgamento do mérito (art. 269, II, do CPC). Nessas situações o assistente nada poderá fazer nesse feito.

*(B) Assistência litisconsorcial (art. 54 do CPC)*: refere-se àquele que poderia ter sido parte no processo desde seu início, mas que, por qualquer motivo, não o foi.

Este é parte ao nível de processo e ao nível de direito material, porque sofre as consequências diretas da coisa julgada. Aqui, se o assistido for o autor e vier a desistir da ação, o assistente poderá prosseguir no processo. Se o assistido for o réu, o eventual reconhecimento jurídico do pedido pelo assistido não atingirá o assistente, de modo que a ação prosseguirá. Note-se que tais situações não incidem na assistência simples, porquanto naquela modalidade o assistente fica subordinado à vontade do assistido, de modo que não poderá contrariar eventual desistência da ação ou o reconhecimento jurídico do pedido por parte do assistido.

• No que tange ao *procedimento*, vale o que fora apresentado em relação a assistência simples.

Acrescente-se: os assistentes não poderão discutir a coisa julgada, salvo nas hipóteses contempladas nos incisos do art. 55 do CPC: (a) se, pelo momento em que ingressaram no processo, não puderam influir na decisão, pela impossibilidade de produzirem provas; (b) se houve conluio entre as partes. Entenda-se: se desconhecia a existência de alegações ou de provas de que o assistido, por dolo ou culpa, não se valeu.

6.1.3.2.5 *Denunciação da lide (arts. 70 a 76 do CPC)* – • Três são as *hipóteses de cabimento* contempladas no Código.

(a) Pode ocorrer nas ações de anulação de alienação, para que o adquirente possa exercer o direito de *evicção* contra o alienante. Aqui, temos as ações reivindicatórias, nas quais se discute o direito de propriedade, em que terceiro pretende a coisa cujo domínio fora transferido ao adquirente. Caberá a este (adquirente) denunciar a lide ao alienante, para que possa exercer o direito que resulta da evicção. Entenda-se: para a hipótese de perder o domínio da coisa em razão de sentença judicial, sua situação jurídica com retorno ao *status quo ante* também será definida no mesmo pronunciamento jurisdicional, garantindo-se seu direito material (art. 450 do CC) em face do alienante. A *evicção* vem contemplada nos arts. 447 a 457 do CC.

(b) Tem aplicação, também, para trazer ao processo o proprietário ou o possuidor indireto da coisa demandada quando o possuidor direto está sendo demandado em nome próprio. Aqui temos as ações possessórias, as quais envolvem o direito de posse de determinada coisa. Nos casos em que o possuidor direto, aquele que tem o exercício da posse, seja acionado, poderá apresentar a denunciação da lide ao proprietário ou possuidor indireto, para garantir seu direito de regresso em relação a eventuais prejuízos materiais que venha a sofrer em virtude da perda da posse, como nos casos do sublocatário em relação ao locatário, ou mesmo do usufrutuário em relação ao nu-proprietário.

(c) Aplica-se, ainda, para trazer ao processo aquele que estiver obrigado, por lei ou por contrato, a indenizar, em ação regressiva, o prejuízo do que perder a demanda. Aqui, estamos diante de ações indenizatórias. Aquele que estiver obrigado, por lei ou por contrato, a ressarcir regressivamente o que perder a demanda poderá ser trazido ao processo mediante a denunciação da lide, para que no mesmo feito seja definido o direito de regresso eventualmente existente em favor do denunciante em face do denunciado. Como exemplo temos o caso do empregador em face do empregado causador do dano (hospital em relação ao médico que efetivou a cirurgia no paciente que sofreu danos); ou, ainda como exemplo, temos a hipótese de furto de veículo em estabelecimento comercial, o qual, acionado para indenização, apresenta denunciação da lide à empresa de vigilância, então denunciada em razão de obrigação de natureza contratual; esta última poderá, por sua vez, também apresentar denunciação da lide à empresa seguradora – de modo que é possível denunciação em denunciação.

• No que tange ao aspecto *obrigatoriedade ou facultatividade* da medida, temos que, embora o art. 70 do CPC disponha que a medida é obrigatória, não fazendo qualquer distinção em relação às três hipóteses de cabimento ali inseridas, é certo que tais situações de aplicação são completamente diversas, não apenas em relação às modalidades de ações que as envolvem, mas também em relação à origem estrangeira que inspirou o legislador à contemplá-las em nosso ordenamento jurídico. E, assim, merecem ser analisadas separadamente, sob tal aspecto. Em nosso entender apenas a hipótese do art. 70, I, seria obrigatória, na medida em que sua não utilização implicaria a consequência de impossibilitar o exercício do direito que da evicção resulta, no mesmo processo em que houve a perda da coisa por decisão judicial. Entenda-se: não poderá o adquirente voltar-se em face do alienante no mesmo processo em que veio a perder a coisa por decisão judicial se não apresentar a denunciação da lide. Porém, se apresentar a denunciação da lide, e sendo manifesta a procedência da evicção, pode o adquirente-denunciante deixar de oferecer contestação, ou deixar de usar de recursos, se o alienante-denunciado não atender à denunciação (art. 456, parágrafo único, do CC). Vale reproduzir o dispositivo:

"Art. 456. Para poder exercitar o direito que da evicção lhe resulta, o adquirente notificará do litígio o alienante imediato, ou qualquer dos anteriores, quando e como lhe determinarem as leis do processo.

"Parágrafo único. Não atendendo o alienante à denunciação da lide, e sendo manifesta a procedência da evicção, pode o adquirente deixar de oferecer contestação, ou usar de recursos."

Importante observarmos que o texto apresentado pelo parágrafo único do art. 456 do CC de 2002 não encontra dispositivo correspondente no Código Civil de 1916, revogado.

Em suma, a evicção é garantia conferida pela lei material ao adquirente de boa-fé, de modo que, salvo estipulação contratual em contrário, tem direito o evicto, além da restituição integral do preço pago, à indenização dos frutos que tiver sido obrigado a restituir, bem como sobre as despesas contratuais e processuais, prejuízos diretamente resultantes da evicção.

Nas demais hipóteses – quais sejam, as dos incisos II e III do art. 70 do CPC – haverá um *ônus*, posto que, se a parte não apresentar a denunciação da lide, poderá sofrer uma consequência negativa – qual seja, a necessidade de propor futura ação regressiva de modo autônomo.

• A *finalidade* da denunciação da lide é evitar futura ação regressiva autônoma caso aquele que possa apresentá-la venha a perder a demanda. Na essência, tem-se uma pretensão de natureza indenizatória do denunciante em face do denunciado. Podemos afirmar, por consequência, que a denunciação da lide tem natureza jurídica de ação secundária de natureza condenatória. É uma ação de regresso antecipada, que apenas será apreciada se houver procedência da ação principal. Frise-se: são duas ações no mesmo processo, e a litisdenunciação (lide que envolve denunciante e denunciado) apenas será apreciada no mérito se a ação principal for procedente, vez que na hipótese contrária resultará prejudicada a denunciação, pela perda do objeto (direito de regresso ou que resulta da evicção). Assim, com a denunciação da lide haverá ampliação subjetiva e objetiva no processo, ou seja, cumulação de sujeitos no polo e cumulação de pedidos no feito. Sendo certo que em relação à litisdenunciação vigora a *eventualidade*, na medida em que apenas será examinada pelo mérito se o denunciante ficar vencido na lide principal, posto que na hipótese contrária, sendo vencedor o denunciante na lide principal, resultará a perda do objeto da lide secundária que é a denunciação.

• Quanto ao *procedimento*, a medida pode ser de iniciativa de qualquer das partes.

Se do autor, deverá ser feita na petição inicial. Aqui, por primeiro cita-se o denunciado, porque este poderá aditar a petição inicial; após, procede-se à citação do réu.

Se do réu, deverá ser apresentada no prazo da resposta, juntamente com a contestação.

Ordenada a citação, ficará suspenso o processo, a nosso ver, apenas na hipótese de denunciação feita pelo autor, a fim de se viabilizar o ingresso do denunciado como litisconsorte do denunciante no polo ativo, possibilitando-lhe eventual aditamento da petição inicial, para, a seguir, proceder-se à retomada do curso normal do feito, com a citação do réu. Na hipótese de denunciação apresentada pelo réu haverá a citação do denunciado, a fim de que ingresse no polo passivo do feito em litisconsórcio simples e facultativo. Porém, se não vier à relação processual será considerado revel. Note-se que, embora o denunciante e denunciado ocupem o mesmo polo na lide principal, é certo que também haverá um litígio entre eles, na medida em que o denunciante busca definir no mesmo processo o seu direito material que resulta da evicção, ou o seu direito de indenização na forma regressiva em face do denunciado.

Por fim, oportuno consignar que o *Poder Público* não pode apresentar denunciação da lide aos seus funcionários, em virtude de sua responsabilidade de natureza objetiva, na qual não se discute a culpa, mas apenas a existência do fato e o cabimento da indenização. De modo que poderá valer-se do direito de regresso em relação ao funcionário causador do dano, porém em ação autônoma, na qual será verificada a existência da culpa desse preposto. Também não é cabível o chamamento ao processo, porque, como visto, o Poder Público tem responsabilidade *objetiva*.

Vale anotar o que dispõe o art. 37, § 6º, da CF: "§ 6º. As pessoas jurídicas de direito público e as de direito privado prestadoras de serviços públicos responderão pelos danos que seus agentes, nessa qualidade, causarem a terceiros, assegurado o direito de regresso contra o responsável nos casos de dolo ou culpa". Esse *direito de regresso* poderá ser exercido em ação autônoma.

Nesse tema pode-se lembrar, ainda, que os *juízes* e os *representantes do Ministério Público* somente respondem civilmente quando agem com dolo ou fraude no exercício de suas funções, sendo certo que o prejudicado tem direito de indenização por meio de ação dirigida em face do Poder Público (art. 37, § 6º, da CF). Note-se que juízes e representantes do Ministério Público não estão sujeitos a responsabilidade civil quando agem com culpa no exercício de suas funções.

Por derradeiro, no que concerne ao *direito de regresso* contemplado no CDC, precisamente no art. 13, parágrafo único, da Lei 8.078/1990, em caso de responsabilidade pelo fato do produto e do serviço, que tem natureza objetiva e que estabelece que o fabricante, o produtor, o construtor e o importador respondem, independentemente da existência de culpa, pela reparação dos danos causados aos consumidores por defeitos decorrentes do produto bem como por informações inadequadas ou insuficientes sobre a sua utilização – ou seja, por *fato do produto* – e que os fornecedores de serviços também respondem, independentemente de culpa, pela reparação dos danos causados aos consumidores por defeitos relativos à prestação dos serviços bem como por informações insuficientes ou inadequadas sobre sua fruição e riscos, haverá em ambas situações (fornecedores de produtos ou de serviços) a possibilidade do exercício do direito de regresso contra os demais responsáveis pelo evento danoso, porém através de processo autônomo, ou facultativamente com a possibilidade de se prosseguir nos mesmos autos, mas com a proibição da denunciação da lide, nos termos do art. 88 da Lei 8.078/1990, a saber: "Art. 88. Na hipótese do art. 13, parágrafo único, deste Código, [*Código de Defesa do Consumidor*] a ação de regresso poderá ser ajuizada em processo autônomo, facultada a possibilidade de prosseguir-se nos mesmos autos, vedada a denunciação da lide".

### 6.1.4 *Atos das partes*

A princípio podemos afirmar que o estudo dos atos processuais envolveria o estudo de toda relação processual, na medida em que esta se forma e se desenvolve através de atos praticados numa sequência lógica, os quais são praticados pelos sujeitos principais da relação processual (juiz, autor e réu) e auxiliares da Justiça, sob o comando do juiz, materializando-se nos autos do processo.

Ainda, inicialmente é importante distinguirmos *fato processual* de *ato processual*.

O primeiro – *fato processual* – consiste em todo acontecimento, humano ou não, que tenha repercussão no processo. Como exemplos temos: a morte da parte, que dá causa à suspensão do feito, para que se estabeleça a sucessão processual, com a regularização do polo da relação processual (arts. 43 e 265, I, e § 1º, do CPC); o fechamento imprevisível do fórum, que determina o adiamento de audiências ou a prorrogação de prazos (arts. 183 e 184 do CPC); a alienação da coisa ou do direito litigioso no curso do processo, que é válida no mundo jurídico porém ineficaz no processo, e poderá ensejar a sucessão processual, com o ingresso do adquirente no feito, desde que haja anuência expressa da parte contrária (art. 42, § 1º, do CPC), ou, ainda, poderá autorizar o ingresso do adquirente, na qualidade de assistente litisconsorcial do alienante (art. 42, § 2º, do CPC) ou, mesmo, o ingresso do adquirente como sucessor processual, sem qualquer necessidade de anuência, se houver o falecimento do alienante no curso do processo, desde que junte aos autos o respectivo título de aquisição (art. 1.061 do CPC). Outro exemplo de fato processual é a *hipossuficiência técnica* do consumidor, numa análise de quem tem melhores condições técnicas de produzir prova no feito que envolve relações de consumo – portanto, *hipossuficiência processual* no que tange aos elementos probatórios, que pode autorizar o ato do juiz de inversão do ônus da prova, nos termos do art. 6º, VIII, do CDC, a fim de que seja facilitado o direito de ampla defesa dos direitos do consumidor no processo civil.

Por sua vez, *ato processual* é manifestação de vontade dos sujeitos da relação processual, dentro de uma previsão legal, que tem por finalidade criar, modificar ou extinguir a relação processual. Portanto, três são os requisitos: (a) vontade; (b) previsão em lei; e (c) efeitos.

*6.1.4.1* Classificação dos atos processuais quanto aos sujeitos

Numa *classificação dos atos processuais quanto aos sujeitos*, podemos destacar que os *atos das partes* podem ser:

6.1.4.1.1 *Atos postulatórios* – São atos das partes pleiteando algo perante o juiz. Basicamente, são aqueles atos em que as partes solicitam um pronunciamento do juiz. Como exemplo podemos destacar a petição inicial, a defesa etc.

6.1.4.1.2 *Atos declaratórios* – Por sua vez, poderão ser *unilaterais* ou *bilaterais*, também denominados *dispositivos*, ou, ainda, *negociais*, quando bilaterais. São aqueles que expressam uma declaração de vontade. Podem depender da homologação do juiz e da aceitação da parte contrária, hipótese em que são chamados *negócios jurídicos processuais*. Por exemplo: a desistência da ação após o prazo para a resposta depende da aceitação da parte contrária e homologação pelo juiz (arts. 158, parágrafo único, e 267, § 4º, do CPC). Na verdade, os atos declaratórios poderão ser *unilaterais* – como exemplo, o *reconhecimento jurídico do pedido*, feito pelo réu ou por seu procurador com poderes especiais, somente em casos relacionados a direitos disponíveis, que gera sentença de mérito de procedência do pedido (art. 269, II, do CPC); ou *bilaterais* – como a transação efetivada em juízo, então denominada *conciliação*, que exige partes capazes e direito disponível e impede o arrependimento unilateral, por ser negócio jurídico processual (art. 269, III, do CPC).

6.1.4.1.3 *Atos probatórios* – Também denominados *instrutórios*, objetivam a produção de provas nos autos do processo. Em regra, quatro são os momentos concernentes às provas nos autos, quais sejam: (a) *requerimento* dos meios de prova feito pelas partes, como regra pelo autor por ocasião da petição inicial, e pelo réu por ocasião do oferecimento da defesa, os quais pretendem ver produzidos nos autos; (b) *deferimento* pelo juiz, em ação de conhecimento, por ocasião da audiência de conciliação no procedimento comum sumário, ou por ocasião do saneador na audiência preliminar no procedimento comum ordinário, ou mesmo no saneador sem a referida audiência preliminar, nos casos previstos no § 3º do art. 331, com redação acrescentada pela Lei 10.444, de 7.5.2002, sendo que a regra será o deferimento dos meios de prova requeridos, a fim de conferir observância ao princípio da ampla defesa às partes, mas excepcionalmente poderá ocorrer o indeferimento de algum meio de prova, se for prova inútil ou meramente protelatória – portanto, diante de prova que não tenha qualquer pertinência à causa ou relevância à decisão (art. 130 do CPC); (c) *produção*, que é a coleta da prova nos autos, cuja regra é no sentido de que as *provas orais* devem ser produzidas em audiência (art. 336 do CPC), salvo eventual impossibilidade de comparecimento de testemunha por enfermidade ou por outro motivo relevante, fato que autoriza sua inquirição em outra localidade, bem como os casos relacionados à prerrogativa de função, ou seja, autoridades que, em virtude do cargo, poderão indicar dia, hora e local para inquirição (art. 411 do CPC), e, ainda, no que tange à prova pericial, cuja produção em regra não se faz na audiência, salvo prova técnica por inquirição, hipótese em que o perito deverá ser intimado pelo menos cindo dias antes da audiência (art. 435, parágrafo único, do CPC), e, por fim, a prova documental, que em regra deve vir com a inicial e no momento da defesa, salvo em relação à juntada de documentos novos relacionados a fatos ocorridos depois dos articulados ou para contrapor prova produzida nos autos (art. 398 do CPC); (d) por fim, o último momento relacionado às provas é o da sua *apreciação pelo juiz* por ocasião do pronunciamento de mérito, ou seja, no momento da prolação da sentença, fase em que vigora o *princípio da persuasão racional*, contemplado no art. 131 do CPC, pelo qual "o juiz apreciará livremente a prova", atribuindo-lhe valoração diante do conjunto de provas existentes nos autos – lembrando-se que o juiz não poderá formar convicção contrariamente à denominada *prova legal*, qual seja, aquela cujo instrumento público é necessário para a própria substância do ato; como exemplo, não poderá o juiz considerar provado o estado civil de casado mediante prova testemunhal ou documental que não seja a certidão extraída do assento do Registro Civil. Note-se: quando a lei estabelece que somente por determinado meio se prova um fato, não se permite ao juiz considerá-lo provado por outro meio, por mais especial que seja. Assim, vale reproduzir o que dispõe o art. 366 do CPC: "Quando a lei exigir, como da substância do ato, o instrumento público, nenhuma outra prova, por mais especial que seja, pode suprir-lhe a falta". É o que alguns processualistas chamam de "prova legal", expressão que deve ser interpretada no seguinte sentido: a forma do ato já vem previamente definida em lei material – como, por exemplo, o *pacto antenupcial*, que exige instrumento público, e, portanto, tal forma de realização do ato jurídico prevista pelo direito material é o único meio possível para provar o ato efetivado. Todavia, merece observação que a expressão "prova legal" pode conduzir o acadêmico a equívoco, na medida em que todos os meios legais, bem como os moralmente legítimos, são hábeis para provar a verdade dos fatos em que se fundam a ação ou a defesa, nos termos do art. 332 do CPC, hipótese que também pode ser vista como *prova legal*, em face de sua previsão pelo ordenamento jurídico. Na essência, *prova legal* é aquela possível, vez que prevista em lei. E, contrapondo-se, tem-se a denominada *prova ilegal*, que ocorrerá quando houver violação do ordenamento jurídico como um todo – por exemplo, a reconstituição de fato que afronta os bons costumes, hipótese que o ordenamento jurídico não autoriza. Frise-se, por oportuno, que *prova ilícita* é espécie do gênero *prova ilegal*, e ocorrerá diante de uma proibição de natureza material. Como exemplos temos a prova obtida mediante gravação oculta, ilícita, porque viola o direito de intimidade da pessoa; como também a prova obtida mediante tortura de pessoa – lembrando-se que a Constituição Federal proíbe a utilização de prova obtida ilicitamente (art. 5º, LVI, da CF).

6.1.4.1.4 *Atos reais* – Consistem em atos de comparecimento das partes às audiências, atos de exibição de documento ou coisa ou atos de sujeição a inspeção judicial. Portanto, são atos que implicam conduta processual das próprias partes.

*6.2 Pedido*

É o *objeto da ação*; é a pretensão deduzida em juízo pelo autor na sua petição inicial, e às vezes também pelo réu na reconvenção, em ação de conhecimento de rito comum ordinário, ou no pedido contraposto na própria contestação, em ação de conhecimento de rito comum sumário – lembrando-se, ainda, que as ações possessórias têm natureza dúplice.

O *pedido* é o núcleo da ação, e serve para delinear os limites objetivos da decisão. Vale dizer: o juiz julgará o pedido formulado nos autos, e nos exatos limites da sua formulação, salvo nas hipóteses contempladas nos arts. 288, parágrafo único, e 461, § 5º, do CPC. A contestação do réu, como regra, serve apenas para ampliar a matéria objeto de conhecimento pelo juiz no feito, exceção feita às hipóteses de o réu oferecer a modalidade de defesa *reconvenção*, em peça autônoma e separada da contestação, no rito ordinário, ou de apresentar pedido contraposto na própria contestação, no rito comum sumário, como visto, ou mesmo nas ações dúplices – hipóteses em que haverá ampliação do objeto da ação, ou seja, do pedido, o qual não se confunde com o objeto da cognição, que é sempre mais amplo, como veremos em capítulo posterior.

Alguns doutrinadores classificam o pedido em *imediato* e *mediato*, a saber: (a) no pedido *imediato* pleiteia-se uma providência jurisdicional, ou seja, a aplicação da lei material ao caso concreto. Essa providência poderá ser de natureza condenatória, constitutiva, declaratória ou mandamental e executiva *lato sensu*, numa ação de conhecimento; ou, ainda, de natureza assecuratória em ação cautelar; ou mesmo de natureza satisfativa em ação de execução; (b) o pedido *mediato* visa ao bem ou interesse juridicamente protegidos. Como exemplos temos a entrega da coisa, o pagamento, a desocupação de imóvel etc..

*O pedido deve ser certo ou determinado*, permitindo-se a formulação de *pedido genérico*: (a) nas ações universais, quando não for possível individuar os bens demandados – como, por exemplo, em ação de petição de herança; ou (b) nas ações de reparação de danos, quando não for possível determinar de imediato as consequências do ato ou fato ilícito (art. 286 do CPC). Note-se que nas ações coletivas previstas no Código de Defesa do Consumidor para defesa de direitos individuais homogêneos a regra é o pedido genérico, posto que dificilmente se tem a extensão das consequências do ato ou fato por ocasião do início da demanda (CDC, arts. 81, parágrafo único, III, e 95).

Nas obrigações de fazer ou não fazer admite-se o pedido de cominação de multa diária (*astreintes*), a ser fixada pelo juiz, a fim de compelir o devedor ao cumprimento específico da obrigação (art. 287, 461, § 4º, e 461ˉA, § 3º, do CPC).

Admite-se a *cumulação de pedidos* em face do mesmo réu, desde que: (a) os pedidos sejam compatíveis entre si; (b) competente o mesmo juízo; e (c) adequado para todos os pedidos o tipo de procedimento, salvo, sendo diversos os ritos, se o autor empregar o procedimento comum ordinário. Esses são os requisitos para que se tenha a cumulação de pedidos por parte do autor (art. 286, § 1º, do CPC).

O *pedido* poderá ser *alternativo* quando a obrigação puder ser cumprida de várias maneiras, ou seja, por mais de um modo, alternativamente. Quando a escolha couber ao devedor o juiz lhe assegurará esse direito ainda que o autor da ação não tenha formulado o pedido alternativo (art. 288 e parágrafo único do CPC).

Nosso mecanismo processual também admite a formulação de *pedidos sucessivos*, a fim de que o juiz conheça e aprecie o pedido posterior, não podendo acolher o anterior (art. 289 do CPC). Na verdade, é uma pretensão subsidiária apresentada pelo autor no mesmo feito, sendo prejudicado o acolhimento do pedido principal anterior. O pedido sucessivo apenas será examinado pelo juiz se não houver possibilidade do deferimento do pedido principal. Por exemplo, pode ocorrer cumulação de pedido de indenização por perdas e danos com pedido principal de obrigação de fazer, porquanto são compatíveis.

Importante enfatizar que "os pedidos são interpretados restritivamente, compreendendo-se, entretanto, no principal os juros legais" (art. 293 do CPC). Assim, embora interpretados de forma restritiva, há alguns pedidos implícitos – tais como: (a) os juros legais (art. 293 do

CPC); (b) os juros de mora (art. 219 do CPC); (c) a correção monetária (Lei 6.899/1981), posto que mera atualização da moeda, não conferindo qualquer vantagem indevida ao autor; (d) as despesas processuais e os honorários advocatícios (art. 20 do CPC); e (e) o pedido de prestações periódicas vincendas (art. 290 do CPC). No que concerne à interpretação restritiva do pedido por ocasião do pronunciamento jurisdicional de mérito, vale sempre lembrar que a sentença deve ser apresentada de forma congruente com o pedido deduzido nos autos (art. 460 do CPC).

Por derradeiro, em relação aos aspectos principais que envolvem o pedido, é importante destacar que, em razão do *princípio da estabilização objetiva da demanda*, caberá ao autor formular toda pretensão que tenha por ocasião da petição inicial, posto que somente poderá alterar livremente o pedido ou a causa de pedir antes da concretização da citação da parte contrária (art. 294 do CPC). Após a citação do réu, e até o momento procedimental do saneador, o autor apenas poderá modificar o pedido ou a causa de pedir se houver consentimento do réu (art. 264 e parágrafo único do CPC). Note-se que após o saneador não mais poderá ocorrer qualquer modificação em relação ao objeto da ação.

## 6.3 Causa de pedir

Consiste nas razões jurídicas e razões de fato que apoiam o pedido do autor. São os fatos e os fundamentos jurídicos que apoiam o pedido formulado na causa. Pode-se apresentar a seguinte subdivisão: (a) causa de pedir *próxima* – são os *fundamentos jurídicos do pedido*; (b) causa de pedir *remota* – são os *fundamentos de fato*.

Vale esclarecer que *fundamento jurídico* não é simplesmente a menção a um dispositivo legal, mas, sim, a referência expressa sobre o conteúdo da norma, ou seja, sobre aquilo que a norma jurídica de direito material busca proteger; e *fundamento de fato* são os acontecimentos que dão respaldo ao pedido formulado. Ambos deverão apresentar-se perfeitamente descritos na petição inicial.

*Importante frisar, no tocante ao aspecto fático, que o objeto de prova nos autos, como regra, são os fatos controvertidos, não notórios e não submetidos a presunção legal, e caberá*: (a) ao autor a incumbência de provar nos autos o fato constitutivo de seu direito (art. 333, I, do CPC); (b) ao réu, por sua vez, a incumbência de provar eventual fato impeditivo, modificativo ou extintivo do direito do autor, se argui-los nos autos por ocasião de sua defesa.

Na verdade, a regra procedimental sobre provas apresenta-se no sentido de que *cabe a quem alegar o fato a incumbência de comprová-lo nos autos*.

Apresentados os elementos da ação, afigura-se relevante observar que consideram-se idênticas as ações quando elas apresentarem exatamente os mesmos três elementos, *partes*, *pedido* e *causa de pedir*. A lei processual impede que se ingresse novamente em juízo com a mesma ação, quer esteja ela em andamento, quer esteja definitivamente encerrada, com apreciação do mérito. Nesse propósito, podemos destacar os fenômenos processuais *litispendência* e *coisa julgada*, respectivamente contemplados nos §§ 1º e 3º do art. 301 do CPC. Assim, enquanto estiver em curso a ação tem-se o fenômeno *litispendência*, que impede a repropositura dessa mesma ação. Na verdade, *litispendência* significa *lide pendente de julgamento*, de modo que no momento em que se ingressa em juízo com uma ação já surge o que se denomina *litispendência*, fenômeno que impede a repetição da mesma ação. Por sua vez, se já encerrado o processo de modo definitivo com o julgamento do mérito, surge o fenômeno *coisa julgada*, que também tem por finalidade obstar à repetição da mesma ação, conferindo a segurança jurídica da imutabilidade das decisões de mérito e de seus efeitos por ocasião em que não comportar mais qualquer recurso nos autos – portanto, em razão de processos findos. Se eventualmente houver a repropositura da mesma ação, em qualquer dessas situações, caberá à defesa arguir tais fenômenos em preliminar na peça *contestação*, nos termos do art. 301, V e VI, do CPC. A consequência será a extinção sem o julgamento do mérito desse novo processo, ou seja, dessa ação que se repete, consoante dispõe o art. 267, V, do CPC. Entretanto, se eventualmente não forem arguidas tais matérias pela defesa, poderá o juiz delas conhecer *ex officio*, posto que são matérias de ordem pública, e não se submetem a preclusão. Portanto, poderão ser arguidas no feito a qualquer tempo, ou mesmo conhecidas de ofício pelo próprio juiz, que, então, decretará a extinção do feito sem a apreciação do objeto da ação, ou seja, do mérito.

## 7. Reunião de ações

Em determinadas situações a lei processual autoriza a *reunião de ações* para apreciação conjunta pelo mesmo juízo. Isso ocorre em atenção ao *princípio da economia processual* e para evitar decisões conflitantes que envolvam a mesma questão. Assim, tal hipótese basicamente poderá ocorrer nos seguintes casos: *conexão, continência* e *juízo universal da falência*. Ainda podemos verificá-la nos casos de *ação declaratória incidental* e diante da modalidade de defesa denominada *reconvenção*, a qual tem natureza jurídica de ação do réu-reconvinte em face do autor-reconvindo, aproveitando-se o processo já instaurado por este último. Considerando que estas últimas situações serão objeto de análise oportunamente, por ora daremos destaque à possibilidade de reunião de ações diante da *conexão* e da *continência*.

## 7.1 Conexão

Existe *conexão* quando entre duas ou mais ações "lhes for comum o objeto ou a causa de pedir", nos termos do que dispõe o art. 103 do CPC. Inicialmente merece observação a possibilidade de se afirmar que o termo "ou", utilizado no dispositivo legal em tela, deveria ser entendido como "e", ante a relação lógica e natural que deve existir entre o objeto da ação, que é o pedido formulado, e a causa de pedir, constituída pelos fatos e fundamentos jurídicos que apoiam o pedido. Tanto que a eventual inexistência de conclusão lógica entre os fatos e o pedido implica inépcia da petição inicial, consoante o art. 295, parágrafo único, II, do CPC, de tal sorte que não haveria como dissociar esses dois elementos da ação numa análise sobre eventual conexão. Não obstante tal nexo lógico, é certo que o legislador utilizou corretamente o termo "ou", de modo que tal forma alternativa poderá efetivamente ser considerada para fixação da conexão. E como exemplo podemos destacar uma relação jurídica contratual que dá origem a uma ação onde se busca um provimento jurisdicional de natureza condenatória, qual seja, o cumprimento específico de obrigação contratual, portanto apresenta pedido de natureza condenatória, e uma outra ação relacionada ao mesmo contrato, porém intentada pelo outro contratante, na qual se pede a declaração de inexistência da relação jurídica. Note-se: embora os pedidos sejam diversos, tem-se o ponto comum identificador de conexão, que é a causa de pedir remota – qual seja, o mesmo contrato.

Os questionamentos que surgem diante da conexão entre duas ou mais ações em curso perante juízos diversos, são no sentido de se saber:

(a) Sempre haverá a reunião das ações conexas?

(b) Qual o juízo, ou seja, a Vara, que efetivamente deverá reunir as ações conexas para apreciação conjunta e julgamento único, no denominado *simultaneus processus*?

Primeiramente, tem-se que a reunião dos feitos apenas se admite nos casos em que a competência do juízo seja relativa, vale dizer, nas hipóteses em que a competência é fixada em razão do foro ou do valor, porquanto estas autorizam a prorrogação da competência do juízo, e se o momento procedimental das ações conexas permitir a reunião – o que não ocorreria, por exemplo, se uma delas estivesse em seu início e a outra na fase recursal.

No que tange ao segundo questionamento, sobre qual dos juízos igualmente competentes atrairia para si a reunião das ação conexas, merece atenção a questão sobre a *prevenção*. *Juízo prevento* é aquele que por algum fator preveniu para si a incumbência de conhecer e apreciar eventuais ações conexas. Indaga-se: quais fatores estabelecem a *prevenção* do juízo para as ações conexas? Duas situações merecem destaque, a saber: (a) se as ações conexas estiverem em tramitação perante Varas diversas mas no mesmo foro, ou seja, na mesma comarca, o fator que estabelece a prevenção de uma delas será o momento do despacho da petição inicial. Vale dizer: prevento será o juízo em que o juiz despachou em primeiro lugar a petição inicial, nos termos do art. 106 do CPC; (b) se as ações conexas estiverem em tramitação perante Varas diversas e em foros diversos, portanto em comarcas diferentes, prevento será o juízo que primeiro concretizou nos autos a citação válida da parte contrária, nos termos do art. 219 do CPC.

## 7.2 Continência

Ocorre *continência* entre duas ou mais ações sempre que houver identidade quanto às partes e à causa de pedir mas o objeto de uma, por ser mais amplo, abranger o das outras ações – consoante o art. 104 do CPC. Note-se que na *continência* não será o critério da prevenção que definirá qual dos juízos reunirá as ações, mas, sim, o elemento *pedido*, porquanto o mais amplo servirá para estabelecer a Vara que reunirá as causas continentes – evidentemente, se o momento procedimental delas assim o permitir. Podemos exemplificar a continência diante de duas ações cujo pedido é a indenização por danos materiais decorrentes de colisão de veículos. Numa o autor "A" requer em face do "B" a reparação dos danos provocados em seu veículo e também postula os lucros cessantes, ou seja, aquilo que deixou de auferir em virtude da impossibilidade de utilização do veículo. E na outra causa, em curso em outra Vara, o autor "B" requer em face de "A" tão somente a reparação dos danos materiais. Ora, a primeira, por apresentar pedido mais amplo (*continente*), é que atrairá a outra causa (*contida*).

## 8. Classificação das ações quanto ao objeto: "conhecimento", "execução" e "cautelar"

Essa classificação é feita segundo a modalidade de provimento jurisdicional pretendido pelo autor. Em outras palavras, a classificação se faz em razão do objeto da ação, que é o pedido deduzido na peça inicial.

Vale frisar: conforme o pedido formulado pelo autor nós podemos classificar os processos em uma das formas acima referidas.

Nosso Código de Processo Civil apresenta uma divisão sistemática dos dispositivos legais, e o faz em cinco livros, contemplando: "Livro I – *Do Processo de Conhecimento*"; "Livro II – *Do Processo de Execução*"; e "Livro III – *Do Processo Cautelar*".

### 8.1 Ação de conhecimento

Na *ação* ou no *processo de conhecimento* o autor pretende que o juiz conheça o fato e o pedido narrados na peça inicial e declare o direito material cabível no caso concreto, em uma *sentença de mérito*. O juiz, então, aplicará a lei material ao caso concreto, dando a cada um o que é seu por direito. Nessa modalidade de ação o autor narra fatos, buscando que o juiz deles conheça de modo completo, em uma cognição exauriente, após ampla possibilidade de produção probatória nos autos, para que, então, possa formar um juízo de valor sobre as alegações e provas existentes no feito e, baseado numa certeza jurídica, conferir um pronunciamento jurisdicional de mérito, aplicando a lei material ao caso concreto.

Oportuno salientar que o juiz julga o *pedido* formulado pelo autor na peça inicial, e às vezes também o do réu, formulado através da reconvenção ou do pedido contraposto. E deve fazê-lo nos exatos limites do pedido, ou seja, não pode julgar além do pedido (*ultra petita*), nem fora do pedido (*extra petita*), e não pode deixar de conhecer da totalidade do que fora pedido (*infra petita*). A sentença tem seus exatos limites objetivos traçados no pedido deduzido nos autos. Já, a *contestação* apresentada pela parte contrária serve, como garantia do contraditório e da ampla defesa, para ampliar a matéria objeto de conhecimento pelo juiz naquele processo, mas o que ele deve julgar é o *pedido* do autor e às vezes também o do réu, se apresentados na forma legalmente prevista, como já afirmado (v. modelos de peças processuais apresentadas no Capítulo VII).

### 8.1.1 Síntese sobre as fases procedimentais em ação de conhecimento

Inicialmente importa salientar que as *ações de conhecimento*, no âmbito civil, podem ser classificadas como sendo de *procedimento comum ordinário*, cujos atos processuais são sequencialmente praticados de forma ampliada no tempo – e, portanto, morosa; ou de *procedimento comum sumário*, cujos atos se desenvolvem de forma mais concentrada no tempo – portanto, mais célere; e ainda podem ser de *procedimentos especiais*, estes contemplados no Livro IV do Código de Processo Civil.

*8.1.1.1* Rito comum ordinário

No *procedimento comum ordinário* é possível identificar quatro fases distintas, quais sejam: (a) a *fase postulatória*; (b) a *fase ordinatória* ou de eventual *julgamento conforme o estado do processo*; (c) a *fase instrutória*, também denominada *probatória*; e (d) a *fase decisória*.

8.1.1.1.1 *Fase postulatória* – A *fase postulatória* compreende predominantemente a formulação da demanda, iniciando-se com a propositura da ação mediante protocolização em juízo da *petição inicial*, que deverá atender aos requisitos contemplados nos arts. 282 e 283 do CPC e que ensejará, na sequência procedimental, o *despacho inicial do juiz*, que, por sua vez, poderá ser classificado em: (a) *positivo* – quando recebe a peça inicial e determina processamento e citação do requerido; (b) *correcional* – nos termos do art. 284 do CPC, que confere o prazo de 10 dias para que o autor proceda ao aditamento ou emenda da inicial ou confere o prazo de 48 horas na hipótese prevista no art. 39, parágrafo único, do CPC; ou (c) despacho inicial *negativo* – aquele que indefere a petição inicial e, então, põe fim ao processo sem julgamento do pedido, sendo, na verdade, uma sentença terminativa. Sendo *positivo* o despacho inicial do juiz, o feito segue até a eventual *resposta do réu*, no prazo legal de 15 dias contados a partir da efetivação do ato *citação* nos autos do processo, de modo que a *fase postulatória* segue até o momento do oferecimento da defesa, cujas modalidades, nesse rito ordinário, podem ser classificadas em: *contestação*; *exceções processuais de impedimento ou suspeição do juiz* ou *de incompetência do juízo*; *reconvenção*; e as hipóteses também denominadas de "intervenção de terceiros" *nomeação à autoria* e *chamamento ao processo*, pois são medidas exclusivas da defesa. Note-se que nesse procedimento ordinário o requerido poderá formular pedido em seu favor, no momento da defesa, através da peça *reconvenção*, que deverá ser protocolizada simultaneamente com a contestação, porém em peças separadas, diante do *princípio da concentração da defesa*. Assim, como visto, nessa fase postulatória pode haver providências preliminares determinadas pelo juiz nos casos de irregularidades na peça inicial que ensejam determinação judicial para emenda ou aditamento pelo autor. Do mesmo modo, pode ocorrer o encerramento do feito desde logo, mesmo antes da eventual resposta do réu, quando o juiz indeferir a petição inicial (art. 295 do CPC), extinguindo o feito sem julgamento do mérito (art. 267 do CPC), ou mesmo os casos em que aprecia o próprio mérito por ocasião do despacho inicial, nos termos do que dispõe o art. 285-A do CPC – entenda-se: *quando a questão apresentada na inicial for unicamente de direito e já existirem reiteradas decisões naquele juízo, sendo todas de improcedência do pedido*. A *resposta do réu*, conforme o art. 297 do CPC, pode consistir em: (a) *contestação* – na qual o réu opõe resistência à pretensão formulada pelo autor; (b) *exceção* – quando o réu opõe defesa processual; e (c) *reconvenção* – que permite ao réu formular pedido em seu favor em face do autor e aproveitando o processo já instaurado, ou seja: apresentando pedido, para que o juiz também o aprecie. Incluem-se ainda a (d) *nomeação à autoria*, medida em que o réu pretende a substituição no polo passivo da ação, e o (e) *chamamento ao processo*, medida em que o réu pretende incluir no polo passivo os demais devedores solidários.

8.1.1.1.2 *Fase ordinatória* – A *fase ordinatória*, que pode envolver o *julgamento conforme o estado do processo*, é aquela em que o juiz verifica se o processo está em ordem e pode prosseguir validamente. Nessa fase procedimental podem surgir diversas alternativas, quais sejam: (a) providências preliminares então determinadas pelo juiz para que ocorra a regularização da demanda, diante de eventuais vícios procedimentais; (b) designação de data para audiência preliminar, cujo conteúdo é a tentativa de conciliação entre as partes ou, não ocorrendo tal composição amigável entre elas, haverá nessa audiência o *despacho saneador*; (c) ou, dependendo da situação, poderá o juiz proferir *julgamento conforme o estado processo* (art. 330 do CPC). No *julgamento conforme o estado do processo*, por seu turno, poderá ocorrer: (1) a *extinção do processo* nas formas: (a) *sem julgamento do mérito*, quando incidentes as hipóteses do art. 267 do CPC; ou (b) *com julgamento do mérito*, se incidentes as hipóteses previstas no art. 269, II a V, também denominadas *sentenças de mérito atípicas*, porque não envolvem o ato do próprio juiz de apreciar as provas para decidir o mérito – ou seja, se ocorrer o *reconhecimento jurídico do pedido* (*ato do réu*), a *renúncia ao direito material* (*ato do autor*), o *reconhecimento da decadência ou da prescrição* pelo juiz, ou se houver *transação* pelas partes (art. 329 do CPC); (2) o *julgamento antecipado da lide*, se a matéria for de unicamente de direito ou, se de direito e de fato, não houver necessidade da produção de prova em audiência, seja por ter havido confissão, seja por já estar suficientemente provado o fato, por documento produzido na inicial ou na resposta, e ainda quando ocorrer o efeito da revelia quanto à presunção de veracidade dos fatos alegados pelo autor (art. 330 do CPC). Caso não seja hipótese de julgamento conforme o estado do processo, nessa fase ordinatória ocorrerá o denominado *saneamento do processo*, ato do juiz que poderá acontecer em audiência preliminar, facultativamente designada para os casos que admitam transação e desde que haja elementos nos autos a indicar a possibilidade de concretização da conciliação entre as partes; ou poderá ocorrer o despacho saneador do juiz sem a destacada audiência preliminar, portanto em seu gabinete, nos casos em que o juiz verifique ser improvável a conciliação. O *despacho saneador*, na essência, tem conteúdo decisório, tratando-se de verdadeira decisão interlocutória, isto porque nele o juiz decide questões processuais pendentes e, ainda, defere, ou não, os meios de prova indicados pelas partes; e está previsto no art. 331, § 2º, do CPC. No seu conteúdo temos: (a) fixação dos pontos controvertidos sobre os quais deverão incidir as provas a serem produzidas nos autos do processo; (b) decisão de questões processuais ainda pendentes; (c) deferimento, ou não, dos meios de prova que as partes indicaram nos autos (autor, na inicial; e réu, na defesa) e pretendem ver produzidas; (d) abertura de prazo ou fixação de data para as partes depositaram em cartório o rol de suas testemunhas, pois caso não haja tal fixação pelo juiz as partes deverão depositar o rol de suas testemunhas até 10 dias antes da data da audiência de instrução e julgamento, observando que tal procedimento destina-se apenas a esse rito ordinário, posto que no rito sumário o autor deverá indicar o rol das testemunhas na própria petição inicial, e o réu na sua peça de defesa *contestação*; e (e) designação de data para a audiência de instrução e julgamento, determinando a intimação das partes e seus advogados para comparecimento, além das testemunhas, se requerida a intimação destas.

**8.1.1.1.3 *Fase instrutória ou probatória*** – Havendo necessidade da produção de prova oral ou pericial, passa-se para a *fase instrutória* ou *probatória*, a partir do saneamento até a audiência de instrução e julgamento, na qual são produzidas as provas orais, na seguinte ordem: primeiro, esclarecimentos de peritos; depois os depoimentos pessoais das partes, primeiro o do autor depois o do réu, individualmente e separadamente; e na sequência a oitiva das testemunhas indicadas pelo autor e por último as indicadas pelo réu, todas individualmente (art. 331, § 2º, do CPC).

**8.1.1.1.4 *Fase decisória*** – Com o encerramento da fase probatória (art. 454 do CPC) haverá o início da *fase decisória*, precedida dos debates orais dos advogados das partes, no prazo de 20 minutos, prorrogáveis por mais 10, para cada parte, primeiro para o autor e depois para o réu, e por fim para o Ministério Público, quando intervém no feito como *custos legis* (fiscal da lei), sendo que os debates orais poderão ser substituídos por memoriais escritos, desde que requerido em conjunto pelos advogados das partes e deferido pelo juiz. A fase decisória segue-se imediatamente ao momento em que o juiz proferirá a sentença de mérito, desde logo na própria audiência de instrução e julgamento, logo após os debates orais, ou, não sendo este o caso, no prazo de 10 dias (art. 456 do CPC). Não havendo recurso (embargos declaratórios ou apelação), a sentença que encerra o procedimento em primeiro grau de jurisdição colocará fim ao processo definitivamente. Ao momento procedimental em que não cabe mais recurso, ou porque não interposto no prazo, ou porque já utilizados todos os previstos em lei, denomina-se *trânsito em julgado*, ocasião em que simultaneamente surge o fenômeno processual de definitividade dos efeitos do pronunciamento jurisdicional de mérito, qual seja, a *coisa julgada*.

*8.1.1.2* Rito comum sumário

Sua estrutura é muito mais simplificada e concentrada em relação à do procedimento ordinário, sendo, portanto, mais célere no tempo, isto porque haverá concentração de atos processuais. Daí por que mais difícil a visualização das fases processuais nesse procedimento. Aliás, vale o registro no sentido de que a reforma em tramitação no Congresso Nacional para o Código de Processo Civil contempla apenas o procedimento comum, não havendo mais sua subdivisão em sumário e ordinário, e na essência, pelo Projeto do novo Código processual, esse procedimento comum terá basicamente o perfil do sumário. Atualmente o procedimento sumário tem por escopo propiciar solução mais célere a determinadas causas, especificadas em face de seu valor (até 60 salários-mínimos) ou em face de sua natureza, conforme dispõe o art. 275 do CPC. Pelo disciplinamento legal, nesse escopo de celeridade, têm-se acentuada concentração e simplificação dos atos processuais, de tal modo que a atividade postulatória e a atividade ordinatória saneadora estão interligadas. Formalmente, a sequência procedimental apresenta-se da seguinte maneira: (a) petição inicial; (b) despacho inicial do juiz, no qual ele já designa data para audiência de conciliação, determinando a citação do réu para que nela compareça e, querendo, ofereça defesa, sob pena de revelia; (c) audiência de conciliação, momento em que o juiz tenta a composição amigável entre as partes sobre a questão apresentada na demanda; e, sendo infrutífera tal conciliação, haverá a abertura de oportunidade, nessa mesma audiência, para que o réu ofereça sua defesa, cujas modalidades podem ser *contestação* e as *exceções processuais*, não sendo admitido nesse rito sumário a intervenção de terceiros, salvo a *assistência* e a *intervenção fundada em contrato de seguro*, como também não caberá *reconvenção*, porém ao réu permite-se formular pedido contraposto na própria peça *contestação*, desde que apoiado nos mesmos fatos narrados pelo autor; (d) audiência de instrução, debates e julgamento. Vale lembrar que nesse rito sumário caberá as partes indicar o rol de testemunhas na seguinte forma: ao autor, na petição inicial; e ao réu, na peça *contestação*, limitada a inquirição a 3, para prova de cada fato. Sua estrutura é tão simplificada que, nos termos da lei processual, pode-se dizer que as fases postulatória, ordinatória e instrutória são muito concentradas. Já, a fase decisória acontece de modo idêntico ao do procedimento ordinário – portanto, na audiência de instrução e julgamento, cuja dinâmica sequencial dos atos é praticamente a mesma para os dois procedimentos (arts. 277 a 280 do CPC). Embora concentrado, o procedimento sumário não é de cognição sumária ou superficial. Também nesse procedimento haverá a cognição plena e exauriente por ocasião do julgamento, onde todas as questões serão analisadas pelo juiz com profundidade e de modo completo no pronunciamento de mérito.

## 8.1.2 Classificação das sentenças de mérito

Retomando a classificação que estamos analisando, temos que o *processo de conhecimento* pode gerar, conforme o pedido apresentado nos autos, uma *sentença de mérito das seguintes naturezas*:

### 8.1.2.1 Sentença de mérito meramente declaratória

É aquela proferida diante de um pedido formulado pelo autor, na peça inicial, que objetiva apenas a declaração sobre a validade, ou não, de um título ou sobre a existência ou inexistência de uma relação jurídica – ou seja, quando o autor visa à declaração sobre a existência, ou não, de um direito decorrente de uma relação entre pessoas. Se ao final do processo o juiz acolher o pedido formulado pelo autor, temos que a sentença julgou o pedido procedente; e, ao contrário, se não acolher o pedido deduzido pelo autor na peça inicial, fala-se que houve uma sentença de improcedência do pedido. Podemos destacar como exemplo dessa modalidade de sentença a que declara a inexistência ou existência de uma *união estável* e, ainda, a que declara a validade de um título cambial ainda não vencido. A característica dessa sentença é sua retroatividade; portanto, seu efeito é *ex tunc*. Retroage à data em que praticado o ato.

### 8.1.2.2 Sentença de mérito de natureza condenatória

É aquela que aplica uma condenação civil ao réu. O juiz, ao acolher a pretensão do autor, declara seu direito e que houve uma violação a esse direito, e, então, ao mesmo tempo aplica a sanção jurídica de natureza civil. Como exemplo: uma ação de conhecimento em que o autor objetiva a cobrança de uma dívida. O juiz, ao julgar procedente o pedido do autor, declara a existência da relação jurídica material – a saber, declara a existência da obrigação do devedor de pagar o credor – e, ao mesmo tempo, condena o requerido-devedor a pagar a importância que é devida ao credor, autor da ação. A característica dessa modalidade de sentença é seu efeito *ex tunc*, ou seja, eficácia retroativa à data do ato ou fato que deu origem à obrigação. Obtida a sentença de natureza condenatória definitiva, adquire o autor um instrumento jurídico destinado à satisfação efetiva do seu direito, instrumento hábil a apoiar eventual ação de execução na hipótese de não ocorrer o cumprimento voluntário do comando emergente dessa sentença. Frise-se: essa sentença é título executivo judicial, nos termos do art. 584, I, do CPC, autorizando a denominada *execução forçada* numa ação própria de execução.

No âmbito do direito penal há de se observar que a *sanção penal* difere da sanção de natureza civil porquanto na esfera penal a sentença é condenatória ou absolutória, diante do objeto dessa ação, que sempre é a *pretensão punitiva* a ser aplicada a um eventual infrator, ou seja, àquele que praticou a conduta típica prevista numa norma penal incriminadora existente na Parte Especial do Código Penal.

### 8.1.2.3 Sentença de mérito de natureza constitutiva

É verificável nas ações em que o pedido do autor visa a um provimento jurisdicional, ou seja, uma manifestação ou prestação jurisdicional, que constitua, modifique ou extinga uma relação ou situação jurídica. Como exemplos: ação de divisão de terras entre condôminos; rescisão de contrato por inadimplemento; anulação de casamento; etc.

Essa modalidade pode ser subdividida em: (a) *constitutiva positiva* – aquela que cria uma situação jurídica nova – a saber, exemplificativamente: a sentença de interdição, que constitui o estado de interdito, afastando a capacidade da pessoa para a prática dos atos da vida civil, os quais passarão a ser de responsabilidade do curador definitivo nomeado na sentença. Vale lembrar que essa sentença enseja o que se denomina *execução imprópria*, de modo que para surtir efeitos basta seu encaminhamento para averbação no Registro Civil; (b) *constitutiva negativa* – também denominada *desconstitutiva*, aquela que extingue uma situação jurídica; como exemplos: a proferida em ação de separação judicial que dissolve a relação conjugal; bem como a de uma ação de divórcio que dissolve o vínculo matrimonial. Também se submete à denominada *execução imprópria*.

A característica dessa modalidade de sentença – qual seja, *constitutiva* – é a eficácia *ex nunc*, ou seja, a não retroatividade, de modo que seus efeitos operam a partir da sentença, salvo na hipótese de sentença que decreta a anulação de contrato eivado por um dos *vícios de consentimento* – quais sejam: *erro*, *dolo* ou *coação* –, incluindo-se aqui também os *vícios sociais* – a saber, *simulação ou fraude* –, que então retroagirá à data da celebração do contrato. Assim, excepcionalmente a sentença desconstitutiva retroage à data da celebração do contrato se houver vício de consentimento ou vício social declarado no pronunciamento jurisdicional de mérito desconstituindo a relação jurídica de natureza obrigacional.

## 8.1.2.4 Sentença de mérito de natureza mandamental

É aquela que contém uma ordem, ou seja, um ato de império do Estado-juiz, para coagir o réu a respeitar o direito material por ela protegido, ou seja, para que cumpra o comando emergente do pronunciamento jurisdicional proferido. Distingue-se das demais porque nela há uma ordem que produz a coerção necessária sobre a vontade do réu. Exemplificativamente, podemos destacar a sentença de mérito de procedência em uma ação cujo objeto é o cumprimento específico de obrigação de fazer ou não fazer, nos termos do art. 461 do CPC, que, embora seja de natureza condenatória, tem carga com predominância mandamental; e, ainda, a sentença que decreta o despejo de um bem imóvel.

## 8.1.2.5 Sentença de mérito de natureza executiva *lato sensu*

É a que instaura uma execução forçada nos próprios autos da ação de conhecimento em que proferida, dispensando a ação própria de execução, de modo que garante a efetividade do pronunciamento jurisdicional de mérito através da satisfação do direito material de modo imediato, abreviando o tempo e eliminando as despesas próprias à propositura de uma ação de execução. Aqui podemos destacar o que dispõe o § 5º do art. 461 do CPC, com redação determinada pela Lei 10.444, de 7.5.2002: "§ 5º. Para a efetivação da tutela específica ou a obtenção do resultado prático equivalente, poderá o juiz, de ofício ou a requerimento, determinar as medidas necessárias, tais como a imposição de multa por tempo de atraso, busca e apreensão, remoção de pessoas e coisas, desfazimento de obras e impedimento de atividade nociva, se necessário com requisição de força policial". Lembrando-se que tais medidas se aplicam nas ações de conhecimento cujo objeto seja o cumprimento específico de uma obrigação de fazer ou não fazer (art. 461 do CPC).

Nesse enfoque sobre a natureza jurídica das sentenças de mérito proferidas em ação de conhecimento, ainda merece destaque que: (a) sentença de mérito que julga improcedente o pedido tem natureza declaratória, na medida em que há um pronunciamento jurisdicional no sentido de que o direito material não pertence ao autor da ação – o que não significa afirmar que o direito pertence ao réu, posto que para tal análise e pronunciamento do Estado-juiz deveria ele (réu) ter formulado pedido nos autos; e, se não o fez, poderá formulá-lo em ação própria e autônoma, se o caso; (b) toda e qualquer sentença de mérito é antes de mais nada de natureza declaratória, porém o que determina a exata classificação indicada anteriormente é a carga preponderante que ela apresenta conforme o pedido formulado no feito, de modo que se a carga predominante for apenas a declaração sobre a existência, ou não, de um direito, ou sobre a autenticidade, ou não, de um título, será classificada como sentença meramente declaratória; ou, ainda, exemplificativamente, se a carga predominante for condenatória, ela será, na verdade, declaratório-condenatória, na medida em que inicialmente declara o direito em favor do autor e condena a parte contrária a algo, e então afirma-se sua natureza condenatória, posto que é a carga de prevalência que apresenta.

## 8.2 Ação de execução

Visa à satisfação do direito material em favor do exequente, através de medidas coercitivas do Estado-juiz. Aqui podemos salientar duas modalidades de pretensão executiva. Na primeira, a lide já foi solucionada em processo de conhecimento que, então, gerou título executivo judicial, sentença de mérito de natureza condenatória transitada em julgado, que dará ensejo a uma *fase de cumprimento da sentença* nos próprios autos da ação de conhecimento que originou o título judicial, caso não haja o cumprimento voluntário da obrigação. Como segunda modalidade de pretensão executiva temos aquela que se apoia em título executivo extrajudicial, como os títulos cambiais (cheque, duplicata, letra de câmbio, nota promissória) não honrados pelo devedor, e que, então, autoriza a denominada *ação de execução autônoma*, pois não depende da ação de conhecimento, uma vez que a obrigação vem estampada em título executivo considerado extrajudicial. De todo modo, a pretensão do exequente é a satisfação de seu direito, que é certo, reconhecido, inquestionável, mas ainda não satisfeito. O objeto da execução é a satisfação do direito material do credor, que pode estar relacionado a uma obrigação de fazer, dar, pagar etc. A execução sempre deve estar fundada em título executivo, o qual, como visto, poderá ser título executivo judicial, cujo rol está apresentado no art. 475-N do CPC, ou título executivo extrajudicial, cujo rol está no art. 585 do CPC. Na hipótese de título executivo judicial *sentença de mérito definitiva* o que teremos será uma nova fase procedimental nos próprios autos da ação de conhecimento já encerrada, fase, esta, denominada *fase de cumprimento de sentença*. Já, se o título executivo for extrajudicial teremos que propor ação de execução autônoma no propósito de obtermos o cumprimento da obrigação indicada no título executivo.

O rol dos *títulos executivos extrajudiciais* previstos no art. 585 do CPC é meramente exemplificativo, bastando observarmos o que dispõe o inciso VIII do mencionado dispositivo legal, que apresenta uma hipótese genérica ("Art. 585. São títulos executivos extrajudiciais: (...) VIII – todos os demais títulos a que, por disposição expressa, a lei atribuir força executiva"); porém, para que um título possa ser considerado hábil a uma execução há necessidade de expressa disposição legal atribuindo-lhe força executiva. Assim, podemos afirmar: *são títulos executivos extrajudiciais apenas aqueles taxativamente previstos em lei*. Alguns doutrinadores afirmam que o art. 585 do CPC apresenta rol taxativo, na medida em que o inciso VIII contempla todos os demais títulos a que a lei expressamente atribua força executiva.

No que tange ao rol dos *títulos executivos judiciais* previstos no art. 475-N do CPC, temos que se apresenta de modo quase taxativo, porquanto pode-se admitir uma hipótese de ampliação, que é a da ação monitória contemplada nos arts. 1.102-A, 1.102-B e 1.102-C e §§ 1º a 3º do CPC: na hipótese de não serem opostos embargos ao mandado inicial, ou se rejeitados esses embargos, constituir-se-á, de pleno direito – portanto, independentemente de pronunciamento jurisdicional –, o título executivo judicial, conforme o art. 1.102-C, § 3º, do CPC.

Vale apresentar algumas pequenas considerações sobre os títulos executivos judiciais, na sequência contemplada pelo art. 475-N do CPC:

"Art. 475-N. São títulos executivos judiciais: *I – a sentença proferida no processo civil que reconheça a existência de obrigação de fazer, não fazer, entregar coisa ou pagar quantia*". Entenda-se: sentença ou acórdão de mérito de natureza condenatória. Neste caso não há referência sobre o trânsito em julgado, portanto pode ocorrer a execução provisória, salvo se houver recurso com efeito suspensivo, hipótese em que se afasta tal possibilidade. Assim, se o recurso for recebido apenas no efeito devolutivo, sem o efeito suspensivo, caberá a execução provisória, mediante caução.

"*(...) II – a sentença penal condenatória transitada em julgado*." Entenda-se: sentença ou acórdão penal condenatório *com* trânsito em julgado. Diz-se que a sentença ou acórdão transita em julgado, forma título executivo judicial, quando não couber mais qualquer recurso, ou seja, quando não possa mais ser modificada pela via recursal. Assim, opera-se o trânsito em julgado no momento em que o pronunciamento jurisdicional não for mais suscetível de reforma por meio de recursos. Fala-se, então, em *coisa julgada*, fenômeno processual que garante a estabilidade das decisões judiciais, impossibilitando sua modificação. É possível que a própria sentença penal condenatória defina o montante, ou seja, o valor da indenização, formando-se, então, de modo completo o título executivo judicial. Porém, caso não aconteça a indicação expressa do valor indenizável, será necessária a prévia *liquidação* na esfera cível, ou seja, procedimento destinado apenas à apuração do montante, posto que a sentença penal condenatória definitiva torna certa a obrigação de reparação do dano decorrente do ilícito, faltando, nesta última hipótese destacada, a complementação desse título no que tange ao *quantum debeatur*. Por conseguinte, neste caso há necessidade de se propor ação de liquidação por artigos no Cível, que tem a natureza de processo de conhecimento, e, em seguida, com as duas sentenças, penal condenatória e a de liquidação onde se apurou o valor devido, é que se poderá iniciar o processo de execução, mediante petição autônoma apoiada no título executivo judicial em tela.

"(...) III – *a sentença homologatória de conciliação ou de transação, ainda que inclua matéria não posta em juízo*." Note-se que a sentença homologatória, nesses casos, pode abranger matéria que não fora objeto de questionamento em juízo. Portanto, poderá ser além do pedido formulado no feito, fato que não afronta o *princípio da congruência*.

A tentativa de conciliação faz parte do processo, posto que é inerente à própria atividade jurisdicional de restabelecer a ordem jurídica no menor espaço de tempo possível, mormente nos casos em que são discutidas questões patrimoniais.

Na *conciliação* o litígio se resolve pela própria vontade das partes, então manifestada no processo, e que será homologada judicialmente. Assim, a *conciliação* é ato judicial.

Já, a *transação* não é instituto de direito processual, mas, sim, instituto de direito material, também relacionado à manifestação de vontade de pessoas capazes e a questões disponíveis. Também é um acordo entre as pessoas capazes, mas é o acordo que pode ou não ser levado ao juiz para homologação. Assim, temos a *autocomposição* como o acordo feito por pessoas capazes sem a presença do juiz, e que pode gerar título executivo extrajudicial. Caso a transação seja levada a homologação judicial, surgirá o título executivo judicial, nos termos do que se extrai desse inciso III do art. 475-N do CPC.

Como visto no Capítulo II ("Modos de Eliminação dos Conflitos"), a *heterocomposição* é o acordo mediante a interferência do juiz, que o homologa, gerando título executivo judicial.

Vale observar que ambas as composições geram título; portanto, a eficácia é a mesma, apenas uma será extrajudicial, se documentada na forma expressamente prevista em lei, e a outra judicial, quando haja homologação pelo juiz.

"(...) IV – *a sentença arbitral*." Frise-se: não se submete a qualquer homologação judicial para que possa surtir efeitos, como visto em capítulo anterior sobre os "Modos de Eliminação dos Conflitos".

"(...) V – *o acordo extrajudicial, de qualquer natureza, homologado judicialmente*." O acordo firmado pelas pessoas fora do processo, versando sobre qualquer modalidade de obrigação, em nosso entendimento pode ser tecnicamente definido como *transação*, e, como já anotado, poderá ser submetido judicialmente a homologação, caso em que formará título executivo judicial.

"(...) VI – *a sentença estrangeira, homologada pelo Superior Tribunal de Justiça*." Essa homologação torna exequível no Brasil a sentença proferida no Estrangeiro. No juízo de delibação feito pelo STJ examina-se a *legalidade do ato*, ou seja, se a sentença estrangeira preenche certos requisitos formais, quais sejam: (a) se o réu foi citado; (b) se houve contraditório; (c) a competência do juízo; (d) prova idônea; etc. O STJ não examina o mérito, ou seja, a solução apresentada na sentença estrangeira, mas apenas examina formalmente aquele título, para homologá-lo, ou não.

É importante acrescentar que *delibação* equivale a *homologação*.

Vale observar, consoante assinalado em capítulo anterior, que as hipóteses previstas no art. 89 do CPC – quais sejam, as de jurisdição exclusiva –, embora não impeçam a mesma ação no Exterior, eis que não há litispendência entre jurisdições (art. 90 do CPC), firmam a impossibilidade de o STJ homologar eventual sentença estrangeira sobre tais matérias, quais sejam: questões relacionadas a bem imóvel situado no Brasil e questões relacionadas à partilha de bens situados no Brasil.

Acrescente-se que títulos executivos extrajudiciais oriundos de País estrangeiro não precisam ser homologados pelo STJ para sua execução no Brasil (o art. 585, § 2º, do CPC, faz referência ao STF, mas pela EC 45/2004, alterando o art. 105, I, "a", da CF, a competência para a homologação de sentença estrangeira passou a ser do STJ).

A competência para execução da sentença homologada pelo STJ é do juízo que seria competente para o processo de conhecimento no Brasil.

"(...) VII – *o formal e a certidão de partilha, exclusivamente em relação ao inventariante, aos herdeiros e aos sucessores a título singular ou universal*." Como assinalado, são também considerados títulos executivos judiciais, porém têm força executiva exclusivamente em relação ao inventariante, aos herdeiros e aos sucessores a título universal ou singular.

Em suma, como visto, o *processo de execução* tem por finalidade o exercício da função jurisdicional tendente à satisfação de um direito líquido, certo e exigível da parte exequente em face do executado.

Na verdade, quem executa não é o credor, mas sim o *Estado*, mediante a provocação do exequente (v. modelo de peça prática apresentada na parte final desta obra, no "Capítulo VII – Prática Processual").

*Título executivo* é o que consubstancia o direito líquido, certo e exigível; e poderá ser *judicial* ou *extrajudicial*.

• *Títulos executivos judiciais* são aqueles definidos no art. 475-N e no 1.102-C, § 3º, do CPC.

• *Títulos executivos extrajudiciais* (art. 585 do CPC) têm como origem a vontade das próprias pessoas envolvidas numa relação jurídica obrigacional.

São considerados como *atributos dos títulos executivos judiciais e extrajudiciais*:

(a) *Certeza* – é o *an debeatur*, ou seja, o que é devido. Como exemplo: a existência da dívida na obrigação de pagar quantia certa.

(b) *Liquidez* – é o *quantum debeatur*, ou seja, o quanto é devido ou a quantidade. Exemplificando, é o valor a ser honrado numa obrigação de pagar quantia certa; ou, numa obrigação de entregar coisa, consiste na expressa indicação desse objeto.

(c) *Exigibilidade* – é a possibilidade de serem exigidos de plano. Na essência, o inadimplemento seguido da mora gera a exigibilidade. Seguindo o exemplo já destacado, numa obrigação de pagar quantia certa, decorre do vencimento do título sem que ocorra o efetivo pagamento na data estipulada; ainda, numa obrigação de fazer, decorre do decurso do prazo estipulado sem que ocorra o cumprimento dessa obrigação; etc. Em suma, a exigibilidade decorre do não cumprimento da obrigação (de pagar, fazer, não fazer, entregar etc.) no prazo convencionado.

Se faltar qualquer um desses atributos não há título hábil a uma execução judicial, e se o processo de execução estiver em curso deverá ser extinto, pois a existência do título com tais requisitos é da essência do processo de execução.

### 8.2.1 Requisitos gerais

Podemos afirmar que são requisitos necessários para o início de qualquer modalidade de execução: (a) o inadimplemento do devedor e (b) a existência de título executivo que atenda aos atributos já destacados.

### 8.2.2 Competência

(1) Nas execuções fundadas em *título judicial* a competência será: (a) dos Tribunais Superiores, nas causas de sua competência originária; (b) do juízo que decidiu a causa no primeiro grau de jurisdição; (c) do juízo cível que seria competente para a ação de conhecimento, quando o título executivo for sentença penal condenatória ou sentença arbitral.

(2) Nas execuções apoiadas em *título executivo extrajudicial* a competência está indicada no art. 576 do CPC e será, como regra, preferencial: a do foro de eleição; a do local do pagamento; a do domicílio do devedor; ou a do foro onde a obrigação deva ser satisfeita ou, ainda, onde se encontre a sede da pessoa jurídica, em relação às obrigações que deva cumprir.

### 8.2.3 Espécies de execução

Nosso Código de Processo Civil classifica as execuções na seguinte ordem: (a) *execução para a entrega de coisa*, subdividindo-a em *coisa certa* e *coisa incerta* (arts. 621 a 631 do CPC); (b) *execução das obrigações de fazer e não fazer* (arts. 632 a 645 do CPC); (c) *execução por quantia certa contra devedor solvente* (arts. 646 a 724 do CPC); (d) *execução contra a Fazenda Pública* (arts. 730 e 731 do CPC); (e) *execução de prestação alimentícia* (arts. 732 a 735 do CPC); e (f) *execução por quantia certa contra devedor insolvente* (arts. 748 a 786-A do CPC).

### 8.2.4 Fases do processo de execução relacionado ao cumprimento de uma obrigação de pagar quantia certa

#### 8.2.4.1 Fase postulatória

Compreende o pedido do exequente e a citação do executado.

#### 8.2.4.2 Fase de constrição judicial

Na qual o Estado pratica atos de constrangimento patrimonial, pois grava o patrimônio do devedor através da penhora. Vale observar que os bens relacionados no art. 649 do CPC são absolutamente impenhoráveis.

Essa fase de *constrição* não existe na execução contra a Fazenda Pública, porque os bens públicos são impenhoráveis.

Nesta fase o juízo da execução ficará seguro mediante a constrição. Entretanto, independentemente da penhora, depósito ou caução, haverá oportunidade ao executado para discutir a respeito da validade do título, ou mesmo acerca do seu valor ou outros aspectos que pretenda impugnar, através dos *embargos do devedor*, cujo prazo é de *15 dias*, contados a partir da data da juntada aos autos do mandado de citação cumprido; quando houver mais de um executado o prazo para cada um deles embargar conta-se a partir da juntada do respectivo mandado citatório, salvo tratando-se de cônjuges, nos termos do que dispõem o art. 738 e seu § 1º do CPC. Os embargos à execução têm natureza jurídica de ação e devem ser distribuídos por dependência e, ao serem opostos, serão autuados em apartado mas em apenso aos autos da execução, sem, contudo, suspender o curso do processo de execução. Todavia, a suspensão da execução poderá ser requerida pelo embargante, desde que relevantes os seus fundamentos, mediante eventual possibilidade de grave dano de difícil reparação diante do prosseguimento da execução; e ainda, desde que a execução já esteja garantida com a penhora, depósito ou caução suficientes (art. 739-A do CPC).

#### 8.2.4.3 Fase de excussão

Na qual o bem penhorado é alienado em hasta pública, evidentemente após a prévia avaliação judicial, que poderá ser efetivada pelo

GRANDES TEMAS DO DIREITO PROCESSUAL: AÇÃO                219

próprio oficial de justiça no momento da penhora (art. 680 do CPC). Na verdade, a *expropriação* consiste em: (a) alienação de bens do devedor, para pagamento ao credor, que poderá ocorrer por iniciativa particular (art. 685-C do CPC) ou em hasta pública (art. 686 do CPC); (b) adjudicação dos bens penhorados em favor do credor; e (c) no usufruto de bem imóvel ou de empresa do devedor, em favor do credor, conforme o art. 708 do CPC.

*8.2.4.4* Fase de satisfação

Ou seja, de efetivo pagamento ao credor-exequente, feito dos seguintes modos: (a) com o produto da alienação judicial dos bens do devedor – através da entrega do dinheiro; (b) com a adjudicação dos bens penhorados em favor do credor; ou (c) mediante o usufruto de bem imóvel ou de empresa do devedor, até que o credor seja pago do valor principal, juros, custas e honorários advocatícios.

Na verdade, os bens do devedor servem para garantia da efetividade da execução, vez que a função do processo de execução é satisfativa.

8.2.5 *Suspensão do processo de execução*

Ocorrerá nas seguintes hipóteses: (a) no todo ou em parte, quando recebidos com efeito suspensivo os embargos do devedor (art. 739-A, §§ 1º a 6º, do CPC); (b) nos casos previstos no art. 265, I a III, do CPC, quais sejam: (b.1) morte ou perda da capacidade processual de qualquer das partes, de seu representante legal ou de seu procurador; (b.2) convenção das partes; (b.3) quando for oposta exceção de incompetência do juízo, da Câmara ou do tribunal, bem como as exceções de suspeição ou impedimento do juiz; e (c) quando o devedor não possuir bens penhoráveis (art. 791 e incisos do CPC).

8.2.6 *Extinção da execução*

A extinção da execução concretiza-se quando: (a) o devedor satisfaz a obrigação; (b) o devedor obtém, por transação ou por qualquer outro meio, a remissão total da dívida; (c) o credor renunciar ao crédito (art. 794 do CPC). Vale observar que a extinção do processo de execução só produz efeito quando declarada por sentença (art. 795 do CPC).

## 8.2.7 Definições importantes sobre o tema em questão e últimas considerações sob o enfoque geral da execução

### 8.2.7.1 Execução forçada

É a utilização da atividade jurisdicional do Estado objetivando atos de coação ao devedor com o escopo de obter a satisfação efetiva do direito material consagrado ao credor.

### 8.2.7.2 Execução imprópria

É o ato de levar a registro um pronunciamento jurisdicional a fim de que possa surtir efeitos no mundo jurídico. Como exemplo temos a averbação no assento de Registro Civil sobre a separação judicial.

### 8.2.7.3 Execução indireta

É a própria prisão civil do devedor alimentante; tem função coercitiva, pois mesmo preso o devedor não se livra do débito.

### 8.2.7.4 Execução aparelhada

Ocorre quando o credor executa o devedor, mas em outro processo os polos são ocupados pelo modo inverso – ou seja, o devedor é credor-exequente e o credor é devedor-executado. Assim, são duas execuções em que há uma inversão de polaridade dos litigantes. Nestes casos pode ocorrer o fenômeno da compensação legal, através dos *embargos*.

### 8.2.7.5 Execução provisória

Pode ocorrer quando a sentença ou acórdão de natureza condenatória não transitaram em julgado, ou seja, há pendência de recurso sem efeito suspensivo, hipótese que admite a execução provisória, mediante uma garantia.

Na verdade, uma sentença de mérito condenatória pode gerar duas execuções, quais sejam: uma provisória, quando houver recurso sem efeito suspensivo, e outra definitiva, em relação à parte da sentença que eventualmente já transitou em julgado.

## 8.2.8 Tutelas executivas

Alguns estudiosos destacam que a problemática na prestação da tutela executiva sempre é uma questão de *adequação de meios a fins*, dado o caráter prático dessa modalidade de tutela jurisdicional. Vale dizer: a excelência na prestação da tutela executiva depende da existência de meios executivos eficazes e rápidos para proporcionar proteção ao credor de uma obrigação, satisfazendo integralmente seu direito material.

O Livro II do Código de Processo Civil deixou de disciplinar o procedimento da *execução de títulos judiciais*, passando-o para o próprio Livro I, que cuida do processo de conhecimento. Todavia, denominou essa fase executiva judicial de *fase de cumprimento da sentença*.

O processo de execução após a Lei 11.232/2005 ficou restrito à execução dos títulos extrajudiciais.

## 8.2.9 Processo de execução e atos executivos

No processo executivo o Judiciário tem todas as garantias do *devido processo legal* e desenvolve atividade destinada à satisfação do credor de uma obrigação não cumprida voluntariamente. Vale reprisar que o processo de conhecimento tem, num primeiro momento, a finalidade de *declarar o direito material cabível no caso concreto* e, em seguida, uma vez declarado o direito material, tende a satisfazer a pretensão do titular desse direito (credor). Assim, torna-se executivo após a sentença judicial, surgindo a fase de cumprimento da sentença de mérito condenatória definitiva.

O processo de execução nasce executivo, ou seja, permite a prática imediata de atos processuais executórios, uma vez que o credor apresenta documento que representa certeza do direito material que pretenda ver satisfeito mediante atos do Estado-juiz destinados a compelir o devedor--executado ao adimplemento da obrigação representada no título executivo. É possível atividade cognitiva de forma incidental, se houver iniciativa do executado através dos embargos.

*É importante distinguir a "ação executiva **lato sensu**" da ação executória propriamente dita. A ação executiva **lato sensu** é ação de* conhecimento, na qual a sentença de mérito condenatória já contém, em si mesma, uma eficácia executiva – como, por exemplo, numa ação de despejo. O mesmo ocorre em uma ação de reintegração de posse.

Por sua vez, na *ação de execução propriamente dita* haverá a instauração de um processo de execução, no qual são desenvolvidas atividades executórias, após a citação do devedor para pagar quantia, para entregar alguma coisa, ou para cumprir obrigação de fazer ou de não fazer. Neste, por ser processo de execução autônomo, o devedor poderá resistir à pretensão executória mediante o oferecimento de embargos, que, recebidos, poderão suspender o processo executivo.

### 8.2.10 *Processo de execução e técnicas executivas*

Ressalvada a hipótese de *fase de cumprimento da sentença* que se desenvolve na própria ação de conhecimento com mérito condenatório definitivo, tem-se que o processo de execução é uma espécie autônoma de processo.

O Código de Processo Civil disciplina o processo de execução no Livro II, por normas próprias e específicas, embora admita subsidiariamente a aplicação das normas do processo de conhecimento.

Não há execução sem título executivo (*nulla executio sine titulo*).

Como visto, o título executivo pode ser *judicial* (art. 475-N do CPC) ou *extrajudicial* (art. 585), mas somente os títulos extrajudiciais é que podem dar ensejo à instauração de um processo de execução.

O credor sem título executivo é considerado carecedor da ação executiva, de tal forma que as *condições da ação* também são aplicáveis ao processo de execução.

A finalidade na demanda executiva é a satisfação da obrigação consagrada no título, com a aplicação de medidas cogentes; daí a denominação de *execução forçada*.

Para a concretização do direito do credor reconhecido no título, o Judiciário poderá adotar dois tipos de medidas: (a) *medidas de coerção* (execução indireta); (b) *medidas de sub-rogação* (execução direta).

Com as *medidas de coerção* (execução indireta) o Estado-juiz procura motivar o devedor ao adimplemento, impondo-lhe situações tão onerosas que para ele seja mais vantajoso cumprir a obrigação. Como exemplos temos a *multa cominatória por período de atraso* e também a *prisão civil por dívida de alimentos*.

Com as *medidas sub-rogatórias* (execução direta) o Estado-juiz vai substituir a atuação do devedor. Como exemplo, o caso em que o Estado realiza a *expropriação*, ou seja, apreende bens do patrimônio do devedor e os aliena em hasta pública, para posterior pagamento ao credor. Assim, o Estado satisfaz o credor sem a necessidade da atuação do devedor.

Parte da doutrina discute sobre a incidência, ou não, do *princípio do contraditório* no processo de execução. A questão apresenta-se definida na Constituição Federal de 1988, que impôs a qualquer processo, judicial ou administrativo, a observância do *devido processo legal* – portanto, do contraditório e da ampla defesa, além de outras garantias constitucionais.

### 8.2.11 A interação entre os Livros I e II do Código de Processo Civil

A doutrina processualista proclama que as normas do processo de conhecimento (Livro I do Código de Processo Civil) são aplicáveis, subsidiariamente, ao processo de execução, conforme determinação expressa do art. 598 do CPC: "Art. 598. Aplicam-se subsidiariamente à execução as disposições que regem o processo de conhecimento".

São requisitos para a aplicação subsidiária: (a) lacuna da lei no processo de execução; e (b) compatibilidade com os princípios que informam o processo de execução.

Assim, tem-se admitido a aplicação subsidiária dos institutos da ação, das condições da ação, dos pressupostos processuais, dos relativos ao Ministério Público, dos relativos aos atos processuais e outros. De outro lado, não têm aplicação as hipóteses de intervenção de terceiros na ação de execução.

Vale anotar que a Lei 11.232/2005 instituiu que as normas do Livro II também podem ser aplicadas subsidiariamente ao processo de conhecimento, especialmente no que se refere à fase de cumprimento da sentença. Nesse sentido temos o art. 475-R: "Art. 475-R. Aplicam-se subsidiariamente ao cumprimento da sentença, no que couber, as normas que regem o processo de execução de título extrajudicial".

### 8.2.12 Princípios gerais aplicáveis ao processo de execução

#### 8.2.12.1 Princípio do devido processo legal: "ninguém será privado de seus bens, ou de sua liberdade, no processo de execução, sem o devido processo legal"

Na essência, todos os princípios fundamentais do processo civil previstos na Constituição Federal são aplicáveis à ação de execução.

Daí por que também a regra do *contraditório* terá aplicação (art. 5º, LV, da CF).

#### 8.2.12.2 Princípio da autonomia da execução

O processo de execução é *autônomo* e tem princípios e regras próprios, inclusive quanto ao ato *citação*. Apresenta predominantemente a realização de atos práticos, direcionados à satisfação do direito material reconhecido ao credor no título.

#### 8.2.12.3 Princípio da efetividade da execução

A execução deve ser *efetiva*, conferindo ao credor a totalidade do que lhe é devido. Deve proporcionar ao titular do direito material (líquido, certo e exigível) a maior proteção possível, produzindo resultado concreto o mais coincidente possível com aquele que resultaria do cumprimento espontâneo. Esse princípio inspirou as últimas reformas processuais. A conversão da obrigação principal em perdas e danos é a última providência, que apenas se legitima se houver impossibilidade da execução específica ou, ainda, da obtenção de resultado prático equivalente. A consequência desse princípio foi o aumento de poderes do juiz no processo executivo (exemplo: ato de ofício na aplicação de multa por período de atraso).

#### 8.2.12.4 Princípio da patrimonialidade

Traduz o caráter real da execução. A execução não deve e não pode atingir a liberdade ou a integridade corporal do devedor. O princípio funciona como um limite à execução. Somente em casos excepcionais haverá exceção a tal regra – quais sejam: na hipótese de o devedor injustificadamente deixar de pagar a pensão alimentícia e nos casos de depositário infiel, em que se admitirá a prisão civil. O *princípio da responsabilidade patrimonial* está enunciado no art. 591 do CPC: "Art. 591. O devedor responde, para o cumprimento de suas obrigações, com todos os seus bens presentes e futuros, salvo as restrições estabelecidas em lei".

#### 8.2.12.5 Princípio do respeito à dignidade da pessoa humana

Garante juridicamente a subsistência de um patrimônio mínimo ao devedor, de modo que fixa limites aos atos executórios (art. 1º, III, da

CF). Esse princípio limita a responsabilidade patrimonial, impondo limites à execução, que não poderá privar o devedor de todos os seus bens. Há uma série de bens impenhoráveis e inalienáveis, a fim de garantir um patrimônio mínimo ao devedor, o qual não pode ser expropriado de todos os seus bens, para que mantenha uma vida digna.

*8.2.12.6* Princípio da livre disponibilidade da execução

Vem expresso no art. 569 do CPC: "Art. 569. O credor tem a faculdade de desistir de toda a execução ou de apenas algumas medidas executivas". Deriva da regra no sentido de que a execução se realiza no interesse do credor. O exequente pode desistir por ato de vontade exclusivo seu, independentemente de concordância do executado.

*8.2.12.7* Princípio *nulla executio sine titulo*

O CPC, nos arts. 475-N e 475-R, dispõe sobre o cumprimento da sentença em relação aos títulos executivos judiciais e extrajudiciais. Tais títulos executivos devem estar revestidos dos atributos *liquidez, certeza e exigibilidade* para que a execução possa ter início.

*8.2.12.8* Princípio da tipicidade dos títulos

Somente a lei pode relacionar quais atos ou documentos têm força executiva (é a regra da *tipicidade* em relação aos títulos executivos). Assim, os títulos executivos estão relacionados nos arts. 475-N e 585 do CPC, bem como na legislação complementar.

*8.2.12.9* Princípio da tipicidade e princípio da atipicidade das medidas executivas (sistema misto)

O processo de execução pode ter apoio em qualquer desses dois princípios. No caso da *tipicidade das medidas executivas* o juiz está adstrito aos meios executórios previstos na legislação. Não pode inovar. Por exemplo, em relação à execução por quantia certa. Diversamente, a partir da entrada em vigor do art. 84 do CDC e, depois, com a modificação da redação do § 5º do art. 461 do CPC (alterado pela Lei 10.444/2002 – "§ 5º. Para a efetivação da tutela específica ou a obtenção do resultado prático equivalente, poderá o juiz, de ofício ou a requerimento, determinar as medidas necessárias,..."), houve o surgimento do *princípio da atipicidade das medidas executivas* em relação às obrigações de fazer ou não fazer.

### 8.2.12.10 Princípio da proporcionalidade e da menor onerosidade

A execução deve conciliar dois interesses antagônicos: o do credor – no sentido de que seja efetiva e célere; e o do devedor – quanto ao menor sacrifício possível. Esse princípio está previsto no art. 620 do CPC: "Art. 620. Quando por vários meios o credor puder promover a execução, o juiz mandará que se faça pelo modo menos gravoso para o devedor". Esse conflito de interesses é que confere à execução o caráter jurisdicional, obrigando à intermediação imparcial do juiz nessa relação processual.

### 8.2.12.11 Princípio de que a execução se realiza no interesse do credor

Seu fundamento está no art. 612 do CPC: "Art. 612. Ressalvado o caso de insolvência do devedor, em que tem lugar o concurso universal (art. 751, III), realiza-se a execução no interesse do credor, que adquire, pela penhora, o direito de preferência sobre os bens penhorados". Vale destacar que somente tem necessidade de promover a execução quem é sujeito de um título executivo que lhe atribua o direito material de exigir de outrem determinada obrigação. Toda atividade executória está direcionada no sentido de realizar de modo concreto a satisfação do direito material do exequente. Não se pode deixar de consignar que o executado também tem interesse na execução, para que os atos executórios não lhe causem prejuízo maior que o necessário para a satisfação do direito do credor.

### 8.2.12.12 Princípio da lealdade e da boa-fé processual

As partes devem pautar toda atuação processual conforme a *boa-fé* e a *lealdade processual*, devendo o juiz, até de ofício, coibir qualquer prática abusiva. No processo de conhecimento temos as regras previstas nos arts. 14, 16, 17 e 18 do CPC. Em relação ao processo de execução, o art. 599 estabelece que "o juiz pode, em qualquer momento do processo: I – ordenar o comparecimento das partes; II – advertir ao devedor que o seu procedimento constitui ato atentatório à dignidade da justiça". Por sua vez, o art. 600 do CPC define o *ato atentatório à dignidade da jus-*

*tiça*: o ato do devedor que "I – frauda a execução" – como exemplo, o que oculta bens; "II – se opõe maliciosamente à execução, empregando ardis e meios artificiosos" – por exemplo, nos embargos, de modo que, se houver a suspensão da execução, nada impede que o credor formule pedido de antecipação da tutela, para que em seus efeitos práticos permita o prosseguimento dos atos executórios; também atenta contra a dignidade da justiça o ato do devedor "III – que resiste injustificadamente às ordens judiciais" e não indica ao juiz "IV – quais são e onde se encontram os bens sujeitos à penhora e seus respectivos valores". Configurada a prática de ato atentatório à dignidade da justiça, dispõe o art. 601 que "o devedor incidirá em multa fixada pelo juiz, em montante não superior a 20% (vinte por cento) do valor atualizado do débito em execução, sem prejuízo de outras sanções de natureza processual ou material, multa essa que reverterá em proveito do credor, exigível na própria execução". Observação importante é no sentido de que, nos casos em que a execução tenha por objeto entrega de coisa ou prestação de fazer, a multa haverá de incidir sobre seu equivalente em dinheiro. Todavia, *o princípio do contraditório impõe ao juiz que, antes de aplicar a multa, confira prazo para o devedor se manifestar a respeito*. De todo modo, vale ressaltar que o parágrafo único do art. 601 do CPC preceitua que "o juiz relevará a pena, se o devedor se comprometer a não mais praticar qualquer dos atos definidos no artigo antecedente e der fiador idôneo, que responda ao credor pela dívida principal, juros, despesas e honorários advocatícios".

### 8.2.13 *Legitimidade ativa e legitimidade passiva*

#### *8.2.13.1* Legitimidade ativa

*É do credor* a quem a lei confere título executivo, é um legitimado ativo ordinário. Por sua vez, o *Ministério Público*, nos casos prescritos em lei, pode ser *legitimado ativo extraordinário*. Alguns a denominam como *legitimação anômala* ou *indireta*.

Em determinados casos a lei atribui legitimidade ao Ministério Público exclusivamente para ação de execução, como no caso da ação popular.

**Obs.:** O credor reúne dupla condição: titular do direito material e do direito processual de estar em juízo; enquanto o Ministério Público reúne apenas a condição de titular do direito de estar em juízo.

Toda vez que o Ministério Público tiver legitimidade para a ação de conhecimento, ele estará automaticamente legitimado para a fase do *cumprimento da sentença*.

O credor tem *legitimação ordinária primária*. Se houver transmissão do direito, ocorrerá a denominada *legitimidade ordinária superveniente* ou *derivada*.

**8.2.13.1.1** *Outros legitimados para o polo ativo* – O art. 567 do CPC indica casos em que pessoas que não foram parte na formação do título se tornam legitimadas. Trata-se de *legitimação ativa derivada* ou *superveniente*.

• *Espólio* – conjunto de bens deixados pelo falecido. Não é pessoa jurídica, mas entidade sem personalidade jurídica (para alguns é uma situação de representação anômala, sendo que o inventariante é mero representante da parte, que é o espólio).

**Obs.:** A atuação do inventariante não pode excluir eventual atuação dos herdeiros, que, por serem titulares de direitos, podem comparecer na qualidade de litisconsortes facultativos.

No entanto, se o *inventariante* for *dativo*, todos os herdeiros ou sucessores do falecido serão autores ou réus nas ações que envolvam os bens objeto de partilha. Nesse caso há *litisconsórcio ativo necessário* na execução.

Como regra geral, falecendo o credor antes de iniciado o processo de execução ou anteriormente à fase de cumprimento da sentença, quem recebe legitimidade ativa é o espólio, salvo se os bens já foram partilhados, caso em que parte legítima será o herdeiro, *sucessor a título universal*, ou o legatário, *sucessor a título singular*.

Os herdeiros adquirem o título executivo automaticamente, logo depois de aberta a sucessão. Daí por que têm legitimidade para atuar em nome do espólio desde a morte do autor da herança.

Já, o sucessor, por ser a título singular, adquire apenas o direito de exigir a entrega do bem (ou bens) que lhe foi destinado, e não pode atuar em nome do espólio.

• *Cessionário* – é sujeito de contrato de cessão de crédito que recebe direitos consagrados no título por ato *inter vivos* (CC, arts. 286 a 298). Trata-se de *legitimação ativa derivada*.

• *Sub-rogado* – é aquele que paga a dívida por outrem e assume todos os seus direitos (CC, arts. 346 a 351). Pode ser *sub-rogação legal* (ou *de pleno direito*) ou *sub-rogação convencional*.

*8.2.13.2*   Legitimidade passiva (art. 568 do CPC). Rol casuístico

• *O devedor* – reconhecido como tal no título executivo. Como exemplos: o emitente do título; o avalista; o endossante; o aceitante.

Trata-se de *legitimidade passiva primária*.

Se houver *solidariedade passiva*, qualquer devedor pode ser executado, ou todos em litisconsórcio passivo.

• *O espólio, os herdeiros ou sucessores do devedor* – trata-se de *legitimação passiva ordinária superveniente*.

Na execução contra o espólio, havendo concordância do inventariante ou herdeiros, o processo de execução pode ser substituído por habilitação no inventário (art. 1.019 do CPC). Se não houver concordância instaura-se o processo de execução; e, se for obrigação de pagar quantia certa, a penhora faz-se no rosto dos autos do inventário.

Com a morte, até o momento da efetivação da partilha dos bens objeto da sucessão a execução será em face do espólio ou em face de todos os herdeiros. Depois da partilha a demanda se dirige em face dos herdeiros e sucessores.

• *O novo devedor* – que assumiu, com o consentimento do credor, a obrigação resultante do título executivo.

Trata-se da figura da *assunção de dívida* (arts. 299 a 303 do CC).

A cessão somente tem eficácia com o consentimento do credor.

• *O fiador judicial* – tem *legitimidade passiva ordinária*, pois é autêntico devedor. É aquele que, no curso de um processo qualquer, presta garantia pessoal ao cumprimento da obrigação de uma das partes. Responde pela obrigação sem ser o obrigado pela dívida. É o caso da *caução fidejussória*, a que faz referência o art. 826 do CPC. Como exemplos: arts. 690 a 695 do CPC – para garantir a arrematação; art. 925 do CPC – para garantir perdas e danos, a serem suportados pelo autor mantido ou reintegrado na posse; e art. 940 do CPC – para garantir o prosseguimento da obra embargada.

• *O responsável tributário* – é aquele que, sem auferir vantagem econômica do fato gerador, tem obrigação perante o Fisco, por força expressa de lei (arts. 128 a 138 do CTN). A execução pela Fazenda Pública do responsável tributário depende, contudo, da regular inscrição do crédito, o que gera a Certidão da Dívida Ativa, título que dá fundamento à execução.

### 8.2.14 Desistência da execução
*(art. 569, parágrafo único, "a" e "b", do CPC)*

Sobre o assunto pode ser questionado: a desistência da execução necessita da anuência do executado? A resposta contempla duas vertentes, quais sejam:

(a) Tratando-se da existência de *embargos fundados apenas em matéria processual* a extinção da execução não depende da concordância do devedor-embargante. Haverá sentença também nos embargos, e nela a condenação do credor-embargado nas despesas e nos honorários (Lei 8.953/1994 e art. 20, § 4º, do CPC).

(b) Nos *demais casos* a extinção dependerá da concordância do embargante, então devedor-executado. Aqui, entenda-se, em qualquer caso em que haja embargos com fundamento material, ainda que juntamente com aspectos processuais.

A regra, entretanto, pressupõe a existência de embargos. Assim, antes dos embargos, ou depois do seu julgamento definitivo, o exequente terá total liberdade para desistir do feito, sem necessidade de anuência do executado.

### 8.2.15 Litisconsórcio e assistência na execução

É possível o *litisconsórcio* diante de um crédito comum ou de uma dívida comum.

É possível o *litisconsórcio necessário ativo* em execução – por exemplo, em inventário onde o inventariante é dativo. Nessa execução todos os herdeiros (credores a título universal) e sucessores (legatário – a título singular) deverão constar no *polo ativo*.

Já, no *polo passivo* são frequentes os casos de *litisconsórcio necessário*, como o de marido e mulher.

Por sua vez, a *assistência* é a única modalidade de intervenção de terceiros admitida em execução. O assistente ingressa no processo com o objetivo de prestar auxílio em favor de uma das partes sempre que tenha interesse jurídico no resultado da execução.

## 8.2.16 Competência

Inicialmente, no que tange à *fase de cumprimento da sentença*, vale observar o que preceitua o art. 475-P do CPC:

"Art. 475-P. O cumprimento da sentença efetuar-se-á perante: *I – os tribunais, nas causas de sua competência originária*". Exemplo: nas ações rescisórias e mandados de segurança. A regra é a competência para a execução ao próprio órgão jurisdicional de onde emana o título executivo.

"(...) II – *o juízo que processou a causa no primeiro grau de jurisdição.*" A regra é no sentido de que o juízo que profere a sentença de mérito é o competente para a fase do cumprimento. Todavia, nesse inciso é importante ver o disposto no *parágrafo único* desse mesmo dispositivo legal (art. 475-P): "Parágrafo único. No caso do inciso II do *caput* deste artigo, o exequente poderá optar pelo juízo do local onde se encontram bens sujeitos à expropriação ou pelo local do atual domicílio do executado, casos em que a remessa dos autos do processo será solicitada ao juízo de origem".

**Obs.:** O requerimento do credor-exequente deverá ser feito ao juízo da causa originária, solicitando a remessa dos autos nos termos de suas opções então conferidas no parágrafo único do destacado dispositivo legal.

"(...) III – *o juízo cível competente, quando se tratar de sentença penal condenatória, de sentença arbitral ou de sentença estrangeira*" homologada pelo STJ. São alguns dos títulos executivos judiciais indicados no art. 475-N, II, IV e VI, do CPC.

### 8.2.16.1 Sentença penal condenatória

O critério será o do *domicílio do réu* (arts. 94 e 97 CPC).

**Obs.:** Via de regra é sentença ilíquida, e então necessitará primeiro, da liquidação no Cível para apuração do *quantum debeatur*, salvo quando o próprio juiz criminal definir o montante indenizatório.

### 8.2.16.2 Sentença arbitral

O critério será o *local da satisfação da obrigação* (art. 100, IV, "d", do CPC) e, na sua falta, o do *domicílio do réu* (arts. 94 e 97 CPC).

### 8.2.16.3 Sentença estrangeira homologada pelo STJ

O critério será também, em regra, o *lugar da satisfação da obrigação* (art. 100, IV, "d") ou o *foro do domicílio do réu* (arts. 94 e 97 CPC), se a obrigação versar sobre prestação pecuniária (conforme texto da Lei 11.232/2005).

Por sua vez, o art. 576 do CPC cuida da execução fundada em título extrajudicial, destacando que esta será processada perante o juízo competente, na conformidade do disposto no processo de conhecimento (arts. 88 a 124 do CPC). Assim, se houver eleição de foro, este prevalecerá; se inexistir foro de eleição, a norma que se aplica é a que impõe o foro do lugar onde a obrigação deva ser cumprida (art. 100, IV, "a") ou o foro do domicílio do executado (art. 94), se a execução for por quantia.

### 8.2.16.4 Competência para execução fiscal

Disciplinada pela Lei 6.830/1980, será proposta no foro do domicílio do réu ou, se não o tiver, no de sua residência ou onde for encontrado. Pode também a execução ser proposta no foro do lugar onde se praticou o ato, ou onde ocorreu o fato que deu origem à dívida ou, ainda, no foro da situação dos bens, quando a dívida deles se originar. Havendo mais de um devedor, a Fazenda Pública poderá escolher o foro de qualquer deles (art. 578 e parágrafo único do CPC).

### 8.2.17 *Requisitos necessários para qualquer execução, ou para início da fase de cumprimento da sentença*

Aqui vale o destaque ao teor do art. 580 do CPC, com a redação determinada pela Lei 11.382/2006: "Art. 580. A execução pode ser instaurada caso o devedor não satisfaça a obrigação certa, líquida e exigível, consubstanciada em título executivo".

Nesse texto estão todos os elementos caracterizadores do interesse de agir para execução autônoma ou para a fase de cumprimento da sentença.

Em relação ao texto legal revogado pela Lei 11.382/2006 (parágrafo único do art. 580 do CPC), foram eliminadas referências às palavras "inadimplemento" e "inadimplente", diante de seu caráter material, e não processual.

## GRANDES TEMAS DO DIREITO PROCESSUAL: AÇÃO

Como salientado, por este dispositivo legal temos os requisitos gerais: (a) existência de título executivo que consagre *obrigação certa, líquida e exigível*; e (b) não cumprimento espontâneo da obrigação por parte do devedor.

Outrossim, a atual redação consagra, corretamente, que nem sempre o interesse de agir em execução decorre do inadimplemento – como, por exemplo, no vencimento antecipado de dívida em falência ou insolvência civil, hipótese em que surge execução sem propriamente o inadimplemento.

De todo modo, nos termos da lei material, *o inadimplemento caracteriza-se no instante em que ocorre o vencimento do título sem o seu cumprimento*, momento a partir do qual incidem correção monetária e juros no *título extrajudicial*, sendo certo, porém, que no *título judicial* a correção monetária incide a partir da propositura da ação e os juros incidem a partir da citação.

Entretanto, ocorrendo o adimplemento da obrigação consagrada no título executivo, não dispõe o credor de interesse de agir e, caso ingresse em juízo com a execução, a inicial deverá ser indeferida pelo juiz. Por oportuno, se o cumprimento da obrigação ocorrer no curso da execução, hipótese facultada ao devedor, o juiz extinguirá o processo por sentença (art. 794, I, do CPC).

Caso o cumprimento pelo devedor se der de modo inadequado – por exemplo, oferecendo coisa distinta da prevista no título –, o credor promoverá a execução ou requererá seu prosseguimento, ressalvado ao devedor o direito de embargá-la.

O art. 582 do CPC prevê a exigibilidade da prestação após o implemento da contraprestação. Assim, se o juiz verificar que o credor só pode exigir o cumprimento da obrigação pelo devedor após ter cumprido sua contraprestação, poderá ocorrer: (a) *quando do despacho inicial* – determinação de complementação probatória, sob pena de indeferimento; (b) *posteriormente ao despacho inicial* – deverá o juiz aguardar os embargos do devedor (arts. 741 a 745) ou o oferecimento da impugnação, sendo esta última a defesa própria para a fase de cumprimento da sentença (art. 475-L); (c) *se o devedor manifestar seu propósito de cumprir sua obrigação se o credor cumprir a dele, e se este último recusar* – a solução será a discussão da questão nos embargos ou impugnação.

Vale frisar que o art. 743, IV, do CPC considera *excesso de execução* o credor exigir o adimplemento da prestação do devedor sem cumprir a prestação que lhe corresponde.

Todavia, nos termos do parágrafo único do art. 582 do CPC, se o devedor quiser exonerar-se da obrigação poderá depositar em juízo a prestação ou a coisa, hipótese em que o juiz "suspenderá a execução, não permitindo que o credor a receba, sem cumprir a contraprestação, que lhe tocar".

Sob outra vertente, nos casos de título executivo judicial, se o devedor não pagar a quantia devida no prazo de 15 dias, conforme previsto no art. 475-J do CPC, o credor deve requerer a expedição de mandado de penhora. Não o fazendo no prazo de 6 meses, o juiz mandará arquivar os autos, "sem prejuízo de seu desarquivamento a pedido da parte" (§ 5º).

### 8.2.18 Inovações na execução de título extrajudicial, conforme a Lei 11.382, de 6.12.2006

Duas importantes observações devem ser destacadas, inicialmente:

(a) A primeira é no sentido de que as modificações decorrentes da Lei 11.382, de 6.12.2006, aproximam a execução de títulos extrajudiciais do perfil processual mais ágil, a exemplo do que ocorreu com a implementação conferida pela Lei 11.23220/05, que instituiu o regime de cumprimento de sentença. Ambas considerando a necessidade de maior efetividade no procedimento executivo direcionado à satisfação do direito material do credor.

(b) A segunda observação é no sentido de que as normas então introduzidas no Código de Processo Civil são aplicáveis ao regime de cumprimento da sentença, ou seja, à execução dos títulos judiciais, por força do art. 475-R, conforme redação introduzida pela Lei 11.232/2005, a saber: "Art. 475-R. Aplicam-se subsidiariamente ao cumprimento da sentença, no que couber, as normas que regem o processo de execução de título extrajudicial".

Assim, os dispositivos decorrentes da Lei 11.382/2006 são importantes também para o cumprimento das sentenças judiciais condenatórias, especialmente as regras relacionadas à denominada *expropriação liquidativa* (alienação dos bens) e à *expropriação satisfativa* (pagamento do exequente).

#### 8.2.18.1 Início da execução

A partir da reforma processual operada pela Lei 11.382/2006 a citação do devedor será para pagamento e, na falta deste, penhora. O art. 652

do CPC passou a prever que: "Art. 652. O executado será citado para, no prazo de 3 (três) dias, efetuar o pagamento da dívida". Já, o § 2º estabelece que "o credor poderá, na inicial da execução, indicar bens a serem penhorados (art. 655)". Por sua vez, o § 3º acrescenta que "o juiz poderá, de ofício ou a requerimento do exequente, determinar, a qualquer tempo, a intimação do executado para indicar bens passíveis de penhora". Por essa sistemática transfere-se imediatamente ao próprio exequente o ônus da indicação dos bens, e apenas eventualmente ao executado, mediante o requerimento do exequente ou por determinação judicial *ex officio*.

Não havendo o pagamento no prazo de três dias, realizam-se prontamente a penhora e a avaliação, esta última por ato do próprio oficial de justiça. É o que estabelece o § 1º do art. 652 do CPC: "§ 1º. Não efetuado o pagamento, munido de segunda via do mandado, o oficial de justiça procederá de imediato à penhora de bens e sua avaliação, lavrando-se o respectivo auto e de tais atos intimando, na mesma oportunidade, o executado".

Tem-se, aqui, o mesmo perfil da fase de cumprimento da sentença judicial, em que a penhora e a avaliação são realizadas na mesma oportunidade, com imediata intimação do devedor (art. 475-J e § 1º do CPC, com a redação conferida pela Lei 11.232/2005).

*8.2.18.2*   Honorários de advogado

Outra regra importante quanto ao início da execução diz respeito aos *honorários do advogado*, que então serão fixados pelo juiz no momento do despacho inicial da ação de execução.

Surgiu previsão expressa no art. 652-A de que: "Art. 652-A. Ao despachar a inicial, o juiz fixará, de plano, os honorários do advogado a serem pagos pelo executado (art. 20, § 4º)". Afastam-se, assim, quaisquer dúvidas que sobre o assunto existiam quanto ao cabimento dos honorários e ao momento de sua fixação em ação de execução.

Outrossim, a Lei n. 11.382, de 6.12.2006, prevê um incentivo para o cumprimento da obrigação pelo executado, afastando-se a resistência meramente protelatória: é o *desconto* quanto ao pagamento de honorários advocatícios, que serão reduzidos pela metade se o cumprimento da obrigação ocorrer no prazo de três dias. É o que dispõe o parágrafo único do art. 652-A: "Parágrafo único. No caso de integral pagamento no prazo de 3 (três) dias, a verba honorária será reduzida pela metade".

O legislador inspirou-se na regra do art. 475-J do CPC (redação conferida pela Lei 11.232/2005), que criou a multa de 10% para o devedor de título judicial que não efetua o pagamento no prazo de 15 dias, ali previsto.

Os destacados dispositivos legais (arts. 652-A, para execução autônoma apoiada em título extrajudicial, e art. 475-J do CPC, para fase de cumprimento de sentença) estão no sentido de compelir o devedor ao rápido cumprimento da obrigação representada no título executivo.

Ainda no intuito de induzir o devedor ao pronto adimplemento na ação de execução, houve também expressa previsão de que a indicação de bens à penhora bem como de sua localização e valores deverá ser realizada pelo executado no prazo de cinco dias, contados da determinação judicial para tal propósito, sob pena de se configurar ato atentatório à dignidade da justiça, conforme dispõe o inciso IV do art. 600 do CPC. Importante salientar que o art. 601 do CPC consagra como consequência pela prática pelo executado de ato atentatório à dignidade da justiça a imposição de multa em valor não superior a 20% do débito atualizado, que reverterá em favor do exequente e que poderá ser inserida na própria execução, sem prejuízo das demais consequências processuais, tais como a prevista no art. 14 do CPC, sendo que esta última – *multa do art. 14 do CPC* – reverterá em prol da Fazenda Pública. Assim, a primeira (*multa do art. 601 do CPC*) tem natureza material, e a segunda (*multa do art. 14 do CPC*) tem natureza processual. Mais: constitui também dever do executado "indicar onde se encontram os bens sujeitos à execução, exibir prova de sua propriedade e, se for o caso, certidão negativa de ônus, bem como abster-se de qualquer atitude que dificulte ou embarace a realização da penhora (sob pena da consequência prevista no art. 14, parágrafo único)" (art. 656, § 1º, do CPC). A referência, no final do dispositivo, ao parágrafo único do art. 14 do CPC justifica a afirmação de que o descumprimento do destacado dever implicará multa de até 20% do valor da causa, a ser inscrita como Dívida Ativa da União ou do Estado, conforme o caso.

### 8.2.18.3  A efetividade na ação de execução

8.2.18.3.1 *Averbações diante da simples distribuição da execução* – Importante regra para assegurar a efetividade do processo de execução de título executivo extrajudicial é a que permite, com a simples distribuição da execução, ao exequente "obter certidão comprobatória do ajuizamento da execução, com identificação das partes e valor da causa, para fins de averbação no registro de imóveis, registro de veículos ou registro de outros bens sujeitos à penhora ou arresto" (art. 615-A do CPC, introduzido pela Lei 11.382, de 6.12.2006).

Tal dispositivo confere maior publicidade à existência da demanda satisfativa. Serve para acautelar terceiros em relações jurídicas com o executado.

Vale ressaltar aqui o disposto no § 3º do art. 615-A, que prevê, expressamente: "§ 3º. Presume-se em fraude à execução a alienação ou oneração de bens efetuada após a averbação (art. 593)".

Todavia, para evitar abusos por parte do exequente, tem-se que as averbações efetivadas devem ser comunicadas ao juízo da execução em 10 dias (§ 1º do art. 615-A do CPC).

Ainda, havendo penhora de bens suficientes para a satisfação da dívida, deverá ocorrer o cancelamento das averbações dos bens que não tenham sido penhorados (§ 2º do art. 615-A do CPC).

Por derradeiro, vale assinalar: se a averbação for *manifestamente indevida*, o exequente deverá indenizar a parte contrária, em razão da *litigância de má-fé* (§ 4º do art. 615-A do CPC).

8.2.18.3.2 *Inovações quanto a penhora – (A) – Impenhorabilidade*: importantes alterações foram realizadas pela Lei 11.382/2006 no rol dos bens que são absolutamente impenhoráveis (art. 649 do CPC).

Pode-se afirmar que foi atualizado o referido rol, afastando dispositivos que, na prática, não tinham qualquer utilidade. Exemplificando, não há mais a previsão de impenhorabilidade do "anel nupcial e retratos de família" (antigo inciso III do 649 do CPC). Ainda, foram eliminadas as seguintes impenhorabilidades (antes elencadas no art. 649): "provisões de alimento e de combustível" (antigo inciso II); "equipamentos dos militares" (antigo inciso V). Simultaneamente, procurou-se ajustar os limites das impenhorabilidades apenas ao efetivamente indispensável à sobrevivência digna do executado e de sua família.

Outrossim, vale a atenção sobre a impenhorabilidade relativa contemplada nos incisos II, III, IV, VII e X, diante das ressalvas existentes no texto legal, e que serão destacadas a seguir.

"Art. 649. [caput *inalterado*] São absolutamente impenhoráveis: I – [*inalterado*] os bens inalienáveis e os declarados, por ato voluntário, não sujeitos à execução; II – os móveis, pertencentes e utilidades domésticas que guarnecem a residência do executado, *salvo os de elevado valor ou que ultrapassem as necessidades comuns correspondentes a um médio padrão de vida*; (...)."

Neste inciso II, para evitar abusos ou fraudes, foram excluídos da impenhorabilidade os bens de elevado valor, tais como obras de arte, aparelhos eletrônicos sofisticados, tapetes orientais, móveis de antiquário etc.; e também os bens que ultrapassem as necessidades comuns a um médio padrão de vida, como uma quantidade maior de televisores, geladeiras etc.

"(...) III – os vestuários, bem como os pertences de uso pessoal do executado, *salvo se de elevado valor*; (...)."

Aqui foi feita a limitação da impenhorabilidade, de modo a excluir os bens de elevado valor, como roupas de alta-costura, joias, relógios de ouro etc.

"(...) IV – os vencimentos, subsídios, soldos, salários, remunerações, proventos de aposentadoria, pensões, pecúlios e montepios; as quantias recebidas por liberalidade de terceiro e destinadas ao sustento do devedor e sua família, os ganhos de trabalhador autônomo e os honorários de profissional liberal, observado o disposto no § 3º deste artigo; (...)."

Neste inciso merece destaque o teor do § 2º do art. 649: "§ 2º. O disposto no inciso IV do *caput* deste artigo não se aplica no caso de penhora para pagamento de prestação alimentícia".

Trata-se de mais uma hipótese de limitação à impenhorabilidade. Assim, as verbas remuneratórias indicadas deixam de ser impenhoráveis para satisfação de pensão alimentícia.

"(...) V – os livros, as máquinas, *as ferramentas*, os utensílios, os instrumentos *ou outros bens móveis* necessários ou úteis ao exercício de qualquer profissão; (...)."

Com isso, os bens imóveis, ainda que se prestem a sediar o desempenho da profissão, não se inserem no benefício da impenhorabilidade.

"(...) VI – o seguro de vida; [*esse inciso tinha previsão no inciso IX do texto primitivo*] VII – os materiais necessários para obras em andamento, salvo se essas forem penhoradas; [*esse inciso tinha previsão no inciso VIII do texto primitivo*] VIII – a pequena propriedade rural, assim definida em lei, desde que trabalhada pela família; (...)."

A impenhorabilidade refere-se à *pequena propriedade rural* (a exemplo do art. 5º, XXVI, da CF), e não mais ao imóvel cuja superfície não ultrapasse *um módulo*.

Cabe à legislação agrária definir o que se deve entender por "pequena propriedade rural".

Além disso, o atual texto do inciso VIII do art. 649 do CPC (redação da Lei 11.382/2006) consagra que a pequena propriedade rural, para ser impenhorável, deve ser "trabalhada pela família".

Assim, *a pequena propriedade rural sob exploração familiar* é absolutamente impenhorável.

"(...) IX – os recursos públicos recebidos por instituições privadas para aplicação compulsória em educação, saúde ou assistência social; (...)."

Aqui, trata-se das *subvenções do Poder Público a entidades privadas*. Note-se que o fato de uma instituição ser beneficiária de subvenções do Poder Público não torna seu patrimônio impenhorável. Apenas as verbas públicas, enquanto tais, é que permanecem imunes de penhora. Os bens particulares da instituição, mesmo de utilidade pública, conservam-se como garantia de seus credores, e então podem ser executados.

"(...) X – até o limite de 40 (quarenta) salários-mínimos, a quantia depositada em caderneta de poupança; (...)."

É mais uma hipótese de impenhorabilidade relativa, com seus limites fixados na lei, pois não é total a impenhorabilidade, sendo nesta até o limite de 40 salários-mínimos. Na situação destacada neste inciso a constrição apenas poderá atingir o montante que exceder a esse patamar.

"(...) XI – [*incluído pela Lei 11.694/2008*] os recursos públicos do fundo partidário recebidos, nos termos da lei, por partido político."

• *Ressalva geral às regras supradestacadas de impenhorabilidade*

"§ 1º. A impenhorabilidade não é oponível à cobrança do crédito para aquisição do próprio bem."

Frise-se: nos casos de coisas impenhoráveis, como os dos incisos I, II, III, V, VII e VIII, que tenham sido adquiridos pelo devedor de forma onerosa não deve prevalecer o privilégio da impenhorabilidade em relação aos próprios bens adquiridos ou financiados. Seria completamente injusto se o credor que propiciou ao devedor a própria aquisição do bem não tivesse como receber o respectivo preço, caso em que ocorreria locupletamento ilícito por parte do adquirente.

Vale notar que o art. 650 do CPC contempla mais uma situação de impenhorabilidade relativa, a saber: "Art. 650. Podem ser penhorados, à falta de outros bens, os frutos e rendimentos dos bens inalienáveis, salvo se destinados à satisfação de prestação alimentícia".

A Lei 11.382/2006 alterou a regra da impenhorabilidade relativa prevista no art. 650, eliminando de seu rol as imagens e objetos do culto religioso e dando outra redação à disciplina dos frutos e rendimentos dos bens inalienáveis. Note-se que a imunidade não é total, aplica-se apenas na falta de bens livres à constrição. Nessa hipótese cessa a impenhorabilidade dos frutos e rendimentos dos bens inalienáveis. Todavia, a situação é diversa se o crédito exequendo versar sobre prestação alimentícia, caso em que o credor pode, desde logo, fazer a penhora recair sobre os frutos e rendimentos do bem inalienável, sem necessidade de demonstrar a inexistência de outros bens livres para a garantia da execução. Isso se dá também em relação aos salários, vencimentos etc., consoante previsão do art. 649, IV, desde que a execução seja referente a débito alimentar (art. 649, § 2º).

Por derradeiro, importa destaque à *impenhorabilidade do bem de família*: a Lei 8.009, de 29.3.1990, declarou bem de família, insuscetível de penhora, o imóvel de residência do casal ou da entidade familiar. Essa regra foi preservada pelo Código Civil de 2002, que deu nova dimensão ao bem de família (art. 1.711).

*(B) Ordem preferencial de bens para a penhora*: o art. 655, com a redação da Lei 11.382/2006, sofreu modificação quanto à ordem de preferência: os veículos, bens móveis em geral, bens imóveis e navios passaram a ganhar lugar de destaque; ao passo que outros que estavam em posição prioritária, como pedras e metais preciosos, títulos da dívida pública e títulos cotados em Bolsa, passaram ao final do mencionado rol (art. 655, I ao XI, do CPC).

Além disso, passou a constar expressamente no art. 655 do CPC a possibilidade de penhora de "ações e quotas de sociedades empresárias" (inciso VI) bem como do "percentual do faturamento de empresa devedora" (inciso VII).

Para a eficácia da penhora do faturamento de empresa há a previsão da nomeação de um depositário, com a atribuição de submeter à aprovação judicial "a forma de efetivação da constrição, bem como de prestar contas mensalmente, entregando ao exequente as quantias recebidas, a fim de serem imputadas no pagamento da dívida" (§ 3º do art. 655-A do CPC).

Para evitar abusos ou lesão contra terceiros em virtude de atos de constrição – mas sem descuidar da busca da efetiva satisfação da obrigação –, há regras que tratam do cônjuge: (a) "Recaindo a penhora em bens imóveis, será intimado também o cônjuge do executado" (§ 2º do art. 655 do CPC); (b) "Tratando-se de penhora de bem indivisível, a meação do cônjuge alheio à execução recairá sobre o produto da alienação do bem" (art. 655-B do CPC, com redação conferida pela Lei 11.382/2006).

Podemos observar que a proteção do *cônjuge inocente* não afasta a busca da efetiva satisfação do exequente, de modo que deve ser alienado o bem, respeitando-se a meação do cônjuge do executado, mediante entrega de metade do valor da alienação.

*(C) Constrição de valores em conta-corrente. Penhora on line:* estabelece o art. 655-A do CPC que, para "possibilitar a penhora de dinheiro em depósito ou aplicação financeira, o juiz, a requerimento do exequente, requisitará à autoridade supervisora do sistema bancário, preferencialmente por meio eletrônico, informações sobre a existência de ativos em nome do executado, podendo no mesmo ato determinar sua indisponibilidade, até o valor indicado na execução". O § 1º do referido artigo prevê que "as informações limitar-se-ão à existência ou não de depósito ou aplicação até o valor indicado na execução".

Vale notar que a regra, ao mesmo tempo, procura preservar a privacidade, pois as informações são apenas sobre a existência de valores, e não sobre detalhes de movimentações financeiras. Tal regra garante também a efetividade do processo de execução, pois o juiz poderá determinar, juntamente com a requisição de informações, o bloqueio do montante necessário para satisfação da dívida.

Isso deverá ser feito com o auxílio da *autoridade supervisora do sistema bancário*, ou seja, com apoio do Banco Central do Brasil.

Caberá ao executado demonstrar que sobre os valores existentes em conta bancária recai a impenhorabilidade referente à natureza remuneratória ou salarial. É o que dispõe o § 2º do art. 655-A do CPC.

Note-se, ainda, a previsão sobre a penhora *on line*, no § 6º do art. 659 do CPC, que prevê: "§ 6º. Obedecidas as normas de segurança que forem instituídas, sob critérios uniformes, pelos tribunais, a penhora de numerário e as averbações de penhoras de bens imóveis e móveis podem ser realizadas por meios eletrônicos". O Código de Processo Civil diz expressamente que a matéria pode ser objeto de regulamento administrativo, sendo necessárias a uniformidade de procedimentos e a previsão de normas de segurança para a realização da penhora *on line*.

Por oportuno, vale o registro sobre a possibilidade de substituição da penhora por "fiança bancária ou seguro-garantia judicial, em valor não inferior ao do débito constante da inicial, mais 30% (trinta por cento)", conforme o § 2º do art. 656 do CPC.

## 8.3 Ação cautelar

Tem por objetivo assegurar de modo imediato mas provisório os efeitos de futura providência jurisdicional que virá de modo definitivo numa ação principal. A *ação cautelar* é sempre subordinada à uma ação principal de conhecimento ou de execução. Vale dizer: há casos em que a morosidade de uma prestação jurisdicional definitiva, numa ação de conhecimento ou mesmo de execução, poderia ensejar perigo de dano ou prejuízo irreparável ou de difícil reparação ao detentor do direito material violado ou ameaçado, posto que na iminência de eventualmente deixar de existir. E para evitar tal ocorrência é que existe a ação cautelar, ou seja, medida judicial apoiada em cognição sumária e que tem por objetivo um pronunciamento jurisdicional imediato e provisório para assegurar os efeitos de providência jurisdicional principal, futura e definitiva. Como exemplos na esfera civil temos: arresto, sequestro, busca e apreensão etc.

### 8.3.1 Condições específicas

Para a propositura de uma ação cautelar há necessidade de que o autor preencha duas *condições específicas*, a serem demonstradas de plano com a petição inicial, quais sejam:

#### 8.3.1.1 Periculum in mora

É a existência de perigo de *dano* irreparável ou de difícil reparação se o direito material não for assegurado de forma imediata. Em outras palavras: o autor dessa medida cautelar deve demonstrar que se não houver o remédio jurisdicional de plano, imediatamente, ele poderá sofrer um prejuízo irreparável. Caracteriza-se, pois, em razão de eventual perigo decorrente da demora sobre o pronunciamento jurisdicional definitivo que virá numa ação principal.

### 8.3.1.2 Fumus boni iuris

É a "fumaça do bom direito"; ou seja, deve o autor demonstrar de plano, já na propositura dessa ação cautelar, que a medida é necessária e meramente assecuratória de futuro provimento jurisdicional que provavelmente lhe será favorável. Em outras palavras, o autor deve demonstrar o cabimento jurídico dessa medida, porque o direito muito provavelmente lhe será conferido de modo definitivo ao final da ação principal. Na verdade, é a demonstração de que o direito existe e possivelmente lhe será conferido (v. modelo de peça prática apresentada na parte final desta obra, "Capítulo VII – Prática Processual").

Nessa modalidade de ação o juiz analisa as alegações e provas de modo sumário, ou seja, de forma não completa e não exauriente, a fim de formar juízo de valor apoiado na probabilidade da existência do direito material postulado – e não propriamente juízo de certeza, como faria numa cognição exauriente –, para que, então, possa conferir um pronunciamento jurisdicional imediato e provisório, que poderá ser modificado a qualquer tempo, desde que alteradas as condições que o ensejaram.

Para melhor compreensão do *processo cautelar*, podemos apresentá-lo de modo geral sob os seguintes tópicos: conceito; finalidade; função e objetivo; características; classificação; eficácia; e procedimento.

Historicamente, podemos destacar, de modo sucinto, que se originou no Direito Romano, não sob a forma de processo autônomo.

Consta no *Livro III do Código de Processo Civil*, depois dos processos de conhecimento e de execução, sendo, portanto, contemplado nos arts. 796 a 889 do CPC.

### 8.3.2 *Conceito*

O *processo cautelar* é autônomo em relação ao processo principal e se traduz como meio rápido e eficaz para assegurar provisoriamente a permanência ou conservação do estado das pessoas, coisas e provas enquanto não se atinge o momento de um pronunciamento jurisdicional definitivo em um processo principal de conhecimento ou de execução, como visto.

### 8.3.3 Finalidade

Assegurar a eficácia de uma prestação jurisdicional definitiva, que virá posteriormente no processo principal de conhecimento ou de execução, tendo em vista eventual possibilidade de dano irreparável ao titular do direito material em virtude da demora na efetivação do pronunciamento jurisdicional definitivo.

Portanto, o fim é *prevenir os processos de conhecimento e de execução*, no que tange à sua eficácia, contra danos que possam surgir em razão da demora na sua conclusão.

### 8.3.4 Função

A *função do processo cautelar* é conferir uma tutela jurisdicional de garantia a um pronunciamento jurisdicional futuro e definitivo. Assim, sua função é de garantia para que a tutela definitiva possa surtir efeitos, sem qualquer prejuízo em virtude da demora de sua prestação.

Em outras palavras, o *objeto* é a obtenção de uma *garantia imediata*, porém *provisória* – ou seja, a obtenção de uma manifestação jurisdicional que assegure a eficácia de um provimento definitivo futuro, que virá na ação principal.

### 8.3.5 Características

Há vários posicionamentos doutrinários sobre esse tópico, de modo que, num enfoque didático, podemos destacar os seguintes elementos identificadores do processo cautelar: (a) *acessoriedade*; (b) *autonomia*; (c) *preventividade*; (d) *sumariedade*; (e) *provisoriedade*; (f) *instrumentalidade*; e (g) *revogabilidade*.

#### 8.3.5.1 Acessoriedade

Tem relação com a situação de *dependência a um processo principal*, em qualquer de suas modalidades, *preparatória* ou *incidental* (art. 796 do CPC). Todavia, vale frisar que a dependência não afasta a autonomia.

### 8.3.5.2 Autonomia em relação ao feito principal

Na medida em que o resultado de um processo não interfere na substância do outro.

### 8.3.5.3 Preventividade

Em face da sua finalidade de assegurar a eficácia do provimento jurisdicional do processo principal, evitando que o decurso do tempo traga prejuízos de difícil reparação.

### 8.3.5.4 Sumariedade

Vez que o juiz, na análise por ocasião da concessão, ou não, de uma medida cautelar, não se aprofunda na apreciação das questões de fato e de direito, valendo-se da cognição sumária sobre o que fora apresentado, pela qual formará juízo de valor apoiado na probabilidade em grau de mera possibilidade de que exista o direito material e de que provavelmente possa ser conferido ao requerente.

### 8.3.5.5 Provisoriedade

Posto que a eficácia da medida cautelar concedida judicialmente perdura como regra até o momento em que se tenha o provimento definitivo, ou até eventual revogação diante de modificação das circunstâncias que a ensejaram, e que poderá ocorrer a qualquer tempo.

### 8.3.5.6 Instrumentalidade

O processo cautelar serve a outro instrumento, qual seja, ao processo principal, como garantia dos efeitos deste, e não propriamente ao direito material pretendido.

### 8.3.5.7 Revogabilidade

O processo cautelar, embora autônomo no que tange ao resultado, tem *caráter provisório e transitório*, de modo que as medidas cautelares são concedidas diante de uma situação de perigo e podem ser revogadas ou alteradas a qualquer momento, se desaparecerem ou se modificarem os fatores que a ensejaram (art. 807 do CPC).

### 8.3.6 Classificação das medidas cautelares

Neste tópico, sem qualquer pretensão de esgotar o assunto, pretendemos apresentá-lo sob duas óticas, quais sejam: (a) *classificação prática*; e (b) *classificação segundo a natureza da tutela cautelar*.

#### 8.3.6.1 Classificação prática das medidas cautelares

8.3.6.1.1 *Medidas cautelares para assegurar bens* – Garantem futura execução ou o estado das coisas. Como exemplo podemos citar o *arresto*.

8.3.6.1.2 *Medidas cautelares para assegurar pessoas* – Em face de necessidades urgentes. Como exemplos: guarda provisória de menor; separação de corpos como medida preventiva e preparatória de uma ação principal de separação judicial.

8.3.6.1.3 *Medidas cautelares para assegurar provas* – Para garantia da instrução do processo principal. Como exemplo pode-se destacar a vistoria *ad perpetuam rei memoriam* para comprovar a situação de determinado bem no tempo.

#### 8.3.6.2 Classificação segundo a natureza da tutela cautelar

8.3.6.2.1 *Jurisdicional* – É a que contém ação, lide e sentença. Como exemplos podemos mencionar o arresto, sequestro, caução, busca e apreensão, exibição, alimentos etc. Note-se que as medidas constritivas podem ser substituídas pela caução. É o que se denomina *fungibilidade das cautelares*, para que se tenha medida menos gravosa para o requerido, quando adequada e suficiente a evitar a lesão, por exemplo no arresto e sequestro.

8.3.6.2.2 *Voluntária ou administrativa* – Contém pedido sem lide, e enseja homologação. Exemplificativamente, podemos indicar: produção antecipada de provas, justificação, notificações. Quando preparatórias não estão sujeitas ao prazo de caducidade e improrrogável de 30 dias, contados a partir da concessão, para o ingresso com a ação principal.

8.3.6.2.3 *Decretável em razão do ofício jurisdicional* – É o *poder geral de cautela* do juiz. Atua sob duas formas: (a) nos autos da ação cautelar preventiva ou incidental; (b) nos próprios autos do processo de conhecimento ou de execução, quando houver situação de emergência, independentemente de processo cautelar ou, mesmo, da iniciativa da parte. É implícito na atividade jurisdicional. E como exemplos temos: medidas para garantir o testemunho de pessoa ameaçada, guarda de menor etc. Aplica-se também em processo de execução, através da determinação para que se proceda ao depósito de bens e à caução, por exemplo.

### 8.3.7 Eficácia

Cessa a *eficácia da medida cautelar* concedida: (a) com o decurso do prazo de 30 dias, contados a partir da concessão da medida, sem sua execução ou sem a propositura da ação principal, salvo em relação à produção antecipada de provas, à justificação e à notificação, que não se submetem a esse prazo de caducidade; (b) "se o juiz declarar extinto o processo principal, com ou sem julgamento do mérito" (art. 808, III, do CPC).

Vale notar que a medida cautelar concedida perdura enquanto pendente o processo principal.

Assim, as medidas cautelares conservam sua eficácia no prazo para a propositura da ação principal – qual seja, o de 30 dias a partir da sua concessão – e na pendência do processo principal – ou seja, até a prolação da sentença definitiva na ação principal, posto que após esta ter transitado em julgado operarão seus próprios efeitos, e não mais os efeitos da medida cautelar. Vale acrescentar que a medida cautelar pode ser revogada ou modificada a qualquer tempo – entendo-se, aqui, até o momento da prolação da sentença definitiva na ação principal.

Também é importante destacar o que dispõe o parágrafo único do art. 808 do CPC: "Parágrafo único. Se por qualquer motivo cessar a medida, é defeso à parte repetir o pedido, salvo por outro fundamento".

### 8.3.8 Procedimento comum

#### 8.3.8.1 Competência (art. 800 do CPC)

(a) Quando *incidentais*, as medidas cautelares devem ser requeridas perante o juízo onde em curso a ação principal, de modo que ensejam a denominada *distribuição da ação incidental por dependência* ao juízo da ação principal; (b) se *preparatórias*, devem ser propostas perante o juízo que seria o competente para conhecer da ação principal. Trata-se de *competência funcional*, portanto *absoluta*. Haverá o apensamento das ações.

Eventual propositura de ação cautelar preparatória em juízo incompetente não o torna competente para o conhecimento da ação principal. Exemplificando, temos a medida cautelar de arresto de determinado bem em outra comarca que não a competente para a ação de execução. Também não haverá a prevenção da competência diante das medidas cautelares que tão somente buscam prover a conservação e ressalva de direitos, tais como as *notificações, interpelações* e *protestos* (arts. 867 a 873 do CPC). Note-se que essas medidas não admitem defesa nem contraprotesto nos autos, mas o requerido pode contraprotestar em processo distinto. Nesses feitos, após a efetivação da medida judicial, e decorridas 48 horas, os autos serão entregues à parte, independentemente de traslado (art. 872 do CPC).

Ainda sobre competência, temos que se a ação principal for de competência originária do tribunal a cautelar também o será.

Como visto, o provimento jurisdicional cautelar pode ser requerido de duas formas: (a) em processo cautelar preparatório – isto porque ele é anterior à propositura da ação principal; e (b) por via incidental – ou seja, no próprio curso do processo principal.

Nas duas situações os autos do procedimento cautelar serão apensados ao processo principal.

### 8.3.8.2  Petição inicial

A *petição inicial* deverá preencher os requisitos gerais previstos no art. 282 do CPC, conjugados com os requisitos específicos contemplados no art. 801 do CPC, entre os quais merecem destaque a expressa referência à lide principal e seu fundamento (inciso III), e na modalidade *preparatória* deve-se indicar qual será a ação principal a ser proposta, indicando-se sempre o *fumus boni iuris* e o *periculum in mora* – este último referente à exposição sumária do direito ameaçado e ao receio de lesão.

Por ocasião do despacho inicial o juiz poderá conceder liminarmente a medida cautelar – portanto, na forma *inaudita altera parte* (a saber: sem ouvir a parte contrária) – ou após justificação prévia – ainda sem ouvir o réu –, quando houver perigo de que este venha a tornar ineficaz a medida pretendida (art. 804 do CPC). Tal decisão comporta o recurso de agravo de instrumento.

### 8.3.8.3 Citação

Qualquer que seja o procedimento cautelar (incidental ou preparatório), o requerido será citado para que, querendo, conteste o pedido no prazo de cinco dias, contados da juntada aos autos do mandado de citação, ou a partir da execução da medida cautelar concedida liminarmente.

Se não contestar será revel, o que ensejará a aplicação da presunção legal de veracidade dos fatos alegados pelo requerente bem como o julgamento antecipado da ação cautelar, autorizando o juiz a decidi-la em cinco dias (art. 803 do CPC).

Temos que ressaltar o fato de algumas ações cautelares não apresentarem a forma contenciosa (art. 871 do CPC), como o caso das interpelações e notificações.

### 8.3.8.4 Contracautela

Oferecida a contestação, no prazo legal, poderá o requerido postular nessa peça a *contracautela*, que, na verdade, é uma caução ou garantia que lhe assegura o ressarcimento por eventuais prejuízos nos casos previstos no art. 811 do CPC – como, por exemplo: diante da sentença desfavorável ao autor na ação principal; ou diante do pronunciamento jurisdicional sobre a decadência ou prescrição do direito do autor. A indenização será apurada nos próprios autos do procedimento cautelar.

### 8.3.8.5 Audiência de instrução e julgamento

Se houver necessidade de dilação probatória na ação cautelar, o juiz, após o oferecimento da contestação, designará data para *audiência de instrução e julgamento*. Importante notarmos que, de todo modo, o feito cautelar deverá ter encerramento por um ato jurisdicional *sentença*. Eventual recurso de apelação apenas será recebido no efeito devolutivo, nos termos do art. 520, IV, do CPC. Frise-se: não haverá efeito suspensivo.

### 8.3.9 *Tutelas de urgência*

Constituem o gênero, do qual podem ser destacadas as seguintes espécies: (a) *medidas liminares*; (b) *antecipação da tutela*; (c) *ações cautelares*; e (d) *ações específicas – mandado de segurança* e *habeas corpus –*, já apresentadas estas ações neste Capítulo III, no subitem 12.2 da Seção II, denominado "Writs *Constitucionais*".

As *tutelas emergenciais* indicadas nas letras "a", "b" e "c" apresentam as *características comuns* de *cognição sumária*; *imediatidade*; *provisoriedade* e *revogabilidade*. A propósito, é importante consignar algumas noções gerais sobre cada modalidade, a saber:

### 8.3.9.1 Medidas liminares

Podem ser postuladas em diversas modalidades de ação, como nas ações específicas aqui indicadas na letra "d" – quais sejam, *mandado de segurança* e *habeas corpus*, se bem que em relação a este último *writ* constitucional haja posicionamento jurisprudencial no sentido de não cabimento de pleito liminar, muito embora na prática a postulação liminar seja frequente, dando causa à apreciação jurisdicional. Anote-se a possibilidade de medida liminar nas próprias ações cautelares, até na forma *inaudita altera parte* – ou seja, sem ouvir a parte contrária –, mediante contraditório diferido, em virtude do caráter emergencial da medida. Porém, apresentam incidência e previsão específicas nas ações possessórias, cujo procedimento é especial justamente para viabilizar a referida medida de urgência (*liminar*), o que se dá predominantemente em ações cujo objeto seja a reintegração de posse. Todavia, para essas ações o pleito liminar apresenta-se cabível desde que o esbulho possessório não seja superior a ano e dia – portanto, desde que o fato envolva a denominada *posse nova*. Caso o esbulho seja superior a ano e dia estaremos diante da denominada *posse velha*, que não autoriza o pleito *liminar* de reintegração, pois a ação seguirá rito comum ordinário; porém, nada impede o pedido de antecipação de tutela ou uma cautelar de imissão na posse, se presentes seus respectivos requisitos legais específicos.

A *liminar* pode ter característica de antecipação de tutela, ou, melhor, tem característica antecipatória quando atinge um resultado satisfativo imediato. Todavia, por outro lado, em certas situações a liminar pode apresentar característica de medida cautelar, quando apenas assegurar o direito material em disputa, sem trazer satisfação imediata.

### 8.3.9.2 Antecipação de tutela

É medida específica para a ação de conhecimento, podendo ser postulada, nos próprios autos, por qualquer das partes, desde que presentes os requisitos legais que a autorizem. E tem como objetivo a antecipação da própria satisfação do direito material que envolve o conflito, anteriormente ao pronunciamento jurisdicional de mérito definitivo, que se dará após a devida tramitação da demanda. Referida medida busca, portanto, antecipar a satisfação de um direito material que ainda será apreciado definitivamente no futuro, naquela ação de conhecimento.

O mecanismo da antecipação de tutela pode ser aplicado em todos os tipos de ação de conhecimento, quer sejam de rito comum ou de rito especial. No entanto, em algumas ações – como, por exemplo, na ação de reintegração de posse – cujo procedimento é especial apresenta-se mais válido o pleito liminar, pois já existe a previsão legal para tanto, sendo certo que para o êxito na obtenção da medida liminar exigem-se menos requisitos em relação aos que são exigidos para uma antecipação de tutela. Vale salientar, porém, que a *liminar* e a *antecipação de tutela*, em regra, apresentam o mesmo efeito – ou seja, a satisfação imediata diante de um direito material ainda em litígio.

8.3.9.2.1 *Conceito* – Antecipação de tutela é uma das modalidades de tutelas emergenciais, cuja finalidade é a obtenção da satisfação de um direito material ainda em litígio e que será objeto de apreciação judicial definitiva.

8.3.9.2.2 *Finalidade* – É obter a imediata satisfação em relação a algo em disputa judicial, que ainda será definido ao final da ação de conhecimento.

8.3.9.2.3 *Previsão legal* – A antecipação da tutela está prevista nos arts. 273 e 461 do CPC. É importante lembrar o que vem expresso no art. 14, V, e parágrafo único, do CPC em relação aos deveres das partes de cumprir com exatidão pronunciamentos jurisdicionais antecipatórios, sem criar embaraços à efetivação da medida então concedida judicialmente, sob pena de *ato atentatório ao exercício da jurisdição*, cuja consequência é a fixação de *multa* de até 20% do valor da causa, que reverterá em favor da União ou do Estado.

8.3.9.2.4 Requisitos – *(A) Requerimento por qualquer das partes*: de modo que o juiz não poderá conceder de ofício a antecipação da tutela.

*(B) Legitimidade*: qualquer das partes, de modo que tanto o autor como também o réu podem requerer tal medida antecipatória. Nessa úl-

tima hipótese, em relação ao réu, para os casos em que ele formular pedido aproveitando o feito instaurado pelo autor – portanto, quando oferecer reconvenção, em ação de conhecimento de rito comum ordinário; ou, quando apresentar pedido contraposto em ação de conhecimento de rito comum sumário.

Ainda, os *terceiros intervenientes* também têm legitimidade para o pleito antecipatório, a saber: na nomeação à autoria; no chamamento ao processo; na oposição; na assistência; e na denunciação da lide. Por último, vale anotar que o Ministério Público também tem legitimidade para requerer antecipação de tutela, tanto na qualidade de fiscal da lei como também nos casos em que for parte na ação.

*(C) Prova inequívoca*: é necessário que o postulante traga elementos que possam formar o convencimento do juiz sobre a verossimilhança das suas alegações. Segundo grande parte da doutrina processualista, *prova inequívoca* é aquela que apresente forte potencialidade de convencimento ao juiz. Em regra deve ser uma prova documental, pois tal pleito não comporta dilação probatória, diante de sua natureza emergencial, mesmo nas hipóteses em que o pedido de antecipação esteja apoiado no inciso II do art. 273 do CPC, a saber: "caracterizado o abuso de direito de defesa ou o manifesto propósito protelatório do réu".

A expressão "prova inequívoca", utilizada pelo legislador na redação do art. 273, *caput*, do CPC, recebeu inúmeras críticas da doutrina processualista, isto porque seu conteúdo pode ser interpretado como algo de *valor absoluto*. Porém, não é a lei que confere valor às provas, sendo essa a tarefa do juiz. Daí por que *prova inequívoca* é aquela que apresenta grande potencialidade de convencimento do julgador sobre a aparência de verdade das alegações.

*(D) Verossimilhança das alegações*: pode ser interpretada como algo muito próximo da verdade. Trata-se de significativa aparência de verdade das alegações, diante do teor da prova apresentada de plano. Numa escala sobre extensão probatória, a *verossimilhança* exige mais elementos de prova em relação à *mera possibilidade* que deve ser demonstrada para as providências cautelares.

*(E) Requisitos alternativos*: o art. 273 do CPC apresenta dois incisos que são requisitos alternativos, de modo que um deles deverá estar presente na situação concretamente apresentada na postulação antecipa-

tória, a saber: (a) "I – fundado receio de dano irreparável ou de difícil reparação" nada mais é que o *periculum in mora*, também contemplado para as medidas cautelares; e consiste na existência de risco de dano ao exercício do próprio direito material cuja antecipação é pretendida; ou (b) "II – (...) caracterizado o abuso de direito de defesa ou o manifesto propósito protelatório do réu", cuja essência são duas situações distintas, sendo a primeira o *abuso do direito de defesa*, algo muito mais amplo em relação à segunda (*manifesto propósito protelatório*), pois envolve o *direito de defesa*, de modo que pode contemplar as situações de *litigância de má-fé* previstas no art. 17 do CPC como, também, outras situações abusivas do direito de defesa por atos praticados fora do âmbito processual inclusive, enquanto o *manifesto propósito protelatório* envolve conduta processual do réu com intuito de dilatar o procedimento no tempo, prejudicando o autor quanto à efetivação e ao exercício de seu pretenso direito.

*(F) Reversibilidade da medida antecipada*: caso o direito material não pertença à parte que obteve o pronunciamento antecipatório então satisfativo, e assim seja declarado por decisão definitiva. Assim, a medida antecipatória deve ser de natureza reversível. O juiz só concede a medida se a parte provar que é possível retornar à situação anterior – portanto, ao *status quo ante* – caso o direito material não seja reconhecido em seu favor na decisão definitiva.

*(G) Requisito único: antecipação da tutela contemplada no § 6º do art. 273*: quando um ou mais dos pedidos que constituem o objeto da ação, ou mesmo parcela deles, forem incontroversos. Se não houver resistência do requerido em relação a algum dos pedidos ou parte deles, torna-se inquestionável o direito material em prol do autor, que, então, poderá requerer a medida antecipatória, cujo conteúdo, como visto, é a própria satisfação do direito que constitui o objeto da ação. Nesta hipótese ora em destaque, a concessão da antecipação de tutela só depende do requerimento do autor, diante de pedido incontroverso.

Sob outro aspecto, qualquer que seja a situação, a antecipação de tutela é apreciada pelo juiz em decisão interlocutória, de modo que o recurso cabível será o agravo de instrumento.

Outrossim, vale observar que o art. 273, *caput*, do CPC utiliza a palavra "poderá" o juiz conceder a antecipação, porém o correto seria "deverá". Isto porque não se trata de mera faculdade ou poder discricionário do juiz. Com efeito, presentes todos os requisitos legais previstos para a medida, o juiz deverá conceder a antecipação de tutela.

8.3.9.2.5 *Fungibilidade* – Está contemplada no § 7º do art. 273 do CPC. Assim, se a parte requerer na forma *antecipação* algo que deveria ter sido requerido na forma *cautelar*, poderá o juiz conceder a medida na forma correta – qual seja, *cautelar* –, aplicando a *fungibilidade*, desde que presentes os requisitos necessários para a medida correta. Trata-se de verdadeira previsão legal para concessão de medida cautelar nos próprios autos da ação principal, fugindo à regra geral de que as medidas cautelares devem ser postuladas em ação própria e autônoma. A questão que se apresenta é a situação inversa, ou seja: seria possível o juiz conceder *antecipação* quando a parte tenha requerido medida na forma *cautelar*? Sobre o tema há duas posições doutrinárias diversas, já que não há previsão legal expressa sobre essa situação. A primeira corrente doutrinária sustenta que deve haver interpretação extensiva do dispositivo, diante da omissão do legislador, de modo a aplicar a fungibilidade a ambos os casos, sendo, portanto, via de mão dupla, vez que ambas têm perfil emergencial e cabe ao juiz o poder de dizer o Direito. Por sua vez, a corrente doutrinária diversa diz que as normas processuais devem ser interpretadas restritivamente; e, como não há previsão legal para concessão de antecipação quando a parte tenha postulado medida cautelar, não se aplica a fungibilidade.

8.3.9.2.6 *Semelhanças e diferenças entre a antecipação de tutela e as medidas cautelares* – Como *semelhanças* podem ser apontadas: ambas submetem-se a uma cognição sumária pelo juiz, cujas características são a *imediatidade*, a *provisoriedade* e a *revogabilidade*. Assim, tais medidas são imediatas mas provisórias e revogáveis a qualquer tempo.

Sobre as *diferenças*: (a) medidas cautelares, em regra, decorrem de uma ação própria e autônoma, enquanto a antecipação de tutela se dá na própria ação principal de conhecimento; (b) medida cautelar pode ser concedida de ofício pelo juiz, diante de seu *poder geral de cautela*, enquanto a antecipação de tutela depende de requerimento expresso da parte interessada; (c) medida cautelar resulta de ação própria, e, portanto, resultará no ato judicial *sentença*, não obstante a cautelar concedida liminarmente envolva *decisão interlocutória* do juiz; enquanto a antecipação de tutela é apreciada por *decisão interlocutória*; (d) para concessão de medida cautelar basta um grau de probabilidade mínimo, ou seja, a *mera possibilidade*, destacada no requisito *fumus boni iuris*; ao passo que a antecipação de tutela exige grau de probabilidade maior em relação a mera possibilidade, ou seja, depende de prova inequívoca, que contenha forte potencialidade de convencimento do juiz sobre a *verossimilhança das alegações*, por sua vez interpretada como sendo *algo muito próximo da verdade*, não apenas uma *fumaça de bom direito*.

*8.3.9.3* Ações cautelares

Como assinalado anteriormente, a *ação cautelar* tem por finalidade a prevenção. Busca-se uma tutela preventiva e de urgência. Vale salientar a seguinte síntese: sua *finalidade* é evitar que a providência do processo principal seja inócua ou de pouca valia pelo decurso do tempo. Toda ação tem um *objeto*, o qual na ação cautelar é a obtenção de *medida cautelar* que assegure a eficácia do resultado de uma ação principal de conhecimento ou de execução. Assim, o que o autor pretende obter numa ação cautelar é uma *medida judicial cautelar* que garanta o resultado útil do processo principal. Com isso, *a ação cautelar tem caráter instrumental*. Por sua vez, *a tutela cautelar tem caráter preventivo*, enquanto *a antecipação de tutela tem caráter satisfativo*. Em suma, a ação cautelar tem existência e vida próprias, assim como objeto próprio; daí seu perfil de autonomia, embora tenha subordinação a uma ação principal, diante de sua finalidade vinculada a esta. Todavia, vale lembrar que excepcionalmente poderá ocorrer uma medida judicial cautelar no âmbito da própria ação principal. Exemplos: como anteriormente já destacado, mediante aplicação da *fungibilidade* prevista no art. 273, § 7º, do CPC, na qual o juiz, diante de um pleito na forma antecipatória, concede medida na forma cautelar; medida de *arresto* decretada judicialmente nos próprios autos de uma ação de execução. Não é demais lembrarmos novamente uma síntese sobre as *características* e a *classificação* das medidas cautelares, para fixação sobre o perfil desse mecanismo judicial de garantia.

8.3.9.3.1 *Características – (A) Acessoriedade*: a ação cautelar é acessória e está sempre vinculada a uma ação principal; há um vínculo entre elas

*(B) Autonomia*: caracteriza-se pela existência e vida própria da ação cautelar, além de seu objeto próprio, direcionado a assegurar a eficácia da ação principal; daí por que podem apresentar resultados diferentes.

*(C) Instrumentalidade*: a medida cautelar não tem um fim em si mesma, sua função é instrumental; ou seja, é um instrumento voltado a assegurar a eficácia e a utilidade de outro processo (de conhecimento ou de execução).

*(D) Provisoriedade*: sua eficácia é limitada no tempo, pois cessa com a outorga do provimento jurisdicional principal, de modo que a medida cautelar surte efeitos até sua revogação, a qualquer tempo, ou com o pronunciamento definitivo do juiz na ação principal.

*(E) Revogabilidade*: desaparecendo a situação que autorizou a concessão da medida cautelar – ou seja, se alterada a realidade fática que deu causa ao deferimento dessa medida –, poderá ser revogada pelo juiz.

*(F) Fungibilidade*: o juiz pode conceder medida cautelar diversa daquela pretendida pela parte, pois não está adstrito ao que foi pedido pelo requerente.

8.3.9.3.2 *Classificação – (A) Medidas típicas ou nominadas (arts. 813 a 889 do CPC)*: são aquelas que constituem o procedimento cautelar específico, porque a lei processual atribui nome a elas, de modo que o próprio legislador destaca as condições de admissibilidade para a medida então nominada e também conhecida como típica. Exemplos: arresto, sequestro etc.

*(B) Medidas atípicas ou inominadas (arts. 798 e 799 do CPC)*: são aquelas que decorrem do poder geral de cautela do juiz, pois o legislador não poderia prever todas as situações de urgência, daí por que atribuiu ao juiz esse poder geral, que consiste na possibilidade de criar outras medidas assecuratórias e que não tenham previsão expressa. E o art. 799 do CPC enumera, de modo exemplificativo, algumas medidas que podem ser determinadas por conta desse poder geral de cautela do juiz: "autorizar ou vedar a prática de determinados atos, ordenar a guarda judicial de pessoas e depósito de bens e impor a prestação de caução". Seria o caso, por exemplo, da sustação de protesto, suspensão dos efeitos de uma assembleia etc.

*(C) Medidas cautelares conservativas de direito*: visam a conservar algum direito material, e não são, na essência, ações cautelares propriamente ditas. Exemplo: notificação judicial.

*(D) Medidas contenciosas e não contenciosas*: nas contenciosas existe lide e um processo principal em curso; enquanto nas não contenciosas não há conflito.

*(E) Medida cautelar com objetivo de garantir pessoas*: como exemplos, alimentos provisionais, separação de corpos, regulamentação do direito de visitas etc.

*(F) Medidas cautelares com o objetivo de garantir bens*: como exemplos, arresto, sequestro etc.

*(G) Medidas cautelares que busquem garantir provas*: como exemplos, produção antecipada de prova, vistoria *ad perpetuam rei memoriam*.

*(H) Medidas cautelares preparatórias*: nos casos em que a ação cautelar é proposta antes da ação principal. A competência é do mesmo foro onde deva ser proposta a ação principal.

*(I) Medidas cautelares incidentais*: nos casos em que a ação cautelar é proposta quando já está em curso a ação principal. Distribuídas por dependência ao juízo onde está em tramitação a ação principal.

Insta reprisar, na sequência, os *requisitos específicos* para as ações cautelares, bem como seu *procedimento geral*, acrescentando alguns *procedimentos cautelares específicos*.

8.3.9.3.3 *Requisitos específicos* – Como assinalado anteriormente, as ações cautelares devem preencher, além das condições genéricas da ação (*legitimidade para ser parte, interesse processual* e *possibilidade jurídica do pedido*), mais duas *condições específicas*, quais sejam, em apertada síntese:

*(A)* Fumus boni iuris *(fumaça do bom direito)*: indicando que caberá ao autor da ação cautelar demonstrar a verdade de suas alegações em uma *escala probatória mínima, ou seja, "de mera possibilidade", de que a tutela principal lhe seja favorável*. Na prática, pode ser anotado que o êxito na obtenção da medida cautelar pleiteada dependerá de um elemento mínimo que faça o juiz ter a convicção de que aquilo seja possível.

*(B) Periculum in mora (perigo de dano pela demora)*: para que obtenha a tutela jurisdicional cautelar é necessário que o autor demonstre a existência de uma situação de perigo de dano irreparável ou de difícil reparação em virtude da morosidade natural de uma ação principal de conhecimento ou de execução.

Assim, esses dois requisitos deverão constar expressamente na petição inicial da ação cautelar.

### 8.3.9.3.4 Procedimento comum das ações cautelares

– A petição inicial da ação cautelar deve apresentar os requisitos gerais do art. 282 do CPC e também observar os requisitos previstos no art. 801 do CPC.

Quanto à *competência do juízo*, se a ação for *incidental* a competência será a mesma da ação principal, de modo que a ação cautelar será endereçada ao mesmo juízo da ação principal. Trata-se de *competência funcional*, que é *absoluta*. Por outro lado, se a ação cautelar for *preparatória*, será proposta perante o juízo competente para conhecer e julgar a futura ação principal. Devem incidir as regras gerais de competência previstas no Livro I do Código de Processo Civil (art. 86 e ss.). Vale frisar: em regra a ação cautelar preparatória tornará prevento o juízo para a ação principal. Entretanto, excepcionalmente, em caso de urgência, admite-se que as medidas cautelares de apreensão de bens ou de produção antecipada de provas sejam requeridas no local onde se encontram os bens a serem apreendidos ou no local onde ocorreu o fato a ser demonstrado mediante antecipação de provas.

Ainda, as medidas cautelares meramente *conservativas de direito* não previnem a competência do juízo para uma possível ação principal. Também não estarão sujeitas ao prazo decadencial de 30 dias para eventual ajuizamento da ação principal.

Na hipótese de uma ação cautelar preparatória ser proposta perante juízo incompetente, o juiz poderá declinar de ofício a incompetência absoluta funcional; e, se não o fizer, a parte contrária poderá suscitar a incompetência em preliminar na contestação, pois, como assinalado, trata-se de *incompetência absoluta* (v. art. 301 do CPC).

Além da qualificação das partes, a petição inicial deverá narrar a lide e os seus fundamentos no caso de ação cautelar preparatória, especificando a ação principal que será proposta. Deverá também indicar expressamente as condições específicas – que, aliás, deverão ser fundamentadas – bem como especificar as provas que se pretende apresentar.

Apesar de o art. 801 do CPC não mencionar, deverá ser indicado o valor da causa, nos termos do que dispõe o art. 282.

Admite-se pedido para concessão de *liminar* até na forma *inaudita altera parte* – ou seja, sem a prévia oportunidade para o adversário se manifestar – quando a medida pretendida seja de extrema urgência. Tal procedimento não afronta o contraditório, pois este será concretizado em momento imediatamente posterior (*contraditório diferido*). Exemplo: medida cautelar de separação de corpos.

Entretanto, o juiz poderá firmar o entendimento pela necessidade de uma audiência prévia de justificação para conceder, ou não, a medida liminar. Essa audiência poderá ser realizada com ou sem a participação da parte contrária. Essa última hipótese (*sem participação do requerido*) acontece quando a parte possa prejudicar a efetivação da medida cautelar pretendida.

Se não houver a concessão da medida liminar, a parte contrária terá cinco dias, a partir da citação, para apresentar sua defesa nos autos da ação cautelar.

Caso haja a concessão e a efetivação da medida liminar, a parte contrária terá cinco dias, a partir da efetivação dessa medida, para apresentar sua defesa nos autos. Se não houver o oferecimento da contestação nesse prazo legal, o réu será considerado revel.

É importante salientar, quanto à intervenção de terceiros: só cabem a assistência e às vezes a nomeação à autoria nas ações cautelares.

Em modalidades de defesas cabem a contestação e as exceções processuais de incompetência do juízo; ou as de impedimento ou suspeição do juiz.

Poderá ou não haver audiência de instrução e julgamento, dependendo da necessidade ou não de produção de mais provas. Todavia, sempre haverá a prolação de sentença de mérito quanto à medida de cautela postulada na ação cautelar. Com efeito, o processo cautelar nasce e segue numa existência procedimental própria para morrer mediante uma sentença de mérito.

Por fim, vale mais uma vez a lembrança sobre a medida denominada *contracautela* como sendo a situação em que o requerido de uma ação cautelar postula garantia para eventuais prejuízos que venha a sofrer, em virtude da medida cautelar concedida ao requerente, na hipótese de ocorrer inversão quanto ao mérito por ocasião do pronunciamento jurisdicional definitivo. Trata-se de medida de garantia ao requerido, e poderá ser por ele postulada na contestação da ação cautelar.

8.3.9.3.5 *Síntese sobre alguns procedimentos cautelares específicos – (A) Arresto (arts. 813 a 821 do CPC)*: é medida cautelar que visa a garantir a satisfação de futura ou pendente execução por quantia certa. Consiste na prévia *apreensão judicial de bens que integram o patrimônio do devedor, para garantia de posterior penhora em autos de execução por quantia certa*. Tem como objeto bens diversos. Poderá ser preparatória ou incidental. São seus *requisitos* (art. 814 do CPC): (a) prova literal da dívida líquida e certa (*fumus boni iuris*); (b) prova documental ou justificação sobre a existência de alguma das situações que ensejam a medida, destacadas no art. 813 do CPC (*periculum in mora*).

As hipóteses que configuram a situação de perigo estão contempladas no art. 813 do CPC.

A formalização do auto de arresto assegura a conversão posterior dessa constrição em penhora.

*(B) Sequestro (arts. 822 a 825 do CPC)*: a finalidade dessa medida cautelar específica é garantir futura execução para entrega de coisa certa.

*A medida está relacionada a um bem determinado, objeto de disputa pelas partes*. O objeto dessa ação cautelar é assegurar o próprio objeto da ação principal.

São seus *requisitos*: (a) *fumus boni iuris*; (b) *periculum in mora*.

É lavrado auto de sequestro, no qual o bem ficará com um depositário. Pode se converter em depósito.

*(C) Busca e apreensão (arts. 839 a 843 do CPC)*: o objeto dessa medida cautelar é a *busca e apreensão de coisas ou pessoas*. Pode ser preparatória ou incidental, e até medida prévia para garantir outra cautelar. Não é exclusiva do processo de execução, como arresto e sequestro. Os *requisitos* são, também: (a) *fumus boni iuris*; (b) *periculum in mora*. Na petição devem constar o fundamento, ou seja, as razões da medida pretendida, e a indicação sobre a localização da coisa ou pessoa.

*(D) Exibição (arts. 844 e 845 do CPC)*: a finalidade da medida é constatar fato determinado ou obter prova fundamental para uma demanda principal. O objeto é *documento ou coisa móvel*. Pode ser medida

preparatória ou incidental. A exibição do documento ou coisa pode ser requerida na forma de ação cautelar autônoma, ou mesmo na própria ação de conhecimento, nos próprios autos, como meio de prova.

*(E) Produção antecipada de provas (arts. 846 a 851 do CPC)*: é medida cautelar que pode ser preparatória ou incidental. Tem como finalidade constatar, em coleta de prova oral ou pericial, e assegurar o *esclarecimento de fato que possa influir no julgamento de uma ação de conhecimento* sempre que houver perigo de perecimento da prova ou do objeto. A *legitimidade* para a propositura é ampla, qualquer das partes pode propor essa ação cautelar, assim como terceiros intervenientes.

É possível pedir a medida liminarmente, na forma *inaudita altera parte*, na hipótese de risco iminente, quando a intervenção da parte possa prejudicar a própria medida de cautela. Com relação à valoração das provas antecipadas, é possível afirmar que os depoimentos continuarão a ter valor de prova oral e o exame ou avaliação continuarão a ter o valor de prova pericial.

*(F) Alimentos provisionais (arts. 852 e ss. do CPC)*: é uma medida cautelar que pode ser incidental ou preparatória de uma ação de conhecimento cujo objeto seja a fixação de pensão alimentícia. *A finalidade é a fixação de alimentos, em medida cautelar, que sirvam para prover o sustento da parte durante a tramitação da ação principal.* Vale observar: nos casos em que na ação principal de alimentos exista prova pré-constituída sobre o vínculo obrigacional do alimentante, o autor da ação, alimentando, poderá pleitear nessa própria ação principal a fixação dos alimentos provisórios, mediante medida liminar, cuja finalidade é assegurar a subsistência da parte durante a demanda principal. Entretanto, caso não exista na ação principal de alimentos a prova pré-constituída sobre o dever alimentar, caberá à parte valer-se da ação cautelar de alimentos provisionais.

*(G) Protestos, notificações e interpelações (arts. 867 e ss. do CPC)*: *a finalidade da medida é apenas comunicar a alguém uma manifestação de vontade ou intenção para prevenir responsabilidade, prover conservação de direitos ou prover a ressalva de direitos.* Na essência, tais medidas não são propriamente ações cautelares, nem mesmo medidas cautelares, porque não servem especificamente para assegurar a eficácia de um processo principal, mas se revestem da natureza de mero pro-

cedimento administrativo, judicial ou extrajudicial, voltado à garantia ou ressalva de eventual direito material. Por esse motivo, não admitem defesa na ação, até porque não há lide; porém, é permitido ao requerido efetuar outro procedimento administrativo autônomo, chamado *contraprotesto*, medida que nada mais é que a discordância da manifestação da vontade do requerente. Como o procedimento não gera lide, não haverá decisão pelo juiz. Cumprida a medida, os autos serão entregues ao próprio requerente, em 48 horas.

*Protesto é gênero, do qual notificação e interpelação são espécies.* São manifestações formais de comunicação de vontade a fim de afastar alegação de ignorância.

*Notificação é cientificação para que alguém faça ou deixe de fazer algo.*

*Interpelação tem finalidade específica, para o credor levar ao conhecimento do devedor a exigência de cumprimento de uma obrigação, sob pena de constituí-lo em mora.*

## Seção IV – **DEFESA**

*1. Princípio da concentração da defesa. 2. Classificação das defesas: 2.1 Defesas de mérito – 2.2 Defesas processuais. 3. Modalidades de defesa: 3.1 Contestação (art. 300 do CPC) – 3.2 Reconvenção (art. 315 do CPC) – 3.3 Exceções processuais (arts. 304 a 314 do CPC) – 3.4 Impugnação ao valor atribuído à causa – 3.5 Modalidades de intervenção de terceiros consideradas "defesas".*

Esse tema merece atenção especial nas diversas modalidades de ação – portanto, quer seja em *ação de conhecimento*, como também em *ação cautelar* e em *ação de execução* –, na medida em que está relacionado à validade e à eficácia da relação jurídica processual, qualquer que seja ela, sendo, aliás, consagrado em nível constitucional. Sua importância está relacionada à efetivação do *devido processo legal*. Assim, a oportunidade procedimental para defesa deverá sempre ser conferida ao requerido na relação jurídica processual. Se ele efetivamente a exercerá, ou não, é algo subjetivo, assumindo o risco de consequências processuais desfavoráveis caso não a utilize no prazo legal.

Em linhas gerais, a *defesa* consiste em ato processual de vontade do requerido destinado a apresentar nos autos do processo suas alegações e provas sobre os fatos relacionados ao objeto da ação proposta pelo requerente. Ao promover a *defesa* o requerido poderá não apenas contrariar os fatos narrados pelo autor e impugnar o direito material por ele pretendido, como também, dependendo da modalidade de ação em que esteja ocupando o polo passivo, deduzir pedido em seu próprio favor, para que o juiz também o aprecie; ou, ainda, poderá atacar o processo ou a ação com as denominadas *defesas processuais*, cujo propósito principal é ver a extinção do processo sem a prestação jurisdicional – muito embora diversas dessas defesas processuais possam apenas dilatar o processo, como veremos. De todo modo, *defesa* consiste, ao mesmo tempo, em: (a) um *direito* de natureza processual que deverá ser efetivamente conferido ao réu, mediante abertura de oportunidades processuais, para que se tenha o *devido processo legal*, sob pena de invalidação da relação jurídica processual; e (b) uma *incumbência* ou *tarefa* a ser exercida por ele, através de advogado, em observância ao pressuposto processual *capacidade postulatória*, pois, caso não exerça tal direito de natureza processual, o requerido, então chamado a juízo para integrar a lide, poderá sofrer consequência desfavorável. Em suma, a contumácia do réu em geral produz consequências processuais negativas ao seu interesse. Como exemplo, na ação de conhecimento: se o réu não oferecer a modalidade de defesa *contestação* no prazo legal (15 dias, no rito comum ordinário) ou no momento próprio (na audiência de conciliação, em ação de rito comum sumário), será considerado revel, e como regra suportará consequência desfavorável pela aplicação dos efeitos da *revelia*, a saber (art. 319, *caput*, do CPC): "Art. 319. Se o réu não contestar a ação, reputar-se-ão verdadeiros os fatos afirmados pelo autor". Assim, nessa situação, presumem-se verdadeiros os fatos narrados pelo autor na inicial, porque o réu não os impugnou. Aliás, vale salientar que, diante dos efeitos da revelia, poderá ocorrer o *julgamento antecipado da lide* (art. 330, II, do CPC) – portanto, o próprio julgamento do mérito em momento anterior ao natural, e que se daria após a abertura de uma fase processual probatória. Vale observar, então, que a lei processual cria as presunções para conferir situação processual de vantagem para uma das partes diante de algo que a parte contrária não fez.

"Art. 322. Contra o revel que não tenha patrono nos autos correrão os prazos independentemente de intimação, a partir da publicação de cada ato decisório.

"Parágrafo único. O revel poderá intervir no processo em qualquer fase, recebendo-o no estado em que se encontrar."

Assim, se o procedimento continuar sua tramitação, o réu não mais será formalmente intimado sobre os atos processuais subsequentes, salvo se comparecer ao feito através de procurador constituído, caso em que o juiz relevará tal efeito, sem, contudo, repetição dos atos processuais já praticados durante a revelia.

Entretanto, há situações em que, embora revel, não haverá aplicação do efeito presunção de veracidade quanto aos fatos narrados pelo autor, quais sejam (art. 320 do CPC): "Art. 320. A revelia não induz, contudo, o efeito mencionado no artigo antecedente: I – se, havendo pluralidade de réus, algum deles contestar a ação; II – se o litígio versar sobre direitos indisponíveis; III – se a petição inicial não estiver acompanhada do instrumento público, que a lei considere indispensável à prova do ato".

## 1. Princípio da concentração da defesa

Estabelece que toda matéria de defesa que o requerido pretenda apresentar na relação processual deverá ser oferecida na mesma oportunidade, ou seja, num único momento procedimental, ainda que em peças produzidas separadamente, mas protocolizadas simultaneamente em juízo. Isto porque, em regra, não haverá outra oportunidade para o exercício da defesa, diante da denominada *preclusão consumativa*. *Hipóteses de ressalva*: vale consignar, porém, as exceções à regra que impõe a concentração da defesa: (a) direitos supervenientes, ou seja, direitos que surgem após o momento procedimental *defesa*; (b) análise sobre eventual modificação do pedido ou da causa de pedir – até o momento da citação o autor poderá alterá-los livremente, posto que o requerido ainda não foi chamado para defesa; porém, a partir da citação e até o momento procedimental *saneador*, que constitui o ato do juiz de verificar se o feito está em ordem e pode prosseguir validamente, o autor somente poderá alterar o pedido ou a causa de pedir com a anuência do réu.

## 2. Classificação das defesas

### 2.1 Defesas de mérito

São aquelas em que o requerido impugna os fatos narrados pelo autor e o pedido por ele apresentado na peça inicial, contrariando-os expressamente, de modo que podem ser consideradas como defesa substancial.

A defesa de mérito poderá ser subdividida em:

#### 2.1.1 Defesa de mérito direta

Aquela em que o réu nega o fato principal que constituiria o direito material pleiteado pelo autor – e, portanto, impugna o pedido mediante afirmação de inexistência do direito ao autor.

## 2.1.2 Defesa de mérito indireta

Aquela em que o réu, embora admita o fato afirmado pelo autor, alega a existência de outro fato, que poderá ser: (a) impeditivo do direito pretendido pelo autor – como exemplo: *exceção do contrato não cumprido*, ou seja, admite a existência de uma relação jurídica material obrigacional, porém afirma que não cumpriu com sua obrigação contratual (por exemplo: não efetivou o pagamento) diante do inadimplemento do autor (por exemplo: não procedeu à entrega do produto objeto do contrato); (b) modificativo do direito pretendido pelo autor – como exemplos: *compensação, novação* etc.; ou (c) extintivo do direito do autor – por exemplo: *pagamento, prescrição* etc. Essas defesas de mérito indiretas (fato impeditivo, modificativo ou extintivo do direito do autor) constituem as denominadas *exceções materiais*; isto porque são relacionadas à própria matéria substancial apresentada em juízo, e não podem ser confundidas com as *exceções processuais*, quais sejam: incompetência do juízo e suspeição ou impedimento do juiz – como veremos, a seguir, nas *defesas processuais*.

## 2.2 Defesas processuais

São aquelas em que o réu ataca a ação ou o processo, obviamente no propósito de ver a extinção da relação processual sem a apreciação do mérito. Podem classificadas em: (a) *diretas* ou *peremptórias*; e (b) *indiretas* ou *dilatórias*.

### 2.2.1 Defesa processual peremptória

Também conhecida como *defesa processual direta*, é aquela em que o réu ataca a ação ou o processo, e se acolhida pelo juiz resultará na extinção do processo sem julgamento do mérito (*sentença terminativa*). Exemplos: quando o réu alega a preliminar de contestação prevista no inciso X do art. 301 do CPC, ou seja, alega a *carência de ação* – situação processual em que o autor não atende a todas as condições genéricas da ação (legitimidade para ser parte, interesse processual e possibilidade jurídica do pedido); quando o réu alega qualquer das preliminares de contestação previstas nos incisos IV, V e VI do art. 301 do CPC, a saber: *perempção, litispendência* ou *coisa julgada*, respectivamente (são os *pressupostos processuais negativos* – entenda-se: aquilo que não pode acontecer na relação processual; v. §§ 1º, 2º e 3º do art. 301 do CPC);

quando o réu alega a preliminar de contestação contemplada no inciso IX do art. 301 do CPC, qual seja a *convenção de arbitragem*.

### 2.2.2 *Defesa processual dilatória*

Também conhecida como *defesa processual indireta*, é aquela que, embora ataque a ação ou o processo, não provoca sua extinção, mas, sim, a ampliação dos atos processuais no tempo, dilatando a relação processual. Exemplos: quando o réu alega a preliminar de contestação prevista no inciso II do art. 301 do CPC, qual seja, a *incompetência **absoluta** do juízo* (trata-se da incompetência *absoluta*, pois a incompetência *relativa* do juízo deverá ser arguida em peça separada da contestação, então denominada *exceção de incompetência do juízo*); se o juiz acolher tal preliminar, haverá a determinação de remessa do feito a outra Vara, onde o processo prosseguirá normalmente; quando o réu alega a preliminar de contestação indicada no inciso I do art. 301 do CPC, a saber, *inexistência ou nulidade da citação*, em que estará atacando a relação processual, arguindo a inexistência ou, mesmo, vício na prática do ato *citação*; caso seja acolhida tal preliminar pelo juiz, resultará na determinação para a realização do ato então inexistente ou na determinação judicial para seu refazimento, diante da constatação do vício procedimental – ocorrendo, então, a ampliação de atos processuais e, portanto, a dilação do processo no tempo. Diante dos exemplos *supra*, pode-se afirmar que as preliminares de contestação previstas no art. 301 do CPC constituem *defesas processuais*, sendo algumas delas *peremptórias* (incisos III, IV, V, VI, VIII, IX, X e XI) e outras *dilatórias* (incisos I e II, às vezes o inciso III, quando regularizada a inicial em tempo hábil; incisos VII e VIII, quando regularizado o defeito; e inciso XI, também quando regularizada a incumbência *caução*).

Em geral as defesas processuais podem ser apresentadas sob duas maneiras: (1) em preliminares na peça de defesa *contestação* – portanto, anteriormente à impugnação sobre o mérito da ação; ou (2) em peças autônomas e separadas da contestação, então denominadas *exceções processuais* – quais sejam: (a) *exceção de incompetência do juízo* (quando for *incompetência relativa*, pois a incompetência absoluta do juízo é arguida em preliminar na própria contestação); (b) *exceção de impedimento do juiz* (art. 134 do CPC); e (c) *exceção de suspeição do juiz* (art. 135 do CPC). Estas, as *exceções processuais*, provocam a suspensão do processo (art. 265, III, do CPC), de modo que constituem *defesas processuais dilatórias*, salvo a hipótese de *incompetência* dos Juizados Especiais Cíveis, que, reconhecida, resultará na extinção do processo.

## 3. Modalidades de defesa

Em *ação de conhecimento* temos as seguintes modalidades: (a) *contestação*; (b) *reconvenção*; (c) *exceções processuais – incompetência do juízo, impedimento do juiz e suspeição do juiz*; (d) *impugnação ao valor atribuído à causa*. E as modalidades de *intervenção de terceiros*, que constituem medidas privativas do réu e, portanto, defesas, quais sejam: (e) *nomeação à autoria*; e (f) *chamamento ao processo*. Lembrando que todas essas cabem em *ação de conhecimento de procedimento comum ordinário*, posto que no *rito sumário* caberão apenas: (a) *contestação*, com eventual possibilidade de *pedido contraposto*; (b) *exceções processuais*; e (c) *impugnação ao valor atribuído à causa*.

Por oportuno vale frisar o que dispõe o art. 299 do CPC: "Art. 299. A contestação e a reconvenção serão oferecidas simultaneamente, em peças autônomas; a exceção será processada em apenso aos autos principais" – de modo que a contestação e a reconvenção são autuadas nos próprios autos da ação, enquanto as exceções são autuadas em separado mas em apenso aos autos da ação, sendo certo que as *exceções processuais* suspendem a marcha procedimental, enquanto a *impugnação ao valor da causa* não suspende o processo. Já, nas *ações de execução* caberá a modalidade de defesa denominada *embargos à execução*, ou *embargos do devedor* (como já salientado em seção anterior, apresenta a natureza jurídica de *ação* do embargante-devedor em face do embargado-credor); e, resultante de construção doutrinária e jurisprudencial, temos a modalidade de defesa conhecida como *exceção de pré-executividade*, esta última com a pretensão de ressaltar matéria de ordem pública não declarada em juízo. Por sua vez, em fase de *cumprimento de sentença* a defesa é conhecida como *impugnação*. E, por fim, para as *ações cautelares* teremos: (a) *contestação*, com possibilidade de pedir *contracautela*; e (b) as *exceções processuais* já destacadas.

### 3.1 Contestação (art. 300 do CPC)

É uma das modalidades de defesa que permite ao réu, preliminarmente, atacar o processo ou a ação (*defesas processuais* contempladas no art. 301 do CPC) e, principalmente, impugnar o pedido deduzido pelo autor na peça inicial (*defesa de mérito direta*), contrariando os fatos especificadamente (fato por fato), e até mesmo apresentar fato impeditivo, modificativo ou extintivo do direito pretendido pelo autor (são as *exceções materiais*, ou *defesas de mérito indiretas*), possibilitando, então, ao réu a apresentação de suas razões de fato e de direito com que impugna a pretensão do autor e especificando as provas que pretende produzir nos autos do processo (v. modelo de peça prática apresentado na parte final desta obra, "Capítulo VII – Prática Processual").

Vale destacar: "Art. 300. Compete ao réu alegar, na contestação, toda a matéria de defesa, expondo as razões de fato e de direito, com que impugna o pedido do autor e especificando as provas que pretende produzir". *Observação prática importante*: na contestação deverá o advogado do réu indicar o endereço em que receberá intimações, nos termos do que dispõe o art. 39, I, do CPC. Ainda, a contestação em ação de conhecimento de procedimento comum sumário é o mecanismo próprio para o réu, além de contrariar a pretensão do autor, formular pedido em seu favor (*pedido contraposto*), desde que apoiado nos mesmos fatos narrados na petição inicial. Isto porque no rito sumário não se admite a *reconvenção*, mas sim o denominado *pedido contraposto*, como visto, na própria peça *contestação*. Anote-se, de todo modo, que, qualquer que seja a *contestação*, será permitida a defesa processual contemplada no art. 301 do CPC, ou seja, a matéria que deverá ser arguida anteriormente ao ataque quanto ao mérito; portanto, que deverá ser destacada em *preliminares*, quando o caso, a saber: "Art. 301. Compete-lhe, porém, antes de discutir o mérito, alegar: I – inexistência ou nulidade da citação; II – incompetência absoluta; [*do juízo*] III – inépcia da petição inicial; [*art. 295, parágrafo único*] IV – perempção; V – litispendência; VI – coisa julgada; VII – conexão; VIII – incapacidade da parte, defeito de representação ou falta de autorização; IX – convenção de arbitragem; X – carência de ação; XI – falta de caução ou de outra prestação, que a lei exige como preliminar".

Frise-se: com a ressalva do inciso IX, "convenção de arbitragem", que pressupõe a arguição da parte para que o juiz a declare e coloque fim ao processo mediante sentença terminativa, com determinação de remessa das partes ao árbitro, todos as demais situações elencadas no art. 301 do CPC constituem *matéria de ordem pública*, e poderão ser conhecidas e declaradas pelo juiz *ex officio*, ou seja, independentemente de alegação pela parte (§ 4º do art. 301 do CPC).

### 3.1.1 Princípio da eventualidade

Estabelece que caberá ao réu apresentar na contestação toda sua matéria de defesa, ou seja, tanto a de natureza processual como também a de mérito, ainda que apresente preliminar que possa conduzir à extinção do processo, pois, se não reconhecida pelo juiz, não haverá oportunidade para aditar a defesa. Assim – vale realçar –, caberá ao réu apresentar tanto a defesa processual, em preliminares na contestação (art. 301 do CPC), se houver, como também a defesa de mérito, diante do instituto *preclusão*. Aliás, merece registro o que preceitua o art. 303 do CPC: "Art. 303. Depois da contestação, só é lícito deduzir novas alegações quando: I – relativas a direito superveniente; II – competir ao juiz conhecer delas de ofício; III – por expressa autorização legal, puderem ser formuladas em qualquer tempo e juízo". Em linhas gerais, apenas direito material superveniente e matérias que não precluem é que poderão ser arguidos pelo réu depois do momento *contestação*. Anote-se também que nesse momento *contestação* surge seu direito processual de especificar os meios de prova que pretenda ver produzidos no curso da relação processual.

### 3.1.2 Regra da impugnação especificada

Na modalidade de defesa *contestação* caberá ao réu impugnar especificadamente fato por fato e todos os fatos alegados pelo autor, porque fato alegado e não impugnado pela parte contrária será considerado *fato incontroverso* (*fato não controvertido*), e o juiz dispensará provas sobre os fatos que não foram contrariados nos autos, surgindo uma *presunção de verdade*.

Na essência, a impugnação detalhada dos fatos é um *ônus*, ou seja, uma incumbência ao réu, pois, caso dele não se desincumba, poderá sofrer consequência desfavorável na relação processual.

Esse *ônus da impugnação especificada* não se aplica ao curador especial, nomeado ao réu citado fictamente por hora certa ou edital (art. 9º, II, do CPC).

Ao citado fictamente e que não aparece para a defesa a lei garante a oportunidade técnica para o contraditório, nomeando um curador especial, que irá apresentar *contestação por negação geral*, tornando controvertidos todos os fatos afirmados pelo autor.

**Obs.:** Somente o curador especial poderá fazer a contestação por negação geral.

### 3.2 Reconvenção (art. 315 do CPC)

É modalidade de defesa que permite ao réu formular pedido em seu favor aproveitando a ação já proposta pelo autor e que está em tramitação. Cabe apenas em *ação de conhecimento de procedimento comum ordinário*, quando houver conexão com a ação. Vale frisar:

"Art. 315. O réu pode reconvir ao autor no mesmo processo, toda vez que a reconvenção seja conexa com a ação principal ou com o fundamento da defesa.

"Parágrafo único. Não pode o réu, em seu próprio nome, reconvir ao autor, quando este demandar em nome de outrem."

Importa, pois, realçar que não caberá reconvenção nos casos de legitimidade extraordinária no polo ativo, ou seja, nos casos de *substituição processual*, em que o autor em nome próprio defende direito material alheio (art. 6º do CPC), como nos casos de *ação popular* ou, mesmo, de *ação civil pública*.

A reconvenção deve ser oferecida em peça separada da contestação, porém ambas apresentadas simultaneamente.

#### 3.2.1 Natureza jurídica

A *reconvenção* tem natureza jurídica de *ação*, de modo que a peça a ser apresentada é igual a uma petição inicial, ou seja, deve conter os mesmos requisitos previstos nos arts. 282 e 283 do CPC.

Vale salientar que o autor da reconvenção é o réu da ação, e será denominado *réu-reconvinte*, ao passo que o réu da reconvenção é o autor da ação, e será denominado *autor-reconvindo*.

Oferecida a reconvenção, o autor-reconvindo será intimado na pessoa de seu advogado para contestar no prazo de 15 dias (art. 316 do CPC). Há quem entenda que cabe reconvenção em reconvenção.

Após oferecida a contestação da reconvenção o processo seguirá sua tramitação normal, e ao final o juiz julgará na mesma sentença o pedido de reconvenção do réu e o pedido deduzido pelo autor na ação (art. 318 do CPC).

Por fim, vale o registro de que a desistência da ação não impede o prosseguimento da reconvenção (art. 317 do CPC).

Para fixação de entendimento, vale novamente ressaltar: (1) não cabe reconvenção no rito sumário; (2) não cabe reconvenção quando houver substituição processual ou legitimação extraordinária; (3) a eventual desistência da ação não surte efeito na reconvenção, ou seja, não afeta a reconvenção, que seguirá normalmente em tramitação; (4) *pedido contraposto* não se confunde com *reconvenção*, embora a finalidade seja a mesma, qual seja: formulação de pedido em favor do réu, aproveitando o processo já em curso; (5) o que diferencia a *reconvenção* do *pedido contraposto* é: (5.1) o *rito processual*, isto porque a reconvenção é própria para ação de conhecimento de procedimento comum ordinário, ao passo que o pedido contraposto pode ser utilizado em ação de conhecimento de procedimento comum sumário como também nas ações que tramitam nos Juizados Especiais Cíveis (art. 31 da Lei 9.099, de 26.9.1995); (5.2) a *forma de apresentação*, já que a reconvenção se dará em peça autônoma, enquanto o pedido contraposto é oferecido na própria contestação; (5.3) o pedido contraposto *não amplia atos no processo*, ao passo que a reconvenção tem natureza jurídica de ação e, por consequência, *ampliará os atos processuais*, vez que o autor-reconvindo será intimado na pessoa de seu advogado para contestar a reconvenção no prazo de 15 dias; (6) *expressões adequadas*: "réu-reconvinte" é o autor na reconvenção; e "autor-reconvindo" é o réu na reconvenção; (7) haverá duas ações no mesmo processo; portanto, a reconvenção não gera autos em apenso, e o juiz proferirá uma única sentença julgando tanto a ação quanto a reconvenção; (8) a *competência do juízo* é fixada por *dependência*, de modo que a reconvenção é distribuída por dependência aos autos da ação já em tramitação.

### 3.3 Exceções processuais (arts. 304 a 314 do CPC)

Como já salientado inicialmente neste tema *defesa*, as exceções de incompetência do juízo (arts. 307 a 311 do CPC) e de impedimento e suspeição do juiz (arts. 312 a 314 do CPC) são defesas direcionadas contra o processo, e todas resultarão na suspensão do feito e na ampliação de atos processuais, de modo que têm natureza dilatória, salvo a exceção de incompetência do juízo nos Juizados Especiais Cíveis, que terá a natureza peremptória, conforme dispõe o art. 51, III, da Lei 9.099/1995. Por oportuno, vale o registro de uma síntese, e de forma pontual, sobre cada modalidade das exceções processuais:

### 3.3.1 Exceção de incompetência do juízo

• Somente para os casos de incompetência relativa do juízo, quais sejam, aqueles em que a regra de competência considera o valor ou o local; portanto, para competência em razão do valor ou competência de foro.

• Só poderá ser alegada pelo réu, no momento da defesa.

• Não oposta a exceção, prorroga-se a competência do juízo, que a princípio não era competente para processar a demanda, mas se torna competente em virtude da falta de alegação pelo réu (*preclusão*).

• Gera suspensão do processo.

• A peça será autuada em separado, mas em apenso aos autos principais, surgindo, pois, um incidente processual, cujas partes serão: *excipiente* – aquele que apresenta a exceção; portanto, o réu; e *excepto* – o autor da ação, que terá oportunidade para se manifestar no prazo de 10 dias.

• Admite-se instrução nesse incidente, e o ato do juiz que o aprecia será *decisão interlocutória*, de modo que o recurso adequado contra essa decisão será o *agravo de instrumento*, que não tem efeito suspensivo. Daí por que após a decisão do juiz o processo retoma seu curso natural.

• Se o juiz acolher a exceção, determinará a remessa dos autos para a Vara competente, de modo que o processo se transfere para outra Vara.

• Se o juiz rejeitar a exceção, retornará a marcha normal do processo naquele mesmo juízo.

### 3.3.2 Do impedimento e da suspeição do juiz

• Podem ser arguidas por qualquer das partes e também pelo Ministério Público, mesmo na qualidade de fiscal da lei, mediante petição fundamentada e dirigida ao juiz da causa, podendo as exceções ser instruídas com documentos e requerimento de prova testemunhal.

• Geram um incidente processual que suspende a marcha do processo, sendo autuado em separado mas em apenso aos autos da ação, que terá como partes: (a) *excipiente* – a parte que alega (qualquer das partes ou mesmo o Ministério Público); e (b) *excepto* – o juiz, que, por ser parte no incidente, não o decidirá, embora possa desde logo reconhecer o fator *impedimento* ou o fator *suspeição* e, por consequência, determinar a imediata remessa do feito ao seu substituto legal; porém, caso o juiz não se considere impedido ou suspeito de eventual parcialidade (arts. 134 e 135 do CPC), apresentará suas razões no prazo de 10 dias e determinará a remessa dos autos ao tribunal – portanto, para a instância superior, que decidirá o incidente.

• Durante o período de suspensão do feito, diante da tramitação do incidente, o tribunal poderá designar um juiz para decidir eventuais questões emergenciais.

• O *impedimento* do juiz é fator que impede, de modo absoluto, sua atuação no processo, sendo, em linhas gerais, por questões subjetivas ou objetivas, cujas situações estão elencadas no art. 134 do CPC. E, por se tratar de matéria de ordem pública, não preclui, de sorte que poderá ser aduzido a qualquer tempo no processo, ou mesmo através de *ação rescisória*, se houver o trânsito em julgado da sentença proferida por juiz impedido de atuar no processo (art. 485, II, do CPC).

• Sentença proferida por juiz impedido de atuar é sentença *absolutamente nula*.

• Por sua vez, a fundada *suspeita* de parcialidade do juiz poderá ser arguida pelo réu no prazo da defesa (art. 297 do CPC, *quando o motivo for preexistente*), ou mesmo por qualquer das partes, no prazo de 15 dias contados a partir da ciência do fato que ocasionou o impedimento ou a suspeição (arts. 297 e 305 do CPC – *motivo superveniente*). E, por se tratar de questão subjetiva (*fundada suspeita de parcialidade do juiz*), submete-se ao instituto da *preclusão*, de modo que se não for alegada no referido prazo haverá a perda da oportunidade processual. Daí por que as hipóteses de *suspeição* do juiz, previstas no art. 135 do CPC, não autorizam a ação rescisória (v. art. 485 do CPC).

• Se o juiz não encontrou fundamento para se dar por suspeito ou impedido, deve apresentar suas razões em 10 dias e remeter os autos ao tribunal.

• Como já destacado, se o juiz reconhecer o fator *impedimento* ou *suspeição* declinará de suas funções no processo e remeterá os autos ao juiz substituto, de modo que o feito não sairá daquela Vara, alterando-se apenas a pessoa do juiz.

## 3.4 Impugnação ao valor atribuído à causa

• Deve ser apresentada em peça separada das demais modalidades de defesa e, como já assinalado, no próprio prazo de defesa, protocolizada em conjunto com as demais peças.

• A impugnação é feita pelo réu e não está relacionada à matéria principal do feito, ou seja, ao pedido – cujo ataque se dará pela via da contestação –, mas tão somente ao valor atribuído pelo autor à causa, diante de sua repercussão processual quanto ao recolhimento de custas e posterior ônus da sucumbência.

• Gera um incidente processual.

• Não suspende o curso natural do processo.

• O processamento se dará em apenso aos autos principais.

• O juiz dará oportunidade para o autor se manifestar sobre a impugnação.

• Admite-se a dilação probatória sobre a impugnação apresentada quanto ao valor que deve ser mantido na ação, para seus efeitos processuais.

• O ato do juiz que aprecia a impugnação é decisão interlocutória, de modo que caberá o recurso de agravo de instrumento, lembrando-se que o processo prosseguirá em seu curso normal.

## 3.5 Modalidades de intervenção de terceiros consideradas "defesas"

Faremos, aqui, rápida síntese, pois o tema já foi desenvolvido em seção anterior.

### 3.5.1 Nomeação à autoria (arts. 62 a 69 do CPC)

• Cabe apenas no rito ordinário.

• É modalidade de defesa.

• É medida privativa do réu e obrigatória (v. art. 69 do CPC), a ser usada no prazo da defesa, de modo singular, pois haverá interrupção do prazo de defesa (15 dias). Daí por que o réu não precisa oferecer sua contestação na ocasião em que apresentar a nomeação à autoria.

• É incidente processual autuado em apartado e em apenso.

• Suspende a marcha dos atos processuais na ação.

- Interrompe o prazo de defesa, de modo que, ao voltar o curso normal do processo, reabre-se integralmente o prazo de 15 dias para a utilização das demais modalidades de defesa.

- Cabe em duas situações: (a) na hipótese de a ação ser proposta em face do mero detentor da coisa; e (b) nas ações de indenização quando alguém agiu no cumprimento de uma ordem ou instrução e provocou danos a outrem e é demandado em juízo, figurando, pois, no polo passivo da ação.

- Sua finalidade é a substituição processual no polo passivo; portanto, o que se pretende é a saída do réu nomeante, para o ingresso do réu nomeado na relação processual.

- A peça será autuada em separado e em apenso aos autos, suspendendo o processo.

- Há necessidade de dupla aceitação, ou seja, tanto pelo autor da ação como pelo réu nomeado, para que se atinja a finalidade – substituição processual no polo passivo.

### 3.5.2 Chamamento ao processo (arts. 77 a 80 do CPC)

- É modalidade de intervenção de terceiro que apresenta também a natureza jurídica de defesa.

- É medida privativa do réu, e cabe apenas em ação de conhecimento de rito ordinário.

- É algo vinculado ao instituto da *solidariedade passiva*, nos casos em que o autor da ação não formou o litisconsórcio passivo inicial, de modo que poderá o réu, no prazo da defesa e juntamente com as demais modalidades de defesa, em peça própria e separada das demais, *chamar ao processo* os outros devedores solidários que não foram indicados pelo autor para compor a lide, evidentemente no propósito de que venham também a integrar o polo passivo e sejam responsabilizados diretamente no título executivo judicial (sentença de mérito).

- O art. 77 do CPC contempla três situações de cabimento da medida *chamamento ao processo*: (a) quando a ação for proposta em face de um fiador, ele poderá chamar o devedor principal; (b) quando a ação for proposta em face de um dos fiadores, ele poderá chamar os demais fiadores; (c) quando a ação for proposta em face de um dos devedores principais, ele poderá chamar os demais devedores solidários.

- A medida é facultativa para o réu-chamante, e para o réu chamado será um ônus.

- O processo ficará suspenso em sua marcha natural, para que se proceda à citação do réu chamado, que terá o prazo de 15 dias para defesa, a partir do qual o feito seguirá sua sequência natural.

## Seção V – **CONSIDERAÇÕES FINAIS**

São de grande valia as noções fundamentais sobre esses quatro grandes temas do direito processual, até aqui destacados – *jurisdição, processo, ação* e *defesa* –, evidentemente interligados e com o ponto comum relacionado à interpretação da lei processual na sua forma lógico--sistemática, juntamente com os princípios gerais do direito processual, no caminho específico para a pacificação social e o restabelecimento eficaz da ordem jurídica eventualmente ameaçada ou violada, posto que é inegável o fato de que as pessoas buscam em juízo uma tutela jurisdicional, a qual na esfera cível, conforme o pedido apresentado na peça inicial, poderá ser classificada em: (1) *tutela de conhecimento*, que, por sua vez, poderá resultar em manifestação jurisdicional de natureza: (a) *meramente declaratória* do direito material; (b) *constitutiva*; (c) *condenatória*; (d) *mandamental*; ou (e) *executiva* **lato sensu**, todas em *ação de conhecimento*; (2) *tutela de garantia*, também vista como espécie do gênero conhecido como *tutelas emergenciais*, que poderão se estabelecer em ação principal de conhecimento através de pedido liminar ou em antecipação da tutela, ou ainda em ação cautelar incidental ou preparatória, desde que presentes alguns requisitos específicos – o *fumus boni iuris* e o *periculum in mora* –, destacando-se que essa modalidade de tutela tem natureza imediata mas provisória; e (3) *tutela satisfativa* de um direito líquido, certo e exigível, ou, melhor, *tutela de satisfação efetiva* a um direito material inquestionável, posto que representado por título executivo judicial ou extrajudicial, que se opera através de ação de execução ou mesmo em fase de cumprimento de sentença.

Assim, como *fundamentos do direito processual* destacam-se alguns conceitos jurídicos, relevantes ao sistema processual como um todo, e a estrutura que caracteriza esse sistema processual, dando ênfase ao direito processual constitucional, em seus princípios gerais, e, ainda, às fontes da norma processual e sua eficácia, além, evidentemente, da classificação das ações e procedimentos e dos mecanismos de eficácia dos diversos provimentos jurisdicionais possíveis na relação jurídica processual.

Em linhas gerais, o que se procura transmitir é a ciência do processo, suas transformações e evolução, e o sistema processual brasileiro no caminho de garantir não apenas a prestação jurisdicional efetiva, mas principalmente sua apresentação pelo Estado-juiz e sua eficácia no menor espaço de tempo possível, considerando-se o termo inicial *propositura da ação* e o termo final *prestação jurisdicional definitiva*, posto que a função do Estado é conferir a tutela jurisdicional (conhecimento, execução ou cautelar) e garantir sua eficácia aos titulares do direito material violado ou ameaçado, que acionam a atividade jurisdicional do Estado.

Em resumo, a tendência processual moderna preocupa-se com a referida efetividade da tutela jurisdicional em espaço de tempo reduzido.

*Capítulo IV*
**DO JUIZ**

*1. Introdução. 2. Garantias. 3. Organização funcional da carreira. 4. Poderes. 5. Deveres. 6. Impedimentos e suspeição do juiz: 6.1 Impedimentos – 6.2 Suspeição. 7. Princípios gerais que envolvem poderes e deveres do juiz: 7.1 Princípios relativos à jurisdição – 7.2 Princípios gerais do direito processual aplicáveis ao juiz. 8. Atos do juiz: 8.1 Despachos – 8.2 Atos decisórios – 8.3 Cognição.*

## 1. Introdução

O juiz é órgão do Poder Judiciário e exerce a função jurisdicional em nome do Estado, intervém quando provocado através da ação e nos conflitos de interesses decide aplicando o direito material, restabelecendo a paz social.

A classe a que pertence é a Magistratura, e seu ingresso na carreira se faz por concurso público de provas e títulos.

## 2. Garantias

O juiz exerce sua atividade com independência, e para tanto tem, asseguradas constitucionalmente, as seguintes *garantias especiais*: (a) *vitaliciedade*, que impede a perda do cargo após o estágio probatório de dois anos de seu efetivo exercício, a não ser por processo judicial; (b) *inamovibilidade*, que impede qualquer remoção compulsória; ou seja, não poderá ser retirado do local em que exerce seu cargo, salvo por interesse público; e (c) *irredutibilidade de vencimentos*, garantia constitucional que impede qualquer redução de vencimentos. Tais garantias são estabelecidas para assegurar ao juiz a independência no exercício da função; portanto, para que possa exercê-la sem qualquer espécie de ingerência política ou econômica. Na verdade, o que vincula o juiz no exercício de sua função jurisdicional é apenas sua consciência jurídica, apoiada nos ditames do ordenamento jurídico em vigor.

## 3. Organização funcional da carreira

Hierarquicamente o Poder Judiciário funciona em duas instâncias ou graus de jurisdição. A primeira instância, juízo *a quo*, também denominada *instância inferior* ou *primeiro grau de jurisdição*, é constituída por juízes de direito que atuam individualmente na apreciação das ações propostas. A segunda instância, juízo *ad quem*, também conhecida como *instância superior* ou *segundo grau de jurisdição*, é constituída pelos tribunais, chegando-se até o STF, e atua, em regra, na apreciação de recursos, através de um colegiado – vale dizer, colegiado de *desembargadores* no Tribunal de Justiça; os que atuam no STF e no STJ são denominados *ministros*.

A instância inferior, ou primeira instância, na Justiça Comum Estadual é dividida em comarcas, que, administrativamente, são classificadas em *entrâncias*. Portanto, podemos afirmar que *instância* é grau de jurisdição, havendo o primeiro e o segundo graus de jurisdição; e *entrância* é divisão administrativa de trabalho dos juízes que atuam em primeiro grau de jurisdição, ou seja, que atuam em primeira instância. Cada Estado da Federação tem sua organização judiciária própria, ao nível das Justiças Estaduais.

De modo que, exemplificativamente, podemos afirmar que o *Estado de São Paulo* tem sua organização judiciária de segunda instância disposta na seguinte divisão, consoante a matéria: *Tribunal de Justiça/ Seção Civil* (*TJ Cível*) e *Tribunal de Justiça/Seção Criminal* (*TJ Criminal*). Em *primeira instância*, ainda no Estado de São Paulo, a divisão administrativa de trabalho é estabelecida em *entrâncias*, sendo estas sinônimos de *comarcas* ou *espaço territorial*, quais sejam: *primeira entrância inicial*, pequenas comarcas (cidades), nos critérios econômico e populacional; *segunda entrância intermediária*, médias cidades, nos mesmos critérios consignados; *terceira entrância final*, grandes comarcas, nos critérios indicados – sendo esta o último estágio na carreira da Magistratura em primeira instância. Na *entrância final Capital de São Paulo* há ainda uma subdivisão em *foro central* e *foros regionais*.

Importante esclarecer que a carreira da Magistratura é organizada progressivamente. Com o ingresso recebe-se a denominação de *juiz de direito substituto não vitalício*. A vitaliciedade apenas será adquirida após um estágio probatório de dois anos de efetivo exercício na carreira; portanto, se confirmado na carreira, posto que nessa fase admite-se a demissão sem processo judicial, apenas através de procedimento administrativo instaurado junto à Corregedoria da Justiça. Na sequência, nessa carreira, evidentemente em primeira instância, têm-se os três degraus – *entrâncias inicial, intermediária* e *final* (onde se incluem as grandes comarcas e a Capital) –, que poderão ser vencidos através de promoção pelos critérios alternados de antiguidade e merecimento. A progressão é uma faculdade dos seus integrantes, lembrando-se ainda que existe a figura do juiz auxiliar, que é o juiz de uma entrância inferior que atua imediatamente numa entrância posterior. Após a última fase de primeira instância, que é a entrância final, a progressão na carreira da Magistratura será para a segunda instância, cuja competência passa a ser recursal – lembrando-se, porém, que há algumas ações que originariamente se iniciam na segunda instância.

## 4. Poderes

Um dos principais *poderes* do juiz é o de *direção do processo*, consoante dispõe o art. 446, I, do CPC. Cabe a ele presidir o processo e impulsioná-lo, para que ao final ocorra a prestação jurisdicional conferida pelo Estado-juiz, a qual, conforme o pedido formulado no feito, poderá ser de solução da lide em ação de conhecimento, ou de natureza assecuratória em ação cautelar ou, ainda, satisfativa em ação de execução. Note-se que o juiz preside a relação jurídica processual para que possa solucioná-la ao final de ampla oportunidade para as partes manifestarem e demonstrarem o que alegam, de modo que o juiz nada solicita, mas, sim, determina. Quem pratica atos postulatórios, ou seja, atos de solicitação, são as partes da relação jurídica processual. O juiz que a preside pratica atos de comando e atos decisórios.

Vale notar que, diante de eventual incompetência absoluta do juízo onde proposta a ação – portanto, nos casos em que a competência é fixada em razão da pessoa, matéria ou hierárquica, esta última também conhecida como funcional –, o próprio juiz poderá, mediante requerimento das partes ou mesmo de ofício, declinar a competência da Vara para o conhecimento e a apreciação da ação, encaminhando os autos ao juízo competente. Assim, nessa linha, destacamos como um dos poderes atribuídos ao juiz o de *suscitar conflito de competência*, consoante o art. 116 do CPC.

Cabe ressaltar, no que tange à atuação do juiz na relação jurídica processual, a *ampla liberdade que lhe é conferida na investigação sobre a verdade dos fatos*, cabendo-lhe determinar até de ofício as provas necessárias à instrução do processo, consoante o art. 130 do CPC, assim como indeferir diligências inúteis ou meramente protelatórias. Na verdade, em face da imparcialidade que deve nortear a conduta do juiz no processo, essa liberdade ou poder de investigar – ou seja, poder de determinar a realização de alguma prova sem que haja requerimento prévio por alguma das partes da relação processual – deverá ser vista apenas como modo complementar de esclarecimentos já produzidos nos autos ou, ainda, possível nos casos em que o objeto da ação versar sobre direito material indisponível, hipótese em que será conferida ao juiz ampla possibilidade de apurar a verdade, em razão da indisponibilidade do direito em contenda. Caso contrário o dever de imparcialidade impõe ao juiz a regra de aguardar requerimento das partes no que diz respeito aos meios de prova a serem produzidos nos autos.

Todavia, ainda no pertinente aos meios de prova, não é demais ressaltarmos que a regra é o deferimento, pelo juiz, das provas requeridas pelas partes, em atenção ao princípio da ampla defesa, de modo que apenas estará autorizado a impedir a produção de alguma prova nos autos do processo – ou seja, a indeferi-la – nos casos em que seja inútil ou meramente protelatória. Na hipótese contrária – ou seja diante de indeferimento injustificado, pelo juiz, da produção de algum meio de prova requerido por alguma das partes – caracteriza-se o denominado *cerceamento ao direito de ampla defesa*, ensejando, pois, nulidade processual.

## 5. Deveres

O juiz deve *apreciar a lide* – ou seja, o conflito de interesses materializado nos autos – nos exatos termos em que proposta, ou seja, nos exatos limites do pedido formulado pelo autor na petição inicial, e às vezes também formulado pelo réu, por ocasião da resposta, através da *reconvenção* ou, ainda, do *pedido contraposto*, conforme o procedimento ordinário ou sumário adotado na ação. E não pode deixar de apreciá-la sob o argumento de lacuna ou obscuridade da lei. Nessas situações deverá aplicar os métodos de integração da norma – quais sejam: a *analogia*, os *costumes* e os *princípios gerais do Direito* – e efetivamente solucionar a questão com o julgamento do mérito, ou seja, do pedido, salvo se houver qualquer das situações que autorizem a extinção do processo sem julgamento do mérito, previstas nos arts. 267 e outros do CPC, de que cuidaremos oportunamente. O que estamos afirmando é o denominado *princípio da congruência*, que estabelece a necessidade de exata correlação entre o pedido na causa e o apreciado pelo juiz por ocasião da sentença de mérito (adiante veremos algumas exceções ao princípio da congruência).

Nos termos do art. 133, I e II, do CPC, o juiz *responderá* por perdas e danos quando, "no exercício de suas funções, proceder com dolo ou fraude" ou "retardar, sem justo motivo, providências que deva ordenar de ofício, ou a requerimento da parte". Vale notar que o lesado poderá propor ação de indenização em face do Poder Público, com apoio no que dispõe o art. 37, § 6º, da CF. O Poder Público que indenizar, por sua vez, terá direito de regresso contra o magistrado responsável.

A *imparcialidade do juiz* é pressuposto de validade da relação processual. Na essência, é garantia de justiça na solução do conflito. Mas o que é *juiz imparcial*? É aquele que não é impedido de atuar no feito, e ainda não é suspeito de ser parcial. Na verdade, o juiz, sujeito imparcial da relação jurídica processual,, deve posicionar-se entre as partes e equidistante delas e agir de modo completamente isento de ânimo em relação ao objeto da causa e em relação às partes. Conseguintemente, deve agir sem qualquer fator subjetivo ou objetivo que o vincule às partes ou aos seus procuradores e, ainda, em relação ao objeto da ação.

### 6. Impedimentos e suspeição do juiz

As causas de *impedimento* do juiz, que o impedem de atuar no processo, estão previstas no art. 134 do CPC; e as hipóteses de *suspeição* de parcialidade do juiz estão contempladas no art. 135 do mesmo estatuto processual.

Podemos afirmar que *impedimento* representa obstáculo objetivo à atuação do juiz na causa. Qualquer fator de impedimento do juiz previsto na lei processual gera nulidade absoluta do processo; e, se não reconhecido no feito, chegando-se a sentença de mérito definitiva, autoriza a ação rescisória, consoante o art. 485, II, do CPC.

A *suspeição* de parcialidade do juiz representa obstáculo subjetivo e gera nulidade relativa, ou seja, preclui se não arguida por qualquer das partes nos autos do processo, no prazo de 15 dias contados da data em que houve o conhecimento sobre o fator *suspeição do juiz*.

Em suma, sentença de mérito proferida nos autos do processo por juiz impedido de atuar na causa é absolutamente nula, sendo que o vício *impedimento* poderá ser arguido a qualquer tempo nos autos, vez que não preclui, e, se a sentença operar a *coisa julgada*, autoriza ação rescisória no prazo decadencial de dois anos contados do trânsito em julgado dessa sentença de mérito. Na forma contrária, será válida a sentença de mérito proferida por juiz suspeito de parcialidade; e, transitada em julgado, por ocasião em que não comportar mais qualquer recurso, não autoriza ação rescisória.

Qualquer das partes poderá arguir o impedimento ou a suspeição do juiz, em qualquer tempo no feito, mesmo na via recursal, ou seja, em segundo grau de jurisdição, sempre por meio de uma peça denominada *exceção*, lembrando-se que a exceção de impedimento não preclui, mas a exceção de suspeição submete-se à preclusão se não for arguida no prazo de 15 dias contados da ciência sobre o fato que a ensejou.

O objetivo dessas modalidades de exceção é fazer com que os autos sejam encaminhados ao juiz substituto, para que este aprecie a matéria posta em juízo, afastando-se o juiz impedido ou suspeito de parcialidade. Vale frisar: os fatores de impedimentos são questões de ordem pública, razão pela qual não precluem, e se existentes no feito devem ser reconhecidos *ex officio* pelo próprio juiz da causa; o que não ocorrerá em relação às hipóteses de suspeição, vez que envolvem mera possibilidade de afronta à imparcialidade, e, portanto, devem ser arguidas por qualquer das partes sob pena de preclusão, embora a lei processual também permita ao próprio juiz declarar-se suspeito por motivo íntimo, conforme dispõe o parágrafo único do art. 135 do CPC.

Procedimentalmente, no que tange a essas exceções que atacam a figura do juiz da causa, objetivando sua substituição, podemos destacar os seguintes aspectos: (a) a peça *exceção* deve ser endereçada ao juiz da causa, e a parte que argui-la deverá especificar o motivo da recusa, juntando documentos e rol de testemunhas, se o caso; (b) o juiz poderá acolher a *exceção* de impedimento ou suspeição, reconhecendo o fator arguido, e então encaminhará o feito ao seu substituto legal automático, que, a partir desse momento, passará a atuar na causa, observando a possibilidade de reapreciação de eventuais atos decisórios existentes; (c) na hipótese de o juiz não reconhecer o impedimento ou a suspeição, determinará a suspensão do processo, e dentro de 10 dias apresentará suas razões, com documentos e rol de testemunhas, se houver, ordenando a remessa dos autos ao tribunal, ou seja, para a instância superior; (d) esse incidente processual suspende a marcha procedimental da ação instaurada, até que o mesmo seja definitivamente julgado pelo tribunal, surgindo como partes no incidente: o *excipiente* – aquele que alega a exceção, ou seja, qualquer das partes – e o *excepto* – que é o juiz da causa. Como o juiz passa a ser parte nesse incidente, como excepto, se não reconhecer o fator que o ensejou, não será ele quem o decidirá, mas sim a instância superior.

Oportuno reproduzirmos os dispositivos legais que tratam das situações de impedimento e suspeição do juiz:

## 6.1 Impedimentos

Reza o art. 134 do CPC: "Art. 134. É defeso ao juiz exercer as suas funções no processo contencioso ou voluntário: I – de que for parte; II – em que interveio como mandatário da parte, oficiou como perito, funcionou como órgão do Ministério Público, ou prestou depoimento como testemunha; III – que conheceu em primeiro grau de jurisdição, tendo-lhe proferido sentença ou decisão; IV – quando no processo estiver postulando, como advogado da parte, o seu cônjuge ou qualquer parente seu, consanguíneo ou afim, em linha reta; ou na linha colateral até o segundo grau; V – quando for cônjuge, parente, consanguíneo ou afim, de alguma das partes, em linha reta ou, na colateral, até o terceiro grau; VI – quando for órgão de direção ou de administração de pessoa jurídica, parte na causa".

## 6.2 Suspeição

Dispõe o art. 135 do CPC: "Art. 135. Reputa-se fundada a suspeição de parcialidade do juiz quando: I – amigo íntimo ou inimigo capital de qualquer das partes; II – alguma das partes for credora ou devedora do juiz, de seu cônjuge ou de parentes destes, em linha reta ou na colateral até o terceiro grau; III – herdeiro presuntivo, donatário ou empregador de alguma das partes; IV – receber dádivas antes ou depois de iniciado o processo; aconselhar alguma das partes acerca do objeto da causa, ou subministrar meios para atender às despesas do litígio; V – interessado no julgamento da causa em favor de uma das partes".

Vale salientar, por derradeiro, para perfeita fixação do tema, que compete a qualquer das partes oferecer a exceção de impedimento ou de suspeição, especificando o motivo da recusa. A petição, dirigida ao juiz da causa, poderá ser instruída com documentos e rol de testemunhas (art. 312 do CPC).

Recebida a exceção, o processo ficará suspenso, até que seja definitivamente julgada (v. arts. 265, III, e 306 do CPC).

Ao despachar a petição de exceção, o juiz, se reconhecer o impedimento ou a suspeição, ordenará a remessa dos autos ao seu substituto legal; em caso contrário, dentro de 10 dias dará suas razões, acompanhadas de documentos e rol de testemunhas, se houver, ordenando a remessa dos autos ao tribunal (art. 313 do CPC).

Nessas situações, concretizando a substituição do juiz, pelo reconhecimento de qualquer dos fatores suscitados, os autos não sairão da Vara em que esteja em curso o processo, mas o juiz substituto deverá deslocar-se a ela, para que ali possa dar prosseguimento ao feito.

## 7. Princípios gerais que envolvem poderes e deveres do juiz

Em análise sistemática sobre os dispositivos legais relacionados ao *juiz*, podemos apresentar, sucintamente, sem pretensão de esgotar o assunto neste momento, os *princípios da jurisdição* bem como os *princípios gerais de direito processual* que o envolvem diretamente, em consonância com o tema "poderes, deveres e responsabilidades do juiz", indicando sua posição geográfica no ordenamento jurídico.

Assim, sob a ótica dos *deveres* do juiz, temos que no *poder de comando* que possui na relação jurídica processual efetivamente terá a incumbência de aplicar e respeitar os seguintes princípios:

### 7.1 Princípios relativos à jurisdição

#### 7.1.1 Princípio da inércia

O juiz deve aguardar a iniciativa da parte interessada em obter uma tutela jurisdicional. Entenda-se: "Nenhum juiz prestará a tutela jurisdicional senão quando a parte ou o interessado a requerer, nos casos e forma legais" (art. 2º do CPC). A *provocação da atividade jurisdicional* do Estado opera-se através da propositura da ação, como visto em capítulo anterior.

#### 7.1.2 Princípio da indelegabilidade

Embora nossa Constituição Federal não apresente dispositivo expresso sobre a *indelegabilidade da atividade jurisdicional estatal*, podemos concluir sobre sua incidência, ou seja, sobre a efetiva indelegabilidade da função, em razão do que ela dispõe no art. 96, I, "c", aqui textualmente reproduzido: "Art. 96. Compete privativamente: I – aos tribunais: (...) c) prover, na forma prevista nesta Constituição, os cargos de juiz de carreira da respectiva jurisdição; (...)". Assim, podemos afirmar que a Constituição Federal proíbe ao juiz, que integra o Poder Judiciário e exerce sua função em nome do Estado, a delegação do poder jurisdicional. Anote-se, pois, que não pode o juiz delegar suas funções a outra pessoa ou outro órgão.

#### 7.1.3 Princípio da inafastabilidade

"A lei não excluirá da apreciação do Poder Judiciário lesão ou ameaça a direito" (inciso XXXV do art. 5º da CF). Podemos acrescentar: o próprio juiz "não se exime de sentenciar ou despachar alegando lacuna ou obscuridade da lei" (art. 126 do CPC). Nessa situação, como visto, deverá aplicar os métodos de integração da norma.

### 7.2 Princípios gerais do direito processual aplicáveis ao juiz

#### 7.2.1 Princípio do impulso oficial

"O processo civil começa por iniciativa da parte, mas se desenvolve por impulso oficial" (art. 262 do CPC). Entenda-se: uma vez iniciado o processo, com a propositura da ação por interessados, caberá ao juiz, no exercício de sua função pública – portanto, no desempenho de sua função oficial –, dar impulso ao procedimento, determinando a continuidade dos atos processuais através de *despachos*.

#### 7.2.2 Princípio da publicidade

Garante a transparência da atividade jurisdicional do Estado e, portanto, confere ao juiz o dever de dar *publicidade* aos atos processuais praticados, permitindo que o público presencie audiências ou, mesmo, consulte os autos do processo – salvo se a defesa da intimidade ou o interesse social recomendarem a não publicidade dos atos processuais, hipótese em que o juiz terá o poder de determinar a realização da audiência com portas fechadas e restringir o direito de consultar os autos apenas às partes e seus procuradores (arts. 5º, LX, e 93, IX, da CF e art. 155, incisos e parágrafo único, do CPC).

### 7.2.3 Princípio da economia processual

Estabelece o equilíbrio custo/benefício, eis que o processo, como instrumento para o exercício da atividade jurisdicional do Estado, não pode ensejar despesa maior em relação àquilo que a pessoa busca ver tutelado em juízo. Assim, o juiz tem o dever de "velar pela rápida solução do litígio" e "tentar, a qualquer tempo, conciliar as partes" (art. 125, II e IV, do CPC, respectivamente), o que se apresenta em conformidade com a *economia processual*. O princípio em tela também vem caracterizado na possibilidade de reunião de ações para julgamento conjunto perante o mesmo juízo, ou seja, perante a mesma Vara, desde que o momento procedimental delas o permita, consoante as hipóteses previstas nos arts. 103, 104 e 109 do CPC – quais sejam: *conexão* e *continência* entre ações (arts. 103 e 104 do CPC) e nos casos de *reconvenção, ação declaratória incidental* e *ações de garantia*, além de outras relacionadas à intervenção de terceiros no processo (art. 109 do CPC).

### 7.2.4 Princípio da lealdade processual

Estabelece o *dever de probidade*, ou seja, de agir conforme a verdade, a todos que atuam na relação processual. Em relação ao juiz podemos destacar seu dever de "prevenir ou reprimir qualquer ato contrário à dignidade da Justiça" (art. 125, III, do CPC), bem como o poder de condenar, de ofício – ou seja, mesmo sem requerimento da parte –, o litigante de má-fé a pagar multa não excedente a 1% sobre o valor da causa, em benefício da parte contrária (art. 18 do CPC). Ainda, sob o enfoque dos poderes do juiz para reprimir atos considerados atentatórios ao exercício da jurisdição, temos: (a) o juiz, de ofício ou a requerimento do ofendido, mandará riscar expressões injuriosas nos escritos apresentados no processo (art. 15, *caput*, do CPC) ou, ainda, nos casos de serem tais expressões injuriosas proferidas por advogados em defesa oral, o juiz o advertirá para que não as use, sob pena de lhe ser cassada a palavra (art. 15, parágrafo único, do CPC); (b) vale destacar também o disposto no parágrafo único do art. 14 do CPC, acrescentado pela Lei

10.358, de 27.12.2001, no sentido de que *qualquer das partes da relação processual* que violar o dever de cumprir com exatidão os provimentos mandamentais e o de não criar embaraços à efetivação de provimentos judiciais, de natureza antecipatória ou final (inciso V do art. 14 do CPC), estará praticando *ato atentatório ao exercício da jurisdição*, podendo o juiz, sem prejuízo das sanções criminais, civis e processuais cabíveis, aplicar ao responsável multa em montante a ser fixado de acordo com a gravidade da conduta e não superior a 20% do valor da causa, sendo que esta sanção pecuniária de natureza civil reverterá em benefício do Estado. Vale notar que tal consequência não afasta aquelas relacionadas à litigância de má-fé. Portanto, poderão ser aplicadas de modo conjunto pelo juiz da causa, salvo em relação ao advogado, que não está sujeito à hipótese contemplada no parágrafo único do art. 14 do CPC, vez que esse dispositivo legal expressamente indica a ressalva no sentido de que os advogados se sujeitam exclusivamente aos Estatutos da OAB.

### 7.2.5 Princípio da imparcialidade do juiz

Como visto, o juiz pode ser impedido de atuar ou ser suspeito de parcialidade (arts. 134 e 135 do CPC). Como visto, a *imparcialidade do juiz* é pressuposto para que a relação processual se instaure validamente; portanto, é *pressuposto processual*. É necessário ressaltar que as garantias constitucionais da *vitaliciedade, inamovibilidade* e *irredutibilidade de vencimentos*, previstas aos juízes no art. 95 da CF, bem como as proibições de "exercer outro cargo ou função, ainda que em disponibilidade, salvo uma de magistério", "receber, a qualquer título ou pretexto, custas ou participações em processo" e "dedicar-se à atividade político-partidária", previstas no parágrafo único do art. 95 da CF, servem para garantir a imparcialidade do juiz.

### 7.2.6 Princípio da igualdade

Compete ao juiz assegurar *igualdade de tratamento às partes* (art. 125, I, do CPC), para que tenham as mesmas oportunidades para apresentar suas razões nos autos do processo. Esse princípio, de modo geral, também se apresenta no art. 5º, *caput*, da CF.

### 7.2.7 Princípio do contraditório e ampla defesa

O juiz deve garantir oportunidades para as partes se manifestarem nos autos, possibilitando que contrariem manifestações apresentadas pela parte contrária, e deve conferir ampla oportunidade para que as partes possam demonstrar nos autos o que alegam (art. 5º, LV, da CF). De modo que, para tanto, deve zelar pela efetiva comunicação dos atos processuais, que se dará no processo através: (a) da *citação*, ato processual de chamamento da parte contrária ou interessado para que venha a juízo se defender (art. 213 do CPC); e (b) da *intimação*, ato processual de cientificação a alguém sobre atos e termos praticados no feito ou a serem realizados, para que faça ou deixe de fazer algo (art. 234 do CPC).

### 7.2.8 Princípio da livre investigação das provas

Nos casos em que o objeto da ação for algum direito material indisponível, poderá o juiz determinar a produção de prova nos autos mesmo sem o requerimento de qualquer das partes. Tal possibilidade também se afigura de modo adicional ao que já fora produzido em razão da iniciativa das partes, se houver necessidade de esclarecimentos complementares.

### 7.2.9 Princípio da persuasão racional

Relaciona-se à apreciação e avaliação, pelo juiz, das provas produzidas nos autos, vez que a lei processual não estabelece uma hierarquia de valores entre os meios de prova previstos, cabendo ao juiz analisar, de modo conjunto, todas as provas efetivamente produzidas nos autos do processo, para formação de sua convicção sobre a verdade dos fatos que envolvem o feito, conferindo, pelo modo racional, valor amplo ou reduzido a cada qual das provas produzidas em face da consonância, ou não, com os demais elementos de prova produzidos nesse conjunto. Assim, não havendo conformidade de determinada prova com os restantes elementos de prova existentes nos autos, certamente lhe será atribuído valor ínfimo. Ao contrário, o valor será maior se a prova estiver em conformidade com o conjunto das demais provas ali existentes. Esse princípio é extraído do art. 131 do CPC, em sua primeira parte, ao estabelecer: "Art. 131. O juiz apreciará livremente a prova, atendendo aos fatos e circunstâncias constantes dos autos, ainda que não alegados pelas partes; (...)".

### 7.2.10 Princípio da identidade física do juiz

Estabelece que o juiz que concluir a audiência de instrução ficará vinculado para o julgamento, salvo se for convocado para atuar em segunda instância; se estiver convocado, em licença saúde, afastado por qualquer motivo, promovido ou aposentado, casos em que passará os autos ao seu sucessor. Esse princípio vem previsto no art. 132 do CPC. O sucessor que assumir o feito, se entender necessário, poderá determinar a repetição das provas já produzidas. Poderíamos indagar se as *férias* regulamentares do juiz também se incluiriam como exceção ao princípio da identidade física, autorizando-o a deixar o feito após concluída a instrução processual, ou seja, após completada a coleta das provas, para que, então, seu sucessor provisório proferisse o julgamento. Entendemos que tal hipótese não se admite, por dois aspectos: primeiro porque as férias regulamentares não estão incluídas no rol do art. 132 do CPC, e a hipótese genérica ali indicada – qual seja "afastado por qualquer motivo" – não as engloba, posto que férias não têm natureza jurídica de afastamento; segundo porque o juiz que o substituísse nas férias não teria a possibilidade de aplicar o que lhe confere o parágrafo único do referido dispositivo legal (art. 132 do CPC), se entendesse necessário, posto que não lhe haveria tempo hábil para refazer as provas no período que compreendesse as férias do juiz que concluiu a instrução, fato que, ainda, afrontaria o princípio da economia processual. Outrossim, a competência do juiz pela vinculação em audiência é de natureza funcional – portanto, absoluta –, e a eventual falta de prejuízo às partes não seria motivo suficiente para desvincular do julgamento o juiz que iniciou a audiência e concluiu a instrução, até porque o momento procedimental para sua prolação é, como regra, a própria audiência, embora autorizada a conclusão do feito para sua prolação no prazo de 10 dias. Entretanto, se não houver qualquer produção de prova na audiência, mas apenas a entrega de memoriais, não haverá, evidentemente, a vinculação desse juiz para proferir a sentença.

### 7.2.11 *Princípio da imediação*

O juiz é quem, de forma direta e pessoalmente, procede à coleta das provas, consoante dispõe o art. 446, II, do CPC. Não poderia ser de outro modo, eis que o destinatário das provas é o processo comandado pelo juiz e a finalidade da prova é a formação do convencimento do julgador. Excepcionalmente, nos Juizados Especiais Cíveis, previstos na Lei 9.099/1995, admite-se que juiz leigo proceda à coleta da prova, presidindo a audiência de instrução, consoante os arts. 37 e 40 da referida lei.

## 7.2.12 Princípio da congruência

Vem expresso nos seguintes artigos do CPC:

"Art. 128. O juiz decidirá a lide nos limites em que foi proposta, sendo-lhe defeso conhecer de questões, não suscitadas, a cujo respeito a lei exige a iniciativa da parte".

"Art. 460. É defeso ao juiz proferir sentença, a favor do autor, de natureza diversa da pedida, bem como condenar o réu em quantidade superior ou em objeto diverso do que lhe foi demandado."

O princípio em tela pode ser conceituado como a exata correlação que deve existir entre a pretensão deduzida nos autos por quem tenha interesse numa tutela jurisdicional, também denominada matéria *sub judice*, que envolve a causa de pedir e o pedido, e o que deve ser conhecido e apreciado pelo juiz por ocasião da prestação jurisdicional. Em outras palavras, esse princípio pode ser traduzido pela exata correlação que deve haver entre a matéria que envolve o pedido e a matéria objeto do conhecimento e julgamento. Na verdade, a congruência em questão relaciona-se com os limites objetivos da sentença, os quais são fixados em razão do pedido formulado pelo autor na petição inicial e às vezes também pelo réu, através do pedido contraposto, em ação de conhecimento de rito comum sumário, ou através da reconvenção, em ação de conhecimento de rito comum ordinário. Assim, se a matéria objeto do conhecimento e apreciação pelo juiz, por ocasião da prestação jurisdicional, não se amoldar àquela consignada na postulação apresentada no feito pelos interessados, haverá afronta a tal princípio.

Vale frisar: a sentença de mérito não poderá ser: (a) *extra petita* – ou seja, fora do pedido –, hipótese em que seria *absolutamente nula* e, se transitada em julgado, autorizaria a ação rescisória, consoante o art. 485, IV, do CPC, por ofensa aos limites objetivos da coisa julgada, previstos no art. 468 do estatuto processual: "Art. 468. A sentença, que julgar total ou parcialmente a lide, tem força de lei nos limites da lide e das questões decididas". Entenda-se: o que eventualmente exceder os limites da lide, no julgamento do mérito, não fará lei entre as partes; (b) *ultra petita* – aquela além do pedido –, hipótese em que será *relativamente nula*; ou seja, a nulidade não atinge a parte da sentença que se amolda ao pedido. Transitada em julgado, não enseja ação rescisória; (c) *infra petita*, caso em que o juiz não conhece a totalidade do pedido apresentado; portanto, na apreciação do pedido omite parte dele, deixando de dele conhecer parcialmente – o que não pode ser confundido com a hipótese em que o juiz conhece da totalidade do pedido mas lhe confere parcial procedência. Vale ressaltar: na sentença *infra petita* o juiz não conhece da totalidade do pedido, fato que não enseja nulidade mas autoriza o recurso de *embargos declaratórios* para sua regularização, conforme o art. 535, I e II, do CPC. No caso de transitar em julgado a sentença *infra petita*, caberá nova ação de conhecimento em relação à parte não apreciada do pedido; (d) *citra petita* – é a sentença ilíquida proferida em face de pedido líquido. É a hipótese em que o autor consigna na inicial o valor pretendido na condenação, porém o juiz profere sentença de mérito de natureza condenatória sem a fixação do *quantum debeatur*. Admite-se a regularização através do recurso de *embargos declaratórios*. Se transitada em julgado não é nula, posto que autorizará a *ação de liquidação de sentença*.

Oportuno destacar que o *princípio da congruência* não se aplica apenas em relação ao *pedido mediato* – qual seja, o consignado expressamente no feito visando ao bem ou interesse juridicamente protegido –, mas também em relação ao *pedido imediato*, muitas vezes implícito na petição inicial, e que concerne à natureza da providência jurisdicional solicitada, que poderá variar em provimento *meramente declaratório*, *constitutivo*, *condenatório*, *mandamental* ou *executivo*. Assim, na hipótese em que o autor pede apenas a declaração sobre a existência, ou não, de uma relação jurídica – portanto, busca em juízo uma tutela de natureza meramente declaratória –, não poderá o juiz proferir provimento de outra natureza; por exemplo, mandamental. Para melhor compreensão, *provimento meramente declaratório* é aquele em que o juiz se limita a declarar a existência, ou não, de uma relação jurídica ou, ainda, a validade, ou não, de um título, enquanto *provimento mandamental* é aquele que contém uma ordem para coagir o réu a respeitar o direito por ela protegido. A sentença mandamental distingue-se das demais porque nela há uma ordem, um ato de *imperium*, que produz a coerção necessária sobre a vontade do réu para obrigá-lo a praticar ou para impedi-lo de praticar qualquer ato.

Nessa análise temática inicial que envolve os *poderes e deveres do juiz* sob a ótica dos princípios gerais, podemos consignar que há situação de verdadeira afronta ao *princípio da congruência* excepcionalmente admitida na lei processual e no Código de Defesa do Consumidor como poder do juiz, qual seja: a contemplada nos arts. 461 do CPC e 84 do CDC – Lei 8.078, de 11.9.1990 –, pela qual na ação de conhecimento cujo objeto seja o cumprimento específico de obrigação de fazer ou não fazer o juiz pode conceder a tutela específica da obrigação ou o resultado prático equivalente ao do adimplemento. Exemplificando: se o autor requer cumprimento específico de obrigação de fazer – qual seja, a instalação de um filtro em uma fábrica, objetivando tutela de remoção do ilícito "poluente" –, o juiz poderá conceder tutela inibitória, independentemente de pedido, impondo multa diária (*astreintes*), que passará a incidir após o prazo conferido para o cumprimento da obrigação, no valor que entender suficiente para convencer o obrigado a instalar o equipamento. Ainda, se houver impossibilidade material de ser cumprida a obrigação na forma específica, o juiz poderá, mediante requerimento da parte ou mesmo sem ele, determinar providências que assegurem o resultado prático equivalente ao cumprimento da obrigação – por exemplo, a substituição de um equipamento poluente, ou mesmo a cessação das atividades da empresa ré mediante decreto de interdição, a fim de que se estabeleça a cessação do ilícito. Com isso, é possível concluir que o disposto nos arts. 461 do CPC e 84 da Lei 8.078/1990 (Código de Defesa do Consumidor) constituem exceções à regra geral de que a sentença não pode fugir do pedido formulado na demanda.

Ainda em relação às exceções ao princípio da congruência, podemos lembrar que em ação de alimentos o juiz não fica vinculado propriamente ao pedido, mas, sim, observa o binômio *necessidade de quem pede* (alimentando) e *possibilidade de quem deve* (alimentante) os alimentos, conforme dispõe o art. 1.694, § 1º, do CC,.de modo que é perfeitamente possível a fixação da pensão em valor superior ao postulado inicial.

Outra hipótese merece destaque, ainda em relação às exceções à congruência, qual seja, a das ações possessórias, a saber: *manutenção* e *reintegração de posse* e *interdito proibitório*, previstas nos arts. 926 e 932 do CPC. Assim, consoante art. 920 do CPC, a propositura de uma ação possessória em lugar de outra não impede que o juiz aplique a fungibilidade dos interditos possessórios, ou seja, conheça do pedido e conceda a proteção possessória que entender adequada, desde que provados os requisitos que a autorizem, posto que a ausência dos requisitos específicos resultaria na falta do interesse processual, conduzindo à extinção do feito sem julgamento do mérito. Entretanto, a fungibilidade das possessórias deve ser vista restritivamente, vez que se trata de exceção ao princípio geral da congruência contemplado nos arts. 128 e 460 do CPC, o qual, como destacado, estabelece a necessidade de correlação entre causa de pedir, pedido e sentença, de modo que o juiz não poderá converter a ação possessória em reivindicatória ou em ação de imissão na posse, porquanto estas últimas são de natureza petitória.

### 7.2.13 Princípio da motivação das decisões

O juiz tem liberdade na formação de sua convicção ante as provas produzidas nos autos, porém seu convencimento deverá ser motivado, ou seja, deverá apresentar a fundamentação de sua decisão, consignando as razões de fato e de direito que o conduziram àquela determinada decisão. Em outras palavras, deverá indicar os motivos de fato e de direito que serviram para a formação de seu convencimento. Tal princípio apresenta-se no art. 93, IX, da CF e também vem expresso nos arts. 131 e 458, II, do CPC. Vale destacar: toda e qualquer decisão judicial deverá ser fundamentada, a saber: tanto as decisões em sentido estrito – quais sejam, as decisões interlocutórias que solucionam questões incidentais no curso do feito –, como as decisões em sentido amplo – quais sejam, as sentenças que extinguem o processo com ou sem julgamento do mérito. Porém, nos casos de decisões interlocutórias que solucionam questões no curso do processo e nos casos de sentenças terminativas pelas quais o juiz extingue o processo sem julgamento do mérito admite-se fundamentação resumida, ou seja, concisa consoante dispõem, respectivamente, os arts. 165, parte final, e 459 do CPC. Através da motivação das decisões judiciais poderemos aferir a imparcialidade do juiz bem como a legalidade e a justiça da decisão proferida, de modo que sentença sem fundamentação é absolutamente nula.

Por derradeiro, sobre o tema *poderes e deveres do juiz* ainda merecem destaque: (a) o poder do juiz de fixar os honorários advocatícios ao vencedor da demanda, nos termos dos §§ 3º, 4º e 5º do art. 20 do CPC; (b) o dever de submeter ao *duplo grau de jurisdição* as sentenças proferidas nas hipóteses do art. 475, I e II, do CPC: "Art. 475. Está sujeita ao duplo grau de jurisdição, não produzindo efeito senão depois de confirmada pelo tribunal, a sentença: I – proferida contra a União, o Estado, o Distrito Federal, o Município, e as respectivas autarquias e fundações de direito público; II – que julgar procedentes, no todo ou em parte, os embargos à execução de dívida ativa da Fazenda Pública (art. 585, VI)".

Nessas situações, se o juiz não encaminhar os autos ao duplo grau necessário, deverá o presidente do tribunal avocá-los.

Entretanto, em qualquer das hipóteses destacadas nos incisos I e II do art. 475 do CPC não se aplica o duplo grau necessário se o valor da causa não exceder a 60 salários-mínimos, conforme o § 2º do referido dispositivo legal, acrescentado pela Lei 10.352, de 26.12.2001, que entrou em vigor em março/2002.

Ainda, nos termos do § 3º do art. 475, acrescentado pela mencionada Lei 10.352/2001, também não se aplica o duplo grau necessário "quando a sentença estiver fundada em jurisprudência do Plenário do Supremo Tribunal Federal ou em súmula deste Tribunal ou do tribunal superior competente". Para esta última hipótese destacada a questão relacionada ao valor da causa é irrelevante.

Importante acrescentarmos que a análise do tema *poderes e deveres do juiz* sob a visão sequencial dos princípios suprarrelacionados nos permite uma compreensão geral sobre o direito processual em seus aspectos fundamentais relacionados ao sujeito imparcial da relação jurídica processual e seu vínculo processual com os sujeitos parciais dessa relação, até porque, como visto, os princípios constituem a base, o alicerce, de uma estrutura – no caso, a estrutura do direito instrumental.

## 8. Atos do juiz

No que tange aos *atos do juiz no processo*, contemplados no art. 162 e §§ do CPC, podemos afirmar que poderão ser classificados em:

### 8.1 Despachos

São atos de mero expediente e servem para impulsionar as fases do procedimento, conferindo continuidade à relação processual até o momento adequado para a prestação jurisdicional. No curso do processo certamente haverá diversos *despachos* de expediente proferidos pelo juiz, porém o primeiro deles, também denominado *despacho inicial*, poderá ser: (a) *positivo* – quando o juiz recebe a petição inicial e determina o processamento e o chamamento da parte contrária; (b) *correcional* – quando o juiz determina que o autor regularize a peça inicial, no prazo legal de 10 dias, sob pena de indeferimento da inicial e extinção do feito; (c) *negativo* – na hipótese em que o juiz indefere a inicial, com apoio no art. 295 do CPC, e em ação de conhecimento extingue o processo sem o julgamento do mérito, nos termos do art. 267 do mesmo estatuto processual, hipótese em que teremos a denominada *sentença terminativa* ou *processual*.

É certo que os *despachos* devem ser proferidos pelo juiz no *prazo de dois dias*, conforme o art. 189, I, do CPC. Porém, é válido lembrar que os prazos que a lei processual estabelece ao juiz são impróprios, posto que não se submetem à preclusão. Oportuno acrescentar que os atos meramente ordinatórios, como a juntada e a vista obrigatória, independem de despacho, e, sendo atos praticados pelo próprio servidor, permitem a desburocratização de serviços ordinatórios do processo, em face da não participação direta do juiz, o qual certamente os verificará, no comando dessa relação (art. 162, § 4º, do CPC).

Os despachos são *irrecorríveis*, posto que não apresentam qualquer conteúdo decisório (art. 504 do CPC).

## 8.2 Atos decisórios

Subdividem-se em: (a) *decisão em sentido estrito* – a saber, *decisão interlocutória*; e (b) *decisão em sentido amplo*, que é a *sentença*. O prazo estabelecido legalmente para sua prolação é de 10 dias, consoante o art. 189, II, do CPC, lembrando-se novamente que os prazos fixados pela lei processual ao juiz são considerados impróprios.

### 8.2.1 Decisão interlocutória

É o ato do juiz que apenas soluciona incidente surgido no curso da relação processual, mas que não põe fim ao processo.

### 8.2.2 Sentença

É o ato do juiz que, decidindo ou não o mérito da causa, põe fim ao processo. O conceito mais utilizado de sentença é: *pronunciamento jurisdicional que põe fim ao processo*. É conceito um tanto debatido, posto que muitos doutrinadores afirmam – com razão – que mesmo após a sentença o juiz ainda se pronuncia no processo, como, por exemplo, em eventual recurso de embargos declaratórios, ou mesmo para receber recurso de apelação. Sendo certo que não é propriamente a prolação da sentença que põe fim ao processo, mas, sim, esgota o ofício jurisdicional de primeira instância, não havendo mais a possibilidade de o órgão prolator modificar seu conteúdo, salvo para correção, de ofício ou a requerimento da parte, de qualquer inexatidão material ou erro de cálculo, ou ainda por meio dos embargos de declaração, quando houver obscuridade, contradição ou omissão no julgado, os quais poderão ser opostos no prazo de cinco dias, contados da intimação da sentença ou do acórdão, e interrompem o prazo para a interposição de outros recursos. Entenda-se, após a intimação sobre a apreciação dos embargos declaratórios reabre-se integralmente o prazo para interposição de outros recursos (arts. 535 ao 538 do CPC).

Não é demais destacar que *sentença* é ato jurisdicional através do qual se põe termo ao ofício de julgar do magistrado de primeira instância, decidindo-se ou não o mérito da causa, e surtirá efeitos após sua publicação no próprio momento da audiência ou através da intimação pessoal. Até a sua publicação é um ato de vontade do juiz; após a publicação passa a ser ato de vontade do Estado.

A sentença deverá conter os seguintes requisitos formais, nos termos do art. 458 e incisos do CPC: (a) *relatório* – é a síntese de todo o processado; (b) *fundamentação* – as razões de fato e de direito que apoiam a decisão proferida; e (c) *dispositivo* – conclusão do raciocínio lógico apresentado na motivação. Vale destacar que o dispositivo é que opera o fenômeno processual *coisa julgada*. Anote-se, ainda, que sentença sem relatório é nula; sentença sem fundamentação é nula; e sentença sem dispositivo é inexistente.

Oportuno salientar, sucintamente, que *recurso* é ato voluntário de qualquer das partes ou de terceiro prejudicado, ou mesmo do Ministério Público quando intervém no feito, em face do inconformismo com alguma manifestação jurisdicional de conteúdo decisório proferida nos autos, objetivando sua reapreciação e reforma por uma instância superior.

Assim, contra as decisões interlocutórias o recurso adequado é o agravo, que poderá ser interposto no prazo de 10 dias contados a partir da intimação da decisão, sob a modalidade de instrumento, e diretamente no tribunal, ou sob a forma retido nos autos (art. 522 do CPC). A finalidade principal desse recurso é evitar a preclusão da questão objeto de decisão interlocutória bem como conferir possibilidade para o juízo de retratação ao prolator da mesma. E contra sentenças o recurso cabível é apelação, que poderá ser interposta no prazo de 15 dias contados a partir da intimação (arts. 506, 508 e 513 do CPC), ou sob a forma adesiva prevista no art. 500 do CPC, em face de eventual sucumbência recíproca das partes e em razão da existência de recurso interposto por uma delas. Como regra o recurso de apelação não autoriza a retratação pelo juiz prolator da sentença, salvo na hipótese de sentença terminativa proferida por ocasião do despacho inicial, diante do indeferimento da petição inicial, hipótese em que será facultado ao juiz, no prazo de 48 horas, reformar sua decisão, nos termos do art. 296 do CPC, recebendo a petição inicial e determinando seu processamento. Não o fazendo, os autos serão imediatamente encaminhados ao tribunal competente.

Por fim, como visto, contra os despachos de mero expediente não cabe qualquer recurso.

Vale consignar, ainda, que as decisões proferidas pelos tribunais, que em regra atuam na via recursal, denominam-se *acórdãos* e são proferidas por um colegiado de juízes ou desembargadores.

Para finalizarmos este capítulo voltado à análise sobre a conduta do juiz no processo, afigura-se de extrema relevância o tema denominado "cognição".

## 8.3 Cognição

É o ato de conhecimento realizado pelo juiz, direcionado às alegações e provas produzidas, com o escopo de formar seu convencimento a fim de se pronunciar a respeito de pretensão formulada nos autos do processo.

Não é demais afirmarmos que em toda e qualquer modalidade de ação se estabelece a atividade cognoscitiva realizada pelo juiz, porém em algumas a matéria objeto de cognição apresenta-se em maior intensidade, como é próprio das ações de conhecimento e mesmo das ações cautelares e outras em menor grau, como nas ações de execução, em que o juiz se limita a conhecer e a aferir a presença dos requisitos legais que a autorizam, para que possa determinar atos processuais que objetivem a satisfação ao titular de um direito material inquestionável, representado por título executivo. Nessa modalidade de ação o juiz deve verificar a presença das condições da ação e os pressupostos processuais concernentes à efetiva existência de título executivo, bem como se tal título está revestido dos atributos que autorizam o procedimento executório. Como não existe análise de mérito, na ação de execução, evidentemente, estará reduzida a matéria objeto de cognição.

### 8.3.1 Conceito

*Cognição* é a análise e valoração feita pelo juiz sobre as alegações e provas apresentadas, para que possa formar juízo de valor e conferir um pronunciamento jurisdicional. Esse trabalho é visto de modo amplo nas *ações de conhecimento*, em que o autor narra fatos para que o juiz deles conheça, após ampla dilação probatória, e, então, aprecie o pedido numa sentença de mérito que aplique o direito material ao caso concreto.

### 8.3.2 Finalidade

Temos, portanto, que a *finalidade da cognição* é a formação de um juízo de valor pelo juiz, para que possa conferir um pronunciamento jurisdicional sobre a pretensão apresentada.

Não se pode confundir o *objeto da ação*, que é o pedido apresentado pelo autor, e às vezes também pelo réu, em ação de conhecimento através do pedido contraposto ou da reconvenção, com o *objeto da cognição*, que sempre é mais amplo.

### 8.3.3 Objeto

O *objeto da cognição* é o trinômio: (a) *condições da ação*; (b) *pressupostos processuais*; e (c) *mérito da causa*, nas ações de conhecimento. Como visto, o objeto do processo é restrito ao pedido, que, na verdade, é o mérito da causa nas ações de conhecimento, ou seja, aquilo que a parte quer ver conhecido e apreciado em juízo através de um pronunciamento jurisdicional que aplique a lei material ao caso concreto.

### 8.3.4 Marcha procedimental

Como a cognição é mais ampla, pode-se destacar sua *marcha procedimental*, normalmente, do seguinte modo: primeiro o juiz aprecia as questões prévias – gênero do qual são espécies as *preliminares* e as *prejudiciais* –, e na sequência analisa o mérito da causa.

#### 8.3.4.1 Preliminares

São as questões prévias em relação ao conhecimento sobre o mérito, em regra previstas no art. 301, do CPC, e que constituem as objeções, posto que tratam de matéria de ordem pública e poderão ser decretadas mediante requerimento ou mesmo de ofício pelo juiz, com exceção da hipótese prevista no inciso IX, do referido dispositivo legal, qual seja a "convenção de arbitragem", que necessariamente dependerá da alegação pela parte sob pena de preclusão. Vale insistir, o juiz não poderá conhecer de ofício a preliminar "convenção de arbitragem", e, se a parte não argui-la, em preliminar na contestação, haverá renúncia tácita à esse modo de eliminação de conflito, passando a valer a jurisdição estatal.

As preliminares poderão ser subdivididas em: **a1) próprias**, são aquelas cuja solução poderá impedir o julgamento do objeto da ação, portanto, se acolhidas impedem o conhecimento sobre o mérito da causa, tais como, exemplificativamente: "inépcia da petição inicial, face a um pedido juridicamente impossível"; "perempção"; "litispendência"; e "coisa julgada"; e, **a2) preliminares impróprias**, são aquelas que não impedem o julgamento do mérito da causa, porém dilatam o procedimento, vale dizer ampliam o procedimento no tempo, tais como: "incompetência absoluta"; "conexão"; "continência"; "inépcia da petição inicial por alguma das irregularidades previstas no parágrafo único do art. 295 do CPC, que possa ser sanada".

*8.3.4.2* Prejudiciais

Também são antecedentes lógicos da análise de mérito. São questões prévias ao mérito que prejudicam seu conhecimento. Podem ser classificadas em:

8.3.4.2.1 *Prejudiciais homogêneas* – Quando a questão prejudicial pertence ao mesmo ramo do Direito da causa principal. Por sua vez, podem ser subdivididas em: (a) *prejudiciais homogêneas internas* – no caso em que a questão prejudicial de mérito se apresenta incidentalmente na própria ação em curso; por exemplo, numa ação ordinária de cobrança em que a parte contrária apresenta ação declaratória incidental objetivando provimento jurisdicional declaratório sobre a inexistência da relação jurídica cuja obrigação se pretenda cobrar, de tal modo que, se acolhida a questão prejudicial de inexistência da relação jurídica, não haverá procedência do pedido de cobrança. Oportuno consignar que a prejudicial interna não suspende a marcha do processo, vez que o art. 265, IV, "a", do CPC apenas se aplica nas hipóteses de questões prejudiciais externas; e (b) *prejudiciais homogêneas externas* – caso em que a apreciação da questão prejudicial se dará em outro processo do mesmo ramo do Direito. Como exemplo podemos destacar uma ação de alimentos e uma ação negatória de paternidade: a questão relacionada à paternidade pode prejudicar o mérito da questão apresentada na ação de alimentos. Indaga-se: neste exemplo haverá suspensão do processo, nos termos do art. 265, IV, "a", do CPC? Não obstante existam respeitáveis entendimentos diversos sobre o assunto, quer-nos parecer que a ação de alimentos apenas deverá permanecer suspensa, para aguardar o deslinde da questão prejudicial relacionada à paternidade, se esta última ação – qual seja, a negatória da paternidade – tiver sido proposta em primeiro lugar. Vale ressaltar, porém, que nos casos de prejudicialidade externa o período de suspensão do processo nunca poderá exceder a um ano. Findo este prazo, o juiz mandará prosseguir no feito, consoante dispõe o § 5º do art. 265 do CPC.

8.3.4.2.2 *Prejudiciais heterogêneas* – São aquelas em que a questão prejudicial se apresenta em outro feito de ramo do Direito diverso. Exemplificando: o sujeito responde a um processo crime por bigamia, porém há uma ação civil em que postula a anulação do primeiro casamento.

Superadas as questões prévias, nessa marcha da cognição, o juiz ingressará no segundo momento, que é a análise do mérito da causa, apreciando o objeto do processo, qual seja, o pedido formulado no feito. Nesse momento o juiz verificará de modo completo todas alegações apresentadas pelas partes e as provas produzidas nos autos, a fim de formar um juízo de valor e conferir o pronunciamento jurisdicional definitivo.

8.3.5 *Classificação da cognição*

*8.3.5.1* Segundo Chiovenda

Segundo *Chiovenda*, pode-se classificar a cognição em: (a) *ordinária* – na qual o juiz conhece de todas as questões suscitadas pelas partes com profundidade; portanto, de modo completo, pleno e exauriente, evidentemente após ampla dilação probatória no procedimento. Assim, a característica da cognição ordinária é a definitividade, ou seja, a coisa julgada; e (b) *sumária* – na qual a análise das questões apresentadas é feita de modo superficial, incompleto e não definitivo; portanto, segundo um critério de probabilidade, e não propriamente de certeza. A característica da cognição sumária é a provisoriedade.

Aqui, vale destacar o que se convencionou denominar *graus de probabilidade*, na seguinte forma: (a) *mínimo* – que representa mera possibilidade; (b) *médio* – que representa o verossímil, ou seja, o que tem aparência de verdade; (c) e *máximo* – que seria o probabilíssimo ou muito próximo da certeza – os quais servem para ilustrar o campo de atuação cognitiva exercida pelo juiz, que pode acontecer *initio litis*, desde que a peça inicial esteja devidamente instruída com prova documental, ou mesmo após a audiência prévia de justificação. Assim, nas providências preliminares requeridas em juízo a cognição realizada pelo juiz é baseada no juízo de probabilidade; portanto, cognição sumária com a característica da provisoriedade.

### 8.3.5.2 A doutrina brasileira

Importante, ainda, destacarmos a classificação da cognição contemplada pela *doutrina brasileira*: (a) *no plano horizontal* – o juiz verifica a extensão das alegações; portanto, a amplitude da matéria objeto de conhecimento, então representado pelo trinômio *pressupostos processuais*, *condições da ação* e *pedido ou pedidos formulados nos autos*, os quais, na verdade, são os elementos objetivos do processo. Exemplificativamente, podemos destacar a seguinte limitação horizontal ao juiz: numa ação possessória não se examina a existência do domínio; trata-se, portanto, de uma limitação horizontal; (b) *no plano vertical* – o juiz verifica a profundidade das questões suscitadas, diante das provas produzidas nos autos. Na essência, seria a análise sobre a veracidade das alegações – o que, evidentemente, deve ter apoio nos elementos de prova produzidos no feito. Neste plano, vinculado às provas, é que podemos enfatizar as modalidades de *cognição exauriente*, em que o juiz examina a fundo todas as questões e provas para a formação de um *juízo de certeza*, e *cognição sumária*, apoiada no *juízo de probabilidade*. Essa probabilidade, por sua vez, pode ser apresentada em escala progressiva, da tênue à forte. Assim, teríamos no *plano mínimo* o juízo de probabilidade de *mera possibilidade* – portanto, a análise sobre o que pode ser verdade, o que é próprio para concessão das medidas cautelares; no *plano médio* o juízo de probabilidade mas de *verossimilhança*, que seria um grau superior ao da mera possibilidade – ou seja, aquilo que apresenta forte aparência de verdade, próprio para concessão de antecipação da tutela (art. 273 do CPC); e, por fim, o *plano máximo*, que é o *probabilíssimo*, ou seja, o *razoável*, e para alguns a denominada *quase certeza*, próprio da cognição exauriente.

Vale destacar que os escopos da cognição sumária são: (a) a economia processual; (b) evitar o abuso do direito de defesa; e (c) a busca da efetividade da tutela jurisdicional, que pode ser comprometida pelo tempo.

Não é demais repetirmos que a característica da *cognição exauriente ou completa*, que estabelece o denominado *juízo de certeza* numa sentença de mérito, é a *coisa julgada*, enquanto a característica da *cognição sumária ou incompleta*, apoiada no *juízo de probabilidade* sobre a existência do direito postulado, é a *provisoriedade*.

*Capítulo V*
# DO MINISTÉRIO PÚBLICO

*1. Conceito. 2. Princípios: 2.1 Princípio da unidade – 2.2 Princípio da independência funcional – 2.3 Princípio da autonomia administrativa e orçamentária. 3. Garantias (arts. 127 a 130-A da CF): 3.1 Da Instituição – 3.2 Dos membros da Instituição. 4. Impedimentos. 5. Funções. 6. Órgãos do Ministério Público: 6.1 Órgãos da administração superior – 6.2 Órgãos de execução – 6.3 Órgãos auxiliares. 7. Do inquérito civil: 7.1 Conceito – 7.2 Atribuição para instauração – 7.3 Prazo de conclusão – 7.4 Finalidade – 7.5 Arquivamento – 7.6 Análise do Conselho Superior do Ministério Público – 7.7 Desarquivamento. 8. Ação civil pública: 8.1 Legitimação – 8.2 Previsão legal – 8.3 Direito tutelado – 8.4 Legitimidade ativa – 8.5 Legitimidade passiva – 8.6 Objeto – 8.7 Coisa julgada.*

O Ministério Público é a instituição destinada à preservação dos valores fundamentais do Estado.

## *1. Conceito*

A Constituição Federal o define como "instituição permanente, essencial à função jurisdicional do Estado, incumbindo-lhe a defesa da ordem jurídica, do regime democrático e dos interesses sociais e individuais indisponíveis" (art. 127).

Pela Constituição Federal anterior (a de 1967) o Ministério Público era considerado órgão do Poder Executivo. Hoje, com a atual Carta Magna (a de 1988), o Ministério Público situa-se em capítulo próprio, denominado "Das Funções Essenciais à Justiça", ao lado da Advocacia--Geral da União e da Advocacia e da Defensoria Pública (v. Capítulo IV do Título IV da Constituição Federal). Assim, o Ministério Público é tratado como instituição autônoma, que não integra o Poder Judiciário, embora desenvolva suas funções essenciais no processo.

## 2. Princípios

Os princípios básicos da Instituição são:

### 2.1 Princípio da unidade

Estabelecendo que a Instituição é una e indivisível. Entenda-se: todos os seus membros fazem parte de uma única instituição e podem substituir um ao outro em suas funções, sem que ocorra qualquer alteração subjetiva no processo. Vale dizer: quem ocupa a relação processual é o Ministério Público, não a pessoa física do promotor.

### 2.2 Princípio da independência funcional

Segundo o qual cada membro do Ministério Público atua conforme sua própria consciência jurídica, com submissão exclusiva ao ordenamento jurídico vigente. Por esse princípio, não se admite qualquer interferência na atuação do promotor, nem mesmo pelos órgãos superiores da Instituição.

### 2.3 Princípio da autonomia administrativa e orçamentária

Pelo qual a Instituição recebe os recursos orçamentários previamente estabelecidos por regras orçamentárias estaduais (Ministério Público Estadual) ou federais (Ministério Público Federal), os quais serão administrados pelo chefe da Instituição, para folha de pagamento dos seus integrantes e despesas em geral.

## 3. Garantias (arts. 127 a 130-A da CF)

### 3.1 Da Instituição

Entre as *garantias do Ministério Público* destacam-se: (a) *estruturação em carreira*, cujo provimento inicial opera mediante aprovação e posse em concurso público de provas e títulos; (b) *autonomia administrativa e orçamentária*; (c) *limitações à liberdade do chefe do Executivo para nomeação e destituição do Procurador-Geral*; (d) *exclusividade da ação penal pública e proibição de nomeação de promotores **ad hoc**.*

## 3.2 Dos membros da Instituição

Já, com relação aos *membros do Ministério Público*, individualmente considerados, destacam-se as seguintes garantias: (a) *vitaliciedade, inamovibilidade e irredutibilidade de vencimentos*, de igual modo já destacados no capítulo referente aos juízes; (b) *ingresso aos cargos iniciais mediante concurso público de provas e títulos*, observada nas nomeações a ordem de classificação; (c) *promoção pelos critérios de antiguidade e merecimento*, de maneira objetiva e alternadamente; (d) *sujeição à competência originária do Tribunal de Justiça* nos crimes comuns e nos de responsabilidade.

## 4. Impedimentos

Os *impedimentos* estão destinados à preservação da independência funcional e da imparcialidade no exercício das funções.

Os principais impedimentos são (arts. 128, § 5º, II, e 129, IX, da CF): (a) *veto quanto ao exercício da Advocacia*; (b) *proibição de receber honorários, percentuais ou custas processuais*; (c) *proibição de participação em sociedade comercial, bem como de exercer outra função pública, salvo uma de magistério*; (d) *proibição do exercício de atividades político-partidárias, salvo exceções previstas na lei*.

No que tange à atuação processual, o membro do Ministério Público pode também ser afastado ou afastar-se voluntariamente do processo, por impedimento e suspeição, nos mesmos casos previstos para os juízes. Todavia, o afastamento não se dará por via de exceção, como ocorre com os juízes. A parte interessada deverá fazer a arguição em petição fundamentada e instruída, na primeira oportunidade em que tiver de falar no processo. O juiz mandará processar o incidente em separado e sem suspensão da causa, ouvindo o órgão do Ministério Público no prazo de cinco dias. Admite-se a produção de provas. Instruído o incidente, o juiz decidirá.

## 5. Funções

Nos processos judiciais o Ministério Público funciona como *parte* ou como *custos legis*, que significa "fiscal da lei".

No *processo penal* o Ministério Público sempre atua como *parte* nas *ações penais públicas*. Já, nas *ações penais exclusivamente priva-*

*das* o Ministério Público intervém em todos os atos; portanto, funciona como *fiscal da lei*.

Na esfera do *processo civil* o Ministério Público ora será considerado *parte*, ora *fiscal da lei*, e sua intervenção se justifica com a finalidade de assegurar a tutela de interesses públicos, e às vezes de interesses privados, em razão da natureza da questão ou de certa condição do interessado. Assim, o Ministério Público deve intervir: (a) nas *causas em que há interesse de incapazes* – portanto, em razão da condição do titular do interesse; (b) nas *causas concernentes ao estado da pessoa, pátrio poder, tutela, curatela, interdição, casamento, declaração de ausência e disposições de última vontade* – portanto, em razão do interesse público, e em alguns casos em razão da condição do titular do interesse juridicamente protegido; (c) em *todas as demais causas em que há interesse público evidenciado pela natureza da lide ou qualidade da parte* (art. 82 do CPC).

Observação importante é a de que se o Ministério funcionar como *parte* terá o prazo em quádruplo para contestar e em dobro para recorrer (art. 188 do CPC).

Vale notar que o próprio Código de Processo Civil prevê a intervenção do Ministério Público em outras situações, tais como: em conflito de competência; na declaração de inconstitucionalidade; no procedimento de uniformização de jurisprudência; nos processos de jurisdição voluntária; na ação de usucapião; etc. Ainda, diversas leis especiais – tais como a do Mandado de Segurança, a Lei de Alimentos, a Lei de Registros Públicos, a Lei de Recuperação de Empresas e Falências etc. – contemplam a intervenção do Ministério Público, embora tal intervenção possa ser considerada como enquadrada na hipótese prevista no inciso III do art. 82 do CPC, porquanto são casos em que se afigura evidente interesse público na questão.

No que tange ao *interesse público*, vale destacar que não é propriamente o interesse de pessoas jurídicas de direito público que legitima a atuação do Ministério Público, mas, sim, o interesse de ordem pública, qual seja, o relativo aos interesses básicos e fundamentais da sociedade.

O estatuto processual prevê que o Ministério Público, ao exercer o direito de ação, está sujeito aos mesmos poderes e ônus que as partes. Porém, vale frisar que não estará sujeito ao adiantamento das despesas processuais nem à condenação nessas despesas se for vencido no feito; nem mesmo arcará com a condenação em honorários advocatícios.

Na qualidade de *custos legis* o Ministério Público terá vista dos autos depois das partes, sendo intimado de todos os atos do processo, podendo juntar documentos e certidões, produzir prova em audiência e requerer medidas ou diligências necessárias ao descobrimento da verdade (art. 83 do CPC). Poderá ainda, como fiscal da lei, interpor recursos (art. 499, § 2º, do CPC).

Se não houver a intimação do Ministério Público para intervenção nos casos em que a lei a considere obrigatória, ocorrerá nulidade do processo. Todavia, merece ser observado que eventual intervenção posterior no feito pelo Ministério Público, com sua ratificação dos atos processuais já praticados, afastará o vício, fato que será admitido diante de eventual inexistência de prejuízo aos interesses que legitimam a intervenção ministerial e por questões de economia processual.

Por fim, dispõe o art. 85 do CPC que "o órgão do Ministério Público será civilmente responsável quando, no exercício de suas funções, proceder com dolo ou fraude". Vale ressaltar que a modalidade culposa é afastada, de modo que não haverá qualquer responsabilidade se agir com culpa. A responsabilidade decorre da má-fé em provocar prejuízo a terceiro e será pessoal, isto é, do próprio representante do Ministério Público que exerce a atividade. E, embora o Estado responda pelos prejuízos na forma objetiva, caberá a ação regressiva diante daquele que tenha praticado o dano.

### 6. Órgãos do Ministério Público

Cada Estado da Federação tem seu respectivo Ministério Público e apresenta os seguintes órgãos:

#### 6.1 Órgãos da administração superior

São *órgãos da administração superior do Ministério Público*: *Procuradoria-Geral da Justiça*; *Colégio de Procuradores*; *Conselho Superior do Ministério Público*; e *Corregedoria Geral do Ministério Público*.

O chefe administrativo da Instituição é o Procurador-Geral da Justiça, que no Estado de São Paulo deve ser integrante da carreira que esteja atuando na última instância – portanto, um procurador de justiça –, indicado numa lista tríplice por eleição realizada em toda a classe integrada pelos promotores e procuradores de justiça, submetida à escolha do Governador do Estado, que, então, nomeará um dos integrantes da lista tríplice apresentada, para um mandato de dois anos, permitida a recondução.

## 6.2 Órgãos de execução

São *órgãos de execução do Ministério Público*: *Procuradoria-Geral da Justiça*; *Procuradorias de Justiça*; e *Promotorias de Justiça*.

Vale consignar que o Ministério Público dos Estados é integrado pelos promotores de justiça que oficiam perante a Justiça Estadual de primeira instância e procuradores de justiça, que, por sua vez, atuam perante os tribunais estaduais – portanto, em segunda instância. A Instituição é chefiada pelo Procurador-Geral da Justiça.

Na União o Ministério Público Federal é integrado pelos Procuradores da República, que atuam perante juízes e tribunais federais, e tem como chefe da Instituição o Procurador-Geral da República, nomeado pelo Presidente da República dentre cidadãos maiores de 35 anos, integrantes da carreira, após aprovação do nome pela maioria absoluta dos membros do Senado Federal, para mandato de dois anos, permitida a recondução (art. 128, § 1º, da CF).

## 6.3 Órgãos auxiliares

São *órgãos auxiliares do Ministério Público*: *estagiários do Ministério Público*; *órgãos de apoio e comissão de concurso*.

## 7. Do inquérito civil

O Ministério Público, incumbido da defesa da ordem jurídica, do regime democrático e dos direitos sociais e individuais indisponíveis, tem procurado honrar tais funções outorgadas pela Carta Magna, numa atuação firme e dedicada em diversos segmentos, tais como, exemplificativamente: no âmbito das *relações de consumo*; na esfera do *direito urbanístico*, que, em resumo, envolve questões relacionadas a danos ao patrimônio público e, ainda, aos loteamentos irregulares e clandestinos; e no campo relacionado ao *meio ambiente*, cuja proteção é um dos princípios informadores da ordem econômica (art. 170, VI, da CF), e que também consagra a função social-ambiental da propriedade (art. 170, III, da CF), e tem à sua disposição um valioso instrumento na esfera de atuação civil, qual seja, o *inquérito civil*.

## 7.1 Conceito

O *inquérito civil* é procedimento investigatório de natureza inquisitorial que será instaurado para apuração de fato que, em tese, autorize o exercício da atuação ministerial na defesa de interesses coletivos ou difusos de qualquer natureza.

## 7.2 Atribuição para instauração

Será da Promotoria de Justiça da comarca em que o fato tenha ocorrido ou esteja prestes a se desencadear, de ofício pelo promotor de justiça ou mediante representação que preencha os requisitos legais. O Procurador-Geral da Justiça também pode instaurar o inquérito civil nas hipóteses legais de atribuição originária, podendo delegá-la a um dos membros da Instituição. Também haverá instauração por determinação do Procurador-Geral da Justiça nos casos de solução de conflito de atribuições entre promotores de justiça. Ainda, poderá ocorrer determinação de instauração pelo Conselho Superior do Ministério Público quando este der provimento a recurso interposto contra decisão que indeferiu representação para instauração do inquérito civil.

## 7.3 Prazo de conclusão

Quem preside o inquérito civil é o promotor de justiça, que tem o *prazo de 90 dias* para concluí-lo, prorrogável quando necessário, mediante motivação que será apreciada pelo Conselho Superior do Ministério Público.

## 7.4 Finalidade

O inquérito civil tem por *finalidade* a formação de peças de informação sobre fato que possa constituir objeto de futura ação civil pública. Portanto, os autos do inquérito civil servirão para instruir futura ação civil pública.

## 7.5 Arquivamento

Concluídas todas diligências, se o promotor de justiça formar convicção sobre a inexistência de fundamento para a proposita de ação civil pública, promoverá o arquivamento do inquérito civil ou das peças de informação, fundamentadamente, encaminhando os autos, no prazo de três dias, ao Conselho Superior do Ministério Público, sob pena de falta grave.

*7.6 Análise do Conselho Superior do Ministério Público*

Esse órgão da administração superior poderá homologar a promoção do arquivamento ou não confirmá-la, e comunicar ao Procurador-Geral de Justiça para designação de outro promotor de justiça para o ajuizamento da ação civil pública ou para o prosseguimento das investigações, se necessárias.

*7.7 Desarquivamento*

Após a homologação pelo Conselho Superior do Ministério Público sobre a promoção de arquivamento do inquérito civil somente poderão ocorrer novas investigações se houver notícia sobre novas provas.

**8. Ação civil pública**

Nos termos do que dispõe o art. 129, *caput* e inciso III, da CF, compete ao Ministério Público promover inquérito civil e *ação civil pública* para a proteção dos interesses difusos ou coletivos, de modo que essa é a sua finalidade.

O Ministério Público é legitimado para propor ação civil publica primordialmente, mas não ficam excluídos outros entes.

*8.1 Legitimação*

Conforme preceitua o art. 129, § 1º, da CF, cabe ao Ministério Público ingressar com ação civil pública, mas não fica excluída a legitimidade de terceiros.

*8.2 Previsão legal*

A ação civil pública está prevista na Lei 7.347/1985 (Lei da Ação Civil Pública) e na Lei 8.078/1990 (Código de Defesa do Consumidor).

### 8.3 Direito tutelado

O *meio ambiente*; os *direitos do consumidor*; *bens e direitos de valor artístico, histórico, estético, turístico, paisagístico*; a *ordem econômica*, a *ordem urbanística*, além de outros interesses difusos ou coletivos.

### 8.4 Legitimidade ativa

As leis que conferem fundamento à ação civil pública preveem um rol extenso de legitimados para sua propositura, merecendo destaque o disposto no art. 81 do CDC.

Assim, têm legitimidade para ingressar com a ação em juízo:

• O *Ministério Público* – ele pode atuar como parte (através do promotor de justiça) ou como *custos legis* (fiscal da Lei), consoante dispõe o art. 82 do CPC.

Vale frisar que parte da doutrina aceita a legitimação do Ministério Público para também atuar em defesa de *direitos individuais homogêneos* desde que os interesses, embora individuais, tenham reflexo social relevante e mereçam ser protegido.

• As *pessoas jurídicas de direito público* – União, Estados-membros, Municípios e Distrito Federal.

• *Entidades e órgãos da Administração direta ou indireta*, ainda que sem personalidade jurídica;

• *Associações legalmente constituídas há pelo menos um ano e que incluam entre seus objetivos institucionais a defesa dos interesses e direitos protegidos pelo Código de Defesa do Consumidor.*

Acrescente-se, ainda:

• As *autarquias, empresas públicas, fundações e sociedades de economia mista* (art. 5º da Lei 7.347/1985).

### 8.5 Legitimidade passiva

A ação civil pública pode ser proposta em face de *qualquer pessoa*, física ou jurídica, ou contra qualquer *entidade despersonalizada*.

### 8.6 Objeto

Essa ação tem por objeto obter a reparação do prejuízo causado de forma difusa ou coletiva, de modo que em regra buscam-se a condenação em dinheiro ou o cumprimento de uma obrigação de fazer ou, mesmo, de não fazer (como exemplo: deixar de emitir agentes poluentes no meio ambiente).

O montante em dinheiro resultante da condenação judicial será revertido para um fundo gerenciado por um conselho federal ou por conselhos estaduais, dependendo do agente causador do dano.

Esse fundo foi criado com o objetivo de reparar o prejuízo causado, e será fiscalizado pelo Ministério Público.

A ação civil pública independe do pagamento, por parte do requerente, de custas ou honorários periciais, salvo comprovada má-fé na utilização da máquina judiciária.

## 8.7 Coisa julgada

A eficácia da *coisa julgada* apresentará aspectos diversos, dependendo do direito objeto de tutela jurisdicional, a saber:

• *Direitos difusos* – a eficácia da decisão judicial definitiva será *erga omnes*, ou seja, produz efeitos para todos, de modo amplo e geral, salvo se o pedido for julgado improcedente diante da insuficiência de provas, situação que permitirá a repropositura da ação pelos legitimados (art. 103, I, do CDC).

• *Direitos coletivos* – a decisão judicial definitiva produz efeitos *ultra partes*, ou seja, além das partes indicadas na relação processual, porém limitados ao grupo ou pessoas que pertençam a determinada categoria ou classe (exemplo: os aeroviários). Também, caso seja improcedente o pedido, por insuficiência de provas, a ação poderá ser reproposta por legitimados.

• *Direitos individuais homogêneos* – os efeitos da decisão judicial definitiva são *erga omnes*, além das partes envolvidas na relação processual, porém limitados aos interessados e apenas *no caso de procedência* do pedido, com a finalidade de também beneficiar os demais interessados na questão material objeto daquela decisão judicial. Como exemplo: efeitos expansivos para atingir as demais vítimas do ato ou seus sucessores. No caso de improcedência do pedido os interessados que não participaram da demanda, na condição de litisconsortes, poderão exercer o direito de ação individualmente. Entenda-se: aquele que não participou como litisconsorte na ação improcedente quanto ao mérito poderá propor a demanda individualmente.

Sobre o tema *coisa julgada nas ações coletivas* importa anotar que nosso ordenamento jurídico infraconstitucional criou como regra a coisa julgada *erga omnes* para os casos de: ação popular, Lei 4.717/1965; ação civil pública, Lei 7.347/1985; e Código de Defesa do Consumidor, Lei 8.078/1990. Esse instituto processual *coisa julgada* **erga omnes** amplia os limites subjetivos do pronunciamento jurisdicional de mérito, para alcançar outras pessoas além daquelas envolvidas na relação jurídica processual. Anote-se, no que diz respeito à ação popular, que, procedente o pedido, fará coisa julgada *erga omnes* – portanto, alcançará tanto as partes da demanda como também os demais membros de toda a coletividade. Caso a pretensão seja julgada improcedente na ação popular, em virtude de insuficiência de provas, não haverá o efeito expansivo da autoridade da coisa julgada, de modo que qualquer cidadão poderá propor idêntica ação em juízo, se fundada em nova prova; o que também se admite ao que propôs a primeira demanda, inclusive.

Para a *ação civil pública* temos, na essência, o mesmo sistema da coisa julgada então destacado para a ação popular.

Os *direitos difusos* que envolvem as ações de caráter coletivo podem ser definidos como sendo interesses transindividuais, de natureza indivisível, cujos titulares são pessoas indeterminadas e indetermináveis, vinculadas por circunstâncias de fato. E como exemplo temos que a proteção ambiental de uma floresta ou de uma orla marítima é de natureza difusa – portanto, de um número indeterminado de pessoas e pessoas indeterminadas. Nestas ações que envolvem interesses difusos a coisa julgada ocorre na modalidade *erga omnes*, atingindo toda coletividade, salvo no caso de improcedência do pedido por insuficiência de provas, hipótese em que qualquer legitimado poderá intentar nova ação com o mesmo fundamento e propósito.

Já, como *direitos coletivos* em sentido estrito, também simplesmente denominados *direitos coletivos*, temos também o caráter transindividual indivisível, cujos titulares são pessoas indeterminadas porém determináveis, em virtude de pertencerem a um mesmo grupo, categoria ou classe de pessoas, então unidas em virtude de idêntica relação jurídica material (exemplo: os aeroviários). Aqui, nas ações coletivas destinadas à proteção de interesses coletivos em sentido estrito, a coisa julgada forma-se na modalidade *ultra partes*, atingindo todos aqueles que estão vinculados àquela categoria ou grupo de pessoas, limitando-se a elas. Quando a sentença julgar improcedente o pedido, por insuficiência de provas, também não se formará a coisa julgada material, permitindo-se a repropositura da demanda. Se procedente o pedido, haverá a expansão dos efeitos do pronunciamento de mérito para toda a categoria ou grupo de pessoas (exemplo: ação envolvendo direitos dos aeroviários).

Por sua vez, nas ações coletivas destinadas à proteção de *interesses individuais homogêneos*, aqueles decorrentes de causa e origem comuns – como os que envolvem as vítimas de acidente em transporte aéreo –, a coisa julgada se forma *erga omnes* quando a sentença for procedente, beneficiando todos os titulares de interesses individuais comuns e seus sucessores, desde que não estejam envolvidos em ações singulares. Aqui também importa o destaque no sentido de que nas demandas destinadas à proteção de interesses individuais homogêneos a sentença de improcedência do pedido não impedirá que terceiros interessados, que não tenham sido parte na relação processual definida, ajuízem demandas individuais para tutela judicial de seus respectivos interesses.

Em suma, o que distingue a *coisa julgada contemplada ao nível constitucional* e o instituto da *coisa julgada definido na legislação processual ordinária para as ações coletivas* é a formação da coisa julgada *secundum eventum litis*, ou seja, a eficácia da coisa julgada *erga omnes*, normalmente para beneficiar, e não prejudicar, interessados comuns.

Por oportuno, vale destacar o que afirma Humberto Theodoro Jr.: "No campo do interesse transindividual, o sistema observado pela legislação é, em regra, o da coisa julgada *erga omnes*, atingindo não só as partes ativa e passiva do processo, como outras entidades que teriam igual legitimidade para a demanda. Se, por exemplo, uma associação de defesa dos consumidores decair da pretensão coletiva, não poderá o Ministério Público reiterar a mesma ação. Existe, porém, uma exceção legal: não prevalecerá a coisa julgada, nem *erga omnes* nem para a própria entidade autora, se a ação coletiva for julgada improcedente por deficiência de prova (Lei 4.717, de 29.6.1965, art. 18; Lei 7.347, de 24.7.1985, art. 16; Lei 7.853, de 24.10.1989, art. 4º). Em ocorrendo esta última hipótese – ação julgada desfavoravelmente ao autor por falta de prova suficiente –, qualquer legitimado poderá intentar outra ação coletiva com idêntico fundamento, valendo-se de 'nova prova', como ressalvam os dispositivos legais acima apontados. Caso contrário a improcedência da ação coletiva intentada por um legitimado inibe outros legitimados de propor ação igual, embora não tenham figurado como sujeitos do processo extinto".[1]

1. Humberto Theodoro Jr., *Curso de Direito Processual Civil*, 39ª ed., vol. 1, Rio de Janeiro, Forense, p. 493.

Com isso, é importante fixar o entendimento de que os particulares sempre se beneficiam das vantagens advindas dos pronunciamentos jurisdicionais de mérito das ações coletivas quando procedentes, e desde que não tenham dado prosseguimento à demanda individual. Já, a sentença de improcedência do pedido proferida nas ações coletivas operará a coisa julgada no âmbito da ação coletiva, impedindo que outros legitimados ingressem com ação coletiva idêntica se o pronunciamento de mérito não tenha como fundamento a insuficiência de provas mas, sim, a inexistência do direito material postulado. Entretanto, tal situação não impede a propositura de uma ação de interesse individual relacionado à mesma causa de pedir daquela ação coletiva.

Por derradeiro, não é demais anotar que, como bem observa Ada Pellegrini Grinover, a coisa julgada desfavorável estará limitada às pessoas legitimadas às ações coletivas, "deixando a salvo apenas os particulares, em suas relações intersubjetivas pessoais, os quais (nas ações individuais) alcançarão uma coisa julgada normalmente restrita às partes".[2]

---

2. Ada Pellegrini Grinover, *Da Coisa Julgada no Código de Defesa do Consumidor*, vol. I, 1991, p. 396.

*Capítulo VI*
## *DO ADVOGADO*

*1. Conceito. 2. Natureza jurídica da Advocacia. 3. Capacidade postulatória. 4. Poderes conferidos no instrumento de mandato. 5. Deveres e direitos do advogado: 5.1 Deveres – 5.2 Direitos. 6. Substituição dos procuradores. 7. Considerações finais.*

A denominação "advogado" é privativa dos inscritos na Ordem dos Advogados do Brasil/OAB.

### *1. Conceito*

*Advogado* é o profissional legalmente habilitado a orientar, aconselhar e representar seus clientes, bem como a defender-lhes os direitos e interesses em juízo ou fora dele.

Assim, a Advocacia compreende, além da representação em qualquer juízo ou tribunal, o procuratório extrajudicial, como também os trabalhos jurídicos de consultoria e assessoria e as funções de diretoria jurídica.

O art. 2º do Código de Ética e Disciplina da OAB define o advogado e sua atividade do seguinte modo: "O advogado, indispensável à administração da Justiça, é defensor do Estado Democrático de Direito, da cidadania, da moralidade pública, da justiça e da paz social, subordinando a atividade do seu ministério privado à elevada função pública que exerce".

### *2. Natureza jurídica da Advocacia*

O advogado presta serviço público, constituindo, com os juízes e membros do Ministério Público, *elemento indispensável à administração da justiça*.

A Constituição situa a Advocacia entre as *funções essenciais à justiça*, ao lado do Ministério Público e da Defensoria Pública (arts. 127 a 135).

Podemos afirmar, então, que a *natureza jurídica* da Advocacia é o *exercício privado de função pública*.

### 3. Capacidade postulatória

Como visto em capítulo anterior, as partes precisam fazer-se representar em juízo por quem detenha a *capacidade postulatória*, a qual compete exclusivamente aos advogados habilitados. Excepcionalmente tal exigência será dispensada nas seguintes hipóteses: (a) se a parte tiver habilitação legal, poderá atuar em causa própria (art. 36 do CPC); (b) no caso de falta de advogado legalmente habilitado na comarca ou recusa ou impedimento dos que houver (art. 36 do CPC); (c) nos Juizados Especiais Cíveis e Criminais (Lei 9.099/1995); (d) na Justiça do Trabalho, para a reclamatória; (e) para impetração de *habeas corpus*; (f) em habilitação de crédito em ação falimentar; (g) para propositura de ação de alimentos.

A prova da capacidade postulatória faz-se com a juntada aos autos da procuração, ou seja, do instrumento de mandato, que poderá ser formalizado por instrumento público ou particular. Se a parte for menor absolutamente incapaz admite-se a outorga do mandato por instrumento particular, vez que seu representante legal responde totalmente pelos atos que praticar em nome do representado. Divergências existem em relação ao menor relativamente incapaz, porém vem sendo consagrado o entendimento no sentido de que, assistido por seu representante legal, será válido o mandato outorgado por instrumento particular. Já, o analfabeto apenas poderá outorgar mandato por instrumento público. Tem-se, de modo geral, que o mandato outorgado por instrumento público admite o substabelecimento por instrumento particular, consoante dispõe o art. 655 do CC. Assim, o outorgado que recebeu os poderes consignados no mandato poderá transferi-los, ou seja, substabelecer tais poderes, a outrem que tenha capacidade técnica, devidamente habilitado. Tal substabelecimento, por sua vez, poderá se dar com ou sem reserva de poderes. Na primeira situação – qual seja, com reserva de poderes – deverá o advogado ajustar antecipadamente seus honorários com o advogado substabelecente. A segunda hipótese – substabelecimento do mandato sem reserva de poderes – exige o prévio e inequívoco conhecimento do cliente (art. 24 e §§ do Código de Ética e Disciplina da OAB).

Ainda, como salientado em capítulo anterior concernente aos pressupostos processuais, merece destaque que a *capacidade postulatória* é pressuposto processual de existência da relação jurídica processual. Apenas a fim de evitar decadência ou prescrição ou em casos urgentes poderá o advogado atuar no processo protestando pela posterior juntada do instrumento de mandato, tendo o prazo de 15 dias para tanto, prorrogáveis por mais 15, mediante despacho do juiz, conforme o art. 37 do CPC. Vale notar que o parágrafo único do mencionado art. 37 do CPC estabelece que "os atos, não ratificados no prazo, serão havidos por inexistentes, respondendo o advogado por despesas e perdas e danos".

## 4. Poderes conferidos no instrumento de mandato

Nos termos do art. 38 do estatuto processual civil, os *poderes gerais para o foro* outorgados no instrumento de mandato não autorizam ao advogado a prática dos seguintes atos: "receber citação inicial, confessar, reconhecer a procedência do pedido, transigir, desistir, renunciar ao direito sobre que se funda a ação, receber, dar quitação e firmar compromisso" – hipóteses em que se exigem poderes específicos e expressos no próprio instrumento. Nesse mesmo sentido, podemos destacar outros atos processuais que também exigem poderes especiais expressos do advogado. Como exemplos: para prestar primeiras e últimas declarações em ação de inventário; para proceder ao levantamento de importâncias em dinheiro em nome do acidentado nas ações de acidente de trabalho.

Requisito indispensável para a validade do instrumento de mandato particular é a assinatura do outorgante, sendo dispensada a firma reconhecida.

É possível a outorga de poderes para mais de um advogado no mesmo instrumento. Se não houver referência expressa de que poderão atuar em conjunto ou separadamente, presume-se que a atuação dos advogados se dê conforme a ordem de nomeação.

"Concluída a causa ou arquivado o processo, presumem-se o cumprimento e a cessação do mandato" – nos termos do art. 10 do Código de Ética e Disciplina da OAB.

## 5. Deveres e direitos do advogado

Estão contemplados no Estatuto da OAB – Lei 8.906/1994 – e no Código de Processo Civil.

### 5.1 Deveres

Inicialmente, no concernente à *ética profissional*, temos o disposto no art. 2º, parágrafo único, incisos e alíneas, do *Código de Ética e Disciplina da OAB*, podendo, em síntese, ser definido como *dever de exercer a profissão com zelo e probidade, honrando-a e agindo sempre com boa-fé e honestidade*.

Outros deveres, também extraídos do aludido *Código de Ética e Disciplina da OAB*, assim podem ser classificados: (a) defender a ordem jurídica e pugnar pela boa aplicação das leis e rápida administração da justiça e contribuir para o aperfeiçoamento das instituições jurídicas; pugnar pela solução dos problemas da cidadania e pela efetivação dos seus direitos individuais, coletivos e difusos, no âmbito da comunidade (art. 2º, IX, do Código de Ética); (b) observar os preceitos do Código de Ética Profissional também no que tange às relações com o cliente, destacando-se, em linhas gerais, que o advogado não deverá abandonar os feitos em que atua sem motivo justo e comprovada ciência do constituinte e, ainda, não deve aceitar procuração de quem já tenha patrono constituído, sem prévio conhecimento deste, salvo por motivo justo ou para adoção de medidas judiciais urgentes e inadiáveis (arts. 11 e 12 do Código de Ética); (c) guardar o sigilo profissional (arts. 25 a 27 do Código de Ética); (d) recusar o patrocínio de causa que considere contrária à ética, à moral ou ilícita, salvo a defesa em processo criminal (arts. 20 e 21 do Código de Ética); (e) no que diz respeito aos *honorários profissionais*, devem ser previstos em contrato escrito, contendo todas as especificações e forma de pagamento, inclusive no caso de acordo. Mais: os honorários da sucumbência fixados pelo juiz não excluem os contratados, salvo previsão contratual em contrário (art. 35 e §§ do Código de Ética).

Acrescentem-se os deveres dos advogados previstos na *lei processual*:

• Declarar na petição inicial ou na contestação o endereço em que receberá intimações e comunicar ao escrivão qualquer mudança de endereço. Considera-se suprida tal exigência pela indicação impressa na peça em que for redigida. Se o autor não cumprir tal exigência, o juiz, antes de determinar a citação do réu, mandará que se supra a omissão no prazo de 48 horas, sob pena de indeferimento da petição inicial. No caso da falta de comunicação sobre a alteração do endereço reputam--se válidas as intimações enviadas, em carta registrada, para o endereço constante dos autos (art. 39 e parágrafo único do CPC).

• Dever de devolver os autos retirados do cartório, observando-se os prazos legais. Se não o fizer, o juiz, independentemente de requerimento da outra parte, mandará riscar o que neles houver escrito o advogado e desentranhar as alegações e documentos que apresentar, com apoio no que dispõe o art. 195 do CPC. Embora o dispositivo legal não mencione expressamente, há quem entenda que tal sanção processual, aplicável pelo juiz, não poderá ser adotada sem prévia intimação do advogado para a devolução dos autos cujo prazo tenha excedido. Tal afirmativa ou condição tem cabimento não apenas porque referida sanção processual não pode prejudicar a parte, diante da falta de seu advogado, mas principalmente em razão de uma interpretação lógico-sistemática dos dispositivos legais que compõem o capítulo previsto no estatuto processual denominado "Dos Prazos" e sua Seção II, "Da Verificação dos Prazos e das Penalidades", no qual geograficamente apresenta-se o dispositivo legal em tela, porquanto eventual motivo legítimo afasta a aplicação de penalidades e o dispositivo seguinte – qual seja, o art. 196 do CPC – prevê a intimação pessoal do advogado para devolução dos autos em cartório em 24 horas, sob pena de perder o direito de vista fora de cartório e incorrer em multa, correspondente à metade do salário-mínimo. Na essência, a penalidade contemplada no último dispositivo legal enfocado é que tem natureza processual direcionada ao advogado, atingindo-o, no exercício de sua função, através da perda do direito de vista dos autos fora do cartório, sem prejuízo do direito de ampla defesa, que pertence à parte. No pertinente à multa prevista no referido art. 196 do CPC, só a OAB pode aplicá-la, nos termos do que se extrai do parágrafo único do aludido dispositivo legal, a saber: "Parágrafo único. Apurada a falta, o juiz comunicará o fato à seção local da Ordem dos Advogados do Brasil, para o procedimento disciplinar e imposição da multa".

• Outro dever, tanto das partes como de seus advogados, é o de atender ao princípio da legalidade ou probidade (art. 14 e incisos do CPC). Ao advogado impõe-se, ainda, o dever de não empregar expressões injuriosas nos escritos apresentados no processo, cabendo ao juiz, de ofício ou mediante requerimento do ofendido, mandar riscá-las. Se as expressões forem proferidas em manifestação oral, o juiz advertirá o advogado para que não as utilize, sob pena de lhe ser cassada a palavra (art. 15 e parágrafo único do CPC).

## 5.2 Direitos

Inicialmente destacamos, resumidamente, os direitos contemplados ao advogado no art. 7º, I a XX, da Lei 8.906/1994 (Estatuto da OAB), quais sejam: (a) exercer com liberdade a profissão em todo o território nacional, na defesa dos direitos ou interesses que lhe forem confiados; (b) fazer respeitar, em nome da liberdade e do sigilo profissional, a inviolabilidade do seu domicílio, escritório e arquivos; (c) comunicar-se pessoal e reservadamente com os clientes, ainda quando presos ou detidos; (d) ter a presença de representante da OAB quando preso em flagrante por motivo ligado ao exercício da Advocacia, e nos demais casos direito a comunicação expressa à Seccional da OAB; (e) não ser recolhido preso antes de sentença transitada em julgado senão em prisão especial domiciliar; (f) ingressar livremente nos locais indicados nas alíneas "a" a "d" do inciso VI do art. 7º da Lei 8.906/1994; (g) permanecer sentado ou em pé nos referidos locais independentemente de licença; (h) dirigir-se diretamente aos magistrados nas salas e gabinetes de trabalho, independentemente de horário previamente marcado ou outra condição, observando-se a ordem de chegada; (i) sustentar oralmente as razões de qualquer recurso ou processo nas sessões de julgamento, após o voto do relator, em instância judicial ou administrativa, pelo prazo de 15 minutos, salvo se prazo maior for concedido; (j) usar da palavra, *pela ordem*, em qualquer juízo ou tribunal, mediante intervenção sumária, para esclarecer equívoco ou dúvida surgida, ou mesmo para replicar censura que lhe fora feita; (k) reclamar, verbalmente ou por escrito, perante qualquer juízo, tribunal ou autoridade, contra a inobservância de preceito de lei, regulamento ou regimento; (l) falar sentado ou em pé perante qualquer autoridade dos Poderes Públicos; (m) examinar, em qualquer órgão dos Poderes Públicos, autos de processos findos ou em andamento, mesmo sem procuração, quando não estejam sujeitos a sigilo, com direito à obtenção de cópias ou a tomar apontamentos; (n) examinar em qualquer repartição policial, mesmo sem procuração, autos de flagrante e de inquérito, findos ou em andamento, ainda que conclusos à autoridade, podendo copiar peças e tomar apontamentos; (o) ter vista dos processos judiciais ou administrativos, em cartório ou na repartição competente, ou retirá-los pelos prazos legais. Impede-se a retirada dos autos nos casos de segredo de justiça ou se existirem no feito documentos originais de difícil restauração; (p) retirar autos de processos findos, mesmo sem procuração, pelo prazo de 10 dias, salvo nos feitos em segredo de justiça ou diante da existência de documentos originais de difícil restauração; (q) ser publicamente desagravado quando ofendido no exercício da profissão ou em razão dela; (r) usar dos símbolos privativos da profissão de advogado; (s) recusar-se a depor como testemunha em processo no qual funcionou ou deva funcionar, mesmo quando autorizado ou solicitado pelo constituinte, bem como sobre fato que constitua sigilo profissional; (t) retirar-se do recinto onde se encontre aguardando pregão para ato judicial após 30 minutos do horário designado e ao qual ainda não tenha comparecido a autoridade que deva presidi-lo, mediante comunicação protocolizada em juízo.

### 5.2.1 Direitos do advogado previstos no estatuto processual (art. 40 do CPC)

Dispõe o art. 40 do CPC: "Art. 40. O advogado tem direito de: *I – examinar, em cartório de justiça e secretaria de tribunal, autos de qualquer processo, salvo o disposto no art. 155* [segredo de justiça]". Considerando o que dispõe o inciso I do mencionado art. 40 do CPC, temos como ilegais as portarias judiciais que proíbem ao advogado sem procuração ter vista dos autos em cartório – ressalvando-se, evidentemente, os casos que tramitam em segredo de justiça. Vale notar que somente para retirar os autos do cartório é que a norma processual exige que o advogado seja procurador constituído de alguma das partes (art. 40, II, do CPC).

*"(...) II – requerer, como procurador, vista dos autos de qualquer processo pelo prazo de 5 (cinco) dias.*" Nesta situação – vista dos autos fora de cartório – exige-se procuração conferida ao advogado.

*"(...) III – retirar os autos do cartório ou secretaria, pelo prazo legal, sempre que lhe competir falar neles por determinação do juiz, nos casos previstos em lei.*" Trata-se do direito de vista para falar nos autos, que apenas sofre restrição, não podendo ser exercido com plenitude, nos casos de prazo comum às partes, hipótese em que somente em conjunto ou mediante prévio ajuste por petição nos autos poderão seus procuradores retirar os autos (art. 40, § 2º, do CPC).

Vale lembrar que no caso de autos findos, como já salientado anteriormente, o advogado tem direito de vista fora do cartório mesmo sem procuração.

Anote-se: na verdade, o direito de consultar os autos de processo é inerente ao próprio exercício da profissão, ressalvando-se apenas os casos que tramitam em juízo em segredo de justiça. Já, a retirada dos autos que estão em tramitação depende da existência de instrumento de mandato outorgado por qualquer das partes.

### 6. Substituição dos procuradores

Quatro fatores poderão ensejar a *substituição do advogado* que atua nos autos, quais sejam:

• *Morte do advogado* – se falecer o procurador de qualquer das partes, o juiz determinará a suspensão do processo e concederá o prazo de 20 dias para que a parte constitua novo mandatário. Transcorrido esse prazo sem que a parte regularize a capacidade postulatória, nomeando outro procurador, o juiz aplicará a consequência processual, que poderá ser: (a) extinção do processo sem julgamento do mérito, se a inércia for do autor; ou (b) mandará prosseguir o feito, decretando a revelia do réu, de modo que este não mais será intimado sobre os atos processuais subsequentes, porém poderá a qualquer tempo constituir novo procurador nos autos, hipótese em que o juiz afastará a revelia.

• *Suspensão ou perda da habilitação técnica do advogado, em face de sanção administrativa aplicada pela OAB* – nessa hipótese o juiz determinará a intimação pessoal da parte para que, no prazo por ele fixado, constitua novo mandatário, regularizando a capacidade postulatória nos autos. Caso contrário aplicará as consequências processuais supraindicadas. Vale reproduzir o que dispõe o art. 42 do Estatuto da OAB (Lei 8.906/1994): "Fica impedido de exercer o mandato o profissional a quem forem aplicadas as sanções disciplinares de suspensão ou exclusão" – hipótese que poderíamos denominar de *revogação-sanção* do mandato outorgado pela parte ou, ainda, *revogação imposta* ou *forçada*.

• *Revogação, expressa ou tácita, feita pela parte que conferiu o mandato a seu procurador* – será *revogação expressa* quando a parte apresentar nos autos novo instrumento de mandato, constituindo outro procurador; será *tácita* quando a parte praticar ato processual que contrarie orientação de seu procurador – como no caso em que a parte aceita transação e seu advogado se manifesta de modo contrário a ela.

• *Renúncia ao mandato* – a renúncia feita pelo procurador constituído deve ser expressa e levada a efeito por qualquer meio de cientificação ao mandante, a fim de que este nomeie substituto. Durante os 10 dias seguintes à cientificação da renúncia o advogado renunciante continuará a representar o mandante, para lhe evitar prejuízo (art. 45 do CPC).

## 7. *Considerações finais*

Em considerações finais sobre o capítulo em questão, relacionado ao *advogado*, merece destaque o que estabelece o art. 3º do Código de Ética e Disciplina da OAB, a saber: "Art. 3º. O advogado deve ter consciência de que o Direito é um meio de mitigar as desigualdades para o encontro de soluções justas e que a lei é um instrumento para garantir a igualdade a todos".

*Capítulo VII*
# PRÁTICA PROCESSUAL

**I – MODELOS DE PEÇAS PROCESSUAIS EM FASE POSTU-LATÓRIA:** *1. Petição inicial em ação de conhecimento de rito comum ordinário: "ação de cobrança". 2. Petição inicial em ação de conhecimento de rito comum ordinário: "ação investigatória de paternidade". 3. Petição inicial em ação de conhecimento de rito comum sumário: "ação de reparação de danos causados em colisão de veículos". 4. Contestação em ação de conhecimento de rito comum ordinário. 5. Reconvenção. 6. Exceção de incompetência do juízo. 7. Petição inicial em ação de execução de título extrajudicial cambial. 8. Embargos à execução. 9. Petição inicial em ação cautelar (medida pretendida: "produção antecipada de provas").* **II – MODELOS DE PEÇAS PROCESSUAIS EM FASE RECURSAL:** *1. Agravo retido. 2. Agravo de instrumento. 3. Embargos de declaração contra sentença. 4. Embargos de declaração contra acórdão. 5. Apelação. 6. Embargos infringentes. 7. Recurso especial. 8. Recurso extraordinário.*

## I – MODELOS DE PEÇAS PROCESSUAIS EM FASE POSTULATÓRIA

### 1. Petição inicial em ação de conhecimento de rito comum ordinário: "ação de cobrança"

```
EXMO. SR. DR. JUIZ DE DIREITO DA... VARA CÍVEL
         DA COMARCA DE SUZANO


   TÍCIO FERNANDES, brasileiro, casado, mecânico,
domiciliado na Comarca de São Paulo, onde reside na
Rua dos Pinheiros, n. 40, bairro de Pinheiros, nesta
Capital, através de seu advogado e procurador que esta
subscreve (instrumento de mandato anexo – doc. 01),
```

vem propor a presente AÇÃO DE COBRANÇA, sob o procedimento comum ordinário, com fundamento nos arts. 282 e ss. do Código de Processo Civil e arts. 389 e ss. do Código Civil, em face de MÉVIO MERCÚRIO, brasileiro, casado, engenheiro, domiciliado na Comarca de Suzano, onde reside na Rua Joaquinas, n. 11, Vila Bela, pelas razões de fato e de direito a seguir articuladas:

**DOS FATOS**

**1.** O requerente é credor do requerido na importância de R$ 3.200,00 (três mil e duzentos Reais), representada por documento particular de prestação de serviços firmado em um impresso de orçamento (doc. 02).

**2.** O referido valor decorre de prestação de serviços mecânicos então realizados pelo requerente no automóvel marca GM-Vectra, placas EAC-1704, de propriedade do requerido e que por ele foi contratada verbalmente.

**3.** A prestação de serviços foi concretizada no dia 15.12.2010, nos termos do que foi convencionado, porém não houve o correspondente pagamento do valor estipulado para mão de obra e peças que foram substituídas no destacado automóvel.

**4.** Apesar de interpelado pelo requerente, o requerido vem se recusando ao cumprimento de sua obrigação de pagar pelos serviços prestados, de modo que não resta outra alternativa ao requerente senão valer-se desta via judicial.

**DO DIREITO**

**5.** Nos termos de nosso ordenamento jurídico material (art. 594 do Código Civil), "toda a espécie de serviço ou trabalho lícito, material ou imaterial, pode ser contratada mediante retribuição", de modo que o prestador de serviço tem o direito de receber o valor estipulado, após a efetivação da correspondente prestação, como no caso vertente, sob pena de o tomador de serviço obter uma vantagem ilícita ou enriquecimento indevido.

**6.** Vale acrescentar que, "não cumprida a obrigação, responde o devedor por perdas e danos, mais juros e atualização monetária segundo índices oficiais regularmente estabelecidos, e honorários de advogado", nos termos do que dispõe expressamente o art. 389 do Código Civil.

**7.** Por oportuno e semelhança, merece destaque o entendimento jurisprudencial já consolidado no sentido de que: "[... *jurisprudência*...]".

### DO PEDIDO

Diante do exposto, o autor REQUER o recebimento e processamento da presente ação de cobrança e:

*(a)* a citação do requerido por mandado, a ser cumprido pelo oficial de justiça, com os benefícios previstos no art. 172, § 2º, do Código de Processo Civil, para que o requerido, querendo, ofereça contestação no prazo legal de 15 (quinze) dias, sob pena de incidirem os efeitos da revelia; e

*(b)* a procedência do pedido, para que o requerido seja condenado ao pagamento da importância de R$ 3.200,00 (três mil e duzentos Reais), relativa aos serviços prestados, em favor do requerente, e acrescida de juros de mora e atualização monetária até a data do cumprimento efetivo da obrigação, mais custas, despesas processuais e honorários advocatícios, nos termos do art. 20 e §§ do Código de Processo Civil.

### DAS PROVAS

O autor pretende provar a verdade de todos os fatos alegados, protestando por todos os meios de prova em Direito admitidos, especialmente pelo depoimento pessoal do requerido, que para tanto deverá ser pessoalmente intimado, com as advertências sobre a pena de *confesso*; perícias; documentos e testemunhas, cujo rol será oportunamente apresentado em cartório.

**VALOR**

Dá à causa o valor de R$ 3.200,00 (três mil e duzentos Reais), para os devidos efeitos processuais.

Nestes termos, D. R. e A. esta, com os documentos que a acompanham,

Pede deferimento.

São Paulo,... de... de....

_____
OAB/SP n....

2. **Petição inicial em ação de conhecimento de rito comum ordinário: "ação investigatória de paternidade"**

EXMO. SR. DR. JUIZ DE DIREITO DA... VARA DA FAMÍLIA E DAS SUCESSÕES DA COMARCA DE SÃO PAULO

TÍCIO MERIVA, brasileiro, menor impúbere, nascido aos 24.10.2010, conforme assento de nascimento lavrado no 3º Cartório de Registro Civil (doc. 01), representado civilmente por sua genitora, Jabaquara Meriva, brasileira, solteira, empregada doméstica, residente e domiciliada nesta Capital, na Rua dos Financeiros, n. 37, Jardim Primavera, através de seu advogado e procurador que esta subscreve, com escritório na Rua do Oratório, n. 20, Vila Prudente, São Paulo, onde receberá intimações (instrumento de mandato anexo - doc. 02), vem propor a presente AÇÃO INVESTIGATÓRIA DE PATERNIDADE, sob procedimento comum ordinário, com apoio nos arts. 282 e ss. do Código de Processo Civil e 1.596 e ss. do Código Civil, em face de MÉVIO MERCÚRIO, brasileiro, casado, engenheiro, residente e domiciliado nesta Capital, na Rua Egídio Martins, n. 82B, Sapopemba, pelas razões de fato e fundamentos jurídicos a seguir aduzidos:

## DOS FATOS

A genitora do requerente conheceu o requerido em meados de 2009, ocasião em que iniciaram namoro, passando a manter relacionamento sexual frequente.

No período de namoro a representante legal do requerente era plenamente fiel ao requerido, e somente com ele se relacionava sexualmente.

Surgiu a gravidez no início do ano de 2010, e o requerido, ciente dessa situação, permaneceu em namoro com a genitora do requerente, porém a abandonou imediatamente após o nascimento de Tício, que ocorreu no dia 24.10.2010, conforme certidão anexa (doc. 01), deixando-o de reconhecê-lo como filho legítimo.

Referida situação perdura até o presente momento, de modo que não há outra alternativa senão a utilização das vias judiciais adequadas para que se estabeleça a declaração de paternidade.

## DO DIREITO

A Constituição Federal de 1988 prevê, em seu art. 227, § 6º, que: "Os filhos, havidos ou não da relação do casamento, ou por adoção, terão os mesmos direitos e qualificações, proibidas quaisquer designações discriminatórias relativas à filiação".

Nesse mesmo teor apresenta-se a normatização infraconstitucional, precisamente o texto do art. 1.596 do Código Civil.

Por oportuno, a Lei 8.560, de 29.12.1992, disciplina a investigação de paternidade dos filhos havidos fora do casamento e dá outras providencias, a saber: "Art. 5º. No registro de nascimento não se fará qualquer referência à natureza da filiação, à sua origem em relação a outros irmãos do mesmo prenome, (...)"; "Art. 6º. Das certidões de nascimento não constarão indícios de a concepção haver sido decorrente de relação extraconjugal".

Com isso, nada impede que o filho havido em relação extraconjugal seja devidamente reconhecido quanto à paternidade.

**DO PEDIDO**

Diante do exposto, REQUER:

*(a)* a concessão dos benefícios da justiça gratuita, em virtude da pobreza do requerente e de sua representante legal, no exato sentido jurídico do termo, aplicando-se, para tanto, a Lei 1.060/1950, principalmente o disposto no art. 5º, § 5º, e no art. 16, parágrafo único;

*(b)* a citação pessoal do requerido, por mandado e com os benefícios previstos no art. 172, § 2º, do Código de Processo Civil, para que, querendo, ofereça contestação no prazo legal;

*(c)* a intimação do órgão do Ministério Público para acompanhamento do feito na qualidade de *custos legis*;

*(d)* a procedência do pedido de investigação de paternidade, com a declaração de que o requerido é pai do requerente, e consequente determinação para a devida averbação no termo e no assento de nascimento do requerente junto ao competente cartório de registro civil, averbando-se também os nomes dos avós paternos, com o acréscimo do patronímico do requerido ao do requerente;

*(e)* a condenação do requerido ao pagamento das custas, honorários advocatícios e demais cominações legais.

O requerente protesta por todos os meios de prova em Direito admitidos, especialmente pelo depoimento pessoal do requerido, pela prova documental, testemunhal e pericial, com realização dos exames hematológicos.

Dá a causa o valor de R$ 2.000,00 (dois mil Reais), para efeitos processuais.

Nestes termos, aguarda o devido processamento e Pede deferimento.

São Paulo,... de... de...

OAB/SP n....

## 3. Petição inicial em ação de conhecimento de rito comum sumário: "ação de reparação de danos causados em colisão de veículos"

EXMO. SR. DR. JUIZ DE DIREITO DA... VARA CÍVEL DA COMARCA DE SANTA FÉ DO SUL

TÍCIO FERNANDES, brasileiro, casado, comerciante, residente e domiciliado na Avenida Um, n. 23, bairro das Flores, na comarca de Santa Fé do Sul, através de seu advogado e procurador que esta subscreve, com escritório na Rua Nobil n. 10, bairro das Flores, Santa Fé do Sul, onde receberá intimações (instrumento de mandado anexo, doc. 01), vem propor a presente AÇÃO DE REPARAÇÃO DE DANOS CAUSADOS EM ACIDENTE DE VEÍCULOS, sob procedimento comum sumário, com fundamento no art. 275, II, "d", do Código de Processo Civil e nos arts. 186 e 927 do Código Civil, em face de MÉVIO MERCÚRIO, brasileiro, casado, engenheiro, residente e domiciliado na Rua Clélia, 120, bairro das Flores, nesta Comarca de Santa Fé do Sul, pelas razões de fato e de direito a seguir apresentadas.

**DOS FATOS**

O requerente, por volta das... horas do dia... de... de..., conduzia seu veículo marca Ford KA, placas EAB-5555, pela Avenida Dois, altura do n. 240, sentido Centro, ocasião em que atendeu à sinalização semafórica existente no cruzamento com a Avenida Um e, ao parar no local, teve seu veículo abalroado violentamente na parte traseira pelo veículo marca Fiat Uno, placas WER-4444, que seguia pela mesma via pública e sentido de direção, porém, por distração, não logrou evitar a colisão.

Nesse episódio houve manifesta culpa do requerido, pois, em completa desatenção e distração, trafegava em velocidade excessiva e incompatível com o local e, mesmo observando a existência de sinalização semafórica à sua frente, não reduziu a velocidade empregada em seu veículo Fiat Uno, razão pela qual não teve habilidade suficiente para imobilizar seu automóvel a ponto de evitar o forte abalroamento contra a parte traseira do veículo do requerente, que seguia imediatamente à sua frente e estava parado na pista de rolamento local, em atenção à sinalização de trânsito já destacada.

Vale frisar que o requerido dirigia seu veículo de forma desatenta à corrente de tráfego em local sinalizado por semáforo.

Após o evento, foi acionada a Polícia Militar, que confeccionou o Boletim de Ocorrência, cuja cópia segue anexa (doc. 02).

O requerente providenciou 3 (três) orçamentos para reparação dos danos provocados em seu automóvel, optando pelo de menor valor, qual seja, o de R$ 3.800,00 (três mil e oitocentos Reais), consoante documentos anexos.

Apesar da manifesta culpa do requerido nessa colisão, o mesmo vem se recusando ao cumprimento de sua obrigação de reparação dos danos causados no veículo do requerente, de modo que não há outra alternativa senão a instauração das vias judiciais.

**DO DIREITO**

Nosso ordenamento jurídico-material dispõe expressamente, no art. 186 do Código Civil: "Aquele que, por ação ou omissão voluntária, negligência ou imprudência, violar direito e causar dano a outrem, ainda que exclusivamente moral, comete ato ilícito".

Por sua vez, o art. 927 do Código Civil complementa o dever reparatório, a saber: "Aquele que, por ato ilícito (arts. 186 e 187), causar dano a outrem, fica obrigado a repará-lo".

Referidos preceitos legais buscam tutelar o patrimônio daquele que sofreu prejuízo ou dano mas não deu causa ao fato.

Sob outra vertente, nosso ordenamento jurídico-material contempla o dever de reparação de danos provocados por ato ilícito, a fim de evitar o enriquecimento indevido daquele que provocou o dano e deixou de repará-lo voluntariamente.

A propósito, por semelhança, vale o destaque ao que já decidiram nossos tribunais: "[... *jurisprudência*...]".

## DO PEDIDO

Diante do exposto, REQUER:

*(a)* seja recebida a inicial, designando-se data para audiência de conciliação;

*(b)* a citação pessoal do requerido, por mandado e com os benefícios do art. 172, § 2º, do Código de Processo Civil, para que compareça à audiência de conciliação e nela, querendo, ofereça sua contestação, sob pena dos efeitos da revelia;

*(c)* a procedência do presente pedido de reparação de danos decorrentes de ato ilícito, condenando o requerido ao ressarcimento do valor de R$ 3.800,00 (três mil e oitocentos Reais), acrescido dos juros de mora e correção monetária, em favor do requerente;

*(d)* a condenação do requerido ao pagamento das custas, honorários advocatícios, nos termos do art. 20 e §§ do Código de Processo Civil, e demais cominações legais.

Pretende demonstrar a veracidade dos fatos alegados, e protesta pela utilização de todos os meios de prova em Direito admitidos, especialmente pelo depoimento pessoal do requerido, sob pena de confesso, pela prova documental, testemunhal e pericial.

Requer, finalmente, sejam as testemunhas a seguir arroladas devidamente intimadas para o comparecimento à audiência de instrução e julgamento a ser oportunamente designada.

Dá à causa o valor de R$ 3.800,00 (três mil e oitocentos Reais), para os devidos efeitos processuais.

> Nestes termos, aguarda processamento, registro e autuação, com os documentos que acompanham, e
> Pede deferimento.
>
> São Paulo,... de... de...
>
> ———————————
> OAB/SP n....

> **ROL DE TESTEMUNHAS**
> **1....**, brasileiro, casado, comerciante, residente na Rua....
> **2....**, brasileiro, casado, eletricista, residente na Avenida....

**Obs.: *PROCEDIMENTO COMUM SUMÁRIO*** (art. 275, I e II, do CPC)

**Petição Inicial Citação Audiência. de Instrução e Julgamento**

**Despacho Inicial Audiência de Conciliação**

**Duplo conteúdo**: conciliação; defesa oral ou escrita

O procedimento sumário é um procedimento célere, portanto rápido entre o seu momento inicial e o seu término.

**Art. 275, I, do CPC** – Nesse inciso considera-se o critério "valor". Para as ações que não excedam o valor de 60 salários-mínimos.

**Art. 275, II, do CPC** – Nesse inciso considera-se o critério "matéria". Qualquer que seja o valor, desde que observada a matéria (alíneas "a" até "h"):

"a" – ações de arrendamento rural e de parceria agrícola;

"b" – cobrança ao condômino de quaisquer quantias devidas ao condomínio;

"c" – ressarcimento por danos em prédios urbanos ou rústicos;

"d" – ressarcimento por danos causados em acidente de veículo de via terrestre;

"e" – cobrança de seguro relativamente aos danos causados em acidente de veículos;

"f" - cobrança de honorários dos profissionais liberais;

"g" – ações que versem sobre revogação de doação;

"h" – nos demais casos previstos em lei.

Nos termos do parágrafo único do art. 275: não se adota o procedimento sumário "nas ações relativas ao estado e à capacidade das pessoas".

**Exemplo:** *Estado de pessoa* – separação, divórcio, ação investigatória de paternidade

**Exemplo:** *Capacidade de pessoa* – Interdição

## RITO DO PROCEDIMENTO SUMÁRIO

O ato *citação*, para esse rito, deve ser concretizado necessariamente com antecedência mínima de 10 dias em relação à audiência de conciliação.

• No despacho inicial o juiz designa a data da audiência de conciliação. A lei diz que o juiz deve marcá-la para os próximos 30 dias, porém na prática é raro acontecer, diante do excessivo volume de feitos em tramitação.

• Entre a data da audiência de conciliação e o momento da audiência de instrução o prazo também deverá ser de 30 dias.

A *petição inicial* deve atender aos sete requisitos previstos no art. 282 do CPC, bem como ao disposto no art. 283 do CPC.

Os requisitos são:

*(a)* indicação da competência do juízo e do foro;
*(b)* qualificação das partes;
*(c)* causa de pedir (fatos e fundamentos jurídicos que apoiam o pedido);
*(d)* pedido, com todas as suas especificações;
*(e)* requerimento da citação;
*(f)* indicação dos meios de prova;
*(g)* indicação de valor à causa.

## QUALIFICAÇÃO DAS PARTES

Nome, prenome, estado civil, profissão e domicílio (do autor e do réu).

A importância dessa qualificação: as indicadas para os polos litigantes serão as pessoas que estarão vinculadas à autoridade da coisa julgada; é o que chamamos de *limites subjetivos da coisa julgada*.

As partes precisam ser legítimas; e a legitimidade pode ser ordinária ou extraordinária:

*Legitimidade ordinária* – aquelas pessoas que estarão em juízo em nome próprio para defender interesses próprios.

*Legitimidade extraordinária* – aqueles que vão a juízo em nome próprio porém na defesa de interesse alheio.

• Autor é aquele que pede ao Estado uma providência jurisdicional.
• Réu é aquele em face de quem a ação é proposta.

## CAUSA DE PEDIR

Consiste na apresentação dos fatos que constituem o direito material pretendido, bem como na apresentação dos fundamentos jurídicos que conferem apoio ao pedido.

*Fato* é causa de pedir remota; fato é um episódio; é o ocorrido no mundo jurídico; é, pois, um acontecimento da vida, que deverá ser narrado detalhadamente, pois o juiz conhecerá dos fatos (através das provas que serão apresentadas nos autos) para apreciar o pedido e declarar o Direito cabível no caso concreto.

O juiz vai julgar de acordo com os fatos narrados e provados nos autos.

*Fundamento jurídico* não é apenas a mera referência ao artigo ou texto legal; é algo além disso, ou seja, é a explanação sobre aquilo que a norma jurídica material busca proteger. É, pois, a causa de pedir próxima.

## PEDIDO

*Pedido* é o núcleo da ação, pois é aquilo que efetivamente o juiz irá julgar.

O pedido serve para estabelecer os limites objetivos do pronunciamento jurisdicional de mérito.

(1) O pedido deverá ser *certo* ou *determinado*.

(2) A lei autoriza *pedido genérico* em algumas situações excepcionais:

*(a)* Nas ações universais, quando no momento da propositura da ação não for possível individualizar o objeto.

**Exemplo:** Ação de petição de herança (muitas vezes o autor não tem o exato conhecimento sobre todos os bens que compõem o espólio)

*(b)* Quando no momento da propositura da ação não seja possível definir a extensão do ato ou fato, no que diz respeito às suas consequências.

(3) Há ainda a possibilidade de formularmos pedidos *alternativos*, para os casos em que o devedor possa cumprir uma obrigação por mais de um modo, alternativamente.

(4) A lei processual também admite a formulação de pedidos sucessivos, para que o juiz conheça do pedido posterior na eventual impossibilidade de acolher o pedido anterior.

(5) Há a possibilidade de cumulação de pedidos (art. 292 do CPC).

## REQUISITOS PARA CUMULAR PEDIDOS

*(a) Compatibilidade* – os pedidos devem ser compatíveis entre si.

*(b) Competente o mesmo juízo* – para todos os pedidos deverá ser competente a mesma Vara.

*(c) Identidade de procedimento* – para todos deve ser aplicado o mesmo procedimento.

**Obs.:** Em regra não seria possível cumular um pedido cuja ação seja de procedimento sumário, ou mesmo de procedimento especial, com um outro pedido cuja ação seja de procedimento ordinário, salvo se o autor optar por que se adote o procedimento comum ordinário.

## REQUERIMENTO DE CITAÇÃO

No rito sumário o autor deve requerer a citação da parte contrária para que compareça à audiência de conciliação e, nela, querendo, ofereça contestação (resposta escrita ou oral), sob pena de aplicação dos *efeitos da revelia*.

**Obs.:** Réu revel é aquele que não contesta no momento próprio (rito sumário) ou no prazo devido (rito ordinário).

**EFEITOS DA REVELIA**

*(a)* Presumem-se verdadeiros os fatos alegados pelo autor.

*(b)* O réu revel não mais será intimado sobre os atos processuais seguintes.

**PODE ACONTECER DO RÉU REVEL NÃO SOFRER OS EFEITOS DA REVELIA**

*(a)* Se houver vários réus e um deles oferecer contestação, aqueles que não contestaram são revéis, porém não sofrem os efeitos da revelia.

*(b)* Se o objeto da ação for direito material indisponível.

**Exemplos:** Ação investigatória de paternidade; separação litigiosa

**INDICAÇÃO DOS MEIOS DE PROVA**

No procedimento sumário o autor deve apresentar já na peça inicial o rol de suas testemunhas.

Diferentemente no rito ordinário, que haverá um momento procedimental próprio para as partes apresentarem o rol de suas testemunhas em cartório, qual seja: no prazo que o juiz fixar por ocasião do saneador ou, caso não estabeleça prazo, as partes poderão depositar em cartório o rol de suas testemunhas até 10 dias antes da audiência de instrução e julgamento.

No sumário, se for requerido o meio de prova pericial, também com a inicial deverão ser apresentados em separado os quesitos que o autor pretenda ver respondidos pelo perito oficial, bem como sua indicação de assistente técnico.

**VALOR DA CAUSA**

Em toda e qualquer ação o autor deverá indicar um valor à causa, ainda que a ação não tenha conteúdo econômico.

**Exemplo:** Ação de interdição

**REPERCUSSÃO PROCESSUAL**

*(a)* Recolhimento das custas – despesas do processo.

*(b)* Estabelecer as verbas honorárias – o juiz fixa o ônus da sucumbência.

## 4. Contestação em ação de conhecimento de rito comum ordinário

```
EXMO. SR. DR. JUIZ DE DIREITO DA 2ª VARA CÍVEL
              DA COMARCA DE SUZANO

Autos do Processo n....
```

MÉVIO MERCÚRIO, brasileiro, casado, engenheiro, residente e domiciliado na Rua das Hortênsias, n. 202, Jardim Primavera, São Paulo, através de seu advogado e procurador que esta subscreve, com escritório na Avenida Brasil, n. 2010, Pinheiros, CEP 042042-000, onde receberá intimações (instrumento de mandato anexo, doc. 01), vem à presença de V. Exa. apresentar CONTESTAÇÃO nos autos da ação de cobrança que lhe é movida por TÍCIO FERNANDES, já qualificado nos autos, e o faz nos seguintes termos:

**PRELIMINARMENTE:**

O presente feito deve ser extinto sem julgamento do mérito, pois o requerido não é parte legítima para ocupar o polo passivo da relação processual.

Com efeito, o réu não é o proprietário do veículo mencionado na peça inicial, motivo pelo qual não pode ser responsabilizado pelo pagamento do serviço mecânico nele realizado.

Referido automóvel pertence à empresa "Lix Produtos Químicos", na qual o requerido é apenas o motorista (doc. 02).

Por conseguinte, o autor é carecedor da ação, diante da ilegitimidade de parte no polo passivo, de modo que o requerido aguarda o indeferimento da inicial e o decreto de extinção do processo sem julgamento do mérito, com fundamento nos arts. 267, VI, 295, II, e 301, X, todos do Código de Processo Civil.

**NO MÉRITO**

Apenas em atenção aos princípios da concentração da defesa e da eventualidade, a exigir que toda matéria de defesa seja apresentada no mesmo momento procedimental, sob pena de preclusão, observo que o pedido deduzido pelo requerente não comporta acolhida, posto que destituído de fundamento jurídico plausível, na medida em que a prestação de serviço não foi realizada a contento.

Aduz o requerente que prestou serviços mecânicos com substituição de peças e que não houve o efetivo pagamento.

Realmente, o pagamento não resultou efetivado, porém em virtude da péssima qualidade do serviço efetuado pelo requerente.

Houve estipulação no sentido de que as peças substituídas seriam originais e as respectivas notas entregues ao requerido. Todavia, tal fato não ocorreu, vez que o requerente utilizou peças recuperadas, o que resultou em graves transtornos ao requerido, que, aliás, precisou encaminhar o veículo para novos reparos em outra oficina mecânica (doc. 03), razão pela qual deixou de efetuar o pagamento ao autor.

Nessa linha, em apoio à tese desta defesa, vale ressaltar, por semelhança, o teor do entendimento jurisprudencial a seguir: "[... *jurisprudência*...]".

O requerido pretende provar o alegado por todos os meios de prova em Direito admitidos, especialmente pelo depoimento pessoal do autor, sob pena de confesso, perícias, vistorias, documentos e prova testemunhal, cujo rol será oportunamente depositado em cartório.

Aguarda, pois, seja acolhida a matéria preliminar inicialmente apresentada, extinguindo-se o processo sem o julgamento do pedido, ou, no mérito, a *improcedência* do pedido do autor, com sua condenação no ônus da sucumbência.

Nestes termos,
Pede deferimento.

São Paulo,... de... de...

_____
OAB/SP n....

**Obs.:** *Contestação (art. 300 CPC)* – Como já assinalado, é uma das modalidades de defesa, que permite ao réu, preliminarmente, atacar o processo ou a ação (*defesas processuais* contempladas no art. 301 do CPC) e, principalmente, impugnar o pedido deduzido pelo autor na peça inicial (*defesa de mérito direta*), contrariando os fatos especificadamente (fato por fato), e até mesmo apresentar fato impeditivo, modificativo ou extintivo do direito pretendido pelo autor (são as *exceções materiais*, ou *defesas de mérito indiretas*), possibilitando, então, ao réu a apresentação de suas razões de fato e de direito, com que impugna a pretensão do autor, e especificando as provas que pretende produzir nos autos do processo. Vale destacar: "Art. 300. Compete ao réu alegar, na contestação, toda a matéria de defesa, expondo as razões de fato e de direito, com que impugna o pedido do autor e especificando as provas que pretende produzir". • Observação prática importante: na contestação deverá o advogado do réu indicar o endereço em que receberá intimações, nos termos do que dispõe o art. 39, I, do CPC. Ainda, a contestação em ação de conhecimento de procedimento comum sumário é o mecanismo próprio para o réu, além de contrariar a pretensão do autor, formular pedido em seu favor (*pedido contraposto*), desde que apoiado nos mesmos fatos narrados na petição inicial. Isto porque no rito sumário não se admite a *reconvenção*, mas, sim, o denominado *pedido contraposto*, como visto, na própria peça *contestação*. No rito sumário caberá também ao réu apresentar em sua contestação o rol das suas testemunhas. Anote-se, de todo modo: qualquer que seja a *contestação*, será permitida a defesa processual contemplada no art. 301 do CPC, ou seja, a matéria que deverá ser arguida anteriormente ao ataque quanto ao mérito, portanto, que deverá ser destacada em *preliminares*, quando for o caso, a saber:

"Art. 301. Compete-lhe, porém, antes de discutir o mérito, alegar: I – inexistência ou nulidade da citação; II – incompetência absoluta; [*do juízo*] III – inépcia da petição inicial; [*art. 295, parágrafo único*] IV – peremção; V – litispendência; VI – coisa julgada; VII – conexão; VIII – incapacidade da parte, defeito de representação ou falta de autorização; IX – convenção de arbitragem; X – carência de ação; XI – falta de caução ou de outra prestação, que a lei exige como preliminar".

Frise-se: com a ressalva do inciso IX, "convenção de arbitragem", que pressupõe a arguição da parte para que o juiz a declare e coloque fim ao processo mediante sentença terminativa, com determinação de remessa das partes ao árbitro, todas as demais situações elencadas no art. 301 do CPC constituem *matéria de ordem pública*, e poderão ser conhecidas e declaradas pelo juiz *ex officio*, ou seja, independentemente de alegação pela parte (§ 4º do art. 301 do CPC).

*Princípio da eventualidade* – Estabelece que caberá ao réu apresentar na contestação toda a sua matéria de defesa, ou seja, tanto a de natureza processual como também a de mérito, ainda que apresente preliminar que possa conduzir à extinção do processo, pois, se não reconhecida pelo juiz, não haverá oportunidade para aditar a defesa. Assim – vale realçar –, caberá ao réu apresentar tanto a defesa processual, em preliminares na contestação (art. 301 do CPC), se houver, como também a defesa de mérito, diante do instituto *preclusão*. Aliás, merece registro o que preceitua o art. 303 do CPC:

"Art. 303. Depois da contestação, só é lícito deduzir novas alegações quando: I – relativas a direito superveniente; II – competir ao juiz conhecer delas de ofício; III – por expressa autorização legal, puderem ser formuladas em qualquer tempo e juízo". Em linhas gerais, apenas direito material superveniente e matérias que não precluem é que poderão ser arguidos pelo réu depois do momento *contestação*. Anote-se também que nesse momento *contestação* surge o seu direito processual de especificar os meios de prova que pretenda ver produzidos no curso da relação processual.

*Regra da impugnação especificada* – Na modalidade de defesa *contestação* caberá ao réu impugnar especificadamente fato por fato e todos os fatos alegados pelo autor, porque fato alegado e não impugnado pela parte contrária será considerado *fato incontroverso* (*fato não controvertido*), e o juiz dispensará provas sobre os fatos que não foram contrariados nos autos, surgindo uma presunção de verdadeiros.

Na essência, a impugnação detalhada dos fatos é um *ônus*, ou seja, uma incumbência ao réu, pois, se acaso não se desincumbir, poderá sofrer consequência desfavorável na relação processual.

Esse *ônus da impugnação especificada* não se aplica ao curador especial, nomeado ao réu citado fictamente por hora certa ou edital (art. 9º, II, do CPC).

Ao citado fictamente e que não aparece para defesa a lei garante a oportunidade técnica para o contraditório, nomeando um curador especial, que irá apresentar uma *contestação por negação geral*, tornando controvertidos todos os fatos afirmados pelo autor (**obs.**: somente o curador especial poderá fazer a contestação por negação geral).

**RÉPLICA**

Após a defesa haverá o momento procedimental denominado *réplica*. A réplica é a oportunidade para o autor manifestar-se sobre a defesa oferecida pelo réu, no prazo de 10 dias. Apenas acontecerá em duas situações:

*(a)* só haverá a intimação do autor para a réplica se na contestação o réu alegar qualquer matéria preliminar prevista no art. 301 do CPC (defesa processual); ou

*(b)* se o réu alegar na contestação as exceções materiais, quais sejam: fato impeditivo, modificativo ou extintivo do direito pretendido pelo autor (*defesa de mérito indireta*).

## 5. Reconvenção

```
EXMO. SR. DR. JUIZ DE DIREITO DA 5ª VARA DA FAMÍLIA
     E DAS SUCESSÕES DA COMARCA DA CAPITAL

Reconvenção, distribuição por dependência aos Autos
do Processo n....

     ..., [nome do reconvinte] casado, comerciante,
residente e domiciliado na Rua..., n...., bairro...,
vem, respeitosamente, através de seu advogado e pro-
```

curador que esta subscreve (doc. 01), com apoio no art. 315 do Código de Processo Civil, apresentar RECONVENÇÃO nos autos da ação de separação judicial promovida pela reconvinda..., [*nome da reconvinda*] brasileira, casada, professora, residente e domiciliada na Rua...,...bairro,... pelos motivos a seguir aduzidos.

O reconvinte é casado com a autora da ação, ora reconvinda, desde o dia... de... de..., pelo regime..., consoante certidão de casamento expedida pelo... Cartório de Registro Civil da Capital (doc. 02).

Na referida união não houve filhos.

Nos meses iniciais a partir do casamento a vida em comum transcorreu com absoluto respeito. Todavia, após o momento em que a genitora do reconvinte transferiu sua residência para o lar do casal, a reconvinda passou a descumprir com seus deveres conjugais, especialmente no que se refere aos cuidados da casa e do marido, ora reconvinte.

O reconvinte, no intuito de manter a vida em comum e o casamento, suportou por algum tempo a referida situação, até que soube, através de sua genitora, que a reconvinda manteve relacionamento extraconjugal com seu vizinho. Tal fato resultou em grave violação aos deveres do casamento e tornou insuportável a vida em comum do casal.

Diante do exposto, e considerando a conexão entre a presente reconvenção e a ação de separação judicial promovida pela reconvinda em face do ora reconvinte, requer seja a presente distribuída por dependência, determinando-se a intimação da reconvinda na pessoa de seu procurador, para que, querendo, ofereça contestação aos termos desta reconvenção no prazo legal, sob pena de incidirem os efeitos da revelia, e prosseguindo até final procedência ao pedido ora deduzido, para decretar a culpa da reconvinda pela separação do casal, bem como sua condenação aos ônus da sucumbência.

Pretende o reconvinte provar o alegado por todos os meios de prova em Direito admitidos, especialmen-

te pelo depoimento pessoal da reconvinda, sob pena
de confissão, prova documental e testemunhal, além de
outras que eventualmente se fizerem necessárias ao
esclarecimento dos fatos.

Dá à presente reconvenção o valor de R$ 2.000,00
(dois mil Reais), para efeitos processuais.

Termos em que,
Pede deferimento.

São Paulo,... de... de...

---

OAB/SP n....

**Obs.:** *Reconvenção (art. 315 do CPC)* – Como já assinalado, é modalidade de defesa que permite ao réu formular pedido em seu favor aproveitando a ação já proposta pelo autor e que está em tramitação. Cabe apenas em ação de conhecimento de procedimento comum ordinário quando houver conexão com a ação. Vale frisar:

"Art. 315. O réu pode reconvir ao autor no mesmo processo, toda vez que a reconvenção seja conexa com a ação principal ou com o fundamento da defesa.

"Parágrafo único. Não pode o réu, em seu próprio nome, reconvir ao autor, quando este demandar em nome de outrem."

Importa, pois, realçar que não caberá a reconvenção nos casos de legitimidade extraordinária no polo ativo, ou seja, nos casos de substituição processual, em que o autor em nome próprio defende direito material alheio (art. 6º do CPC), como nos casos de *ação popular* ou mesmo de *ação civil pública*.

A reconvenção deve ser oferecida em peça separada da contestação, porém apresentadas simultaneamente.

• Natureza jurídica: reconvenção tem natureza jurídica de ação, de modo que a peça a ser apresentada é igual a uma petição inicial, ou seja, deve conter os mesmos requisitos previstos nos arts. 282 e 283 do CPC.

Vale salientar que o autor da reconvenção é o réu da ação, e será denominado réu-reconvinte, ao passo que o réu da reconvenção é o autor da ação, e será denominado autor-reconvindo.

Oferecida a reconvenção, o autor-reconvindo será intimado na pessoa de seu advogado para contestar a reconvenção no prazo de 15 dias (art. 316 do CPC).

## 6. Exceção de incompetência do juízo

EXMO. SR. DR. JUIZ DE DIREITO DA 1ª VARA CÍVEL DA COMARCA DE SANTA BÁRBARA D'OESTE

**Autos do Processo n....**

..., [*nome do excipiente*] brasileiro, casado, comerciante, residente e domiciliado na Rua..., n...., Jardim Ipanema, São Paulo, vem, respeitosamente, através de seu advogado e procurador que esta subscreve (doc. 01), arguir a presente EXCEÇÃO DE INCOMPETÊNCIA DO JUÍZO, com fundamento nos arts. 304 e ss. do Código de Processo Civil, nos autos da *ação de cobrança* que lhe é movida por..., [*nome do excepto*] e o faz pelas razões a seguir expostas.

O excipiente foi citado por carta precatória, expedida por esse r. Juízo, para oferecer defesa nos autos da ação de cobrança em que o excepto alega crédito em seu favor, decorrente de prestação de serviços de marcenaria.

Entretanto, não obstante tenha o excipiente residência e domicílio na Comarca da Capital, precisamente no endereço *supra*, onde foi pessoalmente citado por mandado (doc. 02), é certo que o excepto, autor da referida ação de cobrança, em total inobservância à regra geral de fixação da competência do juízo prevista no art. 94 do Código de Processo Civil, propôs a demanda no foro de seu próprio domicílio.

Frise-se que a ação em tela não se enquadra nas situações de foro privilegiado contempladas no art. 100 do estatuto processual civil, resultando, pois, a incompetência relativa desse d. Juízo da Comarca de Santa Bárbara d'Oeste.

Diante do exposto, o excipiente requer seja a presente *exceção declinatória da competência* recebida e autuada em apenso aos autos da destacada ação de cobrança, determinando-se a suspensão do feito e a intimação do excepto para eventual impugnação e prosseguindo o incidente até final procedência, com a efetiva determinação de remessa dos autos ao d. Juízo da Capital, redistribuindo-se a uma das Varas Cíveis da Capital e procedendo-se às anotações de estilo junto ao registro e autuação.

O excipiente pretende provar o alegado mediante a utilização de todos os meios de prova em Direito admitidos, especialmente através dos documentos anexos, sem prejuízo da oitiva de testemunhas que adiante indica, evidentemente na hipótese de V. Exa. entender como necessária a realização de prova em audiência.

Termos em que,
Pede deferimento.

São Paulo,... de... de...

_____
OAB/SP n....

*ROL DE TESTEMUNHAS*

**1.** (...).
**2.** (...).

---

**Obs.:** *Exceção de incompetência do juízo*

• Somente para os casos de incompetência relativa do juízo, quais sejam, aquelas em que a regra de competência considera o valor ou o local; portanto, para competência em razão do valor ou competência de foro.

• Só poderá ser alegada pelo réu, no momento da defesa.

• Não oposta a exceção, prorroga-se a competência do juízo que a princípio não era competente para processar a demanda, mas se torna competente em virtude da falta de alegação pelo réu (preclusão).

• Gera suspensão do processo.

• A peça será autuada em separado, mas em apenso aos autos principais, surgindo, pois, um incidente processual cujas partes serão: *excipiente* – aquele que apresenta a exceção; portanto, o réu; e *excepto* – o autor da ação, que terá oportunidade para se manifestar no prazo de 10 dias.

> • Admite-se instrução nesse incidente, e o ato do juiz que o aprecia será decisão interlocutória, de modo que o recurso adequado contra essa decisão será o *agravo de instrumento*, que não tem efeito suspensivo; daí por que após a decisão do juiz o processo retoma seu curso natural.
> • Se o juiz acolher a exceção, determinará a remessa dos autos à Vara competente, de modo que o processo se transfere para outra Vara.
> • Se o juiz rejeitar a exceção retomará a marcha normal do processo naquele mesmo juízo.

## 7. Petição inicial em ação de execução de título extrajudicial cambial

EXMO. SR. DR. JUIZ DE DIREITO DA... VARA CÍVEL DO FORO REGIONAL DO IPIRANGA

TÍCIO BATISTA, brasileiro, casado, comerciante, residente e domiciliado na Avenida Liberdade, n. 230, Centro, nesta Capital, através de seu advogado e procurador que esta subscreve, com escritório na Rua Lix, n. 2, nesta Capital, CEP 04202-000, onde receberá intimações (instrumento de mandato anexo - doc. 01), vem propor a presente AÇÃO DE EXECUÇÃO POR QUANTIA CERTA CONTRA DEVEDOR SOLVENTE, com fundamento nos arts. 646 e ss. do Código de Processo Civil, em face de MÉVIO LICÚRCIO, brasileiro, casado, empresário, residente e domiciliado na Rua Silva Bueno, n. 374, Ipiranga, nesta Capital, pelos fatos e fundamentos a seguir apresentados.

O requerente é credor do requerido na importância de R$ 22.300,00 (vinte e dois mil e trezentos Reais), cujo valor está representado por uma nota promissória firmada pelo segundo, estando vencida e não honrada quanto ao seu pagamento (doc. 02).

Consoante se observa na referida cártula, houve o vencimento no dia... de... de..., porém o requerido não cumpriu com a sua obrigação de pagar a destacada quantia certa.

O exequente enviou a cártula a protesto, e o devedor, então notificado, continua totalmente inerte, deixando de efetuar o pagamento da quantia devida.

Diante do exposto, REQUER a expedição do mandado executivo, com os benefícios previstos no art. 172, § 2º, do Código de Processo Civil, para que o devedor seja pessoalmente citado e, então, efetue o pagamento da dívida indicada no presente título executivo, acrescida das custas, despesas processuais e honorários advocatícios, sob pena de serem penhorados tantos bens quantos necessários para o cumprimento total da obrigação.

Por oportuno, o exequente indica o veículo GM-Astra, placas ERT-2020-SP, registrado em nome do devedor junto ao DETRAN, como bem a ser objeto de penhora (doc. 03).

Dá a causa, para os efeitos processuais, o valor de R$ 22.300,00 (vinte e dois mil e trezentos Reais).

Nestes termos, D. R. e A. esta, com os documentos que a acompanham,

Pede deferimento.

São Paulo,... de... de...

---

OAB/SP n....

**Obs.:** *Fases do processo de execução cujo objeto seja o cumprimento de uma obrigação de pagar quantia certa:*

(1ª) *Fase postulatória* – compreende o pedido do exequente e citação do executado.

(2ª) *Fase de constrição judicial* – na qual o Estado pratica atos de constrangimento patrimonial, pois grava o patrimônio do devedor através da penhora. Vale observar que os bens relacionados no art. 649 do CPC são absolutamente impenhoráveis.

Essa fase de *constrição* não existe na execução contra a Fazenda Pública, porque os bens públicos são impenhoráveis.

Nesta fase o juízo da execução ficará seguro mediante a constrição. Entretanto, independentemente da penhora, depósito ou caução, haverá oportunidade ao executado para discutir a respeito da validade do título ou, mesmo, acerca do seu valor, ou outros aspectos que pretenda impugnar, através dos *embargos do devedor*, cujo prazo é de *15 dias*, contados a partir da data da juntada aos autos do mandado de citação cumprido; e, quando houver mais de um executado, o prazo para cada um deles embargar conta-se a partir da juntada do respectivo mandado citatório, salvo tratando-se de cônjuges, nos termos do que dispõem o art. 738 e seu § 1º do CPC. Os embargos à execução têm natureza jurídica de ação e devem ser distribuídos por dependência. E, ao serem opostos, serão autuados em apartado mas em apenso aos autos da execução, sem, contudo, suspenderam o curso do processo de execução. Todavia, a suspensão da execução poderá ser requerida pelo embargante, desde que "relevantes seus fundamentos", mediante eventual possibilidade de "grave dano de difícil ou incerta reparação" diante do prosseguimento da execução; e, ainda, "desde que a execução já esteja garantida por penhora, depósito ou caução suficientes" (§ 1º do art. 739-A do CPC).

(3ª) *Fase de excussão* – na qual o bem penhorado é alienado em hasta pública, evidentemente após prévia avaliação judicial, que poderá ser efetivada pelo próprio oficial de justiça no momento da penhora (art. 680 do CPC). Na verdade, a "expropriação" consiste em: (a) alienação de bens do devedor, para o pagamento ao credor, que poderá ocorrer por iniciativa particular (art. 685-C do CPC) ou em hasta pública (art. 686 do CPC); (b) adjudicação dos bens penhorados em favor do credor; e (c) usufruto de bem imóvel ou de empresa do devedor, em favor do credor, conforme o art. 708 do CPC.

(4ª) *Fase de satisfação* – ou seja, de efetivo pagamento ao credor-exequente, feito dos seguintes modos: (a) com o produto da alienação judicial dos bens do devedor, ou seja, através da entrega de dinheiro; (b) com a adjudicação dos bens penhorados em favor do credor; ou (c) mediante o usufruto de bem imóvel ou de empresa do devedor, até que o credor seja pago do valor principal, juros, custas e honorários advocatícios.

Na verdade, os bens do devedor servem para garantia da efetividade da execução, vez que a função do processo de execução é satisfativa.

*Suspensão do processo de execução* ocorrerá nas seguintes hipóteses: (a) no todo ou em parte, quando recebidos com efeito suspensivo os embargos do devedor (art. 739-A do CPC); (b) nos casos previstos no art. 265, I a III, do CPC, quais sejam: (b.1) morte ou perda da capacidade processual de qualquer das partes, de seu representante legal ou de seu procurador; (b.2) convenção das partes; (b.3) quando for oposta exceção de incompetência do juízo, da Câmara ou do tribunal, bem como as exceções de suspeição ou impedimento do juiz; e (c) quando o devedor não possuir bens penhoráveis (art. 791 e incisos do CPC).

*Extinção da execução* se concretiza quando: (a) o devedor satisfaz a obrigação; (b) o devedor obtém, por transação ou por qualquer outro meio, a remissão total da dívida; (c) o credor renunciar ao crédito (art. 794 do CPC). Vale observar que a extinção do processo de execução só produz efeito quando declarada por sentença (art. 795 do CPC).

## 8. Embargos à execução

EXMO. SR. DR. JUIZ DE DIREITO DA 2ª VARA CÍVEL
DO FORO REGIONAL DO IPIRANGA

Autos do Processo de Execução n....

MÉVIO LICÚRCIO, brasileiro, casado, empresário, residente e domiciliado na Rua Silva Bueno, n. 374, Ipiranga, nesta Capital, através de seu advogado e procurador que esta subscreve, cujo escritório está situado na Avenida São João, n. 12, Centro, nesta Capital, onde receberá intimações (instrumento de mandato – doc. 01), vem propor os presentes EMBARGOS À EXECUÇÃO, com fundamento nos arts. 736 e ss. do Código de Processo Civil, em face de TÍCIO BATISTA, brasileiro, casado, comerciante, residente e domiciliado na Avenida Liberdade, n. 230, Centro, nesta Capital, já devidamente qualificado nos autos da ação de execução em apenso, pelos fatos e fundamentos a seguir expostos.

Aduz o embargado que possui um crédito no valor de R$ 22.300,00 (vinte e dois mil e trezentos Reais), então representado por uma nota promissória firmada pelo ora embargante, e que este não teria honrado com o seu efetivo pagamento no prazo estipulado, qual seja em... de... de....

Houve a citação do embargante e a penhora de seu veículo automotor indicado na inicial da execução, GM-Astra, placas ERT-2020/SP.

Entretanto, dívida não existe, eis que, anteriormente à data do vencimento da cártula, houve a transação firmada pelas partes na qual efetivou-se o parcelamento do débito, em 10 (dez) parcelas iguais e sucessivas no montante de R$ 2.230,00 (dois mil, duzentos e trinta Reais) cada, cujo vencimento da primeira ocorreu no dia... de... de..., já devidamente honrado no seu pagamento, consoante documentos anexos (docs. 02 e 03).

Com isso vê-se, que o exequente, ora embargado, desrespeitou o princípio da lealdade processual, posto que promoveu a ação de execução apesar de manifesta a falta de interesse processual, devendo ser reconhecida a carência da ação executiva e extinto o processo com apoio no que dispõe o art. 267, VI, do Código de Processo Civil.

Diante do exposto, REQUER sejam recebidos e processados os presentes EMBARGOS À EXECUÇÃO, determinando-se sejam apensados aos autos da execução, com deferimento de efeito suspensivo, que ora também se requer com apoio no art. 739-A do Código de Processo Civil, pois relevantes os seus fundamentos e certa a possibilidade de graves danos ao embargante com o indevido prosseguimento do feito executivo, e prosseguindo-se até final sentença de procedência do pedido, para declarar a extinção da execução, por ausência de interesse processual, em virtude da inexistência de título executivo hábil à execução, em face da transação previamente firmada pelas partes (doc. 03), com a consequente anulação da penhora, além da condenação do embargado no ônus da sucumbência e litigância de má-fé.

Protesta por todos os meios de prova em Direito admitidos, especialmente pelo depoimento pessoal do embargado, sob pena de confesso, testemunhas e documentos que seguem anexo, além de outros que se fizerem necessários para o devido esclarecimentos dos fatos.

Dá à causa, para efeitos processuais, o valor de R$ 22.300,00 (vinte e dois mil e trezentos Reais).

Nestes termos,
Pede deferimento.

São Paulo,... de... de...

OAB/SP n....

**Obs.:** *Embargos do devedor* devem ser opostos no prazo de *15 dias*, contados a partir da data da juntada aos autos do mandado de citação cumprido; e, quando houver mais de um executado, o prazo para cada um deles embargar conta-se a partir da juntada do respectivo mandado citatório, salvo tratando-se de cônjuges, nos termos do que dispõem o art. 738 e seu § 1º do CPC. Os embargos à execução têm natureza jurídica de ação e devem ser distribuídos por dependência; e, ao serem opostos, serão autuados em apartado mas em apenso aos autos da execução, sem, contudo, suspenderam o curso do processo de execução. Todavia, a suspensão da execução poderá ser requerida pelo embargante, desde que "relevantes seus fundamentos", mediante eventual possibilidade de "grave dano de difícil ou incerta reparação" diante do prosseguimento da execução; e, ainda, "desde que a execução já esteja garantida por penhora, depósito ou caução suficientes" (§ 1º do art. 739-A do CPC):

"Art. 739. O juiz rejeitará liminarmente os embargos: I – quando intempestivos; II – quando inepta a petição (art. 295); ou III – quando manifestamente protelatórios".

"Art. 739-A. Os embargos do executado não terão efeito suspensivo.

"§ 1º. O juiz poderá, a requerimento do embargante, atribuir efeito suspensivo aos embargos quando, sendo relevantes seus fundamentos, o prosseguimento da execução manifestamente possa causar ao executado grave dano de difícil ou incerta reparação, e desde que a execução já esteja garantida por penhora, depósito ou caução suficientes.

"(...).".

No que tange ao processamento, vale o destaque:

"Art. 740. Recebidos os embargos, será o exequente ouvido no prazo de 15 (quinze) dias; a seguir, o juiz julgará imediatamente o pedido (art. 330) ou designará audiência de conciliação, instrução e julgamento, proferindo sentença no prazo de 10 (dez) dias.

"Parágrafo único. No caso de embargos manifestamente protelatórios o juiz imporá, em favor do exequente, multa ao embargante em valor não superior a 20% (vinte por cento) do valor em execução."

## 9. Petição inicial em ação cautelar
*(medida pretendida: "produção antecipada de provas")*

```
EXMO. SR. DR. JUIZ DE DIREITO DA... VARA CÍVEL
         DA COMARCA DE SANTA FÉ DO SUL

    TÍCIO BATISTA, brasileiro, casado, contador, re-
sidente e domiciliado na Avenida Torres, n. 04,
Jardim São Francisco, nesta Comarca de Santa Fé do
Sul, através de seu advogado e procurador que esta
```

subscreve, cujo escritório está localizado na Rua Nóbrega, n. 08, Jardim São Francisco, nesta Cidade, CEP 04040-000, onde receberá intimações (instrumento de mandato anexo – doc. 01), vem à presença de V. Exa. propor a AÇÃO CAUTELAR DE PRODUÇÃO ANTECIPADA DE PROVAS, sob procedimento especial indicado nos arts. 846 e ss. do Código de Processo Civil, em face de "UNIVERSO DEMOLIDORA E ESCAVAÇÕES LTDA.", inscrita no CNPJ sob n. 101.101.101/0001, situada na Avenida Pedrosa, n. 201, Jardim Socorro, nesta Cidade de Santa Fé do Sul, pelas razões de fato e de direito que a seguir expõe.

**DOS FATOS**

A requerida é responsável pelo trabalho de retirada de terra de um terreno vizinho ao imóvel do autor, e no uso de *tratores* de grande porte veio a provocar diversos danos nas paredes da residência do requerente, o que pode comprometer a própria estrutura do imóvel.

No início do mês de junho do corrente ano o requerente procurou a requerida para que providenciasse os devidos reparos aos danos por ela provocados no seu imóvel residencial, porém houve injustificável recusa.

O autor dará início à ação judicial cujo objeto é o ressarcimento dos referidos danos, até então por ele suportados, em face da empresa requerida, porém teve conhecimento de que suas principais testemunhas – quais sejam, seus vizinhos Mévio Cardoso e Carmina Silva Cardoso – se encontram em procedimento de mudança de domicílio para o Exterior, o que certamente prejudicará o exercício de seu direito probatório.

Além disso, pretende o autor seja determinada a antecipação da prova pericial, para que se proceda à imediata vistoria do seu bem imóvel, pois há necessidade urgente dos reparos, para que não ocorra o comprometimento da estrutura de sua residência, de modo que logo após a destacada vistoria *ad perpetuam rei memoriam* ele próprio os providenciará, por sua conta, para posteriormente buscar em Juízo o devido ressarcimento.

Como se vê, tais elementos probatórios – *testemunhal* e *pericial* –, cuja antecipação se pretende por medida cautelar, são absolutamente imprescindíveis para a elucidação dos fatos que envolvem a futura ação indenizatória que o requerente pretende promover em face da empresa requerida.

### DO DIREITO

Trata-se de direito de natureza processual probatório, cuja essência vem disciplinada na própria Carta Magna, precisamente no que se refere à *ampla defesa*, sobre eventuais interesses na esfera judicial, para que se tenha a efetivação do *devido processo legal*.

Nessa linha de entendimento podem ser destacados os seguintes julgados: "[... *jurisprudência*...]".

### DO *FUMUS BONI IURIS*

Nosso sistema processual em vigor contempla a possibilidade de medida cautelar de *produção antecipada de provas*, qualquer que seja sua modalidade, tal como se extrai do art. 846 do Código de Processo Civil, a saber: "Art. 846. A produção antecipada da prova pode consistir em interrogatório da parte, inquirição de testemunhas e exame pericial".

### DO *PERICULUM IN MORA*

Inquestionável, no caso vertente, a existência de fundado receio de se tornar impossível ou muito difícil a verificação dos fatos que envolvem o momento em que surgiram as diversas *rachaduras* nas paredes da residência do requerente, e sua enorme extensão, bem como o nexo causal com o trabalho de remoção de terras então realizado no terreno vizinho pela empresa requerida, caso não sejam imediatamente inquiridas as destacadas testemunhas, cuja alteração de domicílio para o Exterior se aproxima, e caso não se realize a imediata vistoria *ad perpetuam rei memoriam* por perito oficial a ser nomeado pelo d. Juízo.

## DO PEDIDO

Diante do exposto, REQUER:

*(a)* os benefícios da justiça gratuita, vez que se declara "pobre" no exato sentido jurídico do termo, aplicando-se, para tanto, a Lei 1.060/1950;

*(b)* a citação da requerida, na pessoa de seu representante legal, por mandado e com os benefícios previstos no art. 172, § 2º, do Código de Processo Civil, para que, querendo, ofereça contestação no prazo legal, sob pena de se sujeitar aos efeitos da revelia;

*(c)* seja designada imediata audiência para inquirição das testemunhas Mévio Cardoso e Carmina Silva Cardoso, que comparecerão em Juízo independentemente de intimação, pois serão apresentadas por responsabilidade do próprio requerente;

*(d)* seja determinada a realização da prova pericial, vistoria *ad perpetuam rei memoriam* no imóvel residencial do requerente, para que se constatem a existência e a extensão das diversas rachaduras nas paredes e eventual comprometimento da estrutura do imóvel em virtude da atividade de remoção de terras desenvolvida pela requerida no terreno vizinho;

*(e)* a homologação da presente medida cautelar probatória, declarando a regularidade formal das provas produzidas, para que o autor as utilize na ação principal de conhecimento, cujo objeto é o ressarcimento dos danos então apurados.

Pretende provar o alegado por todos os meios de prova em Direito admitidos, especialmente através de documentos e oitiva de testemunhas.

Dá à causa o valor de R$ 2.500,00 (dois mil e quinhentos Reais), para efeitos processuais.

```
        Termos em que,
        Pede deferimento.

        São Paulo,... de... de...


                    _____
                            OAB/SP n....
```

**Obs.:** *Produção antecipada de provas* (arts. 846 a 851 do CPC) é medida cautelar que pode ser preparatória ou incidental. Tem como finalidade constatar, em coleta de prova oral ou pericial, e *assegurar o esclarecimento de fato que possa influir no julgamento de uma ação de conhecimento* sempre que houver perigo de perecimento da prova ou do objeto. A legitimidade para a propositura é ampla: qualquer das partes pode propor essa ação cautelar, assim como terceiros intervenientes.

É possível pedir a medida liminarmente, na forma *inaudita altera parte*, na hipótese de risco iminente, quando a intervenção da parte possa prejudicar a própria medida de cautela. Com relação à valoração das provas antecipadas, é possível afirmar que os depoimentos continuarão a ter valor de prova oral e o exame ou avaliação continuarão a ter o valor de prova pericial.

Como assinalado anteriormente, as ações cautelares devem preencher, além das condições genéricas da ação (*legitimidade para ser parte*; *interesse processual* e *possibilidade jurídica do pedido*), mais duas *condições específicas* – quais sejam, em apertada síntese: (a) *fumus boni iuris* ("fumaça do bom direito") – indicando que caberá ao autor da ação cautelar demonstrar a verdade de suas alegações em uma *escala probatória mínima, ou seja, de mera possibilidade de que a tutela principal lhe seja favorável*; na prática pode ser anotado que o êxito na obtenção da medida cautelar pleiteada dependerá de um elemento mínimo que faça o juiz ter a convicção de que aquilo seja possível; (b) *periculum in mora* ("perigo de dano pela demora") – é necessário que o autor demonstre a existência de situação de perigo de dano irreparável ou de difícil reparação em virtude da morosidade natural de uma ação principal de conhecimento ou de execução para que obtenha a tutela jurisdicional cautelar. Assim, esses dois requisitos deverão constar expressamente na petição inicial da ação cautelar.

*Procedimento* – a petição inicial da ação cautelar deve apresentar os requisitos gerais do art. 282 do CPC e também observar os requisitos previstos no art. 801 do CPC.

*Quanto a competência do juízo* – se a ação for *incidental* a competência será a mesma da ação principal, de modo que a ação cautelar será endereçada ao mesmo juízo da ação principal. Trata-se de *competência funcional*, que é *absoluta*. Por outro lado, se a ação cautelar for *preparatória*, será proposta perante o juízo competente para conhecer e julgar a futura ação principal. Devem incidir as regras gerais de competência previstas no Livro I do Código de Processo Civil (arts. 84 e ss.). Vale frisar: em regra a ação cautelar preparatória tornará prevento o juízo para a ação principal. Entretanto, excepcionalmente, em caso de urgência, admite-se que as medidas cautelares de apreensão de bens ou de produção antecipada de provas sejam requeridas no local onde se encontram os bens a serem apreendidos ou no local onde ocorreu o fato a ser demonstrado mediante antecipação de provas.

Ainda, as medidas cautelares meramente *conservativas de direito* não previnem a competência do juízo para uma possível ação principal. Também não estarão sujeitas ao prazo decadencial de 30 dias para eventual ajuizamento da ação principal.

Além da qualificação das partes, a petição inicial deverá narrar a lide e os seus fundamentos, no caso de ação cautelar preparatória, especificando a ação principal que será proposta. Deverá também indicar expressamente as condições específicas, que, aliás, deverão ser fundamentadas, bem como a especificação das provas que se pretende apresentar. Apesar de o art. 801 do CPC não mencionar, deverá ser indicado o valor da causa, nos termos do que dispõe o art. 282 do CPC.

## II – MODELOS DE PEÇAS PROCESSUAIS EM FASE RECURSAL

### 1. Agravo retido

```
EXMO. SR. DR. JUIZ DE DIREITO DA 3ª VARA CÍVEL
DA COMARCA DA CAPITAL DO ESTADO DE SÃO PAULO


Autos do Processo n....


..., [nome do agravante] já devidamente quali-
ficado nos autos da ação de indenização que promove
em face de..., [nome] não se conformando com o teor
da r. decisão interlocutória de fls. 67 que indefe-
riu seu requerimento de produção de prova pericial,
cerceando seu direito de defesa, vem à presença de
V. Exa. interpor o recurso de AGRAVO RETIDO, com
fundamento nos arts. 522 e 523 do Código de Proces-
so Civil, no propósito de evitar a preclusão e para
que o E. Tribunal dele conheça, preliminarmente, por
ocasião do julgamento de eventual apelação. E o faz
pelas razões anexas.
```

> Nestes termos,
> Pede deferimento.
>
> São Paulo,... de... de...
>
> _____
> OAB/SP n....

---

**MINUTA DE AGRAVO (RAZÕES DE RECURSO)**

**Agravante:** ...
**Agravado:** ...
**Autos do Processo n....**
**Comarca:** ...


EGRÉGIO TRIBUNAL, COLENDA CÂMARA, ÍNCLITOS JULGADORES

**1.** Cuida-se de ação indenizatória promovida em face de..., por danos causados em virtude de....

**2.** O agravante requereu a produção de prova pericial, posto que imprescindível ao esclarecimento do fato principal relacionado à existência e ao montante dos danos destacados na ação de conhecimento, porém o d. Magistrado *a quo* indeferiu a produção de tal meio de prova, sem qualquer justificativa plausível, de modo que cerceou o direito de ampla defesa do agravante, então consagrado em nossa Carta Magna.

**3.** Dessa forma, o agravante não teve oportunidade processual para produzir nos autos a importante prova para o êxito da demanda.

**4.** Pelo exposto, REQUER o CONHECIMENTO E PROVIMENTO do presente recurso, para que seja efetivamente produzida a prova técnica nos autos da aludida ação de conhecimento, com o quê se estará restabelecendo a tão almejada *justiça*!

São Paulo,... de... de...

---

OAB/SP n....

> **Obs.:** O agravo na forma retida é interposto nos próprios autos da ação, endereçado ao juízo da causa, no prazo de 10 dias, contados a partir da intimação da decisão interlocutória, evitando a preclusão da questão objeto da decisão proferida. Porém, para que seja apreciado pelo órgão *ad quem*, dependerá da posterior interposição de *apelação* pelo agravante, bem como de seu requerimento expresso para que o tribunal dele conheça, preliminarmente, por ocasião do julgamento da apelação. Assim, vale realçar o que dispõem os arts. 522 e 523 do CPC:
>
> "Art. 522. Das decisões interlocutórias caberá agravo, no prazo de 10 (dez) dias, na forma retida, salvo quando se tratar de decisão suscetível de causar à parte lesão grave e de difícil reparação, bem como nos casos de inadmissão da apelação e nos relativos aos efeitos em que a apelação é recebida, quando será admitida a sua interposição por instrumento.
>
> "Parágrafo único. O agravo retido independe de preparo.
>
> "Art. 523. Na modalidade de agravo retido o agravante requererá que o tribunal dele conheça, preliminarmente, por ocasião do julgamento da apelação.
>
> "§ 1º. Não se conhecerá do agravo se a parte não requerer expressamente, nas razões ou na resposta da apelação, sua apreciação pelo tribunal.
>
> "§ 2º. Interposto o agravo, e ouvido o agravado no prazo de 10 (dez) dias, o juiz poderá reformar sua decisão.
>
> "§ 3º. Das decisões interlocutórias proferidas na audiência de instrução e julgamento caberá agravo na forma retida, devendo ser interposto oral e imediatamente, bem como constar do respectivo termo (art. 457), nele expostas sucintamente as razões do agravante."

## 2. Agravo de instrumento

EXMO. SR. DESEMBARGADOR-PRESIDENTE
DO TRIBUNAL DE JUSTIÇA DO ESTADO DE SÃO PAULO

**Autos do Processo n....**

..., [*nome do agravante*] já devidamente qualificado nos autos da ação de indenização que promove em face de... [*nome*] através do seu advogado e procurador que esta subscreve, vem à presença de V. Exa. interpor AGRAVO DE INSTRUMENTO contra a r. decisão interlocutória de fls. 42, com fundamento nos arts. 522 e ss. do Código de Processo Civil, pelas razões que seguem anexas.

Nestes termos,
Pede deferimento,

São Paulo,... de... de...

OAB/SP n....

---

**MINUTA DE AGRAVO DE INSTRUMENTO**
**(RAZÕES DE RECURSO)**

Agravante:...
Agravado:...
Comarca:...
Autos do Processo n....
[*Nome e endereço dos advogados constantes no processo*]

EGRÉGIO TRIBUNAL, COLENDA CÂMARA, ÍNCLITOS JULGADORES

1. Versam os autos sobre ação de indenização proposta pelo agravante, na qual pretende a reparação de danos....

2. Não obstante tenha o agravante indicado, no prazo e forma legais, seu interesse na produção do meio de prova pericial, houve por bem o MM. Juiz *a quo* indeferir seu pleito de natureza probatória, *data venia* equivocadamente, posto que a lide em dis-

cussão apresenta predominantemente matéria fática cujo esclarecimento depende de conhecimentos técnicos específicos.

**3.** Ousamos discordar dos termos da decisão agravada, pois a prova requerida mostra-se imprescindível para a elucidação de fatos pertinentes à causa e relevantes à decisão de mérito, e tal óbice à sua efetiva produção representa afronta ao importante princípio constitucional da *ampla defesa*, caracterizando, mesmo, o denominado *cerceamento ao direito de defesa* dos interesses apresentados em Juízo.

**4.** Diante do exposto, REQUER PRELIMINARMENTE seja atribuído *efeito suspensivo* ao presente recurso, nos termos do que dispõe o art. 527, III, do Código de Processo Civil, tendo em vista que a r. decisão atacada apresenta-se suscetível de causar grave dano processual, isto porque já designada a audiência de instrução e julgamento para o dia... de... de..., de modo que a ausência da prova pericial poderá acarretar prejuízo aos interesses do agravante.

**5.** REQUER, finalmente, o conhecimento e *provimento* ao presente recurso, para que a decisão ora guerreada seja reformada por esse r. Órgão *ad quem*, conferindo-se a efetiva possibilidade de produção da prova técnica nos autos da ação de conhecimento já destacada, com o quê se estará restabelecendo o *devido processo legal*.

São Paulo,... de... de...

OAB/SP n....

**Obs.:** O agravo de instrumento é interposto contra decisão interlocutória nos casos em que o recorrente queira provocar o reexame imediato da decisão atacada, de modo que deverá ser endereçado e protocolizado diretamente no tribunal, órgão *ad quem* competente, que dará processamento nos termos do que dispõem os arts. 524 e ss. do CPC, havendo a possibilidade de se requerer ao relator a concessão do efeito suspensivo (art. 527, III, do CPC). A peça de interposição do agravo de instrumento deve atender aos requisitos previstos no art. 524 do CPC e deverá, ainda, ser instruída obrigatoriamente com cópias das peças indicadas no art. 525, I, do CPC, bem como com o comprovante de recolhimento das custas. Vale anotar:

"Art. 524. O agravo de instrumento será dirigido diretamente ao tribunal competente, através de petição com os seguintes requisitos: I – a exposição do fato e do direito; II – as razões do pedido de reforma da decisão; III – o nome e o endereço completo dos advogados, constantes do processo".

"Art. 525. A petição de agravo de instrumento será instruída: I – obrigatoriamente, com cópias da decisão agravada, da certidão da respectiva intimação e das procurações outorgadas aos advogados do agravante e do agravado; II – facultativamente, com outras peças que o agravante entender úteis.

"§ 1º. Acompanhará a petição o comprovante do pagamento das respectivas custas e do porte de retorno, quando devidos, conforme tabela que será publicada pelos tribunais.

"§ 2º. No prazo do recurso, a petição será protocolada no tribunal, ou postada no Correio, sob registro com aviso de recebimento, ou, ainda, interposta por outra forma prevista na lei local."

"Art. 526. O agravante, no prazo de 3 (três) dias, requererá juntada, aos autos do processo, de cópia da petição do agravo de instrumento e do comprovante de sua interposição, assim como a relação dos documentos que instruíram o recurso.

"Parágrafo único. O não cumprimento do disposto neste artigo, desde que arguido e provado pelo agravado, importa inadmissibilidade do agravo."

"Art. 529. Se o juiz comunicar que reformou inteiramente a decisão, o relator considerará prejudicado o agravo."

## 3. Embargos de declaração contra sentença

```
        EXMO. SR. DR. JUIZ DE DIREITO DA 2ª VARA
           DA FAMÍLIA E SUCESSÕES DA CAPITAL


Autos do Processo n....

     TÍCIO FERNANDES, através de seu advogado e pro-
curador que esta subscreve, nos autos da ação de se-
paração judicial que lhe é movida por MERIVA DA SIL-
VA, intimado nesta data sobre o teor da r. sentença
prolatada por V. Exa. e encartada a fls. 88-93, que
julgou procedente o pedido, vem contra ela opor os
```

> presentes EMBARGOS DE DECLARAÇÃO, com fundamento no art. 535, II, do Código de Processo Civil, pelos motivos a seguir expostos.
>
> **1.** Após a normal tramitação da ação de separação, houve a procedência ao pedido, considerando o embargante responsável pela falência da vida conjugal, com determinação de guarda do filho menor em favor da autora Meriva da Silva.
>
> **2.** Todavia, não houve a fixação do direito de visitas em favor do embargante, de modo que a r. decisão resultou omissa a esse respeito, impondo-se, pois, a necessidade de sua declaração.
>
> Diante do exposto, REQUER sejam recebidos os presentes EMBARGOS DE DECLARAÇÃO, para que, suprida a omissão contida na r. sentença, seja expressamente regulamentado o direito de visitas ao filho menor do embargante, que estará em companhia da genitora.
>
> Nestes termos,
> Pede deferimento.
>
> São Paulo,... de... de...
>
> _____
> OAB/SP n....

### 4. Embargos de declaração contra acórdão

> EXMO. SR. DESEMBARGADOR-RELATOR DO V. ACÓRDÃO PROFERIDO NOS AUTOS DA APELAÇÃO CÍVEL N...., EM TRÂMITE PERANTE ESSE
> EGRÉGIO TRIBUNAL DE JUSTIÇA DO ESTADO DE SÃO PAULO
>
> ..., já qualificado nos autos da ação de indenização promovida em face de..., através de seu advogado e procurador que esta subscreve, vem à presença

de V. Exa. opor os presentes EMBARGOS DE DECLARAÇÃO, com fundamento no art. 535 do Código de Processo Civil, expondo sua irresignação pelas razões que seguem anexas.

Nestes termos,
Pede deferimento.

São Paulo,... de... de...

---
OAB/SP n....

---

**RAZÕES DE RECURSO (EMBARGOS DECLARATÓRIOS)**

**Embargante:**...
**Embargado:**...
**Processo n.**...

EGRÉGIO TRIBUNAL, COLENDA CÂMARA, ÍNCLITOS JULGADORES

1. Trata-se de ação de indenização proposta pelo apelante, cujo objeto é o ressarcimento dos danos provocados em..., julgada improcedente pelo d. Juízo *a quo*, motivo pelo qual, apresentado o inconformismo recursal, houve a reapreciação da matéria por essa egrégia Instância Superior.

2. O v. acórdão, em que pese ao respeito e à técnica jurídica de seus Prolatores, *data venia*, contém omissão a ser sanada, isto porque nada expressou sobre a questão relacionada ao *nexo causal*, então ressaltada no teor da apelação interposta.

Frise-se, respeitosamente: o v. acórdão ora embargado deixou de mencionar expressamente, em sua substancial fundamentação, a questão relacionada à existência do nexo causal....

**3.** Por oportuno, sobre o tema em tela, vale reproduzirmos o entendimento jurisprudencial no sentido de que: "[... *jurisprudência*...]".

**4.** Diante do exposto, REQUER sejam acolhidos os presentes embargos para que resulte esclarecida e suprida a omissão apontada no v. acórdão, com o quê estará restabelecida a lídima e salutar *justiça*!

São Paulo,... de... de...

OAB/SP n....

**Obs.:** O recurso *embargos de declaração* pode ser oposto, tanto contra sentença como também contra acórdão, quando houver *obscuridade*, *contradição* ou *omissão* nas referidas decisões. Entretanto, há julgados também admitindo sua oposição contra decisões interlocutórias (*RT* 739/313; *JTJ* 204/222), de modo que é possível afirmar que são cabíveis contra qualquer decisão judicial, interrompendo o prazo recursal. Produzem efeito translativo, permitindo que retornem ao próprio órgão prolator da decisão; e, às vezes, poderá ocorrer o efeito infringente, se com a correção do vício resultar algo incompatível com aquilo que foi estabelecido no julgamento. Vale consignar:

"Art. 535. Cabem embargos de declaração quando: I – houver, na sentença ou no acórdão, obscuridade ou contradição; II – for omitido ponto sobre o qual devia pronunciar-se o juiz ou tribunal.

"Art. 536. Os embargos serão opostos no prazo de 5 (cinco) dias, em petição dirigida ao juiz ou relator, com indicação do ponto obscuro, contraditório ou omisso, não estando sujeitos a preparo."

"Art. 538. Os embargos de declaração interrompem o prazo para a interposição de outros recursos, por qualquer das partes.

"Parágrafo único. Quando manifestamente protelatórios os embargos, o juiz ou o tribunal, declarando que o são, condenará o embargante a pagar ao embargado multa não excedente de 1% (um por cento) sobre o valor da causa. Na reiteração de embargos protelatórios, a multa é elevada a até 10% (dez por cento), ficando condicionada a interposição de qualquer outro recurso ao depósito do valor respectivo."

## 5. Apelação

> EXMO. SR. DR. JUIZ DE DIREITO DA 5ª VARA
> DA FAMÍLIA E SUCESSÕES DA CAPITAL
>
> **Autos do Processo n....**
>
> MÉBIA BATISTA, através de seu advogado e procurador que esta subscreve, nos autos da *ação de separação judicial* que move em face de TÍCIO FERNANDES, não se conformando com o teor da r. sentença proferida a fls...., que julgou improcedente seu pedido e procedente o pedido deduzido em reconvenção, vem interpor o presente recurso de APELAÇÃO, com apoio nos arts. 513 e ss. do Código de Processo Civil, com as razões anexas, aguardando o seu recebimento e processamento, com a posterior remessa ao egrégio Tribunal de Justiça de São Paulo, para a reapreciação da matéria objeto da presente irresignação.
>
> Nestes termos,
> Pede deferimento.
>
> São Paulo,... de... de...
>
> _____
>
> OAB/SP n....

> **RAZÕES DE APELAÇÃO**
>
> **Apelante: Mébia Batista**
> **Apelado: Tício Fernandes**
> **Comarca: São Paulo**
> **Autos do Processo n....**
>
> EGRÉGIO TRIBUNAL, COLENDA CÂMARA JULGADORA
>
> Cuida-se de ação de separação judicial proposta pela apelante, sob argumento de que o apelado rompeu

os deveres do casamento ao deixar de prover à subsistência da autora e do filho comum do casal e se voltar exclusivamente ao hábito de ingerir bebidas alcoólicas, tornando insuportável a vida em comum. Nessa demanda o apelado apresentou contestação e ao mesmo tempo ofereceu reconvenção, aduzindo que a culpa pela falência da união conjugal foi da apelante, que o traiu com um vizinho.

Após a dilação probatória, o ínclito Magistrado sentenciante julgou improcedente o pedido da recorrente e procedente a reconvenção, conferindo a responsabilidade pela falência conjugal à conduta da autora ora apelante.

Entretanto, não obstante o respeito ao entendimento esposado pelo d. Magistrado *a quo*, temos que sua sentença merece total reforma.

Preliminarmente, a apelante requer o conhecimento e apreciação do agravo retido interposto nos referidos autos a fls...., para que se decrete a nulidade do feito por vício procedimental ocorrido durante a coleta das provas, precisamente em virtude do *cerceamento ao direito de defesa*, pois, sem qualquer justo motivo, houve indeferimento do pleito de oitiva de duas testemunhas arroladas pela apelante.

No que tange ao mérito do presente recurso de apelação, temos que a r. sentença *a quo* não merece subsistir, pois apoiou-se tão somente na versão oferecida pelo apelado e nos esclarecimentos prestados pela única testemunha por ele apresentada – aliás, seu primo. Ao contrário, por sua vez, de modo robusto, logrou a apelante demonstrar, pelos esclarecimentos prestados por 3 (três) testemunhas – quais sejam:... (fls....);... (fls....) e... (fls....) –, os fatos imputados ao cônjuge varão, precisamente sua constante agressividade e o abandono material à família em virtude de seu alcoolismo, o que resultou na insuportabilidade da vida em comum.

Diante do exposto, REQUER, PRELIMINARMENTE, o conhecimento e provimento do agravo retido, decretando-se a nulidade do feito a partir da instrução, para que sejam ouvidas as outras duas testemunhas

```
arroladas pela apelante; e, no MÉRITO, caso resul-
te rejeitada a matéria preliminar, seja decretada
a reforma da prestação jurisdicional de primeira
instância, reconhecendo a culpa do apelado pela fa-
lência da sociedade conjugal e atribuindo a ele as
consequências pelo ônus da sucumbência, condenan-
do-o, pois, ao pagamento das despesas processuais
e honorários advocatícios, como medida de inteira
justiça!
       São Paulo,... de... de...



                        OAB/SP n....
```

**Obs.:** Contra sentença cabe o recurso de *apelação* (art. 513 do CPC), sendo que os requisitos formais estão elencados no art. 514, a saber: "Art. 514. A apelação, interposta por petição dirigida ao juiz, conterá: I – os nomes e a qualificação das partes; II – os fundamentos de fato e de direito; III – o pedido de nova decisão".

Vale frisar:

"Art. 518. Interposta a apelação, o juiz, declarando os efeitos em que a recebe, mandará dar vista ao apelado para responder.

"§ 1º. O juiz não receberá o recurso de apelação quando a sentença estiver em conformidade com súmula do Superior Tribunal de Justiça ou do Supremo Tribunal Federal.

"§ 2º. Apresentada a resposta, é facultado ao juiz, em 5 (cinco) dias, o reexame dos pressupostos de admissibilidade do recurso."

"Art. 520. A apelação será recebida em seu efeito devolutivo e suspensivo. Será, no entanto, recebida só no efeito devolutivo, quando interposta de sentença que: I – homologar a divisão ou a demarcação; II – condenar à prestação de alimentos; III – *[revogado pela Lei 11.232/2005]*; IV – decidir o processo cautelar; V – rejeitar liminarmente embargos à execução ou julgá-los improcedentes; VI – julgar procedente o pedido de instituição de arbitragem; VII – confirmar a antecipação dos efeitos da tutela."

Quanto à matéria que será reapreciada pelo tribunal em virtude do recurso de apelação, tem-se:

"Art. 515. A apelação devolverá ao tribunal o conhecimento da matéria impugnada.

"§ 1º. Serão, porém, objeto de apreciação e julgamento pelo tribunal todas as questões suscitadas e discutidas no processo, ainda que a sentença não as tenha julgado por inteiro.

"§ 2º. Quando o pedido ou a defesa tiver mais de um fundamento e o juiz acolher apenas um deles, a apelação devolverá ao tribunal o conhecimento dos demais.

"§ 3º. Nos casos de extinção do processo sem julgamento do mérito (art. 267), o tribunal pode julgar desde logo a lide, se a causa versar questão exclusivamente de direito e estiver em condições de imediato julgamento.

"§ 4º. Constatando a ocorrência de nulidade sanável, o tribunal poderá determinar a realização ou renovação do ato processual, intimadas as partes; cumprida a diligência, sempre que possível prosseguirá o julgamento da apelação.

"Art. 516. Ficam também submetidas ao tribunal as questões anteriores à sentença, ainda não decididas."

## 6. Embargos infringentes

> EXMO. SR. DESEMBARGADOR-RELATOR DO V. ACÓRDÃO PROFERIDO NOS AUTOS DA APELAÇÃO [OU AÇÃO RESCISÓRIA] EM TRÂMITE PERANTE ESTE EGRÉGIO TRIBUNAL DE JUSTIÇA DO ESTADO DE SÃO PAULO
>
> ..., já qualificado nos autos da ação de reparação de danos promovida em face de..., vem à presença de V. Exa. opor os presentes EMBARGOS INFRINGENTES, com fundamento no art. 530 do Código de Processo Civil, e o faz com base no teor do voto divergente do eminente Desembargador..., expondo, pois, sua irresignação, pelas razões que seguem anexas.
>
> Nestes termos,
> Pede deferimento.
>
> São Paulo,... de... de...
>
> _____
> OAB/SP n....

---

**RAZÕES DE RECURSO**

Embargante:...
Embargado:...
Autos do Processo n.... (apelação ou ação rescisória)

EGRÉGIO TRIBUNAL, COLENDA CÂMARA, ÍNCLITOS JULGADORES

1. Cuida-se de ação de reparação de danos proposta pelo apelante, cujo objeto é....

2. A r. decisão proferida pela maioria vencedora que houve por bem alterar, em grau de apelação, a sentença de mérito proferida pelo d. Juízo *a quo*, em que pese à sabedoria jurídica de seus Prolatores, *data venia*, merece reforma. Se não, vejamos.

3. O voto vencido, da lavra do eminente Desembargador..., apresenta a melhor aplicação do direito material, confirmando o teor da sentença proferida em primeira instância. Isto porque, segundo textualmente destaca: "[... *reproduzir o teor do voto vencido*...]".

4. Pelo exposto, REQUER dignem-se V. Exas. a acolher os presentes embargos infringentes e, consequentemente, endossar a tese até então vencida na apelação em epígrafe [*ou na ação rescisória*].

São Paulo,... de... de...

---

OAB/SP n....

---

**Obs.:** Considerando o que dispõe o art. 530 do CPC, é possível afirmar que somente o *apelado* poderá valer-se dos *embargos infringentes*, com apoio no voto vencido, sendo que o apelante jamais poderá utilizá-lo, em virtude do êxito que teve na reforma do julgado. Assim, vale frisar: "Art. 530. Cabem embargos infringentes quando o acórdão não unânime houver reformado, em grau de apelação, a sentença de mérito, ou houver julgado procedente ação rescisória. Se o desacordo for parcial, os embargos serão restritos à matéria objeto de divergência". Também merece destaque o cabimento dos embargos infringentes nas seguintes hipóteses: (a) ação rescisória julgada procedente; (b) desacordo parcial do voto vencido, restringindo-se os embargos à matéria objeto da divergência.

Sobre o tema, merece destaque o teor da Súmula n. 390 do STJ: "Nas decisões por maioria, em reexame necessário, não se admitem embargos infringentes".

O julgamento dos recursos em geral é feito por três desembargadores, sendo que a Câmara é composta por cinco desembargadores. O endereçamento dos embargos infringentes é feito ao desembargador-relator do acórdão proferido na apelação ou em ação rescisória, que dará processamento. Na sequência, será distribuído a um dos outros desembargadores que ainda não atuou no feito; e, por sua vez, o desembargador-revisor será o outro que também não votou na apelação ou na rescisória. O julgamento dos embargos infringentes será feito pela Câmara e está restrito ao tema da divergência.

## 7. Recurso especial

EXMO. SR. DESEMBARGADOR-PRESIDENTE
DO TRIBUNAL DE JUSTIÇA DO ESTADO DE SÃO PAULO

**Autos do Processo n....**
**Recurso Especial**

..., já devidamente qualificado nos autos da ação de reparação de danos que move em face de..., por seu advogado e procurador que esta subscreve, vem, respeitosamente, à presença de V. Exa. interpor RECURSO ESPECIAL, com fundamento no art. 105, III, letra "...", da Constituição Federal e com apoio nos arts. 541 e ss. do Código de Processo Civil, pelas razões que seguem anexas.

Nestes termos,
Pede deferimento.

São Paulo,... de... de...

OAB/SP n....

**RAZÕES DE RECURSO**

**Recorrente:**...
**Recorrido:**...
**Comarca:**...
**Autos do Processo n.**...

EGRÉGIO SUPERIOR TRIBUNAL DE JUSTIÇA, ÍNCLITOS MINISTROS JULGADORES

**1.** Cuida-se de ação de reparação de danos proposta pelo recorrente em face de..., cujo objeto é....

**2.** Devidamente apreciado pelo Juízo natural de..., houve a prolação da sentença de mérito, que....

**3.** Irresignado, houve a interposição do recurso de apelação, que resultou no v. acórdão ora guerreado, pois contrariou o texto da lei federal... [*destacar o artigo da norma jurídica federal então afrontado*]. Vale frisar: o texto legal em questão destaca que.... Todavia, não obstante a sabedoria jurídica dos ínclitos Desembargadores prolatores do v. acórdão, tem-se, *data vEnia*, que deram interpretação divergente da que vem sendo atribuída no egrégio Tribunal de Justiça do Rio Grande do Sul. Com efeito, a interpretação a ser conferida ao referido dispositivo legal é no sentido de que..., e não aquela consignada no v. acórdão ora atacado.

**4.** Por oportuno, merece destaque o entendimento pretoriano já consagrado no seguinte sentido: "[... *jurisprudência*...]".

**5.** Pelo exposto, REQUER o CONHECIMENTO E PROVIMENTO Do presente recurso, reformando-se a decisão atacada, para o fim de..., [*especificar*] com o quê se estará restabelecendo a tão almejada *justiça*!

São Paulo,... de... de...

---

OAB/SP n....

**Obs.:** O recurso especial é cabível nas hipóteses previstas no art. 105, III, "a", "b" e "c", da CF, e seu processamento está contemplado nos arts. 541 e ss. do CPC, lembrando-se que deverá ser interposto perante o presidente ou o vice-presidente do tribunal recorrido. Nos termos do art. 105, III, da CF, tem cabimento o recurso especial quando a decisão: "a) contrariar tratado ou lei federal, ou negar-lhes vigência; b) julgar válido ato de governo local contestado em face de lei federal; c) der a lei federal interpretação divergente da que lhe haja atribuído outro tribunal" (tribunais de Estados diferentes). O prazo para interposição é de 15 dias contados da intimação do acórdão atacado. Admitido o recurso, será encaminhado ao STJ. Contra a decisão que nega seguimento ao recurso caberá agravo de instrumento no prazo de 10 dias. Vale transcrever, ainda, o art. 541 do CPC:

"Art. 541. O recurso extraordinário e o recurso especial, nos casos previstos na Constituição Federal, serão interpostos perante o presidente ou o vice-presidente do tribunal recorrido, em petições distintas, que conterão: I – a exposição do fato e do direito; II – a demonstração do cabimento do recurso interposto; III – as razões do pedido de reforma da decisão recorrida.

"Parágrafo único. Quando o recurso fundar-se em dissídio jurisprudencial, o recorrente fará a prova da divergência mediante certidão, cópia autenticada ou pela citação do repositório de jurisprudência, oficial ou credenciado, inclusive em mídia eletrônica, em que tiver sido publicada a decisão divergente, ou ainda pela reprodução de julgado disponível na Internet, com indicação da respectiva fonte, mencionando, em qualquer caso, as circunstâncias que identifiquem ou assemelhem os casos confrontados."

Sobre o processamento, importa transcrever o art. 542 do CPC:

"Art. 542. Recebida a petição pela secretaria do tribunal, será intimado o recorrido, abrindo-se-lhe vista para apresentar contrarrazões.

"§ 1º. Findo esse prazo, serão os autos conclusos para admissão ou não do recurso, no prazo de 15 (quinze) dias, em decisão fundamentada.

"§ 2º. Os recursos extraordinário e especial serão recebidos no efeito devolutivo.

"§ 3º. O recurso extraordinário, ou o recurso especial, quando interpostos contra decisão interlocutória em processo de conhecimento, cautelar, ou embargos à execução ficará retido nos autos e somente será processado se o reiterar a parte, no prazo para a interposição do recurso contra a decisão final, ou para as contrarrazões."

Por derradeiro, importa salientar que tanto o recurso especial como o recurso extraordinário somente autorizam discussão sobre matérias de direito, não se admitindo discussão sobre questões de fato. Ainda, tais matérias de direito deverão ter sido prequestionadas na instância inferior.

"Art. 543-C. Quando houver multiplicidade de recursos com fundamento em idêntica questão de direito, o recurso especial será processado nos termos deste artigo.

"§ 1º. Caberá ao presidente do tribunal de origem admitir um ou mais recursos representativos da controvérsia, os quais serão encaminhados ao Superior Tribunal de Justiça, ficando suspensos os demais recursos especiais até o pronunciamento definitivo do Superior Tribunal de Justiça.

"§ 2º. Não adotada a providência descrita no § 1º deste artigo, o relator no Superior Tribunal de Justiça, ao identificar que sobre a controvérsia já existe jurisprudência dominante ou que a matéria já está afeta ao colegiado, poderá determinar a suspensão, nos tribunais de segunda instância, dos recursos nos quais a controvérsia esteja estabelecida.

"§ 3º. O relator poderá solicitar informações, a serem prestadas no prazo de 15 (quinze) dias, aos tribunais federais ou estaduais a respeito da controvérsia.

"§ 4º. O relator, conforme dispuser o Regimento Interno do Superior Tribunal de Justiça e considerando a relevância da matéria, poderá admitir manifestação de pessoas, órgãos ou entidades com interesse na controvérsia.

"§ 5º. Recebidas as informações e, se for o caso, após cumprido o disposto no § 4º deste artigo, terá vista o Ministério Público pelo prazo de 15 (quinze) dias.

"§ 6º. Transcorrido o prazo para o Ministério Público e remetida cópia do relatório aos demais ministros, o processo será incluído em pauta na Seção ou na Corte Especial, devendo ser julgado com preferência sobre os demais feitos, ressalvados os que envolvam réu preso e os pedidos de *habeas corpus*.

"§ 7º. Publicado o acórdão do Superior Tribunal de Justiça, os recursos especiais sobrestados na origem: I – terão seguimento denegado na hipótese de o acórdão recorrido coincidir com a orientação do Superior Tribunal de Justiça; II – serão novamente examinados pelo tribunal de origem na hipótese de o acórdão recorrido divergir da orientação do Superior Tribunal de Justiça.

"§ 8º. Na hipótese prevista no inciso II do § 7º deste artigo, mantida a decisão divergente pelo tribunal de origem, far-se-á o exame de admissibilidade do recurso especial.

"§ 9º. O Superior Tribunal de Justiça e os tribunais de segunda instância regulamentarão, no âmbito de suas competências, os procedimentos relativos ao processamento e julgamento do recurso especial nos casos previstos neste artigo."

## 8. Recurso extraordinário

```
        EXMO. SR. DESEMBARGADOR-PRESIDENTE
     DO TRIBUNAL DE JUSTIÇA DO ESTADO DE SÃO PAULO


     ..., já devidamente qualificado nos autos da
ação de reparação de danos que move em face de...,
por seu advogado e procurador que esta subscreve,
vem, respeitosamente, à presença de V. Exa. inter-
por RECURSO EXTRAORDINÁRIO, com fundamento no art.
102, III, letra "...", da Constituição Federal e
com apoio nos arts. 541 e ss. do Código de Processo
Civil, pelas razões que seguem anexas.
```

Nestes termos,
Pede deferimento.

São Paulo,... de... de...

OAB/SP n....

**RAZÕES DE RECURSO**

**Recorrente:**...
**Recorrido:**...
**Comarca:**...
**Autos do Processo n**....

EGRÉGIO SUPREMO TRIBUNAL FEDERAL, ÍNCLITOS MINISTROS JULGADORES

**1.** Cuida-se de ação de reparação de danos na qual o recorrente vem pleiteando....
**2.** Em primeira instância houve a prestação jurisdicional no sentido de....
**3.** Interposto o recurso de apelação, o v. acórdão de fls.... contrariou expressamente dispositivo da Constituição Federal, precisamente o art....., isto porque....
**4.** Tal questão é exclusivamente de direito e relevante no ponto de vista social e econômico-jurídico, caminhando além do interesse subjetivo existente na presente causa.
**5.** Há, pois, a efetiva *repercussão geral*, na medida em que a decisão lançada no v. acórdão ora atacado contraria a própria jurisprudência dominante no Tribunal, então reiteradamente no seguinte sentido: "[... *jurisprudência*...]".

> **6.** Diante do exposto, REQUER o CONHECIMENTO E PROVIMENTO do presente recurso extraordinário, para o fim de..., e então se tenha o efetivo restabelecimento da tão almejada *Justiça*!
>
> São Paulo,... de... de...
>
> _____
>
> OAB/SP n....

**Obs.:** O recurso extraordinário é admitido nas hipóteses contempladas no art. 102, III, da CF para as decisões que: (a) contrariarem dispositivo da Constituição Federal; (b) declararem a inconstitucionalidade de tratado ou lei federal; (c) julgarem válida lei ou ato de governo local contestado em face da Constituição Federal; (d) julgarem válida lei local contestada em face de lei federal. Trata-se de um rol taxativo. E, a exemplo do recurso especial, tem o prazo para interposição de 15 dias, contados da intimação do acórdão, e terá apenas o efeito devolutivo. Admitido o recurso, os autos serão encaminhados ao STF, e, assim como o recurso especial, somente admite discussão sobre questões de direito, com exigência de prequestionamento nas instâncias inferiores. A propósito, merece destaque, ainda, o teor dos arts. 543-A, 543-B e 543-C do CPC:

"Art. 543-A. O Supremo Tribunal Federal, em decisão irrecorrível, não conhecerá do recurso extraordinário, quando a questão constitucional nele versada não oferecer repercussão geral, nos termos deste artigo.

"§ 1º. Para efeito da repercussão geral, será considerada a existência, ou não, de questões relevantes do ponto de vista econômico, político, social ou jurídico, que ultrapassem os interesses subjetivos da causa.

"§ 2º. O recorrente deverá demonstrar, em preliminar do recurso, para apreciação exclusiva do Supremo Tribunal Federal, a existência da repercussão geral.

"§ 3º. Haverá repercussão geral sempre que o recurso impugnar decisão contrária a súmula ou jurisprudência dominante do Tribunal.

"§ 4º. Se a Turma decidir pela existência da repercussão geral por, no mínimo, 4 (quatro) votos, ficará dispensada a remessa do recurso ao Plenário.

"§ 5º. Negada a existência da repercussão geral, a decisão valerá para todos os recursos sobre matéria idêntica, que serão indeferidos liminarmente, salvo revisão da tese, tudo nos termos do Regimento Interno do Supremo Tribunal Federal.

"§ 6º. O relator poderá admitir, na análise da repercussão geral, a manifestação de terceiros, subscrita por procurador habilitado, nos termos do Regimento Interno do Supremo Tribunal Federal.

"§ 7º. A súmula da decisão sobre a repercussão geral constará de ata, que será publicada no *Diário Oficial* e valerá como acórdão.

"Art. 543-B. Quando houver multiplicidade de recursos com fundamento em idêntica controvérsia, a análise da repercussão geral será processada nos termos do Regimento Interno do Supremo Tribunal Federal, observado o disposto neste artigo.

"§ 1º. Caberá ao Tribunal de origem selecionar um ou mais recursos representativos da controvérsia e encaminhá-los ao Supremo Tribunal Federal, sobrestando os demais até o pronunciamento definitivo da Corte.

"§ 2º. Negada a existência de repercussão geral, os recursos sobrestados considerar-se-ão automaticamente não admitidos.

"§ 3º. Julgado o mérito do recurso extraordinário, os recursos sobrestados serão apreciados pelos Tribunais, Turmas de Uniformização ou Turmas Recursais, que poderão declará-los prejudicados ou retratar-se.

"§ 4º. Mantida a decisão e admitido o recurso, poderá o Supremo Tribunal Federal, nos termos do Regimento Interno, cassar ou reformar, liminarmente, o acórdão contrário à orientação firmada.

"§ 5º. O Regimento Interno do Supremo Tribunal Federal disporá sobre as atribuições dos ministros das Turmas e de outros órgãos, na análise da repercussão geral."

# BIBLIOGRAFIA

ALMEIDA, Flávio Renato Correia de, TALAMINI, Eduardo, e WAMBIER, Luiz Rodrigues. *Curso Avançado de Processo Civil*. 5ª ed., vol. 1. São Paulo, Ed. RT, 2002; 4ª ed., vol. 3. São Paulo, Ed. RT, 2002.
ALMEIDA, José Maurício Pinto de, e COLUCCI, Maria da Glória. *Lições de Teoria Geral do Processo*. 4ª ed. Curitiba/PR, Juruá, 2000.
AMARAL SANTOS, Moacyr. *Primeiras Linhas de Direito Processual Civil*. 22ª ed., vol. 1. São Paulo, 2002.
ARRUDA ALVIM, Eduardo. *Curso de Direito Processual Civil*. vol. 1. São Paulo, Ed. RT, 1999.
ARRUDA ALVIM NETTO, José Manoel de. *Manual de Direito Processual Civil*. 6ª ed., vol. 2. São Paulo, Ed. RT, 1997.
ARRUDA ALVIM WAMBIER, Teresa. *Controle das Decisões Judiciais por Meio de Recursos de Estrito Direito e de Ação Rescisória*. São Paulo, Ed. RT, 2002.
_____. *Nulidades do Processo e da Sentença*. 4ª ed. São Paulo, Ed. RT, 1998.
ASSIS, Araken de. *Cumulação de Ações*. 4ª ed. São Paulo, Ed. RT, 2002.
_____. *Manual do Processo de Execução*. 7ª ed. São Paulo, Ed. RT, 2001.

BAPTISTA DA SILVA, Ovídio Araújo. *Curso de Processo Civil*. 4ª ed., vol. 1. São Paulo, Ed. RT, 1998.
BARBOSA MOREIRA, José Carlos. *Comentários ao Código de Processo Civil*. 7ª ed., vol. 5. Rio de Janeiro, Forense, 1998.
BARROSO, Carlos Eduardo Ferraz de Mattos. *Teoria Geral do Processo e Processo de Conhecimento*. 3ª ed. São Paulo, Saraiva, 2000.
BONILHA, José Carlos Mascari, e PRADO, Amauri Renó do. *Manual de Processo Penal, Conhecimento e Execução Penal*. 2ª ed. São Paulo, Juarez de Oliveira, 2003.

CÂMARA, Alexandre Freitas. *Dos Procedimentos Sumário e Sumariíssimo*. 2ª ed. Rio de Janeiro, Lumen Juris, 1996.
_____. *Escritos de Direito Processual*. Rio de Janeiro, Lumen Juris, 2001.

_____. *Lições de Direito Processual Civil*. 4ª ed., vols. I e II. Rio de Janeiro, Lumen Juris, 2001.

CAMBI, Eduardo. *Direito Constitucional à Prova no Processo Civil*. São Paulo, Ed. RT, 2001.

CAPEZ, Fernando. *Curso de Processo Penal*. 4ª ed. São Paulo, Saraiva, 1999.

CARNEIRO, Athos Gusmão. *Audiência de Instrução e Julgamento e Audiências Preliminares*. 11ª ed. Rio de Janeiro, Forense, 2003.

_____. *Da Antecipação da Tutela no Processo Civil*. 2ª ed. Rio de Janeiro, Forense, 1999.

CARREIRA ALVIM, José Eduardo. *Elementos de Teoria Geral do Processo*. 7ª ed. Rio de Janeiro, Forense, 1998.

CHIOVENDA, Giuseppe. *Instituições de Direito Processual Civil*. vol. 3, trad. de J. Guimarães Menegale. São Paulo, Saraiva, 1943.

CINTRA, Antônio Carlos de Araújo, DINAMARCO, Cândido Rangel, e GRINOVER, Ada Pellegrini. *Teoria Geral do Processo*. 27ª ed. São Paulo, Malheiros Editores, 2011.

COLUCCI, Maria da Glória, e ALMEIDA, José Maurício Pinto de. *Lições de Teoria Geral do Processo*. 4ª ed. Curitiba/PR, Juruá, 2000.

COUTURE, Eduardo J. *Introdução ao Estudo do Processo Civil*. 3ª ed., trad. de Mozart Víctor Russomano. Rio de Janeiro, Forense, 1998.

CRUZ E TUCCI, José Rogério. *A Causa Petendi no Processo Civil*. 2ª ed. São Paulo, Ed. RT, 2001.

DINAMARCO, Cândido Rangel. *A Instrumentalidade do Processo*. 14ª ed. São Paulo, Malheiros Editores, 2009.

_____, CINTRA, Antônio Carlos de Araújo, e GRINOVER, Ada Pellegrini. *Teoria Geral do Processo*. 27ª ed. São Paulo, Malheiros Editores, 2011.

FERREIRA, Pinto. *Curso de Direito Processual Civil*. São Paulo, Saraiva, 1998.

FERREIRA FILHO, Manoel Gonçalves. *Direitos Humanos Fundamentais*. 7ª ed. São Paulo, Saraiva, 2005.

FREIRE, Rodrigo da Cunha Lima. *Condições da Ação*. São Paulo, Ed. RT, 2000.

FRIEDE, Reis. *Comentários ao Código de Processo Civil*. 2ª ed. Rio de Janeiro, Forense Universitária, 2000.

GONÇALVES, Aroldo Plínio. *Da Denunciação da Lide*. 3ª ed. Rio de Janeiro, Forense, 1998.

GOUVÊA, José Roberto Ferreira, e NEGRÃO, Theotônio. *Código de Processo Civil e Legislação Processual em Vigor*. 35ª ed. São Paulo, Saraiva, 2003.

GRECO FILHO, Vicente. *Direito Processual Civil Brasileiro*. 15ª ed., vols. 2 e 3. São Paulo, Saraiva, 2002; 16ª ed., vol. 1. São Paulo, Saraiva, 2002.

GRINOVER, Ada Pellegrini. *Da Coisa Julgada no Código de Defesa do Consumidor*. vol. I. 1991.

_____. *Os Princípios Constitucionais e o Código de Processo Civil*. São Paulo, José Bushatsky Editor, 1975.

_____, CINTRA, Antônio Carlos de Araújo, e DINAMARCO, Cândido Rangel. *Teoria Geral do Processo*. 27ª ed. São Paulo, Malheiros Editores, 2011.

GUERRA FILHO, Willis Santiago. *Processo Constitucional e Direitos Fundamentais*. 4ª ed. RCS, 2005.

LEVENHAGEN, Antônio José de Souza. *Código de Processo Civil – Prática Forense*. 15ª ed. São Paulo, Atlas, 1998.

_____. *Manual de Direito Processual Civil*. 5ª ed. São Paulo, Atlas, 1996.

LIEBMAN, Enrico Tullio. *Manual de Direito Processual Civil*. 3ª ed., vol. 1, trad. e notas de Cândido Rangel Dinamarco. São Paulo, Malheiros Editores, 2005.

MACHADO, Antônio Cláudio da Costa. *Código de Processo Civil Interpretado*. 4ª ed. Barueri/SP, Manole, 2004.

MANCUSO, Rodolfo de Camargo. *Interesses Difusos: Conceito e Legitimação para Agir*. 5ª ed. São Paulo, Ed. RT, 2000.

MARCATO, Antônio Carlos. *O Processo Monitório Brasileiro*. 2ª ed. São Paulo, Malheiros Editores, 2001.

_____. *Procedimentos Especiais*. 2ª ed. São Paulo, Ed. RT, 1988.

MARINONI, Luiz Guilherme. *Tutela Inibitória Individual e Coletiva*. 2ª ed. São Paulo, Ed. RT, 2000.

MARQUES, José Frederico. *Manual de Direito Processual Civil*. 8ª ed. São Paulo, Saraiva, 1981.

MINISTÉRIO PÚBLICO DO ESTADO DE SÃO PAULO. *Manual Prático da Promotoria de Justiça do Meio Ambiente*. São Paulo, EDUSP, 1997.

MORAES, Alexandre de. *Direito Constitucional*. 7ª ed. São Paulo, Atlas, 2000.

NEGRÃO, Theotônio, e GOUVÊA, José Roberto Ferreira. *Código de Processo Civil e Legislação Processual em Vigor*. 35ª ed. São Paulo, Saraiva, 2003.

NERY JR., Nelson, e NERY, Rosa Maria de Andrade. *Código de Processo Civil Comentado e Legislação Processual Civil Extravagante em Vigor*. 4ª ed. São Paulo, Ed. RT, 1999.

NOGUEIRA, Paulo Lúcio. *Curso Completo de Processo Civil*. 6ª ed. São Paulo, Saraiva, 1995.

PRADO, Amauri Renó do, e BONILHA, José Carlos Mascari. *Manual de Processo Penal, Conhecimento e Execução Penal*. 2ª ed. São Paulo, Juarez de Oliveira, 2003.

SÁ, Djanira Maria Radamés de. *Teoria Geral do Direito Processual Civil. A Lide e sua Resolução*. 2ª ed. São Paulo, Saraiva, 1998.

SANTIN, Valter Foleto. *O Ministério Público na Investigação Criminal*. São Paulo, Edipro, 2001.

SANTOS, Paulo Sérgio Puerta dos. *Manual de Prática Processual Civil*. São Paulo, Saraiva, 1995.

SHIMURA, Sérgio Seiji. *Arresto Cautelar*. São Paulo, Ed. RT, 1993.

SILVA, José Afonso da. *Mandado de Injunção e* **Habeas Data**. São Paulo, Ed. RT, 1989.

TALAMINI, Eduardo, ALMEIDA, Flávio Renato Correia de, e WAMBIER, Luiz Rodrigues. *Curso Avançado de Processo Civil*. 5ª ed., vol. 1. São Paulo, Ed. RT, 2002; 4ª ed., vol. 3. São Paulo, Ed. RT, 2002.

TEIXEIRA, Sálvio de Figueiredo. *Código de Processo Civil Anotado*. 2ª ed. São Paulo, Saraiva, 1996.

TESHEINER, José Maria Rosa. *Elementos para uma Teoria Geral do Processo*. São Paulo, Saraiva, 1993.

THEODORO JR., Humberto. *Curso de Direito Processual Civil*. 39ª ed., vol. 1. Rio de Janeiro, Forense; 38ª ed., vol. 1. Rio de Janeiro, Forense, 2002; 34ª ed., vol. 2. Rio de Janeiro, Forense, 2003; 26ª ed., vol. 3. Rio de Janeiro, Forense, 2001.

TOURINHO FILHO, Fernando da Costa. *Processo Penal*. 18ª ed. São Paulo, Saraiva, 1997.

VENOSA, Sílvio de Salvo. *Direito Civil – Direitos Reais*. 3ª ed. São Paulo, Atlas, 2003.

WAMBIER, Luiz Rodrigues, ALMEIDA, Flávio Renato Correia de, e TALAMINI, Eduardo. *Curso Avançado de Processo Civil*. 5ª ed., vol. 1. São Paulo, Ed. RT, 2002; 4ª ed., vol. 3. São Paulo, Ed. RT, 2002.